Médecin Lieutenant-Colonel GUILLEMET

des Troupes Coloniales

Sur les Sentiers Laotiens

*Les voyages seraient une brillante duperie
s'ils n'étaient l'éducation de la pensée par
la nature et par les hommes.*

LAMARTINE.

1921 — 1930

SUR LES SENTIERS LAOTIENS

A Monsieur *AUGUSTE PAVIE*

Hommage de respectueuse reconnaissance,

E. G.

RÉIMPRIMÉ

PAR

YVERT ET Cie

AMIENS

—

1929

Médecin Lieutenant-Colonel GUILLEMET

des Troupes Coloniales

Sur les Sentiers Laotiens

Les voyages seraient une brillante duperie s'ils n'étaient l'éducation de la pensée par la nature et par les hommes.

LAMARTINE.

HANOÏ-HAÏPHONG

IMPRIMERIE D'EXTRÊME-ORIENT

1921

Sur les Sentiers Laotiens

CHAPITRE I

Coup d'œil sur le Laos et le Haut-Laos.

L A TERRE ET LES HOMMES. — De toutes les colonies indochinoises, le Laos est la seule dont l'accès soit difficile. Les navires peuvent accoster en toute saison en Cochinchine, en Annam ou au Tonkin. Pnom-penh, capitale du Cambodge, est à trente-six heures de Saïgon par chaloupe, à sept ou huit heures seulement par automobile. Combien lointaine par comparaison nous apparaît Vientiane, capitale du Laos, à 1500 km. de la mer, étalée au bord de cet immense Mékong, qui, malgré toutes les imperfections de son lit et les inconvénients de son régime, demeure encore, à l'heure où j'écris ces lignes, l'unique voie pratique pour y arriver !

Considéré dans son ensemble et sans trop d'imagination aidant, le Laos a l'aspect d'une fleur à cinq pétales dont la tige, formée par la bande de territoire étirée, située à l'ouest de la chaîne annamitique, serait traversée sur toute sa longueur par une gigantesque artère nourricière, le Mékong. Mais si important que soit ce vaisseau, il n'en est pas moins oblitéré en maints endroits, et quelles que soient les améliorations qu'il ait subies depuis bientôt trente ans, il demeure au-dessous de sa tâche, au-dessous des espérances qu'on avait fondées sur lui, impuissant à assurer les échanges nutritifs nécessaires pour permettre à la belle fleur laotienne d'atteindre son plein épanouissement.

Pourtant il lui donne la vie. Il est le grand protecteur, le Mécène du pays. C'est lui qui, par ses inondations annuelles, facilite la croissance du riz. C'est lui qui fournit le poisson, branche importante de l'alimentation indigène. C'est sur ses rives, engraissées par le limon qu'il y dépose, que poussent le coton, le tabac, l'indigo et les légumes d'usage courant. Il est dans une certaine mesure au Laos ce que le Nil est à l'Egypte. Mais il ne faut pas attendre de lui plus qu'il ne peut donner. Ceux qui voyaient le moyen de faire de Saïgon un des plus grands entrepôts du monde, le port des ports d'Extrême-Orient par « l'afflux des produits de trente royaumes ou tribus échelonnés le long du fleuve, ceux du Yunnan et ceux des provinces intérieures de la Chine », ceux-là caressaient un espoir chimérique. Voici trente ans que sont entrepris, poursuivis, exécutés — en partie du moins — de gigantesques travaux de dérochage et de balisage. On a beaucoup dépensé, fait indéniable, mais en échange des millions de dollars qu'il a engloutis, le Mékong, indifférent à ce lourd passif, a bien peu rendu. Des vapeurs, dira-t-on, ne remontent-ils pas toute l'année jusqu'à Vientiane ? La belle affaire ! De quel tonnage ? A quel prix ? En combien de temps ? Et par quels moyens ? Voilà ce dont on ne semble guère se préoccuper. Voilà cependant les éléments indispensables pour se faire une opinion exacte et apprécier à une saine lumière les services d'une telle navigation. Je me réserve d'y revenir avec pré-cision quand je décrirai ce long et fastidieux voyage, coupé de nombreux transbordements, sur un fleuve turbulent au lit capricieux, brisé par les roches et les rapides, constamment en révolte contre les chaînes avec lesquelles on a la prétention de le dompter. Qu'il nous suffise de savoir pour l'instant que tant que nous compterons sur le seul Mékong pour sortir le pays de sa léthargie et lui infuser un sang rénovateur, nous nous bercerons de fâcheuses illusions. Tant qu'il ne sera relié à la mer que par cette artère affligée de sclérose en maints endroits, aussi impuissante à exporter ses richesses qu'à lui apporter les matériaux nécessaires à les exploiter, le Laos sera toujours, suivant l'expression saisissante de Paul Doumer, « un boulet d'or rivé aux pieds de l'Indochine ».

C'est, du reste, moins au fleuve qu'au système orographique que le pays doit les difficultés de son développement. Car si le Mékong est encombré de rapides, n'est-ce pas à ces nombreuses ramifications détachées de la chaîne annamitique qu'il faut s'en prendre ? Si quelques-unes d'entre-elles se bornent à séparer les bassins de ses divers affluents, combien d'autres, traversant sa vallée, le fragmentent en plusieurs biefs ?

Rien n'est aussi tourmenté que ce puissant massif montagneux, descendu du Thibet à travers le Yunnan, qui forme l'ossature de la presqu'île indochinoise. Etalé d'abord en une furieuse mêlée de déplissements multiples, d'escarpements disparates entre la Rivière Noire et le Mékong, il se rétrécit ensuite pour s'infléchir vers le sud parallèlement à la mer de Chine jusqu'au Cap Padaran où il se termine. Ce vaste dos d'âne est la ligne de démarcation qui sépare le Laos et l'Annam. Frontière naturelle d'abord, frontière climatérique ensuite, car s'il y a sur le versant de l'Annam deux saisons des pluies qui permettent deux récoltes annuelles, le versant laotien moins bien partagé n'en connaît qu'une seule. Sur le versant maritime la chaîne s'affaisse en pente abrupte tandis qu'elle s'incline doucement par gradins successifs du côté du Mékong. C'est entre ces chaînons secondaires, le long des cours d'eau, qu'on trouve de vastes plaines tantôt couvertes de rizières et de villages, tantôt de belles forêts vierges. Et c'est aussi la zone de ces forêts clairières dont l'aspect est si différent suivant l'époque : verdure, ombrages, frondaisons puissantes pendant la saison des pluies ; amas d'arbres rabougris et dépouillés sur un sol brûlé par le soleil pendant la saison sèche.

Quel contraste avec le Laos septentrional dont je veux surtout parler ici ! Je n'ai pas souvenir d'avoir rencontré, nulle part ailleurs, terrain semblable. Le caractère général du pays est un chaos invraisemblable de montagnes informes surgies de terre comme au hasard, de crêtes séparées par des ravins à pentes perpendiculaires, ou par des vallées étroites profondément encaissées au fond desquelles miroitent au soleil les sinuosités sans nombre d'un cours d'eau, toujours le même, qui disparaît et reparaît sans cesse, comme les tronçons d'un interminable serpent. Ce ne sont que ressauts, exhaussements confus de collines, océans de pics, de cônes, de mamelons, de pyramides qui s'étendent à perte de vue, se chevauchent, s'étirent et ondulent les uns derrière les autres. Impossible de relever quelques indications de système, une apparence de chaîne régulière. Impossible d'obtenir du haut de ces sommets une vue d'ensemble sur le terrain parcouru, car sur les cimes comme dans les bas fonds, la végétation touffue, embarrassée de lianes oppose presque toujours aux regards tendus vers l'espace un impénétrable rideau. Tantôt un rocher isolé s'élève devant vous comme un mur infranchissable, tantôt une pente rapide vous conduit au bord d'un torrent dont les eaux emprisonnées battent furieusement contre le granit d'un chenal sinueux. Parfois brusquement, tout à fait inattendu, un paysage à note poétique s'offre à votre vue : un joli rio roule ses eaux fraîches en des ravins encombrés de verdure, à l'ombre de vieux arbres empanachés de lianes, qui semblent d'augustes vieillards à tête chenue, penchés sur le berceau où gazouille la vie. Plus loin, des contrastes : dans les bas-fonds c'est une ombre de crypte qui couvre d'épais fourrés ; sur les hauteurs ce sont des mamelons désolés, de l'herbe rase, une lumière éblouissante. Ici on marche sous les sombres voûtes d'une forêt d'arbres hauts comme le ciel, là entre des herbes sèches, tranchantes comme des épées, ailleurs à travers de magnifiques clairières ensoleillées. C'est un continuel changement de décors et d'horizons sous de perpétuelles montées et descentes dans le pays le plus tourmenté qu'on puisse imaginer.

Et pour y arriver que de lenteurs ! S'il faut dix-sept jours environ pour atteindre Vientiane, terminus de la navigation à vapeur, on conçoit à quelle distance considérable le Haut-Laos se trouve pratiquement de la mer. Continuez-vous par le Mékong ? Il faut vingt jours de plus pour atteindre Luang-Prabang, trente-cinq jours pour Muong-Khoua, cinquante jours pour Muong-Houn Xiêng-Houng. Prenez-vous la voie de terre ? Votre sort ne sera pas plus enviable car les routes, tracées sur les cartes en superbes traits rouges, ne sont, pour la plupart, que d'affreux sentiers, interminables lacets que suivent les chevaux de bât des caravanes ou les indigènes qui se rendent, la hotte au dos, des villages de la plaine aux rays de la montagne. Tantôt rampant à flanc de coteau, tantôt plongeant au fond d'une gorge, gravissant et descendant des pentes parfois de 45°, ces sentiers sont encombrés de rochers et de troncs d'arbres, coupés de lianes et de racines, bordés dans les bas-fonds de roseaux qui, s'entre-croisant près de terre, atteignent parfois quatre mètres de haut. Ici, ils traversent des arroyos, ailleurs, ils surplombent des abîmes une glissade, un faux pas et c'est la chute inévitable dans le ravin.

De telles pistes, le plus souvent impraticables aux cavaliers, sont excessivement pénibles pour les piétons, obligés de marcher constamment à la file indienne. Il est impossible de se déployer ; jamais brousse plus inhospitalière, plus propice aux guets-apens et à toutes les traîtrises. On n'y avance, cela va sans dire, qu'avec la plus grande lenteur. Les porteurs, grandis par les colis, doivent se baisser à tout instant pour éviter les arches basses des lianes, ou prendre les charges à bras pour traverser les fourrés. De temps en temps, il faut se servir du coupe-coupe pour dégager le sentier de la végétation qui l'envahit. Partout où le sabre d'abatis des sauvages et les incendies n'ont pas semé la dévastation, le pays est couvert d'immenses forêts qui hérissent les flancs des montagnes, passent par-dessus les crêtes, s'enfoncent dans toutes les vallées adjacentes. Forêts de bananiers sauvages, forêts de bambous y alternent avec la forêt vierge, où la vie végétale acquiert une intensité surprenante. Il semble que rien n'y ait été touché depuis qu'elle existe. A côté d'arbres géants qui, trop serrés, poussent en hauteur et, ne pouvant se développer librement, vont droit vers le ciel chercher un peu de soleil, vivent une foule d'arbustes plus timides, de fougères arborescentes et de palmiers nains, aussi bien qu'un monde de parasites. Des orchidées innombrables s'accrochent aux écorces moussues et épanouissent dans l'air leurs fleurs fantaisistes. Sous la voûte sombre du feuillage, des lianes puissantes, bizarrement contournées, s'élancent de branche en branche, décrivent des courbes gracieuses enguirlandant les cimes et retombent perpendiculairement à terre ou obliquement, comme les cordages tendus d'un grand navire. L'épaisseur des fourrés donne asile à tout un monde de paons, de faisans argentés, de coqs et de poules sauvages, de singes de toutes tailles et de toutes couleurs, de reptiles de toutes espèces et aussi de cerfs, de sangliers, d'ours, de rhinocéros (1), d'éléphants, de panthères et de tigres.

Le Nam-Ou est l'artère principale où se collectent toutes les eaux de la région. Prenant sa source dans le massif de Toung-Kouang, il coule d'abord du nord au sud jusqu'à son confluent avec le Luong-Na, puis de l'ouest à l'est jusqu'à ce qu'il recoive le Nam-Khang, son principal affluent de gauche. A partir de ce point, il suit une direction générale nord-sud. Il pourrait presque, par la longueur de son cours et le volume des eaux qu'il roule, être considéré comme une des branches du Mékong. Il n'est pas nécessaire d'être grand clerc en sciences géologiques pour deviner qu'il le fut, et ceci, à une époque relativement récente. Le Mékong se jetait alors dans le golfe du Siam par la vallée de la Ménam actuelle, l'autre branche qui descend à la mer par le Cambodge et la Cochinchine étant la continuation du Nam-Ou. Cette hypothèse a déjà été émise et il est tout naturel de penser que ce n'est que lors d'un soulèvement que s'est formée la ligne de sommets ouest-est qui sépara les eaux comme elles le sont aujourd'hui.

Le Nam-Ou serait navigable en chaloupe jusqu'à Muong-Khoua, malgré de fréquents et très dangereux rapides. On le remonte en pirogue jusqu'à Muong-Va ; au-delà, il n'est navigable, à la descente seulement, que sur d'étroits radeaux. La plupart de ses affluents de droite coulent de l'ouest à l'est, perpendiculairement à son cours : les deux principaux, le Nam-Pak et le Nam-Leng ne sont que de larges torrents parsemés de rapides que parcourent, entre les biefs, les petites pirogues du pays.

On comprend que les caractéristiques climatériques du Haut-Laos soient très différentes, essentiellement variables suivant l'altitude, la situation des plateaux, l'orientation des vallées. Chaque coin a ses particularités. D'une façon générale deux saisons se partagent l'année, une saison sèche de novembre à avril, froide jusqu'en mars, et la saison des pluies qui dure d'avril à novembre.

Les premières manifestations de la saison pluvieuse surviennent en avril précédées de fortes tensions électriques. Ce sont des orages de

---

(1) La corne de rhinocéros employée dans la pharmacie sino-annamite a, dans le Haut-Laos, une valeur commerciale égale à deux fois son poids d'or. J'ai vu à Muong-Khoua un spécimen qui, mis aux enchères, avait atteint une somme de 400 piastres.

cinq à six heures de durée débutant par de violentes rafales, soufflant en tempête, courbant les arbres, secouant les branches, dispersant les feuilles, éparpillant des tourbillons opaques de sable et de poussière. Quand les nuées crèvent, l'eau s'abat en véritable trombe, répandant après elle une fraîcheur réconfortante malheureusement sans durée. Averses et rafales de vent alternent avec des chaleurs d'étuve où la terre fume comme un buffle en sueur. Puis ce sont des pluies de plus en plus fréquentes avec maximum d'intensité et de durée en juillet et août. L'état hygrométrique de l'air est alors à saturation. L'humidité ruisselle sur les murs, recouvre de moisissures les vêtements et les cuirs. La transpiration est continuelle, le thermomètre n'accusant que des différences insignifiantes entre le jour et la nuit. Les forces diminuent, les joues se creusent, le teint se décolore. Le moindre effort débilite. C'est l'époque redoutable où l'organisme est guetté par la fièvre et la dysenterie. L'hiver seul permettra le retour à l'état normal. On observe à ce moment de basses températures. Nous avons vu de la neige à Phong-Saly et trouvé de la glace à Boun-Neua.

Le Haut-Laos présente le triste privilège d'être beaucoup plus malsain que le reste du pays. L'insalubrité doit être attribuée autant à l'accumulation des détritus animaux ou végétaux, depuis des millénaires, dans les forêts, qu'à l'humidité entretenue par la pluie, les brouillards et l'exubérante végétation.

Au point de vue économique, il est extrêmement ingrat, sa configuration physique ne se prêtant ni aux cultures, ni à l'élevage de grands troupeaux. Le sous-sol, cependant, est peut-être riche. Il n'a jamais été exploré d'une façon sérieuse. Mais quelle que soit sa richesse, il sera toujours difficile de l'exploiter, si l'on tient compte des difficultés d'accès du pays. Nous avons vu un affleurement de houille à Ban-Nam-Pong. Je le signale en passant aux prospecteurs futurs.

Telles sont dans leur ensemble les caractéristiques générales du Laos et de sa haute région. S'il a le privilège d'être le plus vaste des cinq pays qui composent l'Union Indochinoise, il est par contre le moins peuplé, trois ou quatre habitants à peine par kilomètre carré. Encore faut-il distinguer entre le Laos méridional à plaines basses, fertiles, facilement irrigables et le Laos septentrional, massif montagneux peu favorable à l'établissement de groupements humains de quelque importance.

Si clairsemées que soient les populations du Haut-Laos, elles ne constituent pas moins par leur diversité une étonnante mosaïque de races, qui ajoute encore à la profonde originalité du pays. Trois groupes bien distincts se partagent les plaines, les montagnes et les vallées, chacun d'entre eux conservant toujours l'habitat qui lui est propre : le plus important est formé par les Thaïs ; viennent ensuite les Khas, anciens aborigènes, et enfin vingt-cinq mille (25.000) individus d'origine purement chinoise (1).

Une esquisse ethnographique de races si diverses ne manque pas d'intérêt. A tout seigneur, tout honneur. D'abord les Laotiens. Ce sont les maîtres du pays. Comme lui ils ont une physionomie très personnelle et, malgré les relations journalières qui les mettent au contact des peuplades qui les entourent, ils forment un groupe très différent, tant par les coutumes qu'ils ont conservées, que par la langue et le caractère.

Bien faits, vigoureux, de taille relativement élevée, les cheveux coupés court, ils représentent l'aristocratie de la population. Ils aiment les rizières et les terrains plats. Aussi se sont-ils établis dans les meilleurs endroits, les bords du Nam-Ou et de ses principaux affluents. Ils ont apporté avec eux le décor des manguiers, tamariniers, aréquiers, au milieu desquels s'élèvent leurs habitations, simples cabanes de bambou montées sur pilotis que recouvrent des toitures en paille de riz.

Plutôt trafiquant qu'agriculteur, le Laotien va sur sa pirogue, de village en village, échanger son sel, son tabac et ses étoffes contre les produits de la montagne, dont il a besoin. De retour dans son village, il pêche, chasse, laboure, prépare ses rizières, ne cultivant que juste ce qui est nécessaire à sa nourriture et vivant ensuite chez lui dans le plus doux farniente, sans désirs et presque sans besoins. Pourvu qu'il ait de quoi se loger, subsister, se vêtir et faire de loin en loin quelques menues offrandes à la pagode, il est satisfait. Tout le reste lui paraît un luxe qu'il paierait trop cher, s'il lui fallait sacrifier pour l'obtenir un peu de son repos ou de sa tranquillité.

La femme travaille davantage avec plus de régularité. Elle a la charge du ménage, des enfants, de la basse-cour, de l'étable, sème le riz, le repique, sarcle la rizière et fait la récolte.

Mariée toujours très jeune, la Laotienne voit poindre avec joie les débuts de la maternité, car la stérilité, considérée comme une marque d'infériorité indélébile, est parfois, dans le ménage, la cause de violentes disputes, préludes du divorce. Aussi voit-on souvent des femmes sans enfants faire à intervalles très courts, quelquefois même tous les jours, la navette entre leur maison et la pagode la plus voisine. Revêtues de leurs plus beaux vêtements, les bras chargés de fleurs, bougies

____

(1) Voici, d'après les derniers renseignements officiels donnés par les chefs de province, la répartition des peuplades du Haut-Laos : Laotiens 131.055, Khas 70.079, Lus 13.570, Méos 10.440, Thaïs 10.146, Yaos 7.439, Youns 6.450, Hos 5.000.

de cire et baguettes d'encens, elles vont faire quelques offrandes au Bouddha protecteur, qui a le don miraculeux de rendre fertiles les femmes qui l'invoquent. Leurs prières terminées, elles reviennent heureuses et confiantes, portant autour des poignets de petits liens de coton auxquels sont suspendus des fragments de certaines racines qui ont le pouvoir merveilleux d'aider à la fécondation (1).

Quand viennent les premières douleurs de l'enfantement, on appelle une voisine experte en la matière. Une natte posée à même le plancher de bambou, une couverture et deux oreillers, voilà la chambre des couches. Et dans le coin de la maison, où s'est installée la future mère, on allume du feu, coutume invétérée dans le pays et regardée comme essentielle à la bonne marche de l'accouchement (le mot « accoucher » se traduit en laotien par l'expression « faire du feu »). Sur le brasero, on entretient en permanence de l'eau chaude. La mère est tenue d'en boire le plus possible afin de favoriser la sécrétion lactée.

Les relevailles fournissent à la famille l'occasion de festoyer et de donner un nom au nouveau-né. On le baptise d'un nom de fruit, de fleur ou de pierre précieuse.

Respectueuse des lois de la nature, la mère, sitôt qu'elle a mis au monde, attendra patiemment la venue du lait pour alimenter son enfant. Mais elle lui fera rattraper largement ce jeûne de vingt-quatre heures en lui faisant absorber de force, un mois après sa naissance, des boulettes de riz qu'auparavant elle aura elle-même mâchonnées et réduites à l'état de bouillie. Bon nombre d'enfants payent de leur vie cette alimentation prématurée à tel point que, malgré le nombre prodigieux des naissances, la population reste stationnaire, à moins qu'elle n'aille en décroissant.

Si le bébé résiste à ce régime, il grandit, protégé par une amulette fixée au cou à l'aide d'une ficelle. Dès qu'il peut se tenir sur ses petites jambes, il explore les quatre coins de la cabane et s'aventure même parfois sous la véranda. L'échelle qui conduit à l'extérieur est là, tout près. Il la voit, tentation trop forte pour résister à la joie si naturelle d'élargir le champ de ses investigations. Après quelques hésitations il s'enhardit, s'accroupit, tâtonne, s'agrippe partout où il peut,

---

(1) Il existe dans une des plus grandes pagodes de Vientiane, le That-Luong, un Bouddha qui a la spécialité de ce genre de miracles. Le nombre extraordinaire de lamelles d'or appliquées sur son corps (il en a jusque dans les yeux, dans les oreilles et dans la bouche), les fleurs et les bougies déposées en tout temps à ses pieds, attestent le culte fervent dont il est l'objet.

aux barreaux, aux montants et, tant bien que mal, arrive jusqu'au sol. Il vient, par cet exploit, de conquérir sa liberté.

Désormais, on ne s'occupe plus de lui : il fait ce qu'il veut, apparaissant seulement aux heures des repas, jouant le reste du temps, avec ses frères et sœurs plus âgés que lui, dans la boue et dans la poussière et parmi les animaux de toute espèce qui circulent incessamment entre les pilotis.

Il atteint sept ans. Il est déjà grandelet. Il barbotte dans les arroyos et nage comme un poisson. Le moment est venu de l'arracher à ses jeux habituels et de l'asseoir sur le dos d'un buffle pour accompagner aux champs son frère aîné. Il s'habitue vite à ce nouvel exercice, qui devient bientôt pour lui un plaisir nouveau. Un beau matin, il part seul. Son éducation est suffisante ; ses parents jugent qu'il n'a plus besoin d'être sous la tutelle du frère plus âgé qu'on occupera à d'autres travaux. Le petit pasteur emporte avec lui son déjeuner, un peu de riz auquel s'ajoute parfois un morceau de poisson, quelques condiments, le tout enveloppé d'une feuille de bananier. Tantôt couché à califourchon sur une de ses bêtes, la tête près du museau, les jambes et les bras brinqueballant le long des flancs, tantôt nonchalamment étendu près de la mare où elles se baignent, il passera ainsi sa journée et ne reparaîtra au logis qu'à la nuit tombante.

Déjà il sait rouler les cigarettes ; il fume et chique comme un homme.

Le voici adolescent. A la pagode il a appris à lire et à écrire. On a commencé à lui inculquer les premières règles de politesse en honneur dans le pays. On lui a appris à ne jamais passer devant quelqu'un sans s'incliner tout en s'excusant. Il sait saluer en portant ses deux mains réunies au niveau de sa bouche. Il traite de « frère aîné » ses camarades du même âge et de même condition sociale qui lui répondent en faisant usage de la même expression. Il n'adresse plus la parole aux personnes âgées qu'en les appelant « mon oncle, ma tante, mon grand-père ou ma grand'mère ». Il fait acte d'humilité envers ceux qu'il sait être ses supérieurs et ne leur parle qu'en commençant par les mots « moi qui suis votre esclave, moi qui ne suis rien », etc.....

L'adolescent est devenu un jeune homme. Il y a longtemps déjà qu'il a laissé à un frère puîné le soin de mener paître le troupeau. Avec son père, il laboure la rizière, il l'accompagne à la pêche ou à la chasse. Dans l'intervalle, il seconde sa mère, quand le moment de la récolte est venu.

Celle-ci terminée, une longue période de repos commence pour lui. Comment l'occuper ? Au Laos, ce sont les plus beaux jours pour les jeunes gens. C'est aux belles à marier, dit-on là-bas, qu'ils doivent leurs services. Les cheveux lisses, parfumés, portant des petits bouquets de fleurs au-dessus des oreilles, revêtu de son costume des jours de fête, laissant voir au-dessus de ses mollets ses superbes tatouages, il se rend où vont d'ordinaire les jeunes filles, au marché, à la rivière, à la pagode. Entre temps, il joue aux cartes, aux dés, aux échecs. Le soir venu, il se promène et donne, en compagnie de ses camarades, des sérénades au clair de lune. C'est l'heure où les coquettes phousao (jeunes filles), leurs travaux terminés, revêtent leurs plus belles écharpes, leur plus joli sin et viennent s'installer sur la véranda de leur habitation qu'éclaire une torche fumeuse. Les phoubao (jeunes gens), qui n'ont pas besoin d'autres encouragements, comprennent ce que veut dire cette mise en scène et montent l'échelle pour aller leur faire la cour et les amuser en leur chantant de longues cantilènes. Les vieux, qui tout à l'heure souriaient et applaudissaient les chanteurs, se sont retirés pleins de discrétion pour aller se coucher. Ils laissent faire. De leur temps, n'était-ce pas la même chose ? Il faut bien que jeunesse se passe. Et ils espèrent aussi que leur fille, adroitement stylée, saura faire le choix du parti le plus avantageux et manœuvrer savamment pour se l'approprier.

Alors s'élèvent les sons harmonieux du khène et, tard dans la nuit, ce peuple noctambule cause, chante, rit, flirte.

A la faveur de ces promenades et de ces concerts, notre jeune homme a trouvé chaussure à son pied. Il s'est montré si tendre et si persuasif qu'il a su conquérir le cœur d'une belle dont il est tombé amoureux. Celle-ci, de son côté, a su, par des paroles aimables ou une chique de bétel gentiment offerte, encourager sa flamme et lui faire comprendre qu'il ne lui est pas indifférent. Ils se communiquent leurs sentiments réciproques. Peu à peu, il met l'élue de son cœur au courant de son état de fortune, lui faisant entrevoir la tranquillité et le charme qui, pour eux deux, résulterait de leur union. Ils sont d'accord et n'ont plus aucun secret l'un pour l'autre. Le mieux, maintenant qu'ils sont amants, car c'est presque la règle dans un pays où les femmes, sans être de mœurs aussi faciles qu'on s'est plu à le répéter, n'ont pas toujours la vertu de Lucrèce, ne serait-il pas de mettre en commun leur activité et leurs ressources et de fonder une famille ? Le jeune homme fait part de ses projets à ses parents qui, généralement, approuvent son inclination. Ils dépêchent alors auprès de ceux de la jeune fille une entremetteuse ou un ami qui les met au courant de la situation et fera la première demande officieuse en vue du mariage. Si la demande n'est pas bien accueillie, il est inutile d'insister. On n'en parle plus. Si, au contraire, ils répondent qu'ils vont se consulter et consulter leur fille, on peut être sûr que la réponse sera affirmative. La demande est renouvelée peu de temps après. Il ne reste plus qu'à discuter les conditions et prendre date pour la cérémonie. L'arrangement ne se sera pas conclu sans les présents habituels de noix d'arec et de chiques de bétel qu'il est d'usage d'offrir en de telles circonstances.

Un jour propice a été fixé pour le mariage. A l'heure dite, le fiancé se rend, accompagné de ses amis et de quelques musiciens, chez ses beaux-parents auxquels il remet la dot convenue : somme d'argent, buffle, porcs, ainsi que divers cadeaux, vêtements, écharpes, bijoux qu'il lui a plu d'ajouter. Des fleurs, des bougies, du tabac, quelques victuailles seront toujours bien accueillis par sa nouvelle famille. Et le festin commence. Devant les fiancés, on a placé un plateau de cuivre contenant une paire de poulets, deux bols de riz, deux œufs, deux petits flacons d'alcool, des fils de coton et quelques bougies allumées. Un vieillard, souvent celui qui a servi d'intermédiaire, récite quelques prières, prononce quelques paroles rituelles, après quoi il remet à chacun d'eux une bouchée de riz, des fragments d'œufs, et noue autour de leur poignet quelques fils de coton. Ce sont les fétiches du bonheur. Tous les deux boivent à la même coupe, puis la font passer à la ronde pour que chaque assistant puisse à son tour y tremper les lèvres. Les bols circulent, les têtes s'échauffent, l'heure psychologique des toasts a sonné. L'avocat du village prononce une dernière allocution. Par le riz partagé, par le vin bu, par le droit humain, ils sont époux, il ne reste plus au mari qu'à emmener sa femme qui, en entrant dans sa maison, se prosternera devant lui en disant : « Vous êtes mon seigneur et mon maître. Je suis votre esclave. Faites de moi ce qu'il vous plaira ».

Tels sont les rites d'un symbolisme naïf et gracieux qui président aux cérémonies matrimoniales.

Pourtant il arrive qu'après avoir promis le mariage à sa belle, le soupirant, devenu l'amant, reprenne sa parole et s'éclipse, après avoir largement goûté aux joies qui l'attendaient dans le mariage. Mais alors le code laotien est là pour remettre chaque chose à sa place et apaiser les mânes des ancêtres offensés. Les parents de la jeune fille le font d'abord appeler et le mettent en demeure d'épouser. S'il se récuse, qu'il paye. Le code a tout prévu : telle amende pour telle offense. La prise de la main, la prise de la taille et les dernières faveurs ont un tarif approprié. Refuse-t-il de financer ? On en réfère au mandarin qui règle la question en cinq minutes. Mis au pied du mur, le garçon est bien obligé de s'exécuter. Il acquitte sa dette et tout le monde est satisfait. Les mânes eux-mêmes n'ont rien à redire. L'honneur est sauf. On conçoit qu'avec de semblables mœurs, certaines filles, assez madrées, deviennent pour leur famille pauvre une source de petits revenus.

Le Laotien ne pense pas que le mariage le lie pour toute son existence. Quand on a assez de la vie en commun, on partage les enfants à l'amiable s'il y en a, et on se sépare. Rien n'est aussi simple, et les intérêts une fois réglés, chacun s'en va de son côté, libre du reste de renouveler l'expérience quand bon lui semble et avec qui lui plaît.

Vient la mort. Après un temps très court passé aux larmes, car la douleur n'absorbe que peu d'instants les parents et les amis du défunt, on appelle un bonze qui récite quelques prières. Le corps a subi les ablutions préliminaires. On a placé dans la bouche l'obole funéraire, pièce de monnaie ou lamelle d'argent destinée à permettre au trépassé d'acquitter les dépenses qu'il aura à faire sur la route qui le conduit au ciel (1). Roulé dans une natte, dans un lattis de bambous écrasés, ou placé dans un cercueil de planches taillées à la hache et grossièrement assemblées, le cadavre est emporté vers la forêt. On le place dans une fosse qu'on recouvre autant que possible de cailloux pour éviter le contact humide de la terre et, après une dernière prière, parents et amis rentrent chez eux. Voilà la cérémonie la plus commune. Mais il en est une autre aussi longue et somptueuse que celle-ci est courte et simple : la crémation, solennité à laquelle seuls les riches et les mandarins peuvent prétendre. Pendant tout le temps que le corps est gardé à la maison — et cela dure parfois longtemps — la famille fait les frais journaliers d'abondantes agapes.

Qu'il s'agisse de fêtes ou d'enterrements, la gaieté reste invariablement, au Laos, la note dominante et s'il est vrai que c'est surtout après qu'ils ont vécu qu'il faille célébrer ceux qu'on a aimés, on peut affirmer que le Laotien remplit ce devoir avec un scrupule et un zèle qu'il nous est permis de trouver excessifs mais qui paraissent ici très naturels. Autour du cercueil, où des bonzes viennent réciter des prières, veillent des jeunes gens et des jeunes filles dont les chants, les jeux et la licence dépassent les limites habituelles. Il faut bien égayer l'esprit du mort : les visiteurs affluent; les mains chargées de fleurs et de menues offrandes, ils deviennent aussitôt les hôtes de la maison ; des repas leur sont continuellement servis ; ils ajouteront leur gaieté à celle des autres, car ils n'ont d'autre obligation que celle de se divertir et de divertir tout le monde, tout en buvant, sans bourse délier, force rasades d'alcool. Ces fêtes très coûteuses et très suivies dans un pays où on ne perd aucune occasion de se donner un peu d'agrément, n'ont naturellement qu'une durée proportionnelle à la fortune et à la générosité de la famille qui en fait les frais.

---

(1) Rien n'est nouveau sur la terre. Les Egyptiens, les Romains et les Grecs mettaient également dans la bouche du mort une pièce de monnaie. Ne fallait-il pas pour passer le Styx verser un droit de péage au barquier Caron ? Je ne sais si la coutume laotienne est un reste de cet antique usage qui se serait conservé et transmis à travers les siècles. Mais il serait à coup sûr intéressant d'étudier la question au point de vue historique et ethnographique afin de savoir si les peuples de l'Inde, qui l'ont certainement importée en Indochine, ne la tenaient pas eux-mêmes des Egyptiens.

Au jour fixé pour l'incinération, le cercueil et le catafalque sont portés sur un bûcher de branches aromatiques. Tout le monde assiste à la cérémonie, généralement près du village. Les bonzes revêtus de leurs habits les plus somptueux viennent réciter les prières d'usage. On a fait ample bombance ; on se livre aux danses les plus licencieuses, on échange les propos les plus crus. La plus franche gaieté est de rigueur. Aux quatre coins du bûcher, les membres de la famille d'abord, tous les amis ensuite viennent mettre le feu. La flamme crépite ; en spirales odorantes, la fumée se tord ; le feu, tout à coup, anime et ressuscite un moment dans d'indicibles contorsions le mort, dont l'âme, heureuse au-dessus de toute cette joie, s'envole, parmi les parfums et les génies propices appelés par l'incendie. Les cendres, soigneusement recueillies le lendemain, sont placées dans une petite caisse enterrée près de la maison. Puis les bonzes viennent faire une dernière prière et c'en est fini à tout jamais.

La plupart des peuples d'Extrême-Orient vivent entourés de leurs morts, l'esprit toujours tendu vers le souvenir. Les Laotiens ne s'embarrassent pas de telles préoccupations. Une fois enterrés ou incinérés, ceux des leurs qui ont quitté ce monde n'ont rien à attendre des survivants déjà consolés.

Telles sont les principales phases du passage sur terre du Laotien. Quant à ses croyances, elles se résument en un bouddhisme noyé dans le culte de nombreux génies et de maintes superstitions. Au milieu de la foule d'esprits malfaisants dont il s'est plu à compliquer son existence, il cherche contre eux un appui dans la vénération du culte de Bouddha. Vénération toute de surface, du reste, car c'est surtout le désir de se rendre propices les bons esprits et d'exorciser les mauvais qui le pousse à faire des aumônes, élever des temples et entretenir des prêtres. De foi réelle, il n'en a pas. Venu après le Brahmanisme, religion de caste, très dure pour le peuple, le Bouddhisme, religion égalitaire, a façonné les âmes si douces des Laotiens. Mais aujourd'hui peu en comprennent le sens. Leur vie est d'ailleurs en complète opposition avec ses préceptes qui enseignent la possibilité pour l'homme de s'affranchir de tout désir par une vie pure et réglée. Ils ne pratiquent que les cérémonies extérieures. « Il me semble, dit le voyageur Bock, que leur religion n'a de racines que dans leur intelligence. Les laïques laissent aux bonzes le soin d'observer la loi édictée par Gautama et se contentent d'ériger de temps en temps un « patchedée », de faire de fréquentes offrandes à Bouddha et de rechercher périodiquement auprès des prêtres, la consolation et l'absolution ».

Les Laotiens ne sont pas seuls à occuper les plaines fertiles et les vallées. D'autres peuplades : Thaïs blancs, Thaïs noirs, Thaïs rouges, Thaïs neua, Lus, Youns parlant leur langue avec de légères différences de détail, les partagent avec eux. Quelle que soit l'appellation sous laquelle on les désigne, due à une particularité quelconque de la coiffure ou du vêtement, qu'ils soient blancs, noirs ou rouges, qu'ils soient Youns ou Lus, tous appartiennent à des variétés de cette race, originaire des confins du Thibet qui, depuis des siècles, s'est répandue à travers toute la péninsule indochinoise où l'attirait une vie plus facile et un climat plus doux, et qui s'étend actuellement, sous des appellations différentes, du Kouang-Si et du Yunnan au Siam, à la Birmanie et à l'Annam. Leur diversité, plus apparente que réelle, est d'abord due au caractère montagneux du sol qui, laissant peu de place pour les grosses agglomérations et pour la culture des rizières, constituait ainsi une grande gêne pour les transactions et empêchait les nouveaux possesseurs du sol de créer des royaumes importants.

« Absence de préjugés, grande puissance d'assimilation, telles sont les qualités maîtresses qui ont assuré la domination des Thaïs partout où ils se sont fixés. A l'époque où ils arrivèrent au Yunnan et dans le nord de l'Indochine, il n'y a aucune raison de croire qu'ils furent plus avancés en civilisation que les populations qu'ils y trouvèrent installées ; ils n'avaient même pas pour eux la supériorité du nombre. Leurs seuls avantages étaient d'être mieux groupés et d'être poussés par ce besoin de se faire une place qui assure le triomphe des envahisseurs sur les populations fixées depuis longtemps au sol.

« Arrivant par groupes distincts dans des pays différents, mais assez peu peuplés pour qu'ils pussent prendre pied à côté des premiers occupants, ils ne poursuivirent pas l'élimination totale de ceux-ci. Ils s'habituèrent à vivre à côté d'eux, leur prenant sans doute leurs meilleures terres, mais seulement au fur et à mesure de leurs besoins, s'installant de préférence dans les belles vallées et les plaines propres à l'irrigation des rizières, mais ne refoulant leurs prédécesseurs sur la montagne que lorsqu'ils se sentaient les plus forts, acquérant dès le début par la diffusion de leur langage, par l'organisation régulière et partout identique de leurs circonscriptions administratives ou mu'o'ngs, une grande supériorité sur des peuplades disséminées, dépourvues de toute relation extérieure et étrangères les unes aux autres par la diversité de leurs dialectes.

« S'il y eut parfois des luttes sanglantes entre les Thaïs et les populations qu'ils trouvèrent installées et qui ne se sont pas complètement fondues avec eux, il y eut plus souvent mélange de sang et croisement de races, les Thaïs s'alliant facilement aux femmes indigènes, qui contribuèrent, soit comme esclaves, soit comme épouses, à l'extension et au développement du mu'o'ng.

« C'est à cela qu'il faut attribuer, plus encore qu'à la variété originelle des tribus, les différences qui caractérisent les groupes thaïs de l'Indochine, chacun d'eux ayant plus ou moins adopté les usages des populations avec lesquelles il prenait contact.

« Il y a tout lieu de croire, en s'appuyant sur des exemples contemporains, que tout d'abord le prestige des envahisseurs thaïs fut tel, qu'au lieu de fuir l'assimilation, beaucoup d'indigènes la recherchèrent et qu'en se fondant avec eux, ils leur communiquèrent une partie de leurs usages. Ainsi peut s'expliquer la diffusion d'une race qui devait être peu nombreuse à l'origine de ses migrations, mais qui partout où elle s'est présentée, a trouvé le moyen de s'implanter et de pousser (1). »

Les Thaïs blancs, métis de Thaïs noirs et de Chinois, ont gardé la pureté originelle de leurs caractères ethnographiques. Très peu nombreux, ils sont réduits dans le Haut-Laos à quelques groupes familiaux isolés, la plupart habitant la partie septentrionale des Sip-Song-Chau-Thaïs, territoire qui dépend ethnographiquement du Laos, mais administrativement du Tonkin. C'est là surtout qu'il nous a été donné de les voir de près.

De taille relativement élevée, vigoureux et sains, ces hommes ne manquent ni d'élégance ni d'allure. Ils ont de plus un air de confiance en eux-mêmes et de fierté naturelle qui leur vient sans doute de l'ascendant qu'ils ont su prendre depuis longtemps sur les peuplades voisines, qu'ils considèrent comme de race inférieure et qu'ils exploitent après les avoir asservis, comme le faisaient des Ilotes les anciens Grecs. Extrêmement paresseux, ils ne cultivent que les rizières dont l'irrigation est facile et ne coûte que le minimum de peine. Encore ne font-ils qu'une seule récolte, juste le nécessaire pour vivre. Dédaigneux des travaux de la terre, ils ne considèrent comme noble que le maniement du fusil ou de la rame du piroguier. La pêche est leur seule occupation favorite. Ils construisent eux-mêmes leurs pirogues, les larges filets avec lesquels ils barrent le lit des rivières poissonneuses des environs. Aucun rudiment d'industrie par ailleurs. Les ornements d'or ou d'argent ciselé portés par les femmes sont l'œuvre de très rares ouvriers, spécialistes sans initiative et sans imagination, qui se bornent à la reproduction indéfinie des mêmes bijoux dans les mêmes moules.

Cependant la paresse n'est que l'apanage de l'élément masculin et il serait profondément injuste de ne pas reconnaître l'extraordinaire activité des femmes, auxquelles incombent, en outre de certains travaux des champs, tous les gros travaux domestiques. Ce sont elles qui, la saison venue, sèment le riz, le moissonnent et l'emmagasinent. Elles ont la charge du petit jardinet qui entoure l'habitation, de la

____

(1) LEFEVRE-PONTALIS : *L'invasion thaï en Indochine T'oung Pao*, tome VIII. — 1897.

basse-cour, de l'étable et de la porcherie. Occupées aux besognes du ménage, elles vont à la forêt quérir le bois et puiser l'eau à la rivière. Les soins dont elles entourent les enfants ne les empêchent ni d'égréner, de carder, de filer le coton brut apporté par les Mans, ni de tisser les étoffes, de confectionner, d'entretenir les vêtements de toute la famille. Comment s'étonner de ce que le dur labeur quotidien ait vite raison de l'harmonie et de la souplesse de leurs formes ? Les fines attaches, les hanches élastiques, les gorges aux contours impeccables ne deviennent bien vite que choses du passé, souvenirs d'antan et quelques années suffisent pour transformer les adolescentes au profil élégant en d'épaisses et flasques matrones aux seins flétris par de hâtives maternités.

Si les enfants se drapent d'un rayon de soleil, si le vêtement des hommes est assez banal, veste bleu foncé à larges manches de coupe chinoise, turban de même couleur, enroulé autour de la chevelure portée en chignon ou roulée en tresse, le costume des femmes ne manque ni d'agrément, ni d'originalité. Les cheveux séparés en avant par une raie et ramenés en arrière sous forme d'un chignon très bas retenu par des épingles d'argent, d'ivoire ou d'or, elles portent un petit boléro de toile blanche très court, très ajusté et fermé en avant par une série de grosses agrafes d'argent. Emprisonnant les seins et descendant à peine au-dessous d'eux, cette petite veste laisse à nu une ceinture de chair ambrée qui la sépare de la jupe formée par une pièce d'étoffe de couleur foncée descendant jusqu'à la cheville, enroulée autour de la taille où elle est maintenue par un pli. Une seconde jupe plus courte, faite d'étoffe de coloris variés, recouvre en général la première. En outre de l'assortiment ordinaire des boucles d'oreilles, colliers, bagues et bracelets, elles mettent les jours de fête un vêtement de cérémonie, sorte de long manteau fermé, orné par devant d'une large bande de soie noire, sur le milieu de laquelle est appliqué un ruban de couleur, brodé, qui, après avoir fait le tour du col, descend verticalement jusqu'au bas. Des appliques triangulaires de couleurs vives cousues sous les bras, deux petites broderies en pointe de chaque côté de l'épaule, complètent ce costume tout particulier. Quelques-unes portent un turban bleu qui se croise par devant et rappelle le nœud des Alsaciennes. Le goût de l'affreuse chique de bétel, si répandu chez les populations du Delta, continue jusqu'ici et c'est grand dommage pour ces femmes, assez jolies pour la plupart, de leur voir, au lieu de bouches saines et de dents blanches, des dents d'ébène et des sourires qui saignent comme des plaies béantes.

Écrasée de travail, mais bien traitée par son mari dont l'affection apporte un réconfort précieux à l'âpreté de son labeur, la femme thaï est généralement un modèle de vertu domestique. Une très grande douceur de mœurs règne dans les familles. Jamais de querelles ou de disputes. Les mariages d'inclination sont ici presque la règle. Aussi les divorces sont-ils peu fréquents. Rare aussi est la polygamie, permise cependant, mais luxe réservé aux riches et aux mandarins.

Il y a quelques années, je rendais visite à l'un d'entre eux qui, pour faire honneur à ses administrés, a quatre femmes à lui seul. En même temps qu'il me présentait l'une après l'autre et par ordre d'ancienneté, ses gracieuses compagnes, j'eus, pour la première fois, l'occasion de voir tout à loisir, la demeure d'un riche Thaï et d'admirer la hardiesse de ces constructions où le bambou entre pour la plus grande part dans les matériaux employés à leur édification. Clayonnages, chevrons lattis, poutrelles, tout est fait de ce roseau. La sienne, perchée sur des échasses comme celle de Robinson, a pour pilotis d'énormes colonnes de bois à peine équarries, reliées entre elles par des solives sur lesquelles repose un parquet de planches aussi larges et épaisses qu'assemblées sans art. Ses dimensions sont respectables : quarante mètres de longueur, douze de largeur, de quoi loger la population d'un petit village ! Mais comme beaucoup d'autres choses en Extrême-Orient, l'intérieur est moins bien que l'extérieur, la réalité inférieure à l'apparence. C'est par une échelle aux barreaux disjoints que j'arrive, à force d'équilibre, sur une plate-forme abritée par un avant-toit d'où je pénètre dans la salle d'honneur. Au-dessus d'une table où brûlent des bâtonnets d'encens piqués dans des tasses de porcelaine remplies de cendres, quelques bandes de papier rouge recouvertes de caractères et collées contre une cloison représentent les tablettes ancestrales de la famille. La chambre du maître du logis n'est qu'un obscur réduit en face d'une pièce à peu près semblable où se trouve un petit approvisionnement de riz. La lumière entre difficilement et la fumée qui provient d'un foyer représenté par un simple bâti de bois recouvert de terre glaise sort comme elle peut. Les murs de la vie privée sont ici réduits à leur plus simple expression, cloisons de nattes ou de cordelettes auxquelles sont suspendues quelques hardes. Pas luxueux non plus le gynécée, succession de petites cellules de quelques mètres carrés. De rares meubles : un lit de camp et une table dans la salle des visiteurs, quelques sièges en rotin et des instruments de cuisine dans le compartiment des femmes qui se prolonge par une terrasse découverte où se font la plupart des travaux du ménage.

Le rez-de-chaussée, ouvert à tous les vents, est réservé aux ustensiles les plus encombrants, grands paniers de bambou, pilons à riz, instruments aratoires, au milieu desquels circulent buffles et pourceaux.

Tel est, avec des proportions moins grandes et des matériaux plus simples, le type général de l'habitation thaï. Les constructions des Thaïs noirs sont disposées de la même façon, mais au lieu de l'autel des ancêtres, avec ses tablettes et ses baguettes d'encens suivant le rite chinois, il n'y a, dans l'angle d'un compartiment, qu'un autel de bambou au-dessous duquel se trouve une ouverture en forme de bouche où le chef de famille vient faire ses offrandes et ses prières. J'ai eu plusieurs fois la curiosité de jeter un coup d'œil dans cette sorte de chapelle privée, mais je n'y ai jamais vu autre chose qu'une simple petite étagère maculée de cire, et je n'ai pas insisté de crainte que les mânes ancestrales de mon hôte ne prissent ombrage de ma familiarité.

Les Thaïs noirs se différencient des Thaïs blancs par quelques détails dans le vêtement ou la coiffure, par un langage un peu différent, un peu traînant, et par certaines coutumes qui se rapprochent de celles des populations voisines laotiennes ou annamites.

Ils portent un turban noir, un pantalon ample et une sorte de chemise à double pan flottant presqu'aux genoux et serrée au niveau de la ceinture par une écharpe. Ces vêtements sont en cotonnade bleue foncée, tissée par les femmes.

Comme chez les Thaïs blancs et chez les Extrême-Orientaux en général, les femmes travaillent toute l'année, les hommes se reposent six mois sur douze. Ils vont à la pêche ou à la chasse, labourent et préparent leurs rizières, confectionnent plus ou moins habilement les objets qui se rapportent à leurs simples besoins, mais ne font rien de plus. Travailler pour gagner chaque jour de quoi manger, avoir un toit, des vêtements, du feu et de la lumière, voilà les limites de leur ambition. Le superflu ne les sollicite pas puisque l'indispensable leur suffit. Fortement imprégnés de la philosophie sereine des races primitives, ces hommes goûtent l'heure sans inquiétude du lendemain, prenant le temps comme il vient et le vent comme il souffle, ignorant la misère, l'envie, les tristesses sans cause ou les soucis imaginaires des civilisés. Aussi ne saurait-on s'étonner de constater chez eux cet air de bonheur tranquille que la férocité de la lutte pour la vie rend de plus en plus rare chez nous.

Nous devrions bien nous dégager de certains préjugés. Nous traitons souvent de « races inférieures », terme à juste titre très critiqué, des peuplades auxquelles nous ferions bien d'emprunter des coutumes qu'elles auraient le droit de revendiquer comme une supériorité sur celles de leurs éducateurs. Avoir une maison à soi est un idéal que visent, sans jamais l'atteindre, combien d'entre nous ! Ici, chacun peut devenir propriétaire en peu de temps et sans se donner grand mal. Il suffit, après avoir prévenu les notables, de solliciter le concours du village. Chaque habitant apporte, à la date fixée, le lot de matériaux qui lui est indiqué d'avance, et, en quelques jours, le logis est terminé. Bien mieux, ce travail devient un prétexte à réjouissances ; l'usage veut, en effet, que le jour où l'on pend la crémaillère, si j'ose me servir d'une telle expression en parlant d'une maison d'où cet ustensile est banni, un repas plantureux soit offert à tous ceux qui ont fourni leur contribution à l'effort commun. Quoi de plus légitime ? Il est bien naturel que ceux qui ont été à la peine soient à l'honneur. N'y a-t-il pas de quoi rabattre de notre superbe devant la magnifique leçon de mutualité que nous donnent ainsi ces hommes qui, sans attendre la venue de grands prophètes, et la réalisation de songes creux ou de rêves chimériques, ont le mérite incontestable d'avoir résolu depuis longtemps de façon aussi simple le problème de la plus grande part de bonheur pour tous ?

Il n'est pas jusqu'au sexe faible qui n'ait son lot, dans un pays où l'indigène n'admet pourtant pas son emprise, pays voisin pourtant de celui où le mariage, considéré comme une affaire de familles et de finances avant tout, fait que le père achète pour son fils une femme comme il achèterait un champ. En raison de ce qu'elle ne peut ni continuer la lignée, ni offrir après la mort les sacrifices rituels, privilège réservé à l'aîné des enfants mâles, une fille, à sa naissance, est accueillie sans joie. Néanmoins l'enfant grandira soignée, choyée, cajolée, car elle représente malgré tout un capital qui fructifiera et se retrouvera plus tard au moment du mariage.

A cinq ans, vêtue de sa première jupe, dont l'ampleur calculée en prévision de sa croissance nécessite le port d'une ceinture fortement serrée à la taille, elle accompagne sa mère à la rivière ou à la forêt. Son père lui a fabriqué une petite hotte avec laquelle elle rapporte quelques brindilles de bois pour le foyer. Elle promène déjà par le village un frère plus jeune. Entre temps on la voit sautiller sur la pédale de l'appareil à décortiquer. Mais ce petit moucheron ne tarde pas à faire œuvre utile. Bientôt, comme une ancienne, elle écrasera le paddy dans un mortier en bois. Moins haute que son pilon, elle le manœuvrera des heures entières, n'interrompant sa besogne que pour vanner la farine à travers un écran de fibre de palmiers.

Dix ans, quinze ans arrivent : elle sait coudre, tisser les étoffes, tresser les nattes, fabriquer des oreillers, cultiver le ver-à-soie, dévider le fil..... Mais la lecture et l'écriture resteront toujours pour elle d'impénétrables mystères. « N'instruis pas ta fille », proverbe arabe, est tout aussi bien un proverbe thaï. On borne son savoir à quelques chansons qui lui serviront plus tard, quand viendront les prétendants, et qu'il faudra leur donner la réplique.

De longs jours de flirt commencent alors pour elle. La jeunesse se réunit le soir au pied des cases. On chante, on échange des compliments, on s'offre des chiques de bétel. Le temps passe ; des deux côtés l'amour naît, grandit. Dès que la jeune fille a fait comprendre à l'élu qu'elle n'est pas insensible à ses charmes, le soupirant court s'en ouvrir à sa famille et, sans plus attendre, les entremetteurs sont mobilisés. Pure formalité, peut-on dire, car c'est une règle en pays thaï, de ne pas contrarier les inclinations naturelles.

La voilà mariée, épouse d'un maître envers lequel le premier devoir est d'obéir et le second de procréer, la femme la plus honorée étant celle qui fait le plus d'enfants. Elle vit d'abord cachée, effacée, toute entière aux soins du ménage. Ce n'est que lorsqu'elle aura donné à son mari, maître souverain à son foyer, un fils propre à perpétuer le sang et à continuer le culte dans la chaîne infinie des générations, qu'elle prendra une grande place dans la maison. Car alors elle est la mère. Vieillesse et maternité, deux qualités un peu tardives qu'on honore en elle ! Dans ce rôle de mère, du reste, elle est remarquable : jusqu'aux derniers jours de la grossesse, elle vaquera à ses occupations quotidiennes et ne les laissera qu'au moment des premières douleurs. Accroupie près du foyer sur un petit tabouret de bambou, elle attendra l'évènement, assistée par une voisine. Le plus souvent les couches se font sans le moindre embarras. Mais si par malheur, les choses tournent mal, si elle meurt avant d'avoir mis au monde, on fait aussitôt sur le cadavre l'opération césarienne, afin d'enterrer séparément la mère et l'enfant. Ensevelis ensemble, ils pourraient devenir des esprits malfaisants susceptibles de provoquer chez d'autres femmes les mêmes accidents.

Car les Thaïs vivent dans un commerce constant avec les esprits. A part le culte des ancêtres pratiqué partout, ils ont un ancien culte à eux. Il n'y a dans le pays ni pagodes, ni bonzes, mais ils croient aux génies qui habitent le ciel, la terre, les forêts et les eaux et ils ne ménagent ni les offrandes ni les sacrifices pour leur témoigner leur vénération.

Avec les Youns et les Lus, se termine l'étude des variétés de race thaï éparpillées sur le territoire.

Des premiers qui habitent sur la rive droite du Mékong, peu de choses à dire, sinon qu'ils ne diffèrent des Laotiens que par un tatouage allant du bas des jambes jusqu'à la ceinture, particularité qui les a fait appeler Lao-phoung-dam, c'est-à-dire Laotiens à ventre noir.

Les Lus méritent de nous retenir davantage. Métis de Thaïs et de Birmans, venus dans le Haut-Laos à la suite des guerres qui désolaient les Sipsong Panna, ils se sont divisés en deux groupes distincts, l'un installé dans le territoire de Luang-Prabang et vivant en bonne intelligence avec ses voisins les Laotiens dont il a pris, peu à peu, les mœurs, les coutumes et le langage ; l'autre, suffisamment dense pour former de grands villages, a conservé ses habitudes et son tempérament. C'est avec ce dernier groupe que nous avons été en relation dans le Haut-Laos. De notables différences les séparent des Laotiens : de teint plus clair, ils sont plus minces, plus souples et plus remuants ; ils ont les traits fins, les yeux vifs, l'allure dégagée. Orgueilleux et suffisants, toujours armés de sabres ou de poignards, ils affectent des allures de conquérants qu'accentuent leur démarche particulière, le turban incliné sur l'oreille, jusqu'à leur moustache qu'ils tiennent retroussée en crocs avec de la cire. On les dit fourbes, cruels, familiers de l'assassinat ou de l'empoisonnement et tous les voyageurs qui se sont égarés chez eux ont signalé leur mauvais accueil et leur cupidité.

Les hommes coiffés d'un volumineux turban de couleur vive sont vêtus d'une petite veste très courte et d'une ample culotte à la mode birmane, qui s'arrête aux chevilles tandis que le fond descend jusqu'aux mollets, véritable culotte de zouave. Ils sont, pour la plupart, tatoués du genou à la ceinture à l'encre de Chine qui prend, avec le temps, une couleur violette. Sur la poitrine, les bras, le cou, on aperçoit des tatouages rouges en forme de carrés, d'anneaux ou de rectangles avec un caractère laotien au centre.

Si les femmes sont plus fines, plus blanches que les Laotiennes, elles sont loin d'avoir leur grâce. Elles portent, avec des bijoux, bracelets et boucles d'oreille finement exécutés, un joli costume. C'est une jupe longue, à rayures transversales très vives, que complète une petite veste courte, sorte de boléro orné de galons et de passementeries diverses et laissant la poitrine nue jusqu'à la naissance des seins.

Dans les oreilles, les gens des deux sexes portent de gros cylindres de trois centimètres de diamètre en moelle ou en tissu très serré et presque toujours teint en rouge vif. C'est le grand chic ! Mais comme ils exagèrent un tantinet, il arrive souvent que le lobe cède sous la pression et se divise en deux lambeaux qui pendent lamentablement. De leur contact avec les Birmans, les Lus ont gardé le goût de la danse bruyante et des parades où les sabres, dans les assauts publics, sont maniés avec une élégance et une habileté spéciales à leur race.

Les mariages se font suivant la coutume thaï, avec cette différence que les agapes sont accompagnées de chants et de danses. Les bonzes, en plus de leur rôle religieux, sont également les éducateurs de la jeunesse ; leurs pagodes sont très fréquentées. Aussi le nombre des lettrés est beaucoup plus considérable chez les Lus que chez les autres variétés de la race thaï.

Ils n'incinèrent pas leurs morts ; ils les enterrent roulés dans une natte ou un morceau d'étoffe, ou couchés dans le tronc d'un arbre creusé. Il n'existe pas de cimetière ; les corps sont relégués au loin à la lisière de la forêt et inhumés dans une fosse peu profonde après quelques courtes prières récitées par les bonzes. Les tombes ne sont jamais entretenues, et nulle cérémonie ne vient, dans la suite, rappeler le souvenir des disparus.

Les plaines et les vallées restent le domaine des conquérants. Mais sur les montagnes s'agitent, vivent, meurent, renaissent sans cesse par générations des hommes d'une race primitive, refoulés sur les hauteurs par les envahisseurs successifs de leur territoire et voisinant avec quelques émigrants venus de Chine. J'ai nommé les Khas qui représentent plus du tiers de la population. D'où viennent-ils et qui sont-ils ? Eux-mêmes n'en savent rien ! Comme les peuples heureux, dont ils peuvent s'approprier la devise, ils n'ont pas d'histoire. Ils se bornent à répéter, de génération en génération, qu'ils sont venus habiter les sommets pour laisser, par compassion, à leurs frères cadets, les Laotiens, les rizières de la plaine et les jeunes pousses de bambou.

Débris des autochtones préhistoriques dont l'ancienneté est attestée par des instruments et armes en bronze et en pierre polie, gens presque sauvages sans monuments et sans écriture, ce sont les anciens maîtres du pays, les vrais aborigènes, qui auraient été refoulés dans les montagnes par les invasions malaises, brahmaniques, khmères, tartares et thaïs. Cette hypothèse, émise par le Docteur Lefèvre, est très importante, car elle repose sur des documents réputés authentiques qu'il a puisés dans les Annales du Cambodge et du Laos.

« Qui pourra dire, en l'absence de tout monument historique sur cette lointaine époque et surtout après la terrible invasion des Tartares, combien de croisements, de métamorphoses et de transformations fondamentales, ces premiers habitants du Laos ont subis ?

Toujours refoulés, fuyants, épars, ils ont formé ce que l'on pourrait appeler des stratifications ethniques, rompues de point en point par de nombreuses failles, mais dont les traces sont nettement apparentes aux divers étages du versant des montagnes et sur les plateaux où leurs villages sont successivement établis (1). »

Quoi qu'il en soit, les Khas sont restés très en arrière des civilisations environnantes des Chinois, des Thaïs ou des Khmers. Retard qui s'explique de lui-même. La vie sauvage, toute de luttes et d'émotions développe les muscles aux dépens du cerveau. Si les sens acquièrent une finesse inouïe, le raisonnement et l'intelligence restent à l'état embryonnaire. Vivant en dehors des voies de communication, évitant d'entrer en relations avec leurs voisins, séparés d'eux par des obstacles naturels, jouissant par ailleurs sans grand travail d'un pays qui leur fournit les ressources les plus indispensables à la vie, les tribus de la montagne ont une tendance naturelle à s'attacher au passé, à s'éterniser dans leurs anciennes coutumes et à perpétuer un état voisin de celui des hommes primitifs (2).

---

(1) REINACH : *Le Laos*, Paris 1911.

(2) C'est une loi générale d'observation facile ; autant les montagnards ont de méfiance vis-à-vis des innovations, autant les gens de la plaine et les peuples qui vivent au bord de la mer ont de tendance à les accepter. C'est ainsi depuis les temps les plus reculés. Les Mèdes qui se sont toujours refusés à changer leur législation descendaient des hautes montagnes du Caucase ; les montagnards de Judée ont gardé leur foi tandis que les tribus du Jourdain l'ont abandonnée. Les Thibétains ont des mœurs immuables. Les Grecs qui couraient toujours après quelque chose de nouveau vivaient au bord de la mer Egée et les plus récents événements prouvent qu'ils sont encore aussi passionnés qu'autrefois de revirements ou de nouveautés.

On a représenté les Khas sous les traits les plus divers. Tantôt on les a rapprochés des Indonésiens, tantôt des Négritos. Tantôt on les a comparés à de paisibles montagnards, tantôt à de farouches guerriers, rappelant les héros de Fenimore Cooper. Si les Khas du Laos méridional sont fiers, indépendants, belliqueux, susceptibles de rappeler dans une certaine mesure les tribus sauvages, Hurons ou Iroquois qui peuplaient jadis les forêts du Mississipi ou du Canada, les Khas du Haut-Laos sont, au contraire, doux et timides et n'ont rien de la bravoure légendaire des Peaux-Rouges d'Amérique ; tout au plus pourrait-on mettre en comparaison le teint plus ou moins cuivré de la peau, l'acuité des sens, la faculté d'observation, la facilité avec laquelle ils savent distinguer les bruits de la forêt et retrouver les traces des animaux sauvages. Une branche cassée, des feuilles séchées, éparses ou lacérées, une brindille quelconque sont pour leurs yeux exercés de liseurs d'empreintes, autant qu'une ligne tracée à travers les bois. Solides gaillards, aux membres robustes, aussi faciles à distinguer du Laotien que le paysan fruste du citadin, ils ont, pour la plupart, le front bas, le nez épaté, les lèvres fortes, les yeux petits, mais bien ouverts et sans bride. Ils portent les cheveux longs, roulés en chignon sur le sommet de la tête, ou relevés en broussaille et retombant sur la nuque. Si leur physionomie est, parfois, sans expression, elle reflète toujours la plus grande douceur. D'une façon générale, le vêtement se borne à une veste et à un pantalon de cotonnade grossière. Pour le travail, il se réduit à une bande d'étoffe formant ceinture dont une extrémité passée entre les jambes vient se rattacher au milieu du dos. Les femmes sont vêtues d'une jupe ne descendant guère plus bas que la moitié de la jambe ; une courte veste, quand elles en ont une, complète ce costume rudimentaire. Les deux sexes portent des bracelets, des bagues, des colliers. Les lobes des oreilles chez les hommes sont largement fendus. Souvent même, les trous sont de dimensions extraordinaires ; ils y mettent des rouleaux de bois ou de feuilles, quelquefois des bouquets de fleurs.

Contrairement aux Laotiens qui ont un langage très doux, ils ont un parler guttural très prononcé. Les dialectes sont si nombreux et si différents que deux Khas habitant parfois l'un près de l'autre ne se comprennent pas. Ils n'ont pas d'alphabet, pas d'écriture. Chaque village possède sa famille de messagers qui vont transmettre les ordres des chefs. Ils portent des morceaux de bois, des lamelles de bambous sur lesquelles sont taillées quelques encoches, mais ils les portent plutôt pour donner un cachet d'authenticité à leur message verbal que pour servir de langage écrit. Une légende thaï qui veut que l'écriture ait été donnée aux hommes par un esprit céleste explique ainsi la façon dont ils en furent privés : dans la répartition qui fut faite, les chinois obtinrent la plus grosse part, d'où le très grand nombre de caractères dont ils disposent. Les Annamites, venus en second lieu, furent moins bien partagés. Les Laotiens et les Thaïs venus après durent se contenter d'un simple alphabet. Quant aux Khas, toujours les derniers, ils n'obtinrent rien, ni alphabet, ni l'ombre d'un caractère, car le stock était épuisé.

A part quelques tribus qui ont des bonzes et des pagodes, la plupart d'entre eux ignorent le Bouddhisme. Par contre, ils ont un saint respect pour les nombreux et puissants génies dont leur imagination peuple le monde extérieur. Presque tous les peuples barbares vivant au contact continuel de la nature sauvage sont enclins à glorifier les choses inanimées et à donner un sens, une signification à des phénomènes dont la singularité dépasse les bornes de leur compréhension. Les Khas n'échappent pas à cette loi commune : ils observent scrupuleusement les pratiques superstitieuses qui leur ont été transmises par leurs ascendants, tout à fait convaincus que leur omission entraînerait pour eux les pires calamités. Les Pou-Noi, par exemple, n'attachent jamais les chevaux sous leurs maisons. Cela porte malheur. En quoi ce fait possède-t-il une influence défavorable sur la demeure ou sur son propriétaire ? C'est ce qu'il serait malaisé de définir. Aussi ne l'essaient-ils pas. Aux questions qui leur sont posées à ce sujet, ils restent muets parce que pour eux cette action n'a pas besoin d'être expliquée. Il est impossible de démêler l'écheveau confus des superstitions dont l'origine se perd dans la nuit des temps. Les Khas en ont une ignorance complète. Ils ont conscience d'une force supérieure qu'ils conçoivent à leur façon et réparissent entre un nombre considérable de divinités auxquelles ils prêtent surtout des intentions malveillantes. Il y a des esprits qui les aident, d'autres qui les trahissent. Comme il faut toujours admirer ce que l'on craint, c'est à ces derniers que vont leurs offrandes. Point n'est besoin d'en faire à ceux qui n'ont que de bonnes dispositions envers les hommes ; pareille prodigalité serait absurde. Encore mettent-ils une certaine restriction dans leur générosité, en ne faisant que des sacrifices modestes, de peur que les génies ne s'habituent à de plus importants et n'accroissent leurs exigences.

Ils ne paraissent avoir qu'un culte très relatif envers leurs morts. Enveloppé dans une natte, le corps, dépouillé de tous les bijoux qu'il portait durant la vie, est mis en terre sans qu'il y ait sur la tombe quelque cérémonie. Aucune pierre, aucune marque n'en désigne désormais l'emplacement.

Chez eux les femmes à la fois épouses, mères et servantes, mènent une vie plutôt sans relief et sans couleur. Par instinct, elles se considèrent comme des esclaves destinées à satisfaire les moindres désirs de leurs époux et à peiner pour eux jusqu'à la fin de leurs jours. Ce sont de vraies bêtes de somme, qui ne connaissent de l'existence que

Femmes Meos (région de Muong-het).

Groupe de Jeunes Filles Thaï (région de Laï-chau)

Danseuses et Musiciens Thaï (région de Laï-chau).

le travail et la fatigue. Aussi comprend-on qu'avec l'idée qu'elles se font de la métempsycose, si tant est qu'elles en aient une, elles se disent toutes désireuses de revenir sur terre sous les traits d'un homme.

Les Khas n'ont que peu de besoins ; ils ont dans leur maison du riz, du poisson séché, des piments, un peu de maïs et du sel ; cela leur suffit. Ils ont généralement peu de prévoyance et ne cultivent que ce qui est nécessaire pour l'année sachant qu'en cas de disette, ils trouveront de quoi subsister dans la forêt qui peut leur fournir des racines, des tubercules sauvages pendant deux ou trois années consécutives.

Ils comptent les jours comme les Laotiens. L'année se compose de douze mois lunaires de quatre semaines chacun dont une de huit jours. Au bout de quelques années, on intercale un mois supplémentaire. Leur connaissance des nombres est tout-à-fait rudimentaire. Jusqu'à dix, ils montrent les doigts de la main ; de dix à vingt, ils complètent cette mimique en montrant les doigts de pied. Bien entendu aucun d'eux ne connaît son âge. Heureux peuple !

On les dit réfractaires à tout progrès, à toute civilisation. Enfermés leur vie entière dans un cercle étroit de préjugés, de craintes et de superstitions, les siècles si pleins, ailleurs, de convulsions et de progrès, passent sur eux les laissant stationnaires, ignorant une foule de choses ; et ce qu'ils ignorent peut être le plus c'est leur ignorance même.

Comme les Khas, les Méos et les Yaos vivent sur les sommets, s'isolant avec fierté de leurs voisins, juchant sur les cimes les plus escarpées leurs inaccessibles demeures. Les Yaos qui se nomment entre eux « hommes de la montagne » descendraient, suivant les écrits, d'un chien dragon qui aurait épousé la fille d'un empereur de Chine, après lui avoir apporté la tête de son ennemi. De cette origine, ils semblent avoir quelque fierté car certains d'entre eux portent sur le costume, pour commémorer ce vieux souvenir, des pièces sous les bras et des plaques brodées sur les omoplates qui rappellent, disent-ils, l'endroit où étaient posées les pattes du chien dragon et ses morsures pendant l'accouplement.

Ce sont des émigrés du Yunnan. Il existe dans le Haut-Laos trois variétés de Yaos : les Lantènes (teinture d'indigo), les Khaos (à corne), les Ao-Tchaines (qui portent des sapèques), qualifications qui leur viennent d'un détail du vêtement ou de la coiffure.

Les Lantènes ont un costume court de forme chinoise, avec un gros turban, le tout de cotonnade noire. Les femmes sont aussi vêtues de la même couleur, les cheveux tressés apparents et placés sous une espèce de galette dont le bâtis est en bois. La seconde variété doit son appellation au chignon des femmes, revêtu d'une armature en bambou qui leur donne l'air d'avoir deux cornes sur la tête.

Quant aux Ao-Tchaines, ils doivent leur surnom à ce que la veste des hommes, plus courte que celle des autres Yaos, est ornée sur le devant de plusieurs rangées de boutons plats en cuivre ou en argent ressemblant à des sapèques.

Grands fumeurs d'opium, mais intelligents, fort souvent lettrés, les Yaos ont des mœurs patriarcales. Ce sont de redoutables déboiseurs de forêts. On le leur reproche avec véhémence, mais leurs méfaits seraient de moindre importance qu'on ne le prétend, si j'en crois un missionnaire très averti avec lequel j'ai eu l'occasion de causer longuement de leurs méthodes d'agriculture.

« Leur système, me disait-il, ne détruit pas. Pour défricher, ils abattent les arbres, les brûlent et sèment dans les cendres. Ils peuvent ainsi faire des récoltes pendant trois années consécutives, après quoi ils abandonnent leur champ de culture et laissent à la forêt le soin de se reconstituer. Et elle se reconstitue si bien que trente à trente-cinq ans plus tard il n'y paraît plus. On peut et on doit donc admettre que les Yaos qui ne rasent chaque fois qu'un espace de terrain très limité ne lui portent pas préjudice. Autre chose, ajoutait-il, est l'incendie systématique pratiqué chaque année par les Annamites et les Thaïs. Sous prétexte d'éloigner les fauves et d'avoir de l'herbe nouvelle pour le bétail, ils n'hésitent pas à mettre le feu sur le cercle de collines qui avoisinent leurs rizières, dévastant de cette façon une grande étendue de territoire. Voilà les vrais coupables et voilà les pratiques exécrables dont l'administration de ce pays ferait bien de prendre ombrage afin d'y mettre un terme. »

Quoiqu'il en soit, les Yaos ont des goûts nomades. Leurs installations d'une simplicité fruste, rudimentaire et probablement voulue, ne sauraient du reste les retenir longtemps fixés au même point.

Il n'en est pas de même de leurs voisins, les Méos. Habitués dès leur enfance à vivre libres comme l'aigle de leurs montagnes et à détester tout ce qui peut porter atteinte à leur indépendance, ceux-ci ont plus d'attachement pour le coin qu'ils ont choisi et dont ils comprennent la sauvage beauté. « Les premiers, disent-ils, nous voyons le soleil se lever et les derniers nous le voyons se coucher. » Enfants d'une nature sévère et morose, ils mènent une existence laborieuse et fermée qui leur inspire de bonne heure un grand amour pour leur foyer. Aussi épris de leurs solitudes que l'homme du désert est épris de ses sables, ils ne consentent à s'éloigner de leurs cabanes de pisé et de planches que lorsqu'ils y sont contraints par les nécessités de la vie. C'est sous leur misérable toit de chaume qu'ils se sentent vraiment chez eux et ils sont à peine descendus de leurs sommets qu'ils ont hâte d'y revenir, comme s'ils avaient peur d'être surpris par la mort dès qu'ils les ont momentanément quittés.

De caractère sauvage et méfiant, grand chasseur, souple, infatigable, grimpant avec la plus grande facilité sur des chemins à pic, parfois sur les entailles d'un bambou fixé verticalement, le Méo est, par excellence, le type du montagnard. Il est habillé d'un large pantalon descendant un peu au-dessous du genou, serré dans des jambières en étoffe roulée autour des mollets, et d'une veste courte boutonnant sur le côté. Un turban ceint la tête et recouvre les cheveux longs et roulés ou tressés. Autour du cou, un collier en argent massif et, pour finir, ce fusil bien connu à courte crosse dont la batterie est soigneusement enveloppée de linges. Il y a longtemps qu'il sait tenir sa poudre sèche, et bien aiguisé son indispensable sabre d'abatis.

Le vêtement des femmes est aussi curieux que gracieux : c'est d'abord un turban volumineux entourant la tête sur laquelle sont relevés les cheveux roulés en chignon, puis une petite veste très échancrée sur la poitrine, laissant la gorge à découvert avec, en arrière, un grand col marin, de couleur différente suivant les familles. A hauteur de la taille et masquée en avant par un tablier de même couleur que le col, s'adapte une petite jupe très courte, plissée et bouffante, qui rappelle par sa forme le tutu des ballerines ou la jupe de nos anciennes cantinières.

Ils se divisent en trois familles : Méos blancs, Méos noirs, Méos rouges, en raison de la couleur de certaines parties du costume de leurs femmes. Tous se montrent éleveurs soigneux, agriculteurs intelligents. Ils ont toujours un bétail de belle venue, des jardins cultivés avec une sollicitude méticuleuse, savent faire rendre à la terre tout ce qu'elle peut et obtiennent des produits d'une qualité infiniment supérieure à ceux du pays-bas.

Combien différents, combien moins intéressants, sont les Hos, anciens pirates retirés des affaires, devenus sur le tard cultivateurs ou éleveurs de porcs ! Débris des hordes chinoises qui mirent le Laos à feu et à sang, de 1875 à 1885, mariés à des femmes Thaïs, ils ont fait souche de métis qui peu à peu se noient dans la masse. La race d'origine doit donc fatalement disparaître. A la considérer telle qu'elle nous est apparue dans de misérables villages, tribus de pauvres hères déguenillés, traînant leur paresse dans une sordidité sans égale, je crois que le pays n'y perdra rien.

Telle est la terre, tels sont les hommes au milieu desquels je me propose de conduire le lecteur s'il veut bien me suivre dans de longues et lointaines pérégrinations qui nous ont retenus six mois durant à la période la plus émouvante de notre histoire. Elles ne sont qu'un peu de poussière dans la grande tragédie qui devait bouleverser le monde, mais il ne m'a pas paru inutile de les rapporter, n'aurais-je eu d'autre but, ce faisant, que de rappeler le souvenir de ceux qui nous accompagnaient et qui, marqués par le destin, sont glorieusement tombés en route.

CHAPITRE II

Du Fleuve Rouge à la Rivière Noire. (1)

SUR la droite du Fleuve Rouge, dans la gloire d'une éclatante après-midi de septembre, par un de ces soleils qui décuplent la vie dans les veines : un pays mouvementé, pittoresque à souhait, une série de mamelons aux croupes arrondies, recouverts d'une végétation aussi ardente qu'inutile, d'un maquis si dense qu'on n'y peut entrer que le coupe-coupe à la main. Ce sont les derniers contreforts de cette sierra rocheuse lointaine où culminent, en groupes capricieux, à plus de 3.000 mètres d'altitude, les fameuses aiguilles de Ta-Yang-Ping. Hier encore, à Laokay, attardé sur la terrasse de la Résidence à contempler les jeux de la lumière sur le paysage, je pouvais voir à loisir leurs arêtes aiguës semblables à des dents acérées qui tenteraient vainement de mordre l'infini, se profiler entre l'azur du ciel et la sombre verdure des montagnes, tandis que le rouge du soir les enveloppait et que les derniers rayons du soleil accrochaient sur les sommets des couronnes d'or serties de rubis étincelants.

C'est vers ces pitons, perdus en ce moment dans un lointain vaporeux, que nous conduit, par des chemins obliques, le trot allègre de nos petits chevaux tonkinois. Rapides comme le vent, la crinière échevelée, soufflant du feu par les naseaux, hennissant à l'espace, ils bondissent comme des chevreaux sur les obstacles de la route. Sans qu'il soit périlleux ou bordé de précipices, c'est tout de même moins qu'un chemin de paradis, ce sentier que nous suivons, inégal, tortueux, enjambant les arroyos sur des troncs d'arbres ou des ponts de fortune. Mais si je me sens loin des belles routes du delta désormais quittées pour un temps, je n'éprouve aucun regret à constater que le pittoresque qui m'entoure l'emporte étrangement sur leur désespérante monotonie.

---

(1) Mes compagnons de route entre Hanoï et Lai-Châu étaient le colonel FRIQUEGNON, le capitaine O'KELLY, le lieutenant KERVELLA. Marchaient également avec nous, un groupe de secrétaires et d'infirmiers européens ainsi qu'un certain nombre de tirailleurs.

Et quelle délicieuse impression de se sentir rapidement entraîné en plein air ! Sous l'excitation de la course, les poumons se dilatent, le sang se revivifie, les détails du chemin viennent à nous avec une physionomie d'autant plus heureuse que nous éprouvons moins de fatigue à nous en rapprocher. Il n'en faut pas davantage dans ce décor lumineux pour que ma pensée me ramène d'un trait à l'époque déjà lointaine où j'errais à travers la brousse soudanaise, l'âme plus jeune de quinze ans, mais pas plus débordante qu'aujourd'hui de la joie de voir des horizons neufs et de vagabonder sur des chemins inconnus.

Pourtant, ce ne sont pas des impressions de touristes que nous sommes venus chercher ici, ce n'est pas l'attrait mystérieux des choses lointaines qui nous conduit sous un soleil implacable vers le petit poste de Baxat où nous devons faire notre étape de nuit. Ce revolver à la ceinture, cette toile de couleur kaki dont nous sommes vêtus de la tête aux pieds, cette buffleterie compliquée dont nous sommes bardés, ce convoi qui nous précède, ces tirailleurs montés qui nous suivent, tout cet appareil de guerre décèle des buts moins pacifiques.

Où allons-nous ? Où courons-nous donc ainsi ? Châtier, paraît-il, une bande de malandrins chinois qui, après avoir assassiné l'Administrateur de Samnua et ses miliciens fidèles, ont fait main basse sur la caisse, les armes et les munitions du poste. Ils sont connus ; ce sont d'anciens compagnons d'armes de Luu-Vinh-Phuoc. Depuis longtemps ils avaient fait peau neuve ; on les croyait définitivement convertis, devenus sur le tard gens honnêtes et paisibles. On se leurrait étrangement ; demeurés pirates au fond du cœur, ils attendaient, au contraire, le moment de reprendre le lucratif métier d'antan. Le conflit européen leur a paru une occasion propice. Et maintenant, renforcés par d'obscurs comparses, par des malfaiteurs de droit commun, par tous les gens sans aveu qui pullulent aux abords de cette ténébreuse Rivière Noire, ils se sont réfugiés aux fins fonds du Haut-Laos, parmi de tranquilles populations qu'ils terrorisent et pressurent, ajoutant chaque jour de nouveaux crimes à la liste déjà si longue de leurs méfaits. Il s'agit d'en finir. A l'heure où notre pays, aux prises avec le plus effroyable monstre que la terre ait jamais enfanté, force par son héroïsme l'admiration du monde, la tâche paraît bien humble, bien obscure. Par contre, elle nous apparaît singulièrement ardue du fait d'embarras faciles à prévoir dans un pays malsain, difficile, dépourvu de ressources et de voies de communication. Ce sont six mois de privations en perspective, mais ces six mois de misère sont acceptés par avance d'un cœur joyeux, car il n'est pas un Français retenu contre son gré loin du front, qui ne se sente à pareille heure un immense besoin de se dépenser et de jouer un rôle, si minuscule soit-il, dans la formidable épopée.

Dès notre départ de Cocleu, dès les premières foulées, pour ainsi dire, notre groupe s'est éparpillé sur deux ou trois cents mètres. En tête, marche le colonel. Sec, droit sur sa selle, les jambes rivées au ventre d'un étalon nerveux, il semblerait presque le plus jeune, n'étaient ses longues moustaches d'argent plus apparentes encore à l'ombre du casque de liège recouvert de toile bise. Sa parfaite connaissance du pays, dont il a contribué à dresser la carte, d'abord comme membre de la Mission Pavie, puis comme chef du Service géographique le désignaient plus que tout autre à la direction des opérations et c'est lui qui, commis à l'entreprise délicate et compliquée, nous entraîne maintenant d'un galop si alerte vers les solitudes de ce Haut-Laos qu'il parcourait déjà il y a trente ans aux confins de la Birmanie et des Sip-Song-Panna.

Ce n'est pas assez de dire qu'il nous entraîne : il nous aspire dans sa course. Son cheval, ivre d'espace, énervé par de longues heures passées entre Hanoï et Laokay dans un wagon surchauffé, pressé de prendre les devants pour s'éloigner d'un lieu qui lui rappelle de désagréables souvenirs, se rattrape avec usure de l'immobilité de la veille. Et les nôtres, pour l'imiter, n'ont pas besoin d'encouragements. Pêle-mêle, à toute vitesse, soulevant des flots de poussière, ils se précipitent tous tête baissée, chacun s'efforçant de dépasser celui qui le précède. C'est bientôt un joli tohu-bohu où vient s'enchevêtrer par surcroît dans un absurde désordre le peloton affolé de nos ordonnances en mal de voltige équestre... A les voir défiler en trombe, le corps sanglé de multiples courroies, le chapeau au vent, le visage fouetté par la crinière, je m'imagine, le terrain mis à part, qu'une troupe de gauchos lancés bride abattue dans les pampas de l'Argentine n'a pas d'autre allure. Et ce tableau incomplet, manquerait de coloris si j'oubliais au milieu de cette fantasia endiablée le lieutenant qui galope devant moi et qui semble comme fendu en deux par une monture de taille disproportionnée à la sienne, sorte de Don Quichotte aux jambes si longues que ses souliers ont l'air de traîner au ras du sol.

Tant bien que mal l'ordre se rétablit et nous finissons par nous grouper. Mais ce n'est qu'une courte trêve : à peine sommes-nous réunis qu'un tirailleur chargé de surveiller le convoi apparaît tout-à-coup au détour d'un sentier, cramponné avec désespoir au cou de son cheval tandis que ses musettes zigzaguant au bout de leurs attaches flottent au-dessus de sa tête comme étendards au vent. A dix mètres devant nous, la bête s'immobilise en un arrêt brusque. Parabole du cavalier. Bruit mat d'un corps qui s'aplatit dans un terrain mou. Le cheval délivré de son fardeau se jette au milieu des nôtres. Agitation générale. Hennissements effrénés. Ruades de toute la cavalerie. Il faut dix minutes pour calmer nos montures devenues subitement enragées et remettre de l'ordre à coups de cravache. Ceux qui ont déjà voyagé dans la haute région sur de petits poneys que la fatigue n'a pas encore assagis reconnaîtront ici un des moindres incidents journaliers sur les routes de montagne.

Car nous avons dit adieu à la plaine, à l'uniformité exaspérante des rizières du Delta. Finie la vision de l'homme aux formes grêles écrasé sous le toit de son immense chapeau conique, fini le tableau sans cesse renouvelé des repiqueuses de riz pataugeant dans la vase avec des gestes rythmés de marionnettes ! L'Annamite exècre les régions montagneuses où il se porte mal. Dès les premiers contreforts il a disparu, laissant la place à une succession de tribus de races différentes qui, par la diversité de leurs caractères physiques, l'originalité de leur aspect, et leurs costumes si curieux ne sont pas un des moindres attraits du Haut-Tonkin.

Ici ce sont les Nhangs qui cultivent la terre. Vigoureux, intelligents et intrigants, ils s'estiment supérieurs aux races des alentours. Métis de Chinois du Yun-Nan dont ils ont conservé le costume et de Thaïs, peut-être d'autochtones qui auraient aujourd'hui disparu, ils seraient les clients ou les descendants de chefs qui, au commencement de la dynastie des Ming, occupaient encore les environs de Lin-ngan-Fou. Ce ne sont pas les fils de Japhet mais ceux de Sem tant sont prodigieux leurs instincts de négoce et leur âpreté au gain. La contrebande du sel leur fournit des ressources clandestines qui s'ajoutent aux revenus de leurs terres, autrefois propriété des Thaïs qu'ils ont progressivement évincés des vallées les plus fertiles.

Le soleil est encore très haut quand nous commençons d'apercevoir au bout des rizières le petit village de Baxat. Deux heures nous ont suffi pour l'atteindre. C'est le premier des postes frontières échelonnés le long de la route que nous allons suivre, système de protection à l'abri duquel de paisibles populations peuvent respirer, travailler et se refaire. Sentinelle vigilante qui domine la vallée, le blockhaus, nez à nez avec un petit poste chinois perché sur l'autre rive, est situé sur un mamelon où conduit un sentier en spirale et au pied duquel coulent paisiblement les flots limoneux du Fleuve Rouge. On devait sans doute nous guetter de là-haut, car voici que dans la porte d'entrée badigeonnée d'ocre rougeâtre s'encadre subitement en une blancheur immaculée, ruisselant de lumière, un officier qui s'est mis en frais pour nous recevoir. Ainsi se termine cette première étape, merveilleuse promenade de cavalier que je recommande aux touristes désireux de pousser une pointe dans la campagne.

*
* *

Le lendemain la diane éclatant en fanfare vibrante et joyeuse nous éveille avant l'aube. Reposés des agitations du départ, nous dévalons les pentes du mamelon pour entamer les premiers contreforts de cette haute montagne, de cet écran monstrueux dont les crêtes perdues le soir parmi les lueurs épanouies du soleil couchant dans une gamme chromatique de couleurs tendres, s'estompent au matin sous un léger voile de brume.

Le paysage est magnifique : tantôt nous grimpons sur des sentiers de chèvre pour retomber ensuite, par des descentes abruptes, au fond d'étroites gorges rocailleuses ou de vallées luxuriantes de verdure qu'égayent des murmures d'eaux limpides, tantôt, sur une jolie route en corniche, nous côtoyons des précipices au fond desquels des torrents roulent avec un bruit d'enfer. Ici, nous passons au pied d'îlots rocheux peuplés de singes qui vivent dans les grottes. Là, nous suivons, sur d'invraisemblables pentes, la lisière d'une forêt où de grandes fougères arborescentes, grandes comme des palmiers, se mêlent aux arbres de haute futaie et dessinent sur le ciel leur fine silhouette dentelée.

Partout une végétation vigoureuse, fougueuse, désordonnée. Partout des rochers toujours humides, sur les parois desquels mille imperceptibles filets d'eau filtrent parmi les mousses et les herbes chevelues pour tomber goutte à goutte dans les excavations du roc, où le voyageur peut tout à loisir étancher sa soif. Des sources nombreuses perlent sur les frêles capillaires qui s'accrochent et s'épanouissent en longues traînées vertes dans les sous-bois. Au pied de la montagne c'était une surprenante odeur de myrrhe qui nous venait de petits arbustes au feuillage argenté ; là-haut se dressent de grands panaches de roseaux, une magnifique forêt de bambous dont les beaux jets atteignent vingt mètres de hauteur. Tout un monde végétal qui ondule et frissonne au souffle de la brise nous enveloppe et nous parfume. Les poumons ragaillardis, les yeux enchantés, nous franchissons le col des Sangsues et par un sentier en pente douce, que bordent les belles rizières savamment étagées le long du Fa-Ta-Ho, nous faisons à midi notre entrée à Muong-Houm, minuscule poste de pisé au milieu d'un cadre pittoresque, près d'un torrent glacé qui roule de belles eaux vertes sur un lit de roches et de galets.

Quand nous en repartons, après une nuit passée dans le calme d'un sommeil d'enfant, ce sont d'abord les étoiles qui nous servent de fanaux. Dans un fond de ravin un cours d'eau bientôt nous arrête : le Nam Tallé. Il a l'air tranquille et inoffensif de ces petits ruisseaux de France qui me rappellent le temps déjà lointain où j'allais pêcher les écrevisses. Calme trompeur car on nous montre de place en place les traces des colères qu'il prend à la saison des pluies : de gros blocs de maçonnerie éboulés et même un rail tordu, débris d'un pont que le travail patient de l'homme avait construit et que le caprice des eaux a renversé et bousculé comme un fétu de paille. Dès que nous l'avons franchi, sur un épais radeau de bambous, nous entrons dans la vallée du Nam giao ti. Tout le paysage est maintenant illuminé de clarté matinale. Sur les pentes abruptes de la montagne courent, en fines broderies, les fils d'argent des cascatelles ; semblent avoir été placés là pour le plaisir des yeux, mais il n'y a personne pour les admirer. Si le site est pittoresque, la région est à peu près déserte. Il manque la présence de l'homme. Des villages donneraient quelque vie à cette nature et enlèveraient au pays cet air d'abandon qui impressionne péniblement le voyageur. C'est à peine si nous voyons de loin en loin, tout en haut de mamelons dénudés, quelque misérable hutte isolée au milieu des rays. On chemine des heures entières sans rencontrer âme qui vive. Il faudra attendre d'être à mi-chemin de l'étape, avant que l'homme de pointe nous signale sur le ruban de la piste une petite ligne noire qui se meut et vite grandit. C'est une famille de Méos en voie de déménagement ; les femmes en tête, chargées comme des bêtes de somme, l'échine brisée, défaillant sous le soleil tandis que le chef qui ferme la marche, le fusil sur l'épaule, invoque le prétexte démodé de l'insécurité des routes et la nécessité d'avoir les mains libres pour défendre la maisonnée contre une attaque éventuelle. S'il finit par avouer que le chemin est trop sûr pour qu'il vaille la peine d'être armé, il pense sans doute qu'il ne l'est pas assez pour qu'il soit prudent de ne pas l'être.

Ainsi déambulait entre Baxat et Muong Houm une famille de Mans que nous avons croisée, groupe de gueux dépenaillés, aux jambes emprisonnées dans de crasseuses molletières de toile effilochée. De pauvres vieilles à peau parcheminée, à masque de momie, précédées de fillettes à peine nubiles, toutes le menton sur l'estomac, pliées en deux, presque à quatre pattes sous leurs charges, comme des bêtes, marchaient depuis des heures et des heures sans regarder que le sol sans une parole et sans une plainte. La misère en voyage ! Misère inconsciente pour ces vagabonds qui portent, inscrites dans leurs prunelles et sur leurs visages, les injures multiples du soleil et du vent. Personnages turbulents, véritables juifs errants de la montagne, ils vont sans cesse, de cime en cime, poursuivant au fur et à mesure de leurs pérégrinations la dévastation méthodique des forêts. Leur système primitif d'agriculture suffirait déjà à lui seul à expliquer la fréquence de leurs exodes. Quand ils ont choisi, dans un coin boisé de la montagne, le terrain à défricher, ils abattent les arbres, les brûlent et, dès que la terre est couverte de cendres, ils se contentent de gratter le sol avec une sorte de couteau ou avec la pointe d'un bâton dont l'extrémité a été durcie au feu ; ils sèment alors à la volée, entre les troncs que la flamme a respectés, le riz et le maïs nécessaires à leur subsistance. Une pratique aussi rudimentaire a vite porté ses fruits. Au bout de deux ou trois ans, la terre est épuisée, et les Mans insouciants sont bien obligés d'aller porter ailleurs leurs pénates.

On les dit habiles à saisir l'époque opportune pour décamper. Quand vient le moment de percevoir l'impôt, le fisc trouve visage de bois. Voient-ils dans cette coutume un élégant moyen d'éviter le quart d'heure de Rabelais ? D'aucuns le prétendent. Mais au-dessus de la pauvreté de leurs champs, au-dessus de l'impôt, au-dessus des prestations dont ils ont une sainte horreur comme de tout ce qui touche à leur liberté, il y a une foule de raisons insoupçonnées qui donnent à ces tribus la mobilité d'un douar arabe. Un beau matin, pour un oui, pour un non, à la suite d'une épidémie, d'un racontar de sorcier, pour un motif dont le mystère nous échappe, les femmes hissent les enfants sur l'épaule, y joignent leurs hardes, les ustensiles indispensables au ménage et, suivie de son chef à mine belliqueuse, la famille, comme au temps de Jacob et d'Abraham, chemine vers un foyer nouveau (1)

La caravane de Méos entrevue dans la vallée du Nam Giam-Ho restera l'événement de la journée. L'accablement de midi pèse sur le paysage quand nous mettons pied à terre à Ngai-thio. Et toujours le silence et toujours personne ! Une lamentable masure aux murailles

---

(1) Les Chinois, qui ont pour habitude de traiter de barbares toutes les races d'autre origine que la leur, emploient pour les désigner un mot charmant, « Vermine ingouvernable ». Telle serait la traduction exacte du caractère idéographique qui s'applique à des gens qui semblent avoir apporté, à travers les siècles, un soin jaloux à se préserver des mélanges ethniques et à maintenir intacte la physionomie générale et la pureté du type originel.

Moins dédaigneuse est l'expression Miao-Tze (fils de terres incultes) appliquée aux Méos. Quelques auteurs ont voulu voir dans ce terme, la représentation du mot chat. Les Annamites les désigneraient ainsi, soit à cause de leur habileté à escalader les sommets les plus élevés, soit, comme l'ont prétendu certains linguistes, à cause d'une tonalité particulière de leur langue qui serait un véritable miaulement. Les Méos donnent la réplique en traitant les Annamites« d'hommes de papier », expression qui, dans la bouche de ces vigoureux montagnards, révèle un certain mépris à l'égard de la population efféminée du Delta, sur laquelle ils ont, du reste, une supériorité morale indiscutable.

Il y a dans la province de Lao-Kay, quatre mille Mans et dix mille Méos. Leur arrivée dans le pays serait d'origine très moderne : soixante-dix, quatre-vingts ans, au plus. Loin d'être les tribus aborigènes de la haute région tonkinoise, ils formeraient au contraire les fractions le plus récemment infiltrées parmi les autres populations. A l'encontre du principe ethnographique d'après lequel l'élément le plus ancien est toujours celui qui se trouve dans les endroits les plus ingrats et les moins accessibles où l'aurait amené la progression successive des invasions, nous sommes amenés à penser que les Mans et les Méos se trouvent sur les hauteurs, non parce qu'ils ont été refoulés, mais parce que, venus les derniers, ils n'ont pu prendre la route de la vallée qui était occupée et ont suivi la ligne des crêtes dans leur mouvement de migration.

lépreuses et lézardées, flanquée de quelques hangars de fortune, tel est le gîte qui nous attend à plusieurs kilomètres du hameau dont il porte le nom. Il faut dire cette fois adieu à tout semblant de confort et monter nos couchettes de campagne. Harassés de bonne fatigue, c'est avec délices que nous nous y étendons, la nuit venue, pour nous confier aux dieux légers du sommeil.

« Lorsqu'on emballe son lit, a dit je ne sais plus où quelqu'un dont je ne sais plus le nom, il semble qu'on y enveloppe aussi son repos ; à l'avance l'âme voyage avec les coffres sur les routes inconnues. » Pensée si vraie qu'au moment où je perds conscience de toutes choses, mon imagination me fait parcourir des forêts vierges, franchir des cimes argentées, longer des fleuves d'émeraude. J'entends bruire des ruisseaux, je sens le parfum de menthes sauvages, je trempe mes lèvres dans le cristal pur des sources, je vois des blancheurs de neige..... Mais je rêve et c'est le froid qui m'éveille. Quelle heure est-il donc ? Quatre heures déjà ! Le premier sur pied, je sors pour me réchauffer. Dehors, à la lueur de quelques feux qui meurent, parmi leurs gardiens qui s'étirent ou somnolent, nos chevaux de charge désentravés promènent à pas indolents leur sympathique humilité.

Au petit jour, tandis que nos palefreniers finissent de répartir nos bagages sur leur dos ensanglanté par la rude friction du bât, nous nous engageons sur un chemin de chèvre qui, par des pentes effroyables, mène du gîte d'étapes au Col des Nuages. Ici, plus moyen de cheminer tranquille en rêvant. Et d'abord, est-ce vraiment un chemin que cet amoncellement de pavés pointus, de cailloux et de rochers qui semblent s'être détachés des crêtes et avoir roulé pêle-mêle dans les fissures en zigzag produites par l'écoulement des eaux ? Peut-on donner ce nom à cette succession de gradins inégaux, sur les flancs d'une montagne abrupte, qui entaille le roc en escaliers vertigineux ? Nos petits chevaux, auxquels nous laissons les rênes libres, semblent se jouer de ces difficultés qui s'étagent sur un parcours de huit kilomètres environ; ils excitent notre admiration par l'ardeur et le courage dont ils font preuve en escaladant ces rampes excessives. Il faut les voir aux passages difficiles, le nez à terre, le cou tendu, étudier l'obstacle devant lequel ils se butent, le renifler à diverses reprises, le tâter prudemment du pied, puis, après l'avoir reconnu, se ramasser sur leurs jarrets nerveux et se détendre comme un ressort pour l'enjamber. De temps à autre, nous faisons une courte halte pour les laisser souffler ; mais ils semblent impatients de repartir pour en avoir fini plus tôt. D'autres fois, nous mettons pied à terre pour les soulager ; la main fixée à leur crinière ou au pommeau de la selle, nous marchons à côté d'eux ; mais alors leur ardeur redouble ; ils s'excitent, nous entraînent et nous remorquent si vigoureusement que nous avons de la peine à nous maintenir à leurs côtés. Ils semblent infatigables.

Nous montons depuis deux heures déjà, et la gigantesque barrière, que nous avons devant nous, est loin d'être franchie. Les obstacles succèdent aux obstacles. Ici, un éboulement, une succession de dalles branlantes ou un tronc d'arbre renversé en travers du sentier, là, une fondrière ou l'enchevêtrement inextricable de grosses racines entre lesquelles les sabots de nos montures ont de la peine à trouver place. Voici tout un quartier de montagne qui s'est affaissé ; les arbres ont été fauchés, entraînés par la violence des eaux, laissant à nu un mamelon recouvert d'une terre rougeâtre et glissante sur laquelle nous avons de la peine à avancer et à tenir notre équilibre. De cette plate-forme accidentelle prête à des effondrements prochains, nous pouvons voir derrière nous, à travers une éclaircie de la brume, les extraordinaires ondulations de ce pays soulevé en reliefs semblables à de monstrueuses échines de léviathans. De graves vautours à cou pelé, réunis sans doute pour régler les affaires de leur tribu, à moins qu'ils n'escomptent déjà quelque festin fait de la dépouille d'un de nos animaux, tiennent conciliabule sur les rochers, tandis que dans les arbres voisins, accrochés aux branches par leurs longues mains velues, des gibbons, à face ratatinée encadrée de favoris blancs, s'enivrent d'un chant d'amour et font un vacarme assourdissant.

Nous montons toujours. L'écho de la montagne nous envoie maintenant d'en bas des bruits qui nous sont déjà familiers : la musique bizarre des clochettes de cuivre et des claquettes de bambou suspendues au cou de nos chevaux de bât, mêlée aux bruyantes vociférations de nos ma-fou qui hurlent comme des damnés, aux passages difficiles, pour les stimuler. Pourtant ils ne les frappent pas, une communion subtile semblant relier ici l'homme et la bête. Suivant la coutume locale, la caravane doit marcher, sans arrêt, du point de départ au point d'arrivée, et c'est ainsi que peu à peu les courtes haltes que nous faisons lui permettent de se rapprocher de nous.

Neuf heures et demie. Au pied d'une longue aiguille rocheuse, un souffle froid et continu, qui fait plier les roseaux et s'agiter le feuillage des grands arbres, nous frappe au visage et transit nos corps en sueur. Nous arrivons enfin au col où se dresse un monument votif des plus primitifs : quelques blocs de roche que surmonte une vague figure bouddhique. Les indigènes, paraît-il, ne manquent jamais de s'y arrêter pour déposer un petit caillou (1), ou y faire brûler une baguette d'encens en marmottant une courte prière. Nous y sommes à peine, que déjà le convoi nous presse. Nous nous informons : tous les animaux sont-ils là ? Les ma-fou s'étonnent d'une telle question. De

---

(1) Ainsi en est-il des obo de Mongolie et du Thibet et, même, des fanotoavana de Madagascar.

quoi s'inquiète-t-on ? Ils ont l'habitude. Tout arrivera. Ce ne sera pas sans peine cependant, car les dimensions de certains de nos colis ne cadrent guère avec l'exiguité des sentiers de montagne et la petite taille des chevaux du pays. Il y a en particulier des ballots de couvertures sous lesquels ils disparaissent positivement, il y a les couchettes de l'ambulance, longues de près de trois mètres qui, placées obliquement de chaque côté de leur bât, leur donnent de loin l'aspect de gigantesques criquets en marche. Il y a enfin la malle ferrée d'un secrétaire, véritable meuble sur lequel le colonel a jeté plus d'une fois les regards les plus sévères. Ses jours sont comptés. Si elle n'est pas brisée avant d'y arriver, elle disparaîtra à Phong-tho.

Dans les sentiers que nous suivons, passant souvent en corniche sur des roches élevées, il suffirait d'un mouvement malencontreux pour déterminer la chute des animaux au fond des précipices et c'est miracle qu'ils puissent échapper à de tels accidents. Dans certaines descentes en casse-cou je retiens mon cheval d'une main inquiète. Il me semble que sa gourmandise qui le pousse avec une regrettable obstination à brouter les touffes d'herbes sèches qui bordent les côtés dangereux de la route de préférence à celui qui ne l'est pas, va m'être fatale. Et voilà que se produit soudain la catastrophe que je pressentais. A un détour, j'ai la vision rapide comme un éclair d'un torrent qui roule avec fracas au fond d'un ravin à pic, l'impression que la tête et le cou de ma monture ont été escamotés comme si on avait soufflé dessus, l'illusion que je réalise au bord du gouffre le mythe du centaure, l'harmonie parfaite de l'homme et du cheval, puis en moins de temps qu'il n'en faut pour le dire, toutes ces images s'évanouissent tandis que, séparé de ma bête qui a brusquement reculé la tête repliée sous le poitrail, je plonge dans le vide suivi de ma selle dont la sangle s'est rompue. La courbe que j'inscris dans l'espace s'arrête miraculeusement sur de grêles roseaux où je m'accroche avec une énergie décuplée par le danger. Je n'ai pas le temps de m'attarder sur les épines. Mes compagnons de voyage m'ont déjà tiré de ce mauvais pas. Mais c'est chose très désagréable, on peut me croire, que cette sensation, si courte qu'elle soit, de moineau au bord d'un toit.

Le Col des Nuages franchi, nous avons laissé derrière nous le bassin du Fleuve Rouge et nous sommes entrés dans celui de la Rivière Noire. Désormais le train s'accélère. A bonne allure nous dévalons les pentes, en dépit d'un sentier pavé de cailloux pointus et de pierres tranchantes comme ces roches marines aux arêtes aiguisées par le travail continuel des flots. Dans certains raidillons, nos chevaux font quelques manières tout en martelant d'un pas nerveux ces cailloutis qui les exaspèrent et les rendent plus difficiles à tenir. Deux nouvelles heures de marche, un dernier torrent, franchi sur une de ces longues passerelles de bambou qui sont une gageure contre l'équilibre, et nous arrivons enfin à

Yé-Yen-Sung. Le chef du village voisin nous y attend déjà. C'est un Man à regard d'aigle, à lèvres minces, pincées sous un nez crochu. Il tousse lamentablement et traîne derrière lui l'haleine des phtisiques. Miné par la grande faucheuse, il est venu saluer le colonel et solliciter en même temps quelque médication susceptible de lui rendre le sommeil qu'il a perdu. Son désir satisfait, il s'en va, ravi, plein de gratitude, pressant amoureusement sur sa maigre poitrine le flacon que je lui ai remis, avec, peut-être, au fond du cœur l'espérance secrète de quelque miracle prochain.

Si le gîte est aussi misérable que celui de Ngai-Thio, il a par contre l'avantage appréciable d'être placé sur les bords d'un ruisseau à eaux vives, propices à de nécessaires et salutaires ablutions. L'exiguité des pièces que nous occupons nous oblige à déjeuner dehors. Petite émotion au moment de se mettre à table. Pas de cuisinier ! Personne n'a vu depuis le matin ce personnage essentiel en campagne. La veille il était venu nous entretenir longuement d'une caisse d'effets qu'il ne retrouvait pas au milieu des nôtres. Serait-il parti à sa recherche ? Ou l'aurait-il laissée à dessein à Laokay dans l'espoir de la reprendre après nous avoir lâchés en cours de route ? Mais non ! Nos soupçons sont injustifiés, car le voici enfin qui point au sommet d'une crête toute proche. Nous le reconnaissons à la couleur verte de son veston, à la maigreur de ses mollets qui émergent d'une grosse paire de souliers ferrés et surtout à une espèce de casquette de chef de gare qu'il porte toujours enfoncée jusqu'aux oreilles de peur, sans doute, qu'un coup de vent ne la lui enlève. Cette tenue de guerre se complète d'un large parapluie qu'il tient d'une main tandis que de l'autre il balance une casserole vide. On dirait qu'il revient du marché. Le marché ? Mais c'est ce que cherche en vain cet homme du delta quelque peu indigné de voyager à travers un pays où il ne trouve rien qui lui permette de prélever l'honnête courtage que de tout temps les hommes de sa profession ont coutume de se réserver sur les provisions de bouche. Cette privation l'attriste et son humeur s'en ressent. Aussi, comme nous le questionnons sur son retard, nous oppose-t-il, d'un ton sec, deux arguments sans réplique : « soleil beaucoup chaud, chemin beaucoup mauvais » et ceci nous rappelle le dicton céleste : « route bonne pour dix ans, mauvaise pour dix mille » d'autant mieux applicable, en la circonstance, qu'il s'agit ici d'une ancienne piste chinoise.

Dans le fond de cette vallée perdue où règne d'ordinaire un calme que trouble seul l'harmonieux clapotis d'un clair ruisseau, nos montures se chargeront, la nuit venue, de réveiller les échos, et de gâter le bon sommeil sans rêves que nous nous étions promis. C'est d'abord le cheval du colonel qui passe au-dessus de sa mangeoire pour aller plus à son aise marteler de ses fers les maigres flancs d'une vieille haridelle envers laquelle il se sent pris d'une haine subite. Les coups de sabot pleuvent dru et résonnent comme des bruits de tambour. Signal qu'attendaient sans doute les nôtres pour partir en guerre, car ils rompent aussitôt leurs longes, galopent d'écurie en écurie et vont couvrir de ruades les placides animaux de notre caravane trop fatigués pour se donner la peine de répliquer. C'est un souffle de tempête qui passe sur notre campement ; au milieu des clameurs sauvages des gardes de nuit et d'incessants chassés-croisés on n'entend plus que des hennissements de frayeur, des cliquetis de chaînes traînées sur la terre, des piétinements furieux, des craquements de bambous qui cèdent de tous côtés sous la poussée des combattants. Il faudra une douzaine de palefreniers et je ne sais combien de coups de triques et de rotin sur le dos de notre cavalerie en révolte pour que la tourmente s'apaise et que le calme enfin retombe.

Au matin, tous les fauteurs de trouble sont là, réunis, devant notre cabane, avec l'air innocent de bons apôtres qui n'ont pas la moindre peccadille sur la conscience. En selle et en route ! Et c'est presque aussitôt après notre départ la petite musique douce et monotone des clochettes de notre caravane qui s'ébranle à son tour. Cinq heures de marche nous séparent de Phong-Tho. Par un sentier, qui tantôt longe des précipices à pic au-dessus d'un torrent impétueux, tantôt contourne les flancs de montagnes recouvertes de bananiers sauvages, véritable mer de verdure sur laquelle les corolles se détachent en flots sanglants, nous débouchons au seuil d'une vallée fertile arrosée par le Nam-So. De nombreuses cabanes de chaumes se dressent parmi les rizières. Nous avons depuis longtemps dépassé Ban-Moun, petit village Thaï d'agriculteurs et de pêcheurs, lorsqu'au milieu d'un cirque de montagnes verdoyantes, dans une anse du Nam-Lun, le poste nous apparaît bientôt, propre, coquet, badigeonné d'ocre clair. Nous y entrons par une large porte cochère à laquelle fait suite une longue voûte surmontée d'un étage. La cour intérieure était autrefois un petit jardin des Hespérides, mais le pullulement des moustiques qui entretenait un état sanitaire déplorable a nécessité la coupe de tous les arbres fruitiers qui en faisaient l'ornement et il ne reste plus maintenant que d'immenses carrés tapissés d'herbe courte, unie comme l'eau d'un fleuve.

Dans l'après-midi nous allons rendre visite au chef de canton. Il faut, pour se rendre chez lui, franchir le Nam-So sur une longue passerelle de lianes qui relie le poste au village, sorte d'immense hamac dont le fond, fait de lattis de bambous écrasés, est si étroit qu'il est difficile d'y poser les deux pieds à la fois et qu'il faut, pour s'y tenir debout, l'adresse de l'équilibriste sur sa corde. Des blocs de rochers et de gros galets emprisonnés dans un solide réseau de rotin, figurent les culées de ce pont rustique et c'est, par dessus, un bâti de grosses pontres sur lesquelles reposent les cordages de soutien enroulés à leurs extrémités sur de primitifs cabestans qui permettent de les tendre à volonté.

Très curieux et presque aussi nouveaux pour nous, ces ingénieux pilons hydrauliques employés pour la décortication du riz. Les Annamites chargent leurs femmes de cette laborieuse opération (1). Les Thaïs plus galants, mais tout aussi subtils, multiplient l'emploi d'engins qui donnent à leur paresse coutumière une excuse commode. Nous en avons aperçu quelques rares spécimens en cours de route. Ici on en trouve des batteries entières que le même filet d'eau actionne tour à tour. Ce sont de simples madriers mobiles autour d'un axe horizontal maintenu entre deux poteaux de bois parallèles enfoncés en terre. L'une des extrémités est évasée, creusée en forme de cuillère, l'autre est munie d'un pilon de bois qui repose dans un mortier. Une canalisation de bambou déverse continuellement de l'eau dans la cuillère qui peu à peu se remplit, s'alourdit et fait basculer le levier autour de son axe. Dans ce mouvement d'inclinaison, l'auge se vide ; s'abattant alors par la seule force de son poids, le pilon retombe dans le mortier et vient marteler le paddy qui y est déposé. La cuillère se remplit à nouveau et le mouvement se reproduit indéfiniment.

De petits toits abritent l'appareil contre la pluie ; les résultats obtenus ne sont pas parfaits, mais l'opération à l'avantage précieux de n'exiger aucune surveillance, aucun effort. Le propriétaire n'a que la peine d'aller quérir le riz, quand il juge la besogne terminée. S'il arrive qu'il ne trouve rien, et cela arrive malgré la solide palissade dont il a pris soin d'entourer l'installation, c'est que les porcs du village ont passé par là. Ces animaux remédient à la faiblesse de leur vue par leur flair et leur intelligence ; sous un masque désavantageux, ce sont des observateurs de premier ordre. Et c'est ainsi qu'au cours d'une promenade à travers le village, nous pouvons à loisir suivre, très amusés, le manège de quelques-uns d'entre eux, qui se livrent à un pillage méthodique, après avoir réussi à s'infiltrer sous la clôture. Rien n'égale l'habileté avec laquelle ils savent profiter du très court moment où le pilon se lève pour plonger brusquement leur groin au fond du récipient et le retirer non moins lestement avant qu'il n'y retombe.

*
* *

---

(1) « Le riz ne vient bien que sous la main des femmes » disent-ils. En application de ce proverbe, ils les chargent aussi du repiquage, besogne délicate dont elles s'acquittent à merveille. Elles entretiennent le jardin, bêchent, plantent, récoltent, mais elles entendent être payées de leur peine. Aussi savent-elles habilement s'arroger le droit de garde sur les piastres du ménage, pécule susceptible de fructifier largement entre leurs mains.

Types de femmes Thaï.

1. La végétation entre Laï-chau et M. Moun.
2. L'arbre à miel.
3-4. Abattage d'arbres pour le passage de la ligne télégraphique.
5. Culture dans un ray.
6. Un pont dans la forêt.

(Clichés PARISEL).

Deux jours suffisent largement à épuiser les distractions et les nouveautés de Phong-Tho. Le quatre octobre, notre caravane reposée s'ébranle sous la pluie, se préparant à l'escalade prochaine des rudes pentes du plateau de Ta-Fing. Le lendemain, c'est notre tour. Mais nous avons abandonné notre cavalerie qui fait route avec le convoi et nous nous préparons à emprunter la voie fluviale, dont la praticabilité nous a été affirmée par une reconnaissance d'indigènes que le colonel avait envoyés dès notre arrivée. Par le Nam-So et le Nam-Na nous pouvions, sans fatigue, atteindre Lai-Châu tout en gagnant un temps précieux sur notre caravane.

Dans la matinée, une douzaine de pirogues nous emportent nous et nos bagages. Ce sont de simples troncs d'arbres creusés en forme de fuseau, et si étroits que c'est un tour de force d'y descendre et de garder l'équilibre. Tandis que nous nous asseyons au centre sur un petit tabouret de rotin, deux hommes armés de pagaies viennent, à chaque extrémité, présider aux destinées de nos frêles esquifs. D'un vigoureux coup de gaffe, en montant, ils nous éloignent de la berge, mais nous sommes à peine au milieu de la rivière encaissée et bruyante que des rapides, déjà, bouillonnent entre les pierres. Successivement prises et emportées par le courant nos petites yoles semblent voler sur l'onde. Une véritable course commence. Elles s'atteignent, se dépassent, se séparent en empruntant des biefs différents, se rejoignent encore une fois pour se séparer à nouveau. Parfois le colonel qui me précède semble s'engloutir dans les flots. Illusion ! Je le revois quelques secondes plus tard au sommet d'une vague tandis que je m'enfonce moi-même dans une dépression. C'est sur l'eau un jeu de montagnes russes ! Sous nos yeux divertis par l'originalité du spectacle, les rives défilent avec une rapidité surprenante. Panorama cinématographique, navigation pleine de charmes si nous nous sentions plus stables au fond de nos périssoires et si nous ne voyions pas trop souvent se profiler au milieu du chenal d'inquiétants rochers luisants, empanachés de mousse blanche autour desquels nos sampaniers font décrire d'élégants mais impressionnants virages. L'avouerai-je ? Nous faisons de l'héroïsme à peu de frais. Les rapides sont moins dangereux qu'ils n'en ont l'air. Pas tout à fait inoffensifs cependant, car en passant à travers l'un d'eux, une de nos pirogues chavire et nos hommes doivent plonger pour ramener ce qui a sombré.

A dix heures et demie, nous défilons à toute allure le long de coteaux boisés. C'est à peine si nous avons le temps d'entrevoir derrière les épais festons de verdure un détachement de tirailleurs, en reconnaissance, qui se frayent, sous la pluie, un chemin avec leur coupe-coupe. Car il pleut maintenant. Pluie droite, lourde et drue. Nous nous protégeons tant bien que mal avec nos parasols, unique achat que nous ayons fait chez l'unique commerçant chinois de Phong-

Tho. Ils devaient nous servir contre le soleil ; nous les utiliserons contre la pluie. Plus pratiques, nos piroguiers, dont les torses ruissellent, ont fait dès les premières gouttes un paquet de leurs hardes, qu'ils ont fixées à l'avant de la pirogue après les avoir enveloppées d'une large feuille de bananier. Ils les reprendront lorsque la double caresse du vent et du soleil aura séché leurs corps aux luisances de bronze, que protègent d'immenses chapeaux coniques.

Nous descendons toujours avec la rapidité d'une flèche. A onze heures nous sommes au Nam Na, dont les eaux jaunâtres, grossies par une crue subite, tranchent désagréablement avec la limpidité du Nam So. Au confluent des deux rivières, un groupe de personnages, debout sur la rive, nous fait des signaux. Nous nous approchons. C'est le Ly'tru'o'ng de Pac Tan-Traï, venu avec sa suite au devant du colonel pour le saluer. On s'arrête quelques minutes et on repart. Ses pirogues se joignent aux nôtres, et la course reprend au milieu du grondement des eaux, entre des rives souvent à pic, toujours sauvages, dont le spectacle se renouvelle sans cesse. Une végétation puissante les recouvre à profusion. Au-dessous d'arbres géants élevant très haut leurs têtes altières, c'est un fouillis inextricable d'où s'élancent les bananiers et les fougères arborescentes, un enchevêtrement d'arbres, d'arbustes et de gracieuses fusées de palmes et de bambous qui se rejoignent au sommet comme les arceaux d'une cathédrale. Dans l'épaisseur de cette opulente verdure, que l'orchidée orne des fleurs les plus diverses, le rotang court d'arbre en arbre, embrassant les troncs, les enlaçant, accrochant partout ses énormes câbles semblables à de fantastiques serpents qui se déroulent pour retomber à terre. Le soleil qui vient de reparaître allume tous les feux du prisme dans les gouttelettes suspendues à la pointe des feuilles, stalactites de cristal, diamants éphémères, sans cesse renouvelés qui ne se montrent que pour disparaître presqu'aussitôt. C'est, parmi ce ruissellement de gemmes brillantes, un décor d'Eden agrémenté de joyeux pépiements d'oiseaux et de vols d'innombrables perruches semblables à de petits nuages de poussière verte qui traverseraient rapidement la rivière pour s'évanouir, absorbés par la verdure des rives.

Nous ne saurions regretter d'avoir choisi la voie fluviale qui unit de tels charmes à une inestimable rapidité. Les sites de cette valeur, abondent dans la haute région ; s'ils ne sont ni connus ni appréciés, c'est qu'une excursion dans certaines parties du Haut-Tonkin est infiniment plus difficile à organiser, à l'heure actuelle, que ne l'est, pour un Parisien, une tournée en Egypte ou aux Indes. Il faut du temps, une belle santé et surtout le parfait dédain du confortable.

L'esprit fermé aux beautés d'un paysage qu'ils voient tous les jours, nos bateliers mettent tout à coup le cap sur un étroit banc de sable, près duquel des buffles se baignent voluptueusement, plongés dans l'eau tout entiers. D'épaisses touffes de bambous ombragent les rives. Couper les plus belles tiges, les grouper et les fixer en faisceaux de chaque côté de nos embarcations, ce sera pour nos Thaïs l'affaire de quelques minutes ; après quoi, ainsi gréés en prévision de passes difficiles, nous reprenons notre marche au fil de l'eau. Mais déjà une rumeur confuse et lointaine qui grandit progressivement nous annonce un rapide que nous découvrons bientôt, une fois franchi le coude de la rivière qui nous le cachait. De grands blocs de rochers restes d'une montagne écroulée, barrent le lit du fleuve et les flots tumultueux qui se brisent contre eux avec furie, se transforment en vagues et tourbillons. Que faire ? Continuer ne semble pas une aventure sans péril avec d'aussi minuscules batelets. Mais nos équipages ne nous laissent pas le temps de méditer longuement sur le sujet. Ils accostent sur la seule rive abordable, se mettent en devoir de débarquer nos bagages ; et derrière eux, à la file indienne, nous rejoignons six cents mètres plus bas les eaux calmes en escaladant de gros éboulis de granit et des débris d'escarpements qui ont glissé dans le fleuve. Une heure se passe avant que nous ne voyions poindre, entre les brisants, la première pirogue fortement secouée au-dessus des vagues qui la soulèvent comme un bouchon. Habilement gouvernée, elle évite tous les écueils et franchit à toute allure le dernier chenal qui la sépare de nous. Une seconde, moins heureuse, bute contre un bec de rocher, donne là de la bande, chavire et se retourne complètement. A cheval sur elle, l'équipage peut, à force de rames, atteindre la rive opposée. L'accident ne lui a pas fait perdre son sang-froid. La barque remise à flot, il s'accroupit philosophiquement entre les pierres et fume quelques pipes en faisant sécher ses hardes. Les suivantes passent avec une vitesse folle au milieu des hurlements féroces des mariniers, mais la dernière, happée par un tourbillon, tournoie brusquement sur elle-même et vient s'écraser sur un rocher où sautent avec une agilité de singes les deux hommes qui la montent. Force nous sera de l'abandonner éventrée, la quille en l'air, épave qu'emporteront les premières crues.

Ce n'est que lorsque toute notre flotille est réunie que nos piroguiers croient devoir se mettre à table. Accroupis à terre ou assis à califourchon sur l'avant de leurs embarcations, ils entament à belles dents leurs boules de riz. Quelques gorgées d'eau puisées à la rivière, une bouffée de tabac, une chique de bétel complètent ce déjeuner sommaire. Il n'en faut pas davantage pour qu'ils soient satisfaits et prêts à reprendre l'aviron.

A quatre heures, arrêt sur un banc de sable en amont d'un rapide que nous ne pouvons songer à franchir avec nos gondoles lilliputiennes dont les services se terminent là. Nous sommes, paraît-il, à un kilomètre à peine de Pac-Tan-Traï. Dix minutes de marche le long de la berge, la rivière à traverser et nous y voilà. Les quelques maisons qui le composent s'élèvent au pied d'une colline joliment boisée en face des crêtes élevées qui, sur la rive opposée, marquent au loin la frontière de Chine. C'est dans ce petit coin paisible qu'il nous faudra passer la nuit en attendant d'autres moyens de transport. Nous n'attendrons pas longtemps, car un neveu de Deo-van-Tri, que le quan-dao de Laï a dépêché en éclaireur, nous annonce qu'il précède de peu un convoi de plusieurs pirogues qui nous sont destinées.

Le lendemain elles sont là. Sans être luxueuses ce ne sont plus les étroites périssoires de Phong-tho. Elles sont plus larges. plus spacieuses et nous n'aurons pas besoin de nous cramponner contre les bords pour nous maintenir en équilibre ; deux passagers peuvent y trouver place, un à l'avant, l'autre à l'arrière, le centre étant réservé pour les bagages. Elles nous offrent aussi un abri, bien maigre, il est vrai, mais c'est un abri tout de même : une petite paillote étroite et surbaissée au point qu'il est malaisé d'y pénétrer à moins de se plier. Assis sur la natte qui recouvre le caillebotis du fond, le dos calé par nos cantines, les jambes allongées ou repliées à l'orientale, il nous faudra rester de longues heures dans cette position incommode, la seule possible dans ce recoin. Aux passages difficiles, nous descendrons, heureux d'échapper pendant quelques instants à l'emprisonnement du bord, et de marcher, par délassement, laissant toute liberté à nos sampaniers pour se dépêtrer seuls au milieu des récifs. Ils s'en tirent à merveille, du reste, faisant preuve à tout instant d'une prudence et d'un sang-froid dont nous ne saurions trop les louer. Avant chaque rapide, ils sautent sur la berge. Chacun d'eux s'en va jeter un coup d'œil, donne son avis, écoute celui des autres, indique du doigt le chenal à suivre, les écueils à éviter. Le palabre, si l'on peut user ici de cette expression africaine, est, fort heureusement, presque toujours de courte durée. Entre gens de métier, on s'entend vite sur les manœuvres à exécuter. La plupart du temps, les pirogues passeront, la poupe solidement maintenue par un câble, pendant qu'à l'aide de longues gaules à bout ferré, la proue sera protégée contre les pointes de roches.

Le paysage est toujours aussi sauvage ! Le regard cherche sans succès des traces de mouvement, des signes de vie humaine, un simulacre d'habitation, quelque chose enfin qui fasse sentir au passant qu'il n'est pas tout à fait seul. Rien. Sur ces rives boisées, c'est toujours la même solitude ; c'est partout la nature vierge, intacte, en plein abandon !

Par moments, devant nous, murailles infranchissables, les montagnes se resserrent comme un étau. Il nous semble que le fleuve s'y arrête. Mais la monstrueuse barrière recule au moment où nous allons l'atteindre et la passe apparaît, virant à droite ou à gauche, sinueuse, semblable à une plaque de métal passée au laminoir. C'est dans un dédale de tournants que nous passons ainsi, sans autre horizon que l'étroit ruban d'eau et les mamelons boisés qui s'y mirent en reflets tremblants. Parfois, l'opacité impénétrable des frondaisons étagées le long des rives laisse la place à de hautes murailles verticales, criblées de trous noirs et profonds d'où, par endroits, bondissent de jolies cascades. Sur une de ces imposantes falaises, dans les interstices desquelles s'accrochent des lianes, des fougères et même des arbres de belle taille, c'est une escalade de troncs tordus dont les longs tentacules s'acharnent à gagner le sommet. Et c'est aussi, parmi les arbustes qui tapissent toutes les anfractuosités, mille petites fleurs qui se balancent au souffle du vent et qu'a jetées là, avec une prodigalité charmante, une nature d'autant plus jeune qu'elle est abandonnée à elle-même.

Le crépuscule nous oblige à accepter l'hospitalité que nous offre, dans sa demeure, le chef de Chinh-Neua, petit village Thaï, construit sur les pentes étagées en face d'une colline boisée, peuplée de cerfs dont nous entendons tout près de nous les bramements. Mais avec quelle joie nous abandonnons le lendemain notre logis avant l'aurore ! Il faut pour dormir dans ces maisons sur pilotis l'entraînement que donne une longue expérience. Le bruissement de légions de moustiques dont le dard acéré nous torturait la peau, les pleurs d'enfants en bas âge dont nous n'étions séparés que par une mince cloison de bambous, l'agaçant trottinement, sur les nattes, des chiens qui, sans cesse, rôdaient sous nos lits, flairant nos caisses, en quête d'une croûte oubliée ou de quelque relief de cuisine ; la rentrée en trombe, vers minuit, sous une pluie battante, d'un troupeau de cochons noctambules, partis, au mépris du tigre, vagabonder dans la forêt voisine ; tout cela, joint aux relents qui nous venaient du rez-de-chaussée à travers les lattis disjoints, ne nous a permis qu'un repos tout à fait relatif. Vite prenons le large ! La brise du fleuve nous redonnera notre équilibre. Nous pouvons traverser le village sans le voir tant est épaisse la brume qui, de la rivière, s'est répandue dans la campagne. Mais une fois partis, la lumière du soleil commence à la dissiper. Le paysage s'éclaircit. Peu à peu du bleu se fait dans l'air. Alors se révèle le Keng Tshan, véritable chute d'eau qui passe avec un fracas épouvantable au milieu d'énormes rochers et d'innombrables récifs d'autant plus dangereux qu'ils sont mieux dissimulés. Il faut l'œil exercé des indigènes pour les deviner à la différence de couleur des eaux qui les recouvrent ou à la physionomie spéciale de certains remous. Mais loin de nous effrayer, le rapide, au contraire, nous attire. Nous ne marcherons pas, cette fois, derrière l'équipage, qui nous invite à suivre le même chemin que nos bagages, car le désir nous est subitement venu d'agrémenter notre navigation en franchissant le passage sur nos embarcations et de jouir de l'attrayante sensation que procure à celui qui le court, ce steeple-chase d'un nouveau genre. Une première pirogue est lancée en éclaireur : l'équipage courbé en avant pousse des cris sauvages et rame avec frénésie. Nous la suivons attentivement de l'œil, tanguant, roulant, zigzaguant, semblant, à chaque instant, disparaître sous les flots au milieu du labyrinthe des roches. La voici tirée d'affaire. Notre tour est venu de nous engager dans le chenal. Emportés dans une course vertigineuse sur des vagues toutes chargées d'écume, nous frôlons des pointes de rochers et nous atteignons la chute en vitesse. C'est le moment où on éprouve au cœur un petit pincement désagréable. L'avant de notre pirogue, lancée comme un projectile, émerge subitement au-dessus des bouillonnements de la chute, puis, brusquement, bascule, pique du nez et, semblable à un gigantesque battoir, retombe à plat en frappant avec un bruit sourd la surface des eaux qui rejaillit en hautes gerbes au-dessus de nos têtes. Nous avons, pendant une seconde — une seconde seulement — l'angoissante sensation de plonger dans le gouffre. Des oscillations inquiétantes agitent notre esquif, des lames passent subitement pardessus bord, s'écrasent sur l'avant, traversent la paillote ou nous frappent au visage, pulvérisées en gouttelettes fines. Nous sommes inondés, trempés du haut en bas. Quelques coups de barre, que suivent aussitôt des coups de roulis désagréables, d'adroits coups de gaffe qui nous font éviter la corne menaçante d'un bloc à fleur d'eau, et nous arrivons sur la nappe de repos, à cent mètres du seuil que nous venons de franchir. Le rapide peut mugir à son aise : nous ne lui servirons pas de proie.

Désormais, la navigation est sans péril. Les falaises ont disparu ; les rives s'élargissent. Çà et là des mamelons dénudés par les incendies, quelques habitations, la maison de campagne du quan-dao qu'on nous montre sur un étroit plateau, puis brusquement, à un coude de la rivière, deux barques remplies de jeunes gens casqués de blanc et vêtus d'habits européens dont la coupe impeccable fait tort à nos costumes de toile kaki trempés et fatigués par le voyage. Ce sont les frères et neveux du chef de la région. En leur compagnie nous arrivons, vingt minutes après, au confluent de la Rivière Noire et du Nam-Na que domine un éperon rocheux sur lequel se tient, perché en nid d'aigle, le village de Muong-Laï, résidence des seigneurs féodaux des Sip-song-chau-thaï. Nous débarquons sur la plage sablonneuse qui s'étend à nos pieds, tandis que des milliers de pétards, suspendus à de longues perches de bambou, éclatent à nos oreilles. Les officiers du poste et les mandarins du pays réunis sur la berge, s'avancent au-devant de nous. Nous sommes au terme de notre première étape. Seize heures de navigation, nous ont suffi pour effectuer le trajet que, par voie de terre, notre convoi mettra sept jours à parcourir.

Cette descente du Nam-na est ravissante. Citadins du delta, si vous êtes las des paysages uniformes et avides de contempler des décors originaux, délaissez pousse-pousse et victorias. Essayez. Faites ce voyage, rien que pour voir. Et si vous n'êtes pas satisfaits après avoir vu, c'est que vous aurez dormi en route.

CHAPITRE III

Vers le Laos.

Du débarcadère de Muong-laï au poste, il n'y a guère qu'un demi-kilomètre à franchir, mais c'est tout un voyage. Aucun autre moyen d'accès, d'abord, que les entailles qui zigzaguent aux flancs d'une grande roche à pic, où, tout en-haut, s'érige le tombeau de Déo-van-Tri. C'est ensuite la Rivière Noire à traverser, un rapide à éviter et, pour finir, un horrible petit sentier tortueux et raviné qui mène au sommet du mamelon où se dresse, au milieu d'un paysage sévère et d'une âpreté sauvage, la banale et morne silhouette d'un blockhaus. Le modèle a été reproduit tant de fois qu'il suffit d'en avoir vu un pour les connaître tous. C'est un mur d'enceinte rectangulaire, le long duquel s'étayent, sous un toit commun, d'étroites cellules pressées comme les alvéoles d'une ruche; aux angles, des bastions carrés percés de meurtrières et, dominant le tout, une longue perche de bambou au bout de laquelle flotte notre drapeau.

Mais en dehors du réduit militaire, sur le terre plein qui lui fait suite, la fantaisie s'est donnée libre carrière. D'humbles paillottes servent de magasins, de casernes, d'infirmerie, de cuisines. De précaires cabanes de pisé et de chaume tiennent lieu de logements pour les officiers. Toutes ces bâtisses vermoulues, lépreuses, écrasées vers la terre semblent toujours attendre le coup de grâce qui les transformera en débris à demi pourris. Elles ne devaient durer qu'une saison et il y a des années que leur misère, sans cesse aggravée, s'étale impudemment. Il n'y a, dit-on, que le provisoire qui dure. Mot d'une ironie pleine de vérité que viennent renforcer ici certaines constatations qui sautent aux yeux : point n'est besoin d'être architecte pour s'apercevoir que la demeure du Commandant du territoire est coiffée d'une toiture de tôle hâtivement posée sur un étage inachevé, ni d'être grand clerc pour se rendre compte que l'immense citerne du poste, toujours à sec, suffirait pendant trois mois aux besoins d'une garnison assiégée si la source qui l'alimente était captée par un système moins rudimentaire qu'une antique conduite de bambou qui la débite au compte-goutte. La raison de tout cela, de tous ces travaux qu'on commence et qu'on ne termine jamais ! Toujours la même . crédits mesurés avec une déconcertante parcimonie, mise de fonds insuffisante, petits paquets qui fondent sans résultat tangible. L'image fidèle de l'Administration Française !

C'est parmi ces baraquements de fortune que nous nous sommes établis tandis que nos ordonnances et notre escorte, après une exploration méthodique, se sont infiltrés dans les multiples compartiments de paillottes inoccupées.

Dans les jours qui suivent notre installation les heures fuient rapidement. Au tumulte de l'arrivée, au tintamarre de caisses traînées, heurtées, ouvertes, déballées ou hâtivement reclouées, succèdent bientôt des occupations moins bruyantes : chacun s'emploie à mettre de l'ordre dans ses bagages, à passer son matériel en revue et à répartir le tout par fractions de 25 kilogrs.

Assis devant une grande table à demi recouverte de cartes, le colonel, entouré de son état-major, évalue des distances, fait des plans de ravitaillements ou de transports, et des calculs de coolies et de mulets qu'il recommence sans cesse, tel un négociant failli qui, après s'être repris à vingt fois pour arriver au même total, se refuse à admettre l'exactitude de ses opérations. Parfois il se lève, arpente d'un bout à l'autre la pièce où il travaille, puis se rassied le front légèrement soucieux. C'est que la réalité ne répond guère à ses prévisions. Un peu d'inquiétude lui vient d'abord de l'expérience malheureuse de notre artillerie qui, après dix-sept jours de route entre Laokay et Lai-châu et des épreuves sans nombre, a perdu la moitié de ses grands mulets d'Algérie et compte en outre seize chevaux indisponibles sur dix-sept. Durant les derniers jours du voyage, il a fallu faire porter à dos d'homme, à l'aide de manœuvres combien compliquées ! la pièce de canon, son affût, ses accessoires, toutes choses d'un poids excessif pour les abominables sentiers de la région. Les malheureux animaux, dont le dos rappelle l'aspect d'un tuyau de plomb éclaté sous la violence des eaux, sont en piteux état : tous sont blessés, porteurs de plaies tuméfiées, souillées, larges comme les deux mains, profondes comme des cuvettes, véritables cratères où fourmille en dépit de l'antisepsie et du fer rouge tout un peuple pressé de larves répugnantes. Dans combien de temps seront-ils en état de partir ? Quelle sera leur résistance à une tâche qui s'annonce si dure ? Grave sujet de méditation pour l'avenir.

Mais le colonel a des préoccupations bien plus sérieuses en ce qui concerne le ravitaillement. L'inspection des vivres lui réservait une fâcheuse déconvenue : c'est à peine si l'intendance a pu réunir la vingtième partie du stock sur lequel il comptait à son arrivée. Le pis est que la situation risque de se prolonger longtemps, car la région de Lai-châu, obligée de faire elle-même appel une partie de l'année aux ressources de Dien-Bien-Phu, ne peut nous fournir le moindre approvisionnement. Un émissaire, envoyé en Chine pour procéder à des achats, a été tué au cours de sa mission ; Cam-La, oncle du Quan-dao qui doit partir le remplacer avec l'espoir de mieux réussir est toujours ici. Le Tri-chau de Tuan-giang qui devait expédier quarante tonnes n'a pas encore fourni le premier gramme de ce qu'il a promis.

Il ne reste pour tout espoir que les quantités insuffisantes que nous envoie le service administratif par Cho-Bo et la voie si lente, si difficile, si remplie d'aléas de la Rivière Noire.

Une semaine, deux semaines se sont écoulées. Situation inchangée, dirais-je, si j'étais chargé de rédiger un communiqué, aggravée pourrais-je même ajouter, car les maigres appoints que nous recevons n'arrivent plus à compenser la consommation journalière. Pour mettre notre patience à l'épreuve, ce sont les vivres que nous désirons le moins qui nous arrivent le mieux : des montagnes de caisses de vin s'élèvent sous la vérandah du poste, alors que leur encombrement ne nous permettra pas de les emporter, nécessité, soit dit en passant, qui fait faire la grimace à plus d'un. Par contre, l'aliment essentiel que nous ne cessons de réclamer à tous les échos de la rivière, nous parvient en quantités si ridicules qu'en manière de plaisanterie — et pour savoir à quoi s'en tenir enfin ! — le médecin du poste est venu gravement mettre la balance de précision de sa pharmacie à la disposition de notre officier d'approvisionnement.

Je maudis les lenteurs de ces préparatifs. La tristesse de mon logis m'énerve. Pour me distraire, je monte à cheval et je vais devant moi, sans but. Retour par la vallée du Nam-Lai et le petit village chinois au confluent de la Rivière Noire. J'entre chez le chef de congrégation : un ancien pirate, un Pavillon noir qui combattit autrefois sous les étendards de Luu-Vinh-Phuoc. Loin de renier ses origines, il montre avec quelque fierté un souvenir durable de l'époque : un projectile reçu au combat de Tuyen-quang, et qu'il garde, enchâssé pour la vie, dans un de ses genoux ankylosé. Il est, paraît-il, commerçant. Les quelques boîtes de sardines qu'on voit chez lui arriveraient difficilement à me le faire croire, si je ne savais que ce mince stock — mince, prétend-il, parce que nous accaparons toutes les pirogues — n'est qu'un paravent destiné à masquer un trafic illicite, et que c'est probablement de la contrebande de l'opium qu'il tire le plus clair de ses bénéfices. Mais ce chinois ne serait pas chinois s'il n'avait su se rendre indispensable. Fourmi travailleuse au milieu des cigales, il est le seul qui puisse dans ce pays de torpeur et d'indolence, se charger de ravitailler les troupes en viande fraîche. Les qualités de sa race nous serviraient cependant avec bien plus de profit, si, dès le début, nous avions pu lu confier la direction générale de notre ravitaillement. Nous ne serions pas réduits à croupir dans l'inaction pour des questions de nourriture.

Eussions-nous le riz qui nous manque, nous serions encore immobilisés ici par la question si complexe des moyens de transport. Ce serait folie d'envisager le portage à dos d'homme dans un pays pauvre, rançonné, mis à sac par la piraterie, où les coolies, obligés pour vivre, de faire appel au contenu de leurs charges, risqueraient d'arriver à vide au bout de quelques étapes. Insoluble avec l'homme le problème est relativement facile avec des animaux de bât qui peuvent trouver partout, à défaut de paddy, de l'herbe ou des feuilles de bambou. Dès le début de septembre, le colonel avait demandé l'envoi d'une mission au Yun-nan pour acheter les animaux indispensables. Mais où en est ce recrutement ? Il nous faut huit cents mulets et nous ignorons encore où se trouve le premier d'entre eux. Impossible de savoir quoi que ce soit : nous sommes complètement isolés ; neuf jours sur dix le postier indigène nous répond d'un air goguenard que les lignes télégraphiques sont coupées. Et comment pourrait-il en être autrement ? il faudrait vraiment ne désespérer de rien après l'instructive documentation que nous avons rapportée d'une promenade le long de ces lignes. A trois cents mètres du poste, le fil s'accroche à un tronc d'arbre, à une branche touffue, à un épaulement de rocher. Par endroit il touche terre sur des centaines de mètres, maintenu ailleurs par des trépieds de bambous que, par pitié sans doute, des indigènes ont élevés en passant. De nombreux poteaux gisent renversés dans les rivières, vidés de leur substance, simple pellicule qu'on enfonce avec le doigt. Que fait donc ce surveillant qui part si souvent en tournée de réparation et finalement ne répare rien ? Il paraît que le personnage, qui aurait lui-même grand besoin d'être surveillé, s'en va tout doucement le long du chemin, faisant de longues pauses dans les villages pour y boire une tasse de thé et fumer une pipe. Comme il doit se rencontrer avec son collègue de Dien-Bien-Phu sur un point intermédiaire, il retarde ce moment le plus qu'il peut, espérant raccourcir d'autant son itinéraire de retour. Le malheur est que le collègue de Dien-Bien-Phu qui a les mêmes desseins, agit exactement comme lui, si bien qu'ils ne sont pas plutôt revenus tous les deux à leur poste d'attache qu'ils doivent repartir et refaire les mêmes pérégrinations sans résultat ou presque. Et que dire du bureau de poste où vivent dans une perpétuelle somnolence deux Annamites à qui les interruptions de la ligne permettent de passer la moitié de la journée à ne rien faire et le reste du temps à taquiner la pipette sur le lit de camp ? En voici deux, je l'affirme, qui se moquent de l'équilibre européen, des fluctuations du front ou du taux de la piastre.

Et tandis que rien ne marche, ni le télégraphe, ni la poste, ni les approvisionnements, ni les moyens de transport, les jours s'écoulent et nous restons là le bec dans l'eau, incapables de prévoir l'époque à laquelle une telle situation prendra fin. Il est décidément plus difficile d'organiser un convoi de vivres dans ce pays que d'armer un grand navire qui part pour une croisière de deux ans !

Venus avec des avant-goûts d'action immédiate, l'immobilité, le désœuvrement nous pèsent. Dans l'isolement où nous sommes, de quoi se divertir ? On cherche du travail, un livre, une occupation. On ne trouve rien. On regarde autour de soi, chez soi. Tout un monde habite les pièces où nous vivons : à terre rampent les lombrics colossaux sortis d'entre les dalles où nous faisons les cents pas journaliers ; sur les murs blanchis à la chaux, c'est le margouillat familier, grand mangeur de moustiques, qui se promène avec aisance ; ce sont les fourmis qui, par longues files serrées, montent à l'assaut de notre sucre, pendant que nos caisses et nos cantines sont l'objet d'incessantes excursions de la part des termites, insectes malfaisants qui ne semblent vivre que pour accumuler ruines et désolation. A voir toute cette faune errer en liberté à portée de l'observation, nous nous sentons une âme de naturaliste et nous suivons avec un intérêt poignant les péripéties tragiques des combats acharnés que se livrent au hasard des rencontres termites et fourmis rouges, à moins que ces éternelles ennemies ne fassent front commun contre un malheureux ver de terre imprudent qu'elles mettent à mal en un clin d'œil. Ce sont nos distractions de la journée.

La nuit venue, la grande silhouette sombre des montagnes qui nous emprisonnent et semblent peser sur nous de toute leur hauteur, se détache sur un ciel nuageux, tandis que leur base se fond dans l'épais brouillard qui s'élève de la plaine de Muong-Toung et de la Rivière Noire. Pas un souffle. On dîne dehors, face à la plaine où dans l'obscurité s'agitent et s'embrouillent les incessantes rondes des lucioles, semblables à des étoiles qui s'éteignent et se rallument tour à tour. Des myriades de bestioles étourdies tombent des ténèbres. Autour des photophores où tous les insectes de la création semblent s'être donné rendez-vous, des colonnes de fourmis ailées, d'imperceptibles moucherons attirés par la flamme fascinatrice tourbillonnent, couvrent les tables, se mêlent à nos mets, pénètrent partout. Des hannetons affairés, de gros scarabées noirs, bardés de piquants comme des oursins, viennent briser leur vol sur nos visages, se répandent dans nos assiettes, dans nos verres ou s'entassent par monceaux au pied des lampes. Quelques-uns choient dans la soupe, en ressortent, échaudés, tombent à terre, remontent en hâte pressés d'explorer nos jambes ou nos avant-bras, et d'innombrables moustiques, qui semblent n'avoir d'autre préoccupation que de nous enfoncer leur vrille assoiffée de sang sous la peau, viennent grossir cette collection d'indésirables tout en nous harcelant de leurs susurrements continus et de leurs cuisantes ponctions.

La soirée se termine par de monotones allées et venues sur la terre-plein du poste où se réunissent, après le dîner, tous les officiers. Que faire sinon médire de son prochain ? L'indifférence et l'apathie des Thaïs ont déjà fourni matière à bien des dissertations. Mais l'Intendance et ses lenteurs deviennent le sujet à la mode, le morceau de résistance. C'est elle qui, par ses efforts sagement mesurés, est la cause de notre retard. C'est elle qui nous voue à l'inaction et permet aux pirates, que les questions de nourriture ou de transport n'embarrassent guère, de se moquer de nous. L'officier d'administration qui la représente à Lai-châu se promène au milieu d'un groupe. On cherchait un coupable. Le voici. C'est lui parbleu ! d'où vient tout le mal. On l'interpelle, on le prend à partie, bien qu'il n'y soit pour rien bien entendu. La discussion s'anime, prend de l'ampleur ; d'autres chefs d'accusations se précisent. On s'assied dans un coin, sur des piles d'isolateurs ou des caisses vides. On lui reproche avec âpreté la malfaçon du pain qu'il nous livre. Les uns le trouvent trop cuit, les autres pas assez ; tous s'accordent à reconnaître qu'il était meilleur avant sa venue. Quand tout est dit, l'accusé sourit dans sa grande barbe, puis la main haute, comme s'il prêtait serment, promet gravement pour l'avenir du « pain de luxe » qui sera, cela va sans dire, le même que celui que nous mangeons tous les jours. Et ce seront chaque soir les mêmes sujets de conversation toujours pareils, jamais épuisés. Il faut bien que le temps se passe !

Mais qu'il passe donc lentement, dans ce poste d'exil où sont inconnues les choses les plus utiles à l'existence, où il faut prévoir des mois à l'avance tout ce dont on a besoin, où tout arrive en quantité parcimonieusement mesurée, où l'on reste des semaines séparé du reste du monde, sans lettres et sans nouvelles. Un malaise indéfinissable, une sorte de tristesse me gagne à contempler ce site farouche, ces sombres montagnes qui nous séquestrent et semblent, dès que le soir tombe, s'avancer vers nous comme une menace. Je me sens la nostalgie de tout ce qui peut me rappeler la France ; notre pauvre France envahie, meurtrie, souillée par les hordes ennemies et dont nous ne savons plus rien.

Et comme je comprends maintenant cet air de morne ennui que j'avais lu en arrivant dans les regards d'officiers voués depuis des mois à la plus ingrate faction ! Il est des postes perdus dans la brousse, où il se dépense, à bon escient, des trésors d'énergie et d'initiative : il faut élever des ponts, combler des mares, tracer des routes, creuser des puits, créer des marchés, escorter des convois, maintenir l'ordre. C'est un peu la vie que menaient, autrefois, les légionnaires de César, la bonne, saine et forte vie qu'ont vécue tous les grands coloniaux au début de leur carrière. Ici rien de tel : dans ce drôle de lieu de repos moral et physique, c'est l'inaction, mal qui fait plus de ravages peut-être que le climat ; aucune autre occupation, à cette heure, que de monter la garde dans un sépulcre à ciel ouvert !

Au milieu de cette poignée d'Européens, le seul à trouver la vie belle est un simple soldat, vrai type du marsouin débrouillard, ingénieux, serviable. Il porte un nom de fleur auquel il ajoute quand il se présente pour la première fois cette mention à laquelle il tient : détaché au Territoire. Détaché ! c'est-à-dire indépendant, libre, avec le droit de vivre à sa guise, loin des collectivités, tout ce que rêve un soldat de carrière, instruit de son métier et qui n'a plus rien à apprendre dans une caserne. Long, sec, osseux, le visage rasé à l'Américaine, on le voit toujours guêtré, éperonné, le chef couvert d'un immense chapeau de feutre relevé en bataille, faire à pied ou à cheval, et par tous les temps, la navette entre la rivière, où il contrôle les arrivages, et son magasin, où il range avec méthode caisses de vivres, bidons de pétrole ou colis postaux.

Véritable Protée, il se transforme à chaque heure du jour. Tour à tour vaguemestre, coiffeur, garde magasin ou garde chiourme, il emplit le poste de son activité débordante et de sa perpétuelle belle humeur. Désire-t-on un beau poisson, un cuissot de cerf ? Nul ne sait mieux que lui l'art de pêcher dans le bon coin ou de se traîner à plat ventre sur la terre, défiler derrière le moindre buisson pour approcher le gros gibier et l'occire à coup sûr. Il sait vivre : il a la générosité des humbles et partage sur le pied d'une fraternelle égalité avec ses camarades nouvellement venus sa bouteille de vin et son cognac.

— Un petit coup de fion, mes vieux, pour oublier vos misères !

Quoique fantassin il ne méprise pas les autres armes. Aux artilleurs qui manquent de tabac, il cède ses paquets de « Globe », au prix de revient, « en vrai ami », dit-il, plein de conviction et de bonhomie. Et on a tout avantage à être son ami, car il y a longtemps qu'en homme pratique il s'est mis, par des envois qu'il reçoit de la capitale à date fixe, à l'abri de la rapacité dont font preuve les petits mercantis qui foisonnent autour du poste.

Levé dès l'aube, ses réflexions souvent très drôles m'arrivent chaque matin en rafales bruyantes à travers la cloison incomplète qui sépare ma chambre du magasin, où il préside dans un coin, entouré de miliciens qu'il désigne par leur matricule, et de prisonniers auxquels il distribue avec une autorité comique le travail de la journée.

— 131. Quatre hommes au jardin ! Un arrosage soigné ! Compris ? Allez ouste, au galop !

— 82. Une corvée de huit hommes pour décharger les pirogues, Que tout soit fini pour dix heures. En route !

Et comme 82 hasarde une timide observation, il s'attire cette verte semonce :

— « Qu'est-ce que c'est ? Une réclamation. Ton bec ! F.... le camp N.. de D. ! Au large et vivement ! Les réclamations c'est pour le soir »

Mais le soir venu, il disparaît subitement. Dans sa cabane de pisé qu'entoure un jardinet où radis et salades s'allongent en longues lignes appétissantes, il est roi. Il s'est, comme il dit si bien «créé un intérieur» et cultive la petite fleur bleue du sentiment avec une belle fille du pays qu'il tient jalousement à l'abri des regards indiscrets. En elle, il a trouvé le bonheur parfait. Il connaît l'adage : il vit caché, il vit heureux et il le prouve : il ne porte pas de chemise !

Le Laos qui ne me semblait plus qu'un mythe inaccessible m'apparaît à nouveau comme une terre enchantée. Je vois défiler devant moi, comme un panorama immense, les forêts, les montagnes, les pâturages, les troupeaux, les torrents aux eaux couleur d'émeraude. Je ne sais pourquoi je m'imagine ce pays si beau. Je crois que la sympathie que j'ai pour lui sans le connaître tient à deux souvenirs : une lecture très ancienne, qui date du temps où j'étais sur les bancs de l'école, et surtout les récits merveilleux que m'en faisait, il y a vingt ans, sur le Niger où il était venu installer le premier service de bateaux à vapeur, un officier de marine dont le nom figure parmi les premiers explorateurs du Mékong. Serai-je déçu ? Sans doute ne découvrirons-nous pas un nouveau monde, sans doute ne verrons-nous que de vieilles choses. Mais qu'importe, si nous savons nous y prendre pour les bien voir ?

Nous devions, au jour fixé, quitter Lai de grand matin. Mais, il n'est pas d'heure précise en Extrême-Orient. Tous ceux qui ont voyagé en Chine ou en Indochine, avec des indigènes, savent combien les départs sont laborieux. Il manque toujours la moitié des gens à l'appel : les uns, sous l'influence d'une dernière pipe, plus copieuse que de coutume, dorment encore dans quelque taudis pendant que d'autres ont ailleurs une tâche à terminer ; celui-ci a oublié ses sandales, tel autre attardé dans un coin discute avec âpreté sur le prix d'un rogaton de volaille ou d'un morceau de poisson. Le reste s'agite, hurle, profère des injures, et fait en somme beaucoup plus de bruit que de travail.

Nous ne pouvions échapper à ces contre-temps inévitables. Nos cantines bouclées, nos tables et nos lits repliés, nous avions déjà le pied à l'étrier que nos animaux de bât n'étaient pas encore rassemblés dans la cour du poste. En vain essayons-nous d'activer quelques muletiers errants comme des âmes en peine parmi les charges arrimées sur le sable. Surpris d'être ainsi secoués après tant de loisirs, ils ne se hâtent qu'à demi. Mais voici bien une autre aventure : où sont donc les mulets ? Leur parc est désert. Indifférents à l'horaire aussi bien qu'à la gloire de porter nos bagages et les vivres de la colonne, ils se sont égaillés dans les bas-fonds où ils ont coutume de brouter au retour de l'abreuvoir. Il n'est pas facile de les grouper car un sûr instinct les avertit qu'il se passe du nouveau et les met en défiance. Aussi montrent-ils la plus coupable indiscipline. Tandis que les palefreniers courent après les uns, qui bien vite détalent après avoir fait le simulacre de se laisser approcher, les autres se contentent de réagir vigoureusement par un jeu de chausson de plus en plus serré. Une heure se passe avant que ne rentre, en désordre et au galop, un premier peloton ramené à grands coups de matraques. Les derniers tiennent à se donner encore un peu de bon temps et suivent, sans se presser, avec l'allure de gens sûrs de reprendre toujours assez tôt leur collier de misère.

Les lenteurs du premier jour s'augmentent des retards dûs à des difficultés d'ordre professionnel. On charge, besogne délicate, car il faut, pour obtenir un équilibre stable avec des colis de forme et de poids différents, un doigté, un savoir faire qui ne s'acquièrent que par un long apprentissage. Il ne faudrait pas croire que le mulet de montagne se laisse ficeler de courroies comme un simple saucisson. Le bât qu'il porte se compose de deux parties : d'une selle et d'un chevalet, qui est le bât proprement dit, le tout simplement retenu par un poitrail, nécessaire dans les montées et par une croupière indispensable dans les descentes. La selle repose sur un coussinet matelassé formé d'un double arçon relié par deux planchettes de chaque côté du dos. Chaque pan supporte une petite baguette, sorte de rebord destiné à empêcher le glissement du chevalet sur lequel les bagages ont été préalablement fixés avec des lanières de cuir. S'agit-il de mettre les charges en place ? Deux hommes saisissent le bât, l'élèvent par dessus la tête de l'animal et le déposent de façon à ce qu'il s'encastre entre les baguettes. L'équilibre des charges suffit à la stabilité. L'équilibre, tout est là. Mais c'est un art moins simple qu'il ne paraît. Si nos muletiers yunnanais s'en tirent à merveille, s'ils savent ficeler, corder, égaliser les poids, les Thaïs qui leur ont été adjoints par une mesure d'économie que le colonel regrette déjà, ne savent rien de leur métier. Cela se voit à leur attitude embarrassée, à leurs hésitations aussi bien qu'à leurs gestes lents et nobles qui agacent vivement nos nerfs d'Occidentaux. Ils confondent la tête et la queue, placent à droite ce qui doit être à gauche, ne savent ni poser la charge d'aplomb, ni maintenir la bête qui s'éloigne sournoisement dans une direction oblique tandis qu'ils restent là bouche bée, les bras en l'air tenant encore soulevé le bât pesant, tels ces lutteurs qui, à la parade, font des manœuvres de force. Et nous n'avons pas moins de cent animaux à harnacher : petits poneys qui n'ont jamais connu l'étrille ou la brosse, et dont la crinière inculte flotte au vent, jolies mules aux jambes nerveuses et fines comme des poignets de femme. A voir la lenteur avec laquelle s'accomplit le travail, il semble impossible que toutes ces choses qui gisent encore sur le sable puissent s'arranger sur le dos de ces bêtes assez indisciplinées avec des gens aussi maladroits.

*
* *

Enfin, il paraît que tout est prêt. En route ! La horde s'en va cahin-caha, partant à bonne allure. Ce ne sont d'abord qu'oreilles pointues s'agitant sous la houle des chargements. Mais bientôt un animal perd son fardeau mal équilibré. Le suivant, effrayé par le bruit, fait demi-tour et se heurte à ses voisins. Patatras ! Voici, d'un côté, un lit de camp par terre et de l'autre une caisse qui s'entr'ouvre avec fracas, laissant échapper tout une batterie de cuisine. Une magnifique mule, bondit et envoie, coup sur coup, une série de ruades. Les deux can-tines qu'elle porte rejoignent les casseroles et s'écrasent sur le sol avec des craquements sinistres. A grands cris les ma-fou (1) se précipitent pour réparer le désordre. La colonne que nous suivons de l'œil prend une longueur démesurée ; les premiers mulets ne sont plus qu'une paire d'oreilles à l'horizon, lorsque l'arrière-garde attend encore, tandis que les files se disloquent par le retour au bercail de plusieurs bêtes apeurées qui, en passant et malgré notre hâte à nous garer, nous râclent désagréablement le dos ou la poitrine avec leurs charges : il est facile de prévoir que ces incidents ne sont que le prélude d'une désorganisation plus complète et que le convoi arrivera tard à l'étape.

Les animaux partis, viennent les porteurs. Pour soulager nos grands mulets qui auront fort à faire dans un pays tourmenté, le colonel a fait appel à des gens du pays. Indolents et passifs quand ils ne sont pas encadrés, les Thaïs sont susceptibles d'affronter de longues fatigues et de rendre les meilleurs services, s'ils sont groupés sous les ordres d'un chef unique et de leur race. Aussi a t-on placé porteurs et pale-freniers sous l'autorité directe de Deo-van-Khang, ce neveu de Deo-van-Tri qui nous a déjà pilotés sur le Nam-Na et qui est appelé à nous servir d'interprète pendant plusieurs mois. De belle stature, de muscles solides, bien taillés pour un long et rude effort, une douzaine d'hommes accouplés comme les bœufs d'un attelage compliqué avancent avec lenteur, le pas rythmé, le jarret tendu, la nuque ployant sous un énorme bambou qui pèse comme un joug sur leurs épaules tandis que la pièce se balance imperceptiblement au ras du sol. Avec eux se termine le défilé.

Nous voici déjà avec quatre heures de retard sur nos prévisions. Une sage tradition veut heureusement que pour la première journée on se borne à rallier au fond de la plaine le petit village de Ban-Toui. Simple démarrage, car quinze kilomètres en terrain plat, suivis d'une nuit de repos, ne représentent qu'une économie de forces pour le vigoureux départ du lendemain. Mais au lieu d'attendre, dans un hameau sans ressources, un repas problématique, il nous paraît plus

____

(1) Ma-fou (palefrenier).

raisonnable de déjeuner à Lai-Châu et de ne rejoindre notre caravane que l'après-midi.

Nos adieux faits aux camarades appelés à suivre la route du Nord, tandis que nous utiliserons celle du Sud, nous nous engageons sur le sentier qui serpente entre la riche plaine du Nam-Lai et de petits coteaux boisés où chante le coq sauvage. Il n'y a rien de bien particulier dans cette première étape. C'est la route classique pour se rendre à Dien-bien-phu et à Luangprabang. Complètement déserte en 1888, à notre arrivée dans la région, la vallée est maintenant très peuplée, entièrement cultivée, semée de villages nombreux, pressés où vivent deux milliers d'habitants. Les champs de riz se succèdent, découpés en damiers, séparés les uns des autres par d'étroits talus de terre battue. La récolte est presque terminée ; seules quelques femmes, coiffées de grands chapeaux plats, sont encore penchées sur la terre, occupées à glaner les dernières gerbes. Elles se relèvent avec curiosité, cambrant la taille, appuyant leur coude dans la main, le menton dans les doigts, pour contempler notre défilé. Nonchalamment étendus sur les terrasses de leurs demeures les hommes se bornent à surveiller de loin, fument et rêvent. Ici la simplicité n'exclut pas l'agrément. La vie s'écoule dans le calme, et le travail ne connaît pas le douloureux effort des villes d'occident.

Le Nam-Hé franchi c'est, à la bifurcation des routes de Muong-on par Muong-nhié (1) et de Dien-bien phu, la bourgade de Muong-Tuong que nous traversons. De chaque côté du sentier, des buffles, par groupes de cinq ou six, vautrés dans la boue où ils disparaissent presque complètement, nous regardent passer et lèvent la tête, les yeux soudain méfiants à notre approche. Il nous faut encore trois quarts d'heure avant d'atteindre l'extrémité de cette vallée pastorale et la petite colline couverte de bananiers sauvages où, dans une ceinture de bambous ébouriffés, se cache le village de Ban-Toui. Nous y arrivons en même temps que l'arrière-garde de notre convoi. Quelques chevaux, complètement perdus sous d'énormes ballots de couvertures, traînent encore, par ci par là, attardés par quelques touffes d'herbe tentatrices qu'ils broutent en passant. C'est pour les

---

(1) Muong-nhié, à 120 kilomètres ouest de Laichâu, commande les routes du Yunnan, des Sip-song-pan-na, et du Haut Nam-ou par M. Ha-Hin. L'intérêt stratégique de ce poste (où nous avons en ce moment un poste de surveillance), n'avait pas échappé il y a 25 ans au Commandant Pennequin qui, à la suite d'une visite qu'il fit dans la région avait su déterminer Deo-van-Tri à y construire un petit fortin où le thao entretenait une garnison de miliciens.

attendre sans doute que notre chef palefrenier s'est étendu près du chemin, et dort déjà, la bouche béante, grande bouche de carnassier où subsistent seulement deux longues canines saillantes, semblables aux pointes d'un rateau ébréché. La maison de campagne du tri-chau de Lai, où nous devons coucher, n'est qu'une vieille masure en bois recouverte de chaume qu'un frère de Deo-van-tri avait élevée pour mettre en culture des rizières abandonnées. Tant bien que mal, nous nous installons dans une des deux pièces qui la composent pendant que les artilleurs, nos bagages et nos ordonnances, s'empilent pêle-mêle dans l'autre.

Au crépuscule, des crépitations partent des hauteurs voisines. Deux rangées de feux légers embrasent feuilles et herbes sèches. On les voit, telles des lignes de tirailleurs, bondissant d'échelon en échelon, dévorant les bambous qui, en éclatant, donnent l'illusion de feux de salve. Les explosions augmentent d'intensité puis s'espacent, redoublent et finalement s'apaisent. Mais avec les dernières lueurs montent, dans l'air accalmie, le concert mystérieux et discret de milliers d'infiniment petits cachés dans l'inextricable verdure. Peu à peu le silence se fait, le camp s'endort, nos feux se meurent et, sur les claies de bambou où ils reposent, nos voisins les artilleurs, mènent déjà en rêve toute une vie d'aventures et d'exploits périlleux.

Le coq sauvage a lancé ses trois cocoricos quand nous quittons nos lits de sangle, durs à nos reins déshabitués. Ils ne sont pas de ceux qui encouragent les grasses matinées. Aussi est-ce dans la délicieuse fraîcheur d'avant l'aube que nous nous mettons en route avec, cette fois, le sensation du vrai départ, celle du marin qui, après quelques escales le long de la côte, prend enfin le large. Nous n'attendons pas le convoi, retardé par l'incroyable apathie de nos Thaïs, dont les notions sur la fuite des heures sont par trop incomplètes. On chemine d'abord entre les multiples méandres d'un arroyo et c'est, tout de suite avant l'ascension du rempart qui s'élève devant nous, la rencontre inattendue d'un groupe de Méos. Maigres, secs, vigoureusement musclés, l'allure dégagée ils marchent à la file indienne de ce pas égal et allongé spécial aux montagnards. Les femmes, dont quelques-unes ont le teint très clair et un joli minois, ce qui ne gâte rien, passent rapides, les yeux baissés, les hanches épanouies sous une taille bien prise, les jambes un peu cagneuses peut-être mais rablées et fortes pour avoir si souvent escaladé le roc où le pied s'accroche comme une main aux moindres aspérités. Ces montagnards descendent du massif qui sépare le Nam-Lai du Nam-meuc. Comme avant-goût des exercices que nous réserve le Haut-Laos, nous attaquons les premières pentes qui se présentent à nous aussitôt que nous croisé les Méos. Elles nous paraissent d'autant plus ardues que la rosée de la nuit les rend extrêmement glissantes, mais nos chevaux ont repris leur fougue d'antan : ils s'arc-boutent solidement sur leur arrière-train, avancent du même pas alerte dans les raidillons, puis s'arrêtent subitement pour souffler à pleins poumons avant de repartir. Ils se plient avec une souplesse féline contre les troncs d'arbre ou les rochers qui empiètent sur le sentier, évitent les pierres roulantes ou les éboulements ; et c'est ainsi deux heures durant. Couchés sur l'encolure, cramponnés énergiquement au pommeau de la selle, les jambes coinçant fortement le flanc de nos bêtes, nous sentons que le moment serait mal choisi pour faire de la haute école.

Au sommet, où nous arrivons vers neuf heures, nous nous retournons sur nos selles pour jouir du panorama. La vallée dont pas un pouce de terrain n'est perdu, nous apparaît, traversée dans toute sa longueur par les méandres argentés du Nam-Lai, couverte de villages, pittoresquement encadrée par des collines frangées de lumière, avec comme toile de fond le poste et le village de Lai-châu encore perdus dans la brume du matin. Des tirailleurs, bavards comme des pies borgnes nous dépassent, l'esprit tout à fait clos aux beautés du paysage. Si la plaine est habitée, la montagne est à peu près déserte et c'est à peine si nous apercevons deux ou trois cases de Méos accrochées comme des postes de guetteurs sur les pentes d'un mamelon déboisé. L'une d'entre elles, plaquée aux flancs du roc comme un nid d'hirondelles, est assez rapprochée de nous pour que nous puissions distinguer son dispositif extérieur : l'étroit couloir qui la sépare de la muraille taillée dans la montagne, la petite véranda qui court sur la façade, la toiture en paillote, les murs en pisé et enfin le pignon dont la partie supérieure est ouverte à tous les vents.

Sur le plateau, nos bêtes au trot nous bercent au bruit cadencé de leurs sabots, lorsqu'à l'horizon apparaît un groupe d'indigènes au milieu desquels monte et descend, en lentes oscillations, une grande chose blanchâtre qu'ils semblent porter sur leurs épaules. Qu'est-ce que cela peut bien être ? Une civière ?.... Quelque malade, sans doute, évacué de très loin, un de ces tristes cortèges trop souvent rencontrés au cours de mon existence coloniale. Mais ce n'est même plus un malade, c'est un mort qui nous arrive, un malheureux sous-officier parti si fatigué de Dien-bien-phu que ses forces l'ont trahi en route. On plaint le pionnier dont la tombe ignorée est envahie par la brousse ; une pitié plus grande encore va vers ces infortunés condamnés à mourir sur un sentier abandonné, sans qu'un visage ami puisse se pencher sur leurs souffrances, sans consolations et sans soins parce que les médecins dans ce pays sont aussi rares que l'eau dans le désert. Au moins celui-ci aura-t-il des obsèques décentes. On repère un emplacement pour la tombe, près du sentier au pied d'une colline couverte de verdure. Tandis que le corps prend tout doucement place dans sa dernière demeure, le colonel fait rendre les honneurs militaires par un peloton de tirailleurs, et prononce quelques mots d'adieu. On plante une croix sur le tumulus, on y dépose une couronne de feuillage hâtivement tressée et c'est sur ce dernier hommage que prend fin une cérémonie très émouvante par sa simplicité même. Le commandant du territoire, prévenu, assurera désormais l'entretien de la sépulture.

Le soleil est au zénith lorsque nous atteignons le col qui sépare les bassins du Nam-Lai et du Nam-Meuc. Position stratégique importante pour la défense de Lai-Châu : on y voit d'anciennes fortifications qui commémorent les luttes d'autrefois, de toutes récentes aussi, que le quang-dao avait fait élever en hâte par ses partisans après les affaires de Samnua. Dès que nous l'avons franchi, c'est une descente par une série d'escaliers de pierre inégaux et glissants, sur lesquels à tout instant nos montures partent des quatre pieds à la fois. Par de vigoureux coups de reins, réactions avec lesquelles il faut bien se familiariser, les chevaux s'efforcent, entraînés par leur poids, de mesurer leur élan et de modérer leur effort. Parfois, ils s'arrêtent, avancent un pied et le retirent brusquement ; ils viennent d'éviter un danger que nous ne soupçonnions pas. Et maintenant ils vont prudemment, l'encolure tendue, les naseaux frôlant la terre, ne posant le pied qu'après s'être assurés de la parfaite stabilité des dalles, nous obligeant à nous tenir renversés sur la croupe pour ne pas décrire de périlleuses paraboles au-dessus de leur tête.

Ces exercices d'assouplissement me remettent en mémoire un passage que j'avais recopié quelques jours avant sur mon carnet de route : « Dien-bien-phu, ai-je écrit, est relié à Lai-Châu par un bon chemin qui y mène en quatre jours et constitue la voie de transit la plus courante et la plus fréquentée entre le Tonkin et le Laos (1) ».

Est-ce là ce bon chemin qui nous oblige à une telle gymnastique ? Je ne pense pas que nous soyons plus difficiles que nos aînés, mais il y a sans doute lieu de penser de lui ce que le voyageur anglais Johnston pensait de la route qui relie le Yunnan et la Birmanie : « Elle est toujours la même, écrit-il, que du temps de Marco Polo, à cette différence près qu'alors elle était meilleure ».

Par une piste bordée de hautes herbes, qui s'enfonce brusquement dans une vallée très encaissée, nous arrivons vers deux heures à l'emplacement connu sous le nom d' « Abris Pavie ». De ces abris là, il ne reste bien entendu, que le nom qui, depuis trente ans, survit à leur destruction. Nous y trouvons cependant un campement neuf, qu'en prévision de notre passage les Méos voisins ont élevé sur les

---

(1) Mission Pavie-Géographie et Voyages-Tome III. Voyage au Laos et chez les Sauvages du Sud-est de l'Indochine par le Capitaine Cupet.

bords du Houei-Dep. Le ruisseau est si frais, si tentant avec des reflets d'arbres dans ses eaux de cristal que, même sans la prévenance dont nous sommes l'objet, nous aurions certainement planté notre tente auprès de lui. Il est deux heures de l'après-midi et nous avons neuf heures de cheval dans les jambes. Un à un nous jetons nos vêtements sur le sable et sous l'oblique regard du soleil nous entrons dans l'eau. Il n'y a rien de tel qu'un bain frais pour reposer les membres et verser au cœur une volupté apaisante.

Les divers groupes de notre caravane nous rejoignent peu à peu : à trois heures ce sont les télégraphistes, à quatre heures les infirmiers escortant le matériel d'ambulance. Seuls, les artilleurs ne nous donnent aucun signe de vie. Quelques retardataires assurent qu'ils sont considérablement gênés par les escaliers du Col des Partisans et qu'ils n'avancent qu'avec les plus grandes difficultés. La nuit vient et, avec elle, le grand silence de ces ravins perdus. Toujours rien ! Vers neuf heures seulement, du bruit, des voix, un grouillement confus, le papillotement des torches à travers le feuillage, les halètements rauques des porteurs épuisés, à bout de souffle. On le serait à moins ; quinze heures de marche et l'estomac vide depuis le matin. Aussi se précipitent-ils vers la cuisine moins pour se délecter l'odorat devant les senteurs aromatiques qui s'en échappent que pour aller besogner avidement du bâtonnet. Le menton dans le bol ils se rassasient en hâte pour aller, aussitôt après, s'étendre auprès des feux que le colonel a fait allumer autour du camp pour éloigner les tigres qui pullulent dans la région. Au convoi, deux animaux manquent déjà ; un mulet tombé dans un ravin et un cheval mort de fatigue à mi-route. Au devant de quelles hécatombes allons-nous si nous devons continuer longtemps sur de pareils chemins ?

*
* *

Les étapes, heureusement, ne se ressemblent pas tous les jours. Des Abris-Pavie à Muong-Mouen la route est infiniment moins accidentée. Ce sont, d'abord, de courtes rampes suivies de brusques plongeons au fond de vallées étroites puis, après une série d'arroyos maintes et maintes fois traversés, la plaine ou peu s'en faut jusqu'au Nam-Meuc. Partout une extraordinaire végétation ; le sentier s'enfonce à travers les inextricables lacis de bambous recourbés ; parfois leurs branches enchevêtrées se croisent et se mêlent au-dessus de nos têtes, de sorte que nous nous trouvons dans une demi-obscurité, sous une voûte ininterrompue de feuillage, véritable tunnel de verdure.

Un petit écriteau, cloué à un tronc d'arbre, marque la frontière des deux chau de Lai et de Dien-bien-phu. Sitôt que nous l'avons dépassée nous sentons et apprécions une autorité nouvelle : le chemin devient franchement meilleur, contourne les obstacles au lieu de les aborder de front. La marche y est aisée et agréable. De loin en loin, des équipes de travailleurs, s'occupent du débroussaillement.

Encore un cortège ! Des malades, cette fois. Une longue file de travailleurs amaigris, sans armes et sans bagages, viennent tout doucement vers nous, avec l'air de gens qui se promènent précédant ou suivant des litières de bambou, sur lesquelles de pâles fantômes couchés regardent le paysage avec la morne indifférence des fièvreux. Incapables de nous suivre dans le Haut-Laos, tous vont rétablir dans le delta leur santé très éprouvée par un dur climat. C'est une sélection indispensable avant le grand effort.

A peine les avons-nous dépassés que nous apercevons dans le lointain grandir deux cavaliers. Ils avancent dans un nuage pulvérulent, au trot relevé de leurs chevaux, qu'ils immobilisent d'un subit coup de mors à dix pas de nous. Ah ! mon Dieu ! qu'est-ce qu'ils ont ? Les voici déjà à bas de leurs montures, le front dans la poussière. Trois fois ils le relèvent et trois fois l'y replongent. Ces prosternations auxquelles nous ne sommes pas accoutumés, sont pourtant conformes aux rites locaux : c'est ainsi qu'en pays thaï on salue les grands chefs. Deux chefs eux-mêmes, ces deux hommes qui nous saluent si humblement : le ly-truong de Muong-Mouen et son adjoint. Le premier est un grand vieillard droit, à physionomie expressive très fine et très douce, aux gestes sobres, distingué dans toute sa manière d'être. C'est à lui, à son autorité infiniment respectée que nous devons un sentier si praticable, et tandis qu'il garde, par déférence, son visage incliné vers la terre, le colonel lui adresse sur le champ les compliments que mérite le dévouement dont il fait preuve, au moment où nous en avons le plus besoin.

Nous voici au Nam-Meuc. La rivière est large, assez profonde. On y descend par un raidillon tracé dans la terre molle de son lit, puis c'est le gué que nos chevaux, dans l'eau jusqu'au poitrail, traversent avec lenteur. Cinq cents mètres au-delà apparaissent les premières toitures de Muong-Mouen : un village de trente feux, agglomération importante pour la contrée. D'accortes filles nous croisent portant en balançoire, aux extrémités d'un fléau, une série de gros bambous creux utilisés en guise de seaux. Sur les vérandas où viennent se réfugier des bambins apeurés que notre venue a mis en fuite, de graves ménagères aux mains teintes d'indigo, préparent des cotonnades bleues, tandis que quelques jouvencelles qui ont à notre vue un geste de pudique surprise s'occupent à piler du grain dans un mortier fait d'un tronc d'arbre. Ici pas de pilon hydraulique, mais des ustensiles analogues manœuvrés par deux ou trois femmes qui sautent à qui mieux mieux sur le bras du levier. Et c'est, près d'elles, le même assemblage de poulets et de porcs subitement intéressés, guettant le grain que le déclic fait sauter au dehors.

*
* *

La maison du ly-truong, notre hôte, est en bambou comme toutes les maisons thaïs ; mais elle est remarquable par ses dimensions et son toit hémiconique sur les côtés qui donne à l'ensemble de l'édifice l'aspect d'une carène de navire renversée. On peut reprocher à ces constructions l'inconsistance du plancher qui, dès qu'on y pénètre, grince, s'agite d'un bout à l'autre et donne la sensation de marcher au fond d'un hamac. On peut récriminer contre les bruits que font les animaux qui voisinent avec l'homme, le caquetage des poules, le grognement des porcs, le mugissement des bœufs, le hennissement des chevaux ; mais on ne saurait assez louer la vieille vie familiale qui se déroule dans ce cadre d'une archaïque simplicité. Il s'en dégage un charme fait pour enchanter un Européen. Entre un père d'une auto-rité presque absolue et une mère qui n'est pas avilie par la servitude, règne une réconfortante atmosphère de bonne tenue et de saint respect atavique. La paix ici est partout : dans le foyer, dans le village, dans le pays. Pas de haine de classe, pas de gens désireux de paraître plus qu'ils ne sont. Chacun reste à sa place et la vie sociale ne s'en trouve pas plus mal. Comme ce milieu nous fait mieux percevoir ce qu'il y a de vanité et d'essoufflement dans notre civilisation ! Ces populations sont convaincues que l'égalité ne peut exister qu'entre individus d'intelligence ou de valeur égales ; que les gens éduqués doivent passer avant ceux qui ne le sont pas, et sans croire que des milliers d'êtres ont été créés pour être les esclaves nés de quelques seigneurs privilégiés, elles pensent qu'il faut des chefs pour comman-der, de « grands hommes pour gouverner les petits comme le cèdre est fait pour protéger l'hysope ».

Et où trouver, je vous le demande, accueil plus charmant, hospi-talité empreinte d'une plus exquise cordialité que chez les Thaïs noirs ! Notre amphitryon ne saurait faire exception ; le ton général de l'entretien, les petits soins dont nous sommes entourés, tout nous prouve que nous sommes chez un ami. Il nous comble de prévenances, s'occupe de tout à la fois ; de nous, de nos bagages et de nos chevaux. Tandis qu'il nous fait apporter coussins élastiques et nattes neuves, ses pensées vont déjà au convoi qui nous suit : « Je vais faire tuer un petit veau, nous dit-il, et si cela ne suffit pas, nous trouverons autre chose. Vos gens ne manqueront de rien ». Et le voilà parti donner des ordres rapides à son fils aîné, un grand garçon de vingt ans, déluré et intelligent, qui lui ressemble trait pour trait, avec tout l'éclat de la jeunesse.

Le petit veau qu'il fait tuer est un bœuf de belle taille, mais il juge sans doute que c'est insuffisant, car nous entendons bientôt au dehors des pas précipités, des cris significatifs, une course folle. Toute la population se rue en ce moment sur quelques porcs, qui, pressentant leur fin prochaine, détalent à travers champs.

Dans le pays, ces animaux pullulent et prospèrent d'une façon toute particulière. Leur fécondité est remarquable ; ils constituent pour les Thaïs les seuls animaux de boucherie de consommation courante. Le mouton n'existe pas, le bœuf est rare et le buffle est réservé pour le travail des rizières. Outre qu'ils sont faciles à alimenter, ils sont les transformateurs les plus rapides des aliments en produits marchands. Les causes de cette extraordinaire multiplication résident dans ce fait que non seulement ils ne coûtent presque rien à leurs propriétaires comme nourriture et entretien — quelques poignées de balle de paddy de temps en temps —, mais encore qu'ils leur rendent service en débarrassant les dessous de l'habitation, les rues et les environs, de toutes les ordures ménagères. Rien ne peut les rebuter. Ils dévorent tout ce qu'ils trouvent, si bien que leur appétit légendaire les rend supérieurs à ce qu'étaient autrefois les chiens de Constantinople, et à ce que sont encore aujourd'hui les vautours de l'Inde ou les charognards de l'Afrique occidentale. Avec eux tout est nettoyé. Bien mieux, ils prévoient. Eloignez-vous dans la brousse et regardez bien aux alentours : il y a certainement là, tout près de vous, en arrêt, flairant le vent une boule de graisse perchée sur quatre petits piquets, ornée de deux oreilles courtes, pointues et dressées, au-dessous desquelles clignotent deux yeux attentifs qui épient avec soin le moindre de vos mouvements ! Le porc, sûr de vos intentions, vous a immédiatement suivi. Et si vous ne le voyez pas, vous saurez qu'il est là, en entendant le petit grognement caractéristique dont il est coutumier à ce moment précis, façon discrète de vous signaler à la fois son attente et ses espoirs intéressés.

On se moque du cochon ; on a tort. Il n'y a que le Chinois pour le comprendre. Encore celui-ci exagère-t-il un tantinet dans l'autre sens quand il lui fait sous son toit la même place que celle qu'il réserve à ses enfants.

Grâce à cette humeur vagabonde qui leur vaut souvent d'avoir le cou emprisonné dans une gangue triangulaire, les porcs sont très souvent, dans la haute région, le résultat du croisement répété d'animaux

----

(1) Le caractère kia, qui signifie habitation humaine et par extension famille, se compose de deux éléments plus simples : toit et porc. — Un porc sous un toit. Les Chinois en ont parfois de durcs pour eux-mêmes !

Au cours de trois années passées en plein cœur de la Chine, dans la province du Séutch'ouan, j'ai toujours été frappé par les attentions extraordinaires dont ces animaux sont l'objet. Dans certains quartiers, on voit souvent en été sur le seuil

de leur espèce avec les sangliers des forêts voisines. Cet accouplement que provoquent à dessein certains éleveurs de l'Inde anglaise se fait ici tout naturellement et sous nos yeux un troupeau de porcelets qui débouche la queue en trompette d'une ruelle voisine nous apporte séance tenante un argument en faveur de notre supposition ; plusieurs d'entre eux montés sur de petits fuseaux d'une surprenante agilité sont de vrais petits marcassins à robe rayée de noir et de jaune.

Rien n'est amusant comme ces embryons de sangliers. Je n'ai pas oublié celui qu'avait apprivoisé, il y a quelques vingt ans pour charmer nos loisirs d'après-dîner, un camarade Soudanais. Chaque soir c'était sur une longue table parsemée d'objets divers, un impayable steeple-chase. Placé à une extrémité, le petit animal attendait, frémissant d'impatience, le signal du départ. Sur un claquement de langue de son maître, il s'enlevait avec la brusquerie d'un ressort qui se déclanche, franchissait sans une faute tous les obstacles, refaisait à la même allure le trajet de retour, puis allait successivement s'agenouiller devant chaque invité en implorant de ses grands yeux clignotants, des yeux immenses pour sa taille, intelligents, presque humains, la récompense que méritaient de tels exploits. Devenu grand, gros et gras comme tous ses semblables, il avait élargi le cercle de ses opérations. Il partait souvent pour plusieurs jours sans qu'on ait jamais bien su le but ou le mobile de ses expéditions. Mais fidèle aux coins où s'était déroulée son enfance, attiré aussi, sans doute par d'irrésistibles arômes, il revenait toujours à la cuisine pour s'approprier à l'occasion, lestement et sans remords un morceau de choix. « Tout ce qu'y a bon lui bien connaisse » disait le noir marmiton dont il savait habilement tromper la surveillance. Et j'en arrive où je voulais en venir, à savoir que, comme de simples cochons, dont ils ont les mêmes aspirations matérielles, les sangliers ont toutes les ruses quand il s'agit de leur ventre.

*
* *

---

des logis pauvres, le porc se prélasser aux pieds de la maîtresse de maison et pousser des grognements de satisfaction pendant qu'elle le peigne et l'évente.

Quand une truie met bas, toute la famille vient assister à l'événement où elle apporte le même intérêt joyeux que devant un berceau. Ce sont les mêmes propos : « Comme celui-ci est joli ! Ce qu'il ressemble à sa mère ! En voilà un qui est tout à fait le portrait de son père ! Celui-là sera le tien. »

Car à chaque enfant est immédiatement attribué un des porcelets qu'il aura à soigner spécialement et qui représente souvent pour les filles leur seule dot.

Malgré le plaisir que nous aurions à prolonger notre séjour à Muong-Mouen nous repartons au jour après avoir remercié le ly-truong de sa réception pleine d'affabilité. En échange de cette poli-tesse il nous en adresse une autre : ses meilleurs vœux de prompt retour ; et il est visiblement sincère, le brave homme, car il ne de-mande qu'une chose, c'est que nous écrasions rapidement les pirates afin qu'il puisse cultiver en paix.

Quand le soleil se lève, radieux et plein de promesses pour la journée, nous traversons les bois qui couvrent la vallée du Nam-Meuc. C'est d'abord une forêt de bambous hauts de plus de vingt mètres, réunis en épais faisceaux dont les tiges creuses s'entre-choquent au souffle de la brise avec un bruit de castagnettes. Quel repos pour l'œil et quelle joie toute physique de s'enfoncer sous leur ombre, de se laisser envelopper par cette vie si simple et si puissante ! On gonfle la poitrine pour aspirer, à plus larges bouffées, un air enivrant et l'on regarde, sans pouvoir se rassasier, ces fouillis de bananiers aux fleurs de sang, de buissons épineux et d'arbustes de toutes espèces que dominent de loin en loin des arbres géants au tronc droit comme un cierge, s'accrochant au sol par leurs racines en éperons, et soutenant comme de solides colonnes des frondaisons qui défient le soleil. Sous la voûte de leur feuillage, courent des festons de lianes échevelées, tantôt rampant, tantôt embrassant les troncs, s'élevant en courbes élégantes jusqu'aux branches supérieures pour retomber en pluie sur le sol. A considérer la vigueur étonnante de cette végétation qui pousse de cinq mètres en un an, nous comprenons qu'il est difficile de disputer ici un peu d'air respirable à la nature envahissante et dévo-ratrice. Un bananier, coupé au ras du sol, repousse immédiatement et atteint un mètre en quinze jours. Coupez-le en quatre, plantez les quatre morceaux, vous obtiendrez quatre bananiers. Cette prolifique nature plus puissante que l'homme, à laquelle l'indigène arrache un lambeau pour le convertir en ray, n'est pas un simple rideau jeté sur le bord du chemin ; elle s'épand partout, chevauche les mamelons et franchit les vallées qui les séparent les uns des autres, répandant par-tout des odeurs de plantes sauvages, qui flottent comme des fumées d'encens. Comment maintenir une piste en bon état dans de telles conditions ? Pourtant, la route nous semble excellente, soit qu'elle passe à plat le long de la berge, soit qu'elle chemine à flanc de coteau. Au lieu des échafaudages fragiles et branlants, suspendus au-dessus de torrents, que nous avons trouvés sur la route de Phong-tho, nous passons maintenant sur de larges tabliers faits de bambous entre-croisés, et soutenus par une armature de pieux suffisamment solides pour que le canon y puisse rouler sans danger. Mais ce sont là des réparations toute récentes que nous devons encore à l'activité intel-ligente du chef de Muong-Mouen.

Point n'est besoin, dans ce pays, d'emporter sa pipe avec soi ; outre qu'on a toujours la possibilité d'en tailler une, en un clin d'œil, dans le premier roseau venu, on en trouve un peu partout : sous les arbres, le long des buissons, sur les bas côtés de la route ou près des sources. Pour rendre stable le petit instrument et empêcher l'eau de se renverser on a eu soin, en taillant le bambou qui forme le corps de la pipe, d'y laisser adhérer deux ou trois tiges minces, formant chevalet, pour la poser obliquement par terre. En même temps que des pipes, nos porteurs trouvent aussi sur le même chemin la trace de mains charitables qui, soucieuses du délassement des voyageurs, ont préparé à leur intention les seaux de bambou pleins d'eau limpide qui étanchera leur soif.

La route est fréquentée. Les indigènes que nous croisons se rangent de chaque côté du sentier ôtant leurs grands chapeaux, gardant les yeux baissés pendant que leurs moitiés, détournent la tête ou nous tournent délibérément le dos, restant de la sorte immobiles les uns et les autres aussi longtemps que nous sommes à leur hauteur. Nous serions naturellement tentés de croire que l'affectation qu'ils apportent à ne pas nous voir, aussi bien que le fait de tourner le dos à notre passage, constituent de leur part, une infraction regrettable aux règles de la bienséance, si nous ne savions que cette coutume conforme à l'étiquette des pays thaï est précisément une marque de déférence. Dans certaines régions de l'Inde, il en est de même : les femmes, pour témoigner leur respect, se détournent et s'accroupissent. Et si les gens du peuple, ici font mine de ne pas nous apercevoir, c'est que dans leur esprit, jeter un regard sur nous apporterait une diminution au respect qu'ils nous doivent. Ils sont trop polis pour se permettre une telle familiarité. Seuls, des notables, des mandarins ou quelques gros personnages peuvent nous offrir leurs civilités.

Et c'est ainsi que, vers dix heures, nous recevons celles du ly-truong de Muong-poun venu à notre rencontre comme avait fait la veille son collègue de Muong-mouen. Quelques instants plus tard, nous débouchons dans une plaine de magnifiques rizières au milieu desquelles nous apparaît son village avec des jardins qui mettent leur calme autour des maisons de chaume. Il nous offre un coin de sa demeure où nous grimpons par une échelle de perroquet. L'idée est large, le

---

(1). — Les Chinois ont une conception identique de l'autorité et du prestige qui s'y attache. Quand le Fils du Ciel sortait autrefois de son palais, toutes les maisons qui se trouvaient sur son passage devaient être fermées et toute personne surprise à jeter les yeux sur le cortège impérial encourait de ce chef la peine de mort.

local étroit. A deux on est gêné. Ce sera bien pis quand il viendra, suivi de deux ou trois notables pour faire part au colonel de ses appréhensions.

Depuis l'affaire de Samnua, dit-il en substance, la population n'a cessé d'être soumise à la dure corvée du portage. Toujours sur les chemins, aussi bien derrière les pirates qui les y obligeaient sous peine de mort, qu'à la suite des colonnes qui les poursuivaient, mes administrés n'ont pu préparer leurs rizières. Si cela continue encore, ils déserteront en masse le village, se réfugieront dans la montagne ou dans la forêt, loin de la route, partout où les réquisitions ne pourront les atteindre. Et il ajoute, avec un peu d'humeur apparente, mais non sans quelque raison : « c'est sur le territoire de Son-la que les faits se sont passés et c'est à nous qu'est imposée l'obligation de fournir les porteurs nécessaires à la colonne. Nous n'avons pas mérité cette injustice ».

Le colonel écoute sa plainte avec bienveillance et lui explique que nous employons des animaux de bât dans le but de soulager d'autant les populations. En ce qui le concerne, il n'a rien à craindre. On ne lui demandera pas un porteur. Presque rassuré, notre amphytrion remercie et se confond en prosternations.

Mais son visage se rassénérera tout à fait lorsque, vers quatre heures, le convoi apparaîtra sur la dernière pente, annoncé déjà par une nuée de gamins partis en éclaireurs. Du coup, le village s'anime : par les échelles à poules dégringolent des hommes qu'on ne voyait pas et sur des terrasses, auparavant désertes, les femmes se montrent, jetant des regards curieux sur la longue théorie de nos animaux qui, sentant l'étape proche, défilent à bonne allure. Elles portent la même jupe foncée, serrée à la taille, que nous avons déjà vue ailleurs, le même petit boléro — mais en toile bleue — qui complète l'ajustement ou plutôt le laisse délicieusement incomplet, en découvrant jusqu'à la taille une large ceinture de chair bronzée. Seule la coiffure diffère de celle des Thaïs blancs en ce que le chignon, au lieu d'être très bas sur la nuque, est relevé très haut sur le côté gauche de la tête à la mode laotienne. Bientôt complètement apprivoisées, elles mettront, en toute hâte, leurs habits de fête pour venir poser devant nos objectifs.

Pendant ce temps, le canon obtient le plus vif succès de curiosité auprès des hommes qui l'entourent d'un triple cercle. Silencieux et attentifs, ils suivent avec une patience inlassable le démontage et le nettoyage de la pièce, ainsi que les manœuvres de force auxquelles se livrent, pour se distraire, les artilleurs. S'enhardissant peu à peu, ils s'approchent un à un pour les imiter et tenter de soulever le lourd bloc d'acier, mais ils n'arrivent pas à lui faire quitter le sol ; leurs essais souvent répétés, et toujours infructueux, dureront jusqu'à la nuit.

*
* *

Muong-Poun n'est qu'à quatre heures de marche de Dien-bien-Phu. Le 19 Novembre, après avoir remonté parallèlement au Houei-Pet, petit affluent du Nam-Poun, nous sommes au pied de la chaîne de partage des eaux du Nam-ou et de la Rivière Noire. Une heure d'ascension pour atteindre le sommet du Pou-hiang, un dernier regard sur le bassin du Fleuve Rouge et nous voici sur le versant tributaire du Mékong.

A mesure que nous avançons, nos chevaux trépignent, agacés, impatients. De petits filets de sang que nous apercevons à la naissance des sabots nous éclairent au cours d'une halte sur cette nervosité que nous ne nous expliquions pas. Des sangsues ! De tous côtés sortent ces parasites au corps filiforme et visqueux : il en vient des feuilles mortes qui traînent sur le sol, du moindre brin d'herbe et même des arbres dont le feuillage leur sert d'abri. Armées d'un petit morceau de bois plat, nos ordonnances se râclent les chevilles et les doigts de pieds pour leur faire lâcher prise. Déjà nos bottes et nos molletières sont des buts précis d'exploration. Nous ne parvenons pas à nous en défaire ; pour une que nous éloignons ce sont dix qui montent à l'assaut. Force est de fuir devant l'invasion. Et, tandis que nous dégringolons les pentes, l'immense plaine de Dien-bien-Phu se déroule au loin devant nous, semblable à cette heure matinale, à une véritable mer de brume d'où surgit comme un îlot isolé, le mamelon sur lequel se dresse le poste, semis de points pâles, parmi le cercle de verdure, que dessinent les arbres aux cimes feuillues.

Vers dix heures, par un chemin qui fait mille petits détours au pied de collines boisées, nous atteignons la vallée du Nam-Kho. La végétation ne change pas ; ce sont toujours les mêmes touffes de bambou gigantesque aux courbes gracieuses s'inclinant parfois jusqu'au sol, nous obligeant à nous coucher sur l'encolure de notre cheval ou à mettre pied à terre pour passer sous une tige qui fait pont au-dessus de la piste.

Pendant les derniers kilomètres, ce sera la plaine unie sans la moindre ondulation de terrain. Plate comme une mer endormie, elle déploie la terre sèche de ses chaumes ras, sur une longueur de vingt kilomètres, entre de petites collines doucement relevées sur tout l'horizon circulaire. On comprend que cette aire immense ait pu tenter l'imagination des Thaïs pour bâtir la légende de la courge merveilleuse d'où leur race serait issue (1). Vingt-huit mille hectares ! Vaste

____

(1) Une légende laotienne place à Dien-bien-phu le berceau de toutes les races de l'Indochine. Elles seraient toutes sorties d'une même citrouille et se seraient ensuite répandues à l'est vers la mer de Chine, au sud le long du Mékong et de la Mé-nam, à l'ouest vers la Birmanie.

« Jadis, dit la légende, les hommes avaient la faculté de changer de peau grenier d'abondance, véritable Beauce si tout était cultivé ! Malheureusement que de terrains en friche ! Il est vrai qu'il ne s'agit là que d'un abandon momentané, car c'est la crainte des pirates et l'horreur du portage nécessité par nos colonnes qui ont déterminé l'exode d'une partie de la population sur les montagnes.

———————

comme le fait aujourd'hui le serpent, mais avec cette différence que leur dépouille restait animée. Ils se multiplièrent donc ainsi, et devinrent bientôt si nombreux que Po Thén, le père de l'Empyrée, inquiet pour sa puissance, sans doute, résolut de les détruire. Il leur envoya le déluge. Pendant sept jours et sept nuits, la pluie tomba en gouttes grosses comme le fruit du muôi (de la grosseur d'un gland). Les réservoirs de la terre s'ouvrirent, tous les torrents débordèrent, et les gouffres d'eau engloutirent tous les villages, toutes les tribus, l'univers tout entier. Des bambous du than (étagère de bambou où on conserve les provisions et où on serre les divers ustensiles du ménage) on fit des radeaux ; pour gaffe on prit la latte qui sert à tendre le filet pour le sécher. Tous les habitants de la terre périrent.

« Or, continue la naïve légende, il y avait une courge grosse comme une corbeille
« à transporter le riz et une autre grosse comme un grenier. La jeune *Kap* et le
« petit *Ké* y firent un trou et s'y blottirent : l'un dans l'une, l'autre dans l'autre.
« Et l'eau monta en tourbillons dans les airs, elle s'éleva en tourbillons jusqu'au
« ciel et les deux esprits voguant de compagnie s'arrêtèrent devant la maison
« du père *Thèn* (le ciel).

« Pendant le jour, les deux enfants causaient tout bas ; à la tombée de la nuit,
« ils s'entretenaient à mi-voix. *Thèn* les entendit et *Thèn* envoya voir qui parlait
« ainsi le jour à voix basse, et le soir venu, à mi-voix. L'envoyé alla. Il vit quel-
« qu'un dans la courge grosse comme un panier, quelqu'un dans la courge
« grande comme un grenier. Puis il vint rendre compte à *Thèn* de sa mission. Et
« *Thèn* voulut les tuer.

« Mais les deux enfants à ses pieds se jetèrent en criant : « Père ! salut ! Père !
« pitié ! ne nous tuez pas ! de grâce, laissez-nous vivre ! quand il pleuvra, nous
« conduirons l'eau dans notre jardin de *kà* ; quand il tonnera, nous l'amènerons
« dans nos rizières ». *Po Thèn* répondit : « c'est bien ». Et dès lors, tous les deux,
« quand il pleuvait, amenaient l'eau à leur jardin de *kà* ; quand il tonnait, ils
« la conduisaient dans leurs rizières.

« Et un esprit du ciel vint proclamer pour que toute chose sur la terre reprit
son cours ordinaire. L'esprit parla ainsi : « L'homme, devenu vieux, muera, le
serpent devenu blanc mourra ». Mais le serpent furieux dressa sa tête menaçante,
darda sa langue fourchue et — les animaux parlaient en ce temps-là, — s'écria :
« Si tu proclames cela tu périras de ma morsure ! ». Effrayé, l'esprit céleste
changea les termes de son décret et reprit : « Le serpent devenu vieux muera et
l'homme aux cheveux blancs mourra ».

« Il n'y avait plus dans le monde que *Kap* et *Ké* pour repeupler la terre. Mais
ils ne savaient comment faire... Un jour pourtant ils virent deux sauterelles
s'accoupler dans les champs : « Quoi ! s'écrièrent-ils, *Po Thèn* vous voit et *Po Thèn*

On ne saurait refuser aux Thaïs noirs des qualités d'agriculteurs que n'ont pas leurs voisins, Thaïs blancs et Laotiens, plutôt commerçants et surtout habiles piroguiers. Ils emploient l'araire sans roue. Le même dont Virgile se servait dans son champ de Mantoue, l'*aratrum romanum* de Cincinatus, au soc pointu, vite émoussé dont on usait encore dans nos campagnes de France il y a trente ans. De savantes irrigations maintiennent partout l'humidité nécessaire à la belle venue du riz. Ici, c'est l'art agricole ; là-haut dans les rays, le travail est réduit à sa plus simple expression. Les cendres provenant de la coupe des bois fournissent l'engrais ; s'il pleut le grain germe et lève. Aucune canalisation, aucun repiquage ; mince est l'effort, mince aussi est la récolte.

Les rizières se succèdent tandis que nous avançons sur une chaussée poudreuse que vient seulement interrompre le passage d'un arroyo où des troupeaux de buffles lourds, couverts de vase, se roulent avec volupté, se laissant docilement piquer le crâne et les oreilles par des oiseaux familiers, effrontément perchés sur leurs cornes. Au moment de la traverser, les plus rapprochés nous considèrent, méfiants, l'oreille au guet, le muffle haut, le cou tendu, avec des yeux de combat ; ils piétinent, soufflent et se rapprochent les uns des autres, comme s'ils avaient l'intention de nous charger. Mais un de nos tirailleurs d'escorte fait le geste de leur jeter une pierre et toute la troupe, subitement

---

ne dit rien ? le ciel le sait et le ciel ne vous punit pas ? » — Non, répondirent les sauterelles, car il n'est d'autre moyen pour avoir des enfants » Petit *Kap* et petite *Ké* profitèrent de l'enseignement et nombreuse fut leur descendance. Gonçu *pecudum more* l'enfant était un *Kha*, mais *modo humano* ce fut un Laotien ou un Thaï, man tang lang man Kha, man tang na man Hhai man Lao.

« C'est de ces deux enfants, *Kap* et *Ké*, survivants du déluge, que sortent toutes les familles dont les noms se conservent aujourd'hui. Ces familles ou chào sont les suivantes : chào Luong, chào Lo, chào Ngân, chào Lok, chào Kha, chào Lu, chào Ngan, chào Vi, chào Khoang. Tous les Thaïs et les Laotiens rentrent dans l'une ou l'autre de ces catégories ».

Cette légende est commune, à toutes les variétés de la race Thaï. Mais chaque variété la place dans un pays différent, et il est à remarquer que tandis que les Laotiens la localisent à Dien-bien-phu, les habitants de Dien-bien-phu qui sont des Thaïs noirs la localisent à Muong-lo (en annamite Ngbia-lo dans la province de Yènbay).

Outre cette légende cosmogonique générale, il est possible de reconstituer l'histoire de Dien-bien-phu d'après les chroniques Laotiennes et les Annales annamites. C'est ce qu'a bien voulu faire sur ma demande mon ami, M. H. Maspero aujourd'hui professeur au Collège de France. Cet historique a paru dans un autre livre.

Femmes Meos. (Cliché BOILEAU).

Groupe de Meos. (Cliché BOILEAU).

Passage du Nam Meue.

Arrivée de l'artillerie à Muong Mouen.

Arrivée de porteurs à Muong Mouen.

docile, détale au galop pour s'enfoncer dans la vase avec des clapotements sinistres ; scène qui nous ramène par la pensée à l'époque lointaine où ces ruminants d'un autre âge s'harmonisaient mieux avec cette plaine immense, inculte, couverte de graminées sauvages, vierge de tout travail humain.

Sur une large avenue bordée de beaux arbres, nous terminons l'étape, en traversant le village de Dien-bien-phu. Tout de suite après, c'est le Nam-youn que nous franchissons sur une longue passerelle de bambou, avant de gravir les pentes du mamelon qui lui fait suite. Une joyeuse sonnerie de clairon retentit tout à coup ; au-dessus d'un bouquet d'arbres, un drapeau tricolore apparaît, affaissé dans l'air sans haleine. Une porte s'ouvre, nous sommes dans la cour du poste.

**

Construit au carrefour des postes de Lai-Châu, Sop-nao et Tuan-Giao, sur une gigantesque taupinière où la tradition fait reposer Koun-Borom, l'aïeul de tous les Thaïs, le poste de Dien-bien-phu, d'où on découvre une vue superbe sur toute l'étendue de la plaine, tire moins d'importance de sa situation stratégique que de son rôle politique et administratif. Mais il semble actuellement bien secondaire ce rôle, tant nous frappe en entrant le déploiement d'un appareil de guerre tout-à-fait inattendu. Tout ce qui était ornement, fête des yeux, a disparu : les arbres ont été coupés au ras du sol et les belles corbeilles de fleurs ont été remplacées par un système compliqué de tranchées couvertes et découvertes, sapes, chevaux de frise, fils de fer barbelés, remblais divers, palissades de bambou à pointes effilées, etc., tous travaux de défense empruntés aux enseignements de la grande bataille européenne. On dirait un petit morceau de terrain du front qu'on aurait découpé et rapporté ici pour l'instruction des générations futures. Et l'illusion semble plus complète grâce à la toiture d'un blockhaus qu'on pourrait croire écornée ou soufflée par un obus, alors qu'on en a simplement déplacé les tuiles pour élargir le champ d'observation et permettre à de bons fusils de faire des tirs plongeants d'une redoutable efficacité contre des assaillants supposés. Il n'est pas jusqu'au bâtiment de la délégation qui n'ait subi de modifications désavantageuses pour son esthétique. Le double escalier d'accès est masqué par un cube de maçonnerie percé de créneaux et la balustrade de la vérandah encombrée d'une succession de caisses remplies de terre, où poussent, pour la forme, de misérables plants d'aloès. Tous ces farouches apprêts en prévision du retour offensif d'un ennemi en fuite qui n'a ni osé un geste d'attaque ni esquissé le simulacre de s'arrêter ici !..

**

Nous n'admirerons pas plus de deux jours ces merveilles ultramodernes. Le temps de laisser souffler nos bêtes et nous repartons. Des deux voies qui s'offrent à nous pour atteindre le Nam-Ou, le colonel a choisi la plus directe, bien qu'elle soit pratiquement la plus longue ; un sentier parallèle à la ligne télégraphique qui ne s'en écarte que pour faire de grandes enjambées par-dessus les ravins. Il y a bien la voie fluviale, ce Nam-Ngoua qui roule ses eaux au fond de la plaine et que nous pourrions rejoindre en suivant d'abord sur une tranquille embarcation, les méandres capricieux du Nam-Youn. Mais, si attrayante que paraisse la perspective de mettre un peu de pittoresque dans notre voyage, le colonel se refuse énergiquement à ce que nous empruntions ce torrent très encaissé à dénivellations très accusées et où la rapidité excessive du courant jointe au grand nombre de récifs qu'on y rencontre menacent de perpétuels dangers ceux qui ont l'imprudence de s'y aventurer. (1)

Je me réjouis tout particulièrement d'une telle décision : il y a longtemps que je pense que c'est surtout du haut de ses berges qu'un fleuve turbulent est intéressant à contempler. Un accident très désagréable qui remonte à quelques années est venu ancrer définitivement dans mon esprit cette idée que j'avais déjà partiellement acquise à la suite d'un naufrage accidentel sur le Sénégal, fleuve pourtant tranquille, mais infesté de caïmans.

En Mars 1909, je remontais le Haut-Yangtse dans une de ces lourdes jonques chinoises qui font la navette entre Itchang et Tchong-King, métropole commerciale du Seutchouan. J'avais déjà passé les gorges, ces merveilles incontestées du Fleuve Bleu, franchi rapides sur rapides et je croyais en être quitte pour de fortes émotions, lorsqu'un beau matin, d'épouvantables clameurs me réveillaient en sursaut, en même temps qu'une violente secousse me jetait à bas du petit lit de camp où je dormais d'un sommeil de plomb. Tandis que j'essayais péniblement de reprendre la verticale, ma jonque trouée sur un rocher invisible s'inclinait sur le flanc et se préparait à rejoindre les innombrables débris d'embarcations qui peuplent depuis des siècles le lit si mouvementé du grand fleuve. Je ne me rappelle plus la façon dont je m'y pris pour sortir de mon cercueil, mais ce dont je me souviens très nettement, c'est l'énergie farouche avec laquelle j'enroulais

____

(1) Thaïs et Laotiens ne cachent pas la crainte que leur inspire ce torrent perfide : « Si tu n'as qu'un fils, dit un vieux dicton du pays, ne le confie pas au Nam-Ngoua ». La Salouen à la même réputation, témoin cet adage d'origine céleste : « Celui qui doit traverser le Lou-Tze-Kiang (nom chinois de la Salouen) doit auparavant vendre sa femme ».

autour de ma main la natte du rameur chinois spécialement désigné par mon lao-pan (1) pour me ramener à terre à la nage, parmi des remous inquiétants, la traversée périlleuse que nous fîmes tous deux en vitesse sous des panaches d'écume, lui, me soutenant, moi, décidé à couler sans lâcher sa natte, et pour finir, la journée interminable que je dus passer, dans le simple appareil d'un pyjama, par une bise glaciale, sur une plage déserte, où je n'eus pour m'alimenter qu'une amère pamplemousse que me vendit à crédit, au vu et au su de mon désastre, une vieille chinoise sortie comme un revenant, d'entre les pierres de la rive.

On comprendra qu'un tel souvenir me pousse à préférer la sécurité des routes de terre et à considérer comme infiniment sage la décision du colonel, auquel le Nam-ngoua évoque d'ailleurs des aventures en tout semblables aux miennes : une descente vertigineuse sur un radeau qui vint buter contre un rocher à fleur d'eau, le choc brutal qui s'ensuivit, sa projection contre le piroguier d'avant qu'il obligeait ainsi à un plongeon inattendu, tandis que, projeté à son tour de la même façon par l'indigène placé derrière lui, il disparaissait dans le torrent, d'où il ne put se tirer par miracle que grâce à son talent exceptionnel de bon nageur. Le fait remonte à l'époque, déjà lointaine où il parcourait la région en qualité de membre de la Mission Pavie. Trente ans ont passé depuis ; mais il n'a rien oublié ; il est des émotions qui durent aussi longtemps que nous.

Le 12 Novembre au matin notre caravane quitte Dien-bien-phu. De la terrasse du poste nous la suivons de l'œil au moment où elle s'engage dans la plaine en files très ordonnées. Que de progrès accomplis en quelques jours ! Au début il n'y avait aucune cohésion parmi tout notre monde : il fallait rassembler les hommes disséminés de tous côtés, chercher ceux qui ne paraissaient pas ; c'était ici un bât démoli à réparer sur le champ, là une bête blessée qui ne pouvait repartir et qu'on avait abondonnée sur place. Inutile d'intervenir, les choses n'en auraient pas mieux marché pour cela. Aujourd'hui chacun sait ce qu'il a à faire, s'habitue à sa besogne et inconsciemment y apporte un peu plus de goût.

Au trot accéléré de nos fringants poneys qu'enivre la vue de grande plaine et qu'énerve notre résistance, nous avons tôt fait de rattraper, puis de dépasser les pelotons égrénés de la caravane. La route, large, bien entretenue, taillée dans un terrain crayeux enjambe des arroyos sur des ponts à toits recourbés. Peu d'agglomérations aux abords immédiats ; seuls quelques troupeaux de buffles paissent tranquille-

____

(1) Lao-pan — maître de jonque.

ment, sans gardien visible, comme s'ils n'appartenaient à personne. Vers neuf heures et demie, nous passons devant les vestiges d'un ancien village, où s'était réfugié autrefois, le grand-père de Déo-van-Khang. Un peu plus loin, un grand espace rectangulaire, des débris de murs, des remblais, des fossés qui disparaissent sous le treillis envahissant de la végétation : ce sont les ruines de l'ancien poste siamois de Sammeun où nos troupes s'étaient d'abord établies, avant d'aller occuper en 1891 le mamelon de Xieng-kiane.

En deux heures et demie, au confluent du Nam-Youn et du Nam-Ngoua, nous atteignons les limites de la plaine. Le paysage change presqu'aussitôt et nous retrouvons des régions pittoresques et accidentées semblables à celle que nous avons laissées depuis trois jours. Des éclats de voix, des rires, le rythme sourd et bien connu des pilons à paddy nous font soupçonner au passage la présence de petits hameaux perdus dans les bambous. Puis viennent quelques rizières envahies par la brousse, au pied d'une montagne escarpée, premier contrefort du massif à travers lequel il nous faudra passer pour atteindre Sop-Nao : nous sommes à Ban-Na-Hai, petit village thaï abandonné depuis le combat qui se livra ici l'an dernier, entre un peloton de tirailleurs venus de Lai-Châu et les pirates de Sam-neua qui, après l'échec de Son-la, se repliaient sur Muong-Ou-Neua. La population qui, depuis, a gagné les hauteurs pour éviter les réquisitions et les corvées, conséquence obligatoire des opérations militaires, n'est pas encore rentrée.

Une pouilleuse cabane sur pilotis nous offre sa fâcheuse hospitalité. Nous avons la mauvaise idée de nous y installer, tandis que notre caravane plus avisée, improvise un campement de fortune près d'un petit ruisseau qui descend avec la fraîcheur de la jeunesse les pentes d'une montagne éventrée où de longues coulées de terre, rouge comme de la sanguine, tranchent sur le vert de la brousse sauvage. Cam-Kang et sa suite, croyant à une aubaine inespérée, s'empressent, le sourire aux lèvres, d'aller occuper la maison voisine de la nôtre, mais ils ont à peine déjeuné qu'ils déguerpissent lestement, littéralement chassés par une armée de puces si nombreuses qu'une feuille de papier blanc posée sur le plancher de bambou en est noire en quelques minutes, et d'autant plus assoiffées de sang qu'elles sont à jeun depuis plus longtemps. Nous ne sommes guère mieux partagés ; déjà nous sentons aux chevilles les attaques sournoises des pelotons d'avant-garde, une guerre d'escarmouches que nous parons, du reste, avec un succès relatif ; mais nous resterons quand même, ne serait-ce que pour contempler le sentier qui gravit en lacets verticaux, la montagne qui nous fait face et nous permet de prévoir une rude journée pour le lendemain.

Ce dont nous ne nous doutons pas moins, c'est de la nuit d'insomnie qui va lui servir de prélude. Comme les années de campagne, ces nuits-là comptent double. A peine sommes-nous dans le calme heureux qui devance le premier sommeil, que de violentes secousses imprimées aux pilotis de notre habitation nous arrachent bientôt à notre béatitude. Les puces, maintenues en respect par la solide barrière de nos moustiquaires, déçues dans leur espoir de faire à nos dépens un festin de Sardanapale, ont émigré en masse au rez-de-chaussée ; elles s'en prennent, faute de mieux, à nos chevaux, qui, harcelés par ces bestioles faméliques, se cabrent, ruent et s'épuisent en courageux efforts pour se libérer de leurs attaches ; il faut se lever pour les faire changer de place. Occasion qu'ils attendaient pour briser leurs longes, s'échapper et se rendre mutuellement visite. L'expérience nous a déjà appris ce que sont ces promenades à travers le camp. Cela commence par de simples reniflements, entrecoupés de silences de plus en plus courts, pour dégénérer rapidement en morsures et en coups violents qu'accompagnent des hennissements féroces et des galopades désordonnées. Dix fois il faut se lever pour mettre un terme à ce vacarme infernal, dix fois les mêmes scènes se renouvellent, compliquées de temps à autre par l'arrivée de mulets voisins, venus d'abord en curieux, puis en vrais combattants prendre part à la mêlée générale et augmenter la confusion.

Je me trouve au matin devant mon Bucéphale ; il est frais, dispos, sans remords, avec son air de tous les jours. J'ai ma cravache à la main et la main me démange. Comment faire expier à cet insipide quadrupède le sabbat nocturne auquel je dois une atroce migraine, sensation de vrille ébréchée qui perfore sans hâte mes deux tempes ? Si le principe du châtiment est juste, l'application est difficile. Je ne puis cependant pas imiter ce capitaine qui, brusquement abandonné par son coursier dans la plaine de Tombouctou, et obligé de faire quinze kilomètres à pied, avait imaginé dans l'état d'exaltation où le maintenait l'implacable soleil du désert, un supplice raffiné : de retour au poste où le cheval l'avait précédé depuis longtemps, il faisait détacher le coupable qui, sans souvenir de son équipée, était déjà attablé devant une copieuse ration de mil, et lui faisait administrer cent coups de corde en présence de tous ses compagnons d'écurie qu'il avait pris la peine de faire ranger en cercle autour de lui, à seule fin que cet exemple leur fût profitable. Qu'on ne sourie pas, je n'invente rien.

Puisque je ne puis me permettre de faire fustiger ma monture devant tous les chevaux de la colonne (ils sont trop) je vais m'offrir la seule vengeance possible : lui imposer pour l'assagir le port ininterrompu de ma personne — 70 kilos — d'un bout à l'autre de l'étape. Et afin d'oublier les désagréments d'un mauvais gîte, nous commençons aussitôt le jeu pénible des montagnes russes que précède, comme de coutume, le passage maintes fois répété d'un arroyo.

L'ascension se fait par un sentier dont nous n'avons pas encore rencontré l'équivalent jusqu'ici. Mais outre qu'il n'y a pas lieu de s'en étonner puisque nous sommes appelés à voir mieux dans quelques semaines, nous pensons par avance au plaisir plus prochain de redescendre et cela suffit pour entretenir notre bonne humeur. Durant deux heures, il nous faut gravir péniblement une série d'étages superposés, que nous atteignons par des plans inclinés à quarante-cinq degrés. Ce sera ensuite, alternant avec quelques ondulations peu accentuées, la descente en pente douce dans une vallée bordée de hautes falaises calcaires. Nous la suivons dans toute sa longueur pour aller faire halte vers onze heures, près d'un petit arroyo, le Houei-Khang, où nous décidons de camper.

On y gèle en plein midi. Malgré l'heure et le soleil, le froid est si vif, si pénétrant que nous faisons allumer de grands feux. Je me sens très intrigué par des baguettes fichées en terre, au bout desquelles, oscillent doucement au souffle d'une brise qui est presque de la bise, de petits hexagones faits de lamelles de bambou entrecroisées. Qu'est-ce que cela signifie ? Il y en a quelques-uns près de nos abris ; je viens d'en voir toute une série sur le bord du ruisseau. Je suis né bavard et curieux : tout m'intéresse, me préoccupe et me pousse à questionner. J'interroge Khang, agent de renseignements de premier ordre en matière indigène et qui représente à mes yeux l'image vivante de ce personnage de réclame disant l'index sur la tempe : « Je sais tout». Comme je m'y attendais nul embarras dans sa réponse.« Ces légers appareils, dit-il, ont d'abord le pouvoir magique d'écarter les mauvais esprits. » Sapristi ! Je ne m'en serais jamais douté. Ai-je assez raison de me documenter ? Il paraît aussi, (et je laisse à Khang la responsabilité de cette affirmation téméraire), que devant ces emblèmes religieux qui ont la prétention de représenter le soleil, le tigre bat en retraite dès qu'il les aperçoit. Et tout à fait convaincu, notre interprète cite même, à l'appui de son dire, car il faut un exemple, le cas d'un de ces fauves élevé en captivité dans sa maison de Lai-châu et à qui leur vue inspirait la plus vive terreur.

Est-ce la présence des tigres ou celle des mauvais esprits qui a fait disparaître le village que nous pensions trouver sur les bords de l'arroyo ? Car il y avait un village ici, des maisons de chaume, et des

---

(1) La croix gammée représente, dit-on, les deux bâtons sacrés qui servent à faire le feu et figurent en même temps la roue solaire. C'est un symbole des religions antérieures au bouddhisme, commun à un très grand nombre de peuples. On l'a rencontré sur les statues assyriennes, dans les sculptures étrusques, sur des poteries anglo-saxonnes et italo-grecques. Les fragiles swastika de bambou des chemins du Laos sont un emblème religieux bouddhique (Isabelle Massieu).

gens pour y habiter. Kong-Kang, nom que nous lisons sur nos cartes, n'est pas une simple étiquette dans l'espace. Où donc est ce centre urbain ? La réponse est sous mes yeux et c'est une réponse écrite que je n'avais pas encore aperçue, sans doute parce qu'occupé à de toutes petites choses, je ne pouvais porter mes regards si haut. Sur un morceau de carton cloué à un tronc d'arbre, je lis : Kong-Kang, 1200 mètres, village brûlé. Nous nous demandons quelle est la main mystérieuse qui, dans cette solitude, prend la peine de nous renseigner si bien. Deux miliciens viendront l'après-midi nous donner la clef de l'énigme en révélant la présence, dans le voisinage, d'un campement de deux Européens occupés à construire la ligne télégraphique de Dien-bien-phu à Muong-Ou-neua, ligne sans importance commerciale, mais d'une utilité essentielle au point de vue stratégique aussi bien que diplomatique. Dès que les postes du Laos seront reliés à ceux du Tonkin, il nous sera facile d'avoir un contrôle étroit sur la police de nos frontières et l'exécution des mesures prises de concert avec les autorités chinoises.

Vie pénible que celle de ces deux Européens obligés, loin de tout centre, de rester constamment exposés au soleil et à toutes les intempéries pour surveiller l'exécution des travaux dont ils sont chargés. Mais le confort dont ils s'entourent, confort que révèle le passage d'une longue théorie de caisses, au moment où nous montons en selle le lendemain matin, nous rassure sur la façon dont ils savent se traiter et remédier aux difficultés du ravitaillement. Quelques étiquettes, quelques marques de bon vin, font luire dans la prunelle de nos artilleurs de fugaces éclairs de convoitise.

Le Houei-Kang passé et repassé à maintes reprises, nous nous trouvons subitement devant une montagne qui se dresse devant nous comme un mur. Est-ce toujours là ce bon chemin que signalait le Capitaine Cupet ? Le sentier encombré de broussailles se rapproche tellement de la verticale que nous nous demandons si c'est celui que nous devons suivre. Or, c'est bien le chemin, la seule voie qui puisse nous conduire là-haut. Nous devons nous décider à le croire puisque nos guides affirment tous qu'il n'y en a pas d'autre. Il faut se résoudre à descendre de cheval. Agrippés à la queue de nos montures qui nous servent de tracteurs, nous nous livrons à de véritables acrobaties pour avancer sur la piste rendue par surcroît très glissante par la rosée. Cette escalade à nous rompre les os dure une heure. Une heure pendant laquelle un opérateur de cinéma placé aux bons endroits aurait pu enrichir sa collection d'un film sensationnel. Mais à progresser de cette façon on s'explique facilement la force d'une poignée de pirates. Dix hommes bien embusqués et connaissant le pays suffiraient à tenir en échec et même à anéantir une compagnie entière.

Dans les branches voisines, des gibbons noirs emplissent la forêt de leurs cris plaintifs et saluent le soleil levant. Une éclaircie nous permet de les apercevoir se balançant, accrochés par leurs longs bras, puis disparaissant subitement à notre vue dans une fuite vertigineuse à travers la verdure pour aller se poster à distance et surveiller avec intérêt notre escalade sous bois.

Les femelles, très rares, se distinguent des mâles par leur fourrure grise. La légende donne à ces animaux une origine curieuse. Ce seraient de pauvres humains qui, mécontents du pays où ils se trouvaient, auraient été alléchés par de belles promesses et transportés de nuit au milieu des bois. S'étant aperçus, au matin, de la façon dont ils avaient été bernés, ils se seraient aussitôt répandus en lamentations bruyantes : d'où ce cri plaintif d'une infinie désespérance, qui permet de les reconnaître sans les apercevoir. (1)

Une succession de vallées et de raidillons nous mène sur une crête, près d'un col où le vent qui souffle en tempête, courbe dans un sifflement prolongé les pins rabougris et les buissons des alentours. La température reste basse malgré le soleil et nous marchons côte à côte avec nos bêtes pour nous réchauffer. Ce sont maintenant des marches d'escaliers taillées dans le calcaire, puis le lit d'un arroyo que nous traversons à gué. Du même coup nous avons passé la frontière et nous voici enfin au Laos.

Ce pays tant désiré se présente tout d'abord à nous sous les aspects peu engageants de fondrière et de hallier. La marche est plus difficile que jamais. A l'orée d'une longue forêt de bambous commencent pour nous ces nouvelles misères. Le passage est coupé de profonds bourbiers où les chevaux enfoncent jusqu'à mi-jambe et barré plus d'une fois par la chute d'un gros arbre mort de vieillesse. Que faire contre ce dernier obstacle ? C'est un peu comme un mur. Pour un homme, c'est une petite escalade, mais pour nos chevaux, c'est une véritable gymnastique. Quelquefois, lorsqu'il n'est pas trop grand, ils essaient de l'enjamber, ils se dressent, appuient leurs sabots sur le tronc, passent leurs jambes de l'autre côté, restant appuyés sur le ventre, puis donnent un coup de jarret pour le franchir. Ouf ! Quel coup de tangage pour ceux qui pendant cette manœuvre, s'obstinent à rester sur leur monture ! Il est préférable d'être à pied. Veut-on éviter l'obstacle par un détour à travers les fourrés ? La végétation a bec et griffes ; nous y laissons quelques lambeaux de nos vêtements ou de notre épiderme. Ailleurs ce sont des glissades inquiétantes pour l'équilibre du cavalier

---

(1) Cette légende est à rapprocher de celle que content les noirs de l'Afrique occidentale. Suivant eux, les singes savent parler et s'ils s'en abstiennent, c'est par crainte que les hommes ne les obligent à travailler.

ou des dégringolades à pieds joints sur des pentes ravinées. Nous nous accrochons aux arbres, aux roseaux, tandis que nos bêtes, faisant frein de leurs quatre jambes tétanisées, se laissent glisser entre les souches. Nos tribulations s'aggravent du fait de la présence insoupçonnée de lianes traîtresses contre lesquelles on bute à tout moment. La marche à travers le sentier obscur, encombré, est particulièrement pénible. Nos casques se heurtent contre les bambous transversaux, reçoivent des renfoncements fâcheux pour leur esthétique et nous risquons à chaque instant d'avoir un œil crevé par les tiges flexibles qui, écartées momentanément devant nous par nos chevaux, reviennent nous frapper au visage comme des coups de fouet.

Vers dix heures, lorsque nous sortons de cette forêt, dont les sous-bois, par endroits, ne voient jamais le moindre rayon de soleil, nous oublions peine, fatigue, chaleur et soif. La satisfaction d'avoir triomphé des difficultés de la route y est bien pour quelque chose ; mais nous sommes surtout fascinés par le panorama qui se déroule subitement à nos regards. C'est un véritable coup de théâtre : à perte de vue, jusqu'au fond de l horizon brumeux, où s'estompent les contours indécis et bleuâtres des dernières découpures, c'est une infinité de collines parallèles qui s'échelonnent, pressées les unes derrière les autres comme les grandes houles d'une mer brusquement immobilisée dans son désordre. Et je comprends à merveille, d'après la joie que me valent ces trois heures d'une âpre lutte ce que purent être les *Thalassa ! Thalassa !* enthousiastes que firent entendre à la vue des rivages du Pont-Euxin les dix mille Grecs de Xénophon, accablés de fatigue après seize mois de retraite.

La sente, maintenant, court le long d'une pente de hautes herbes sèches derrière lesquelles disparaissent complètement chevaux et cavaliers. Une heure de descente et nous arrivons au bord du Houei-Yeui, lieu choisi pour l'étape. Ah ! le joli petit cantonnement ! De l'eau claire et fraîche, des arbres et des bois charmants. Dans ce cadre gracieux nos ordonnances nous construisent un abri si spacieux et si confortable que nous l'appelons en riant : « L'Hôtel de la Cascade », en raison du bruit que font, en passant sur les cailloux, les ondes rapides de l'arroyo qui serpente à nos pieds. Tout cela est frais et reposant, un Eden que nous n'aurions pas osé rêver au sortir de cette dure randonnée. Et nous goûtons la joie de nous délasser au murmure de l'eau courante, sous le feuillage qui filtre en ombres vertes l'or de la lumière.

Nos ma-fou chinois qui campent tout près affectent le plus parfait mépris pour un tel luxe. Ils aiment la vie nomade sans plus. Le premier endroit venu fait pour eux les frais de l'installation, pourvu qu'il soit possible de s'y étendre. Deux petits piquets fourchus qui soutiennent un bambou horizontal sur lequel s'appuient obliquement quelques branches entremêlées, voilà leur gîte pour la nuit. La nourriture leur est assurée. S'ils ont du tabac pour la pipe, un peu d'opium pour la pipette, un bât ou un caillou pour reposer la tête, il ne manque rien à leur bonheur. Race admirable, race fruste et rude qui se plie sans une plainte aux plus dures intempéries, à toutes les privations et à toutes les solitudes.

Nos Thaïs qui font chacun la besogne d'un mulet ne peuvent s'accommoder d'une philosophie aussi résignée. Cela se comprend, car c'est sans métaphore que ces hommes de la plaine gravissent le plus dur calvaire, en escaladant des montagnes, chargés comme des bêtes de somme. Et quand ils nous rejoignent, épuisés par seize heures d'efforts incessants, nous nous doutons bien que ce n'est pas sans quelque mélancolie qu'ils doivent penser à la paix de leurs foyers abandonnés pour un métier devant lequel reculerait un galérien. C'est, pour nous, par contre, l'heure exquise où l'on cause et l'on rêve. Le silence n'est plus troublé que par le clapotis des eaux. Nous sommes couchés depuis longtemps et dans notre chambre aux parois de feuilles, nous terminons, entre deux bâillements, quelques échanges de vues sur les imperfections des voies de communication et des moyens de transport. Mais ce ne sont pas ces discussions platoniques qui changeront quoi que ce soit à ce qui est, ou plutôt à ce qui n'est pas. Il y a longtemps que nous nous sommes aperçus que les pistes de ce pays n'ont pas été tracées par des ingénieurs des ponts et chaussées et que la région est totalement dépourvue de cantonniers.

Du Houei-Yeui à mi-route de Sop-Nao, il n'y a plus rien en fait de chemin : c'est l'eau qui tient ici le rôle d'agent voyer en fabriquant chaque année une plaine plate. Comme le torrent est, en cette saison, sagement rentré dans son lit et que ce lit est très sinueux, il nous faudra le traverser quatre-vingt-trois fois avant de retrouver le Nam-Ngoua que nous avons quitté l'avant-veille à Ban-Nhai.

Au fond de la vallée, un village brûlé : les grosses poutres des pilotis se dressent noires et calcinées, à demi-noyées dans la cendre légère des bambous et des chaumes qui ont flambé. Et c'est, presqu'aussitôt après, à flanc de côteau, une route débroussaillée où travaillent, sous la surveillance d'un sous-officier européen, quelques équipes d'indigènes. Un peu après dix heures, un large écriteau, placé en évidence par un loustic facétieux, nous apprend que nous sommes à trois kilomètres de Sop Nao et que nous trouverons au Grand-Hôtel de la localité tout le confort moderne. Parbleu ! Nous nous en doutons un peu !

Les derniers lacets d'un sentier en pente raide, franchis à bonne allure, nous font déboucher, une demi-heure plus tard, sur les bords du Nam Ngoua, au seuil d'une vaste prairie où se dresse un poste neuf. Il n'a fallu qu'un mois pour le construire. Pas de pierres, pas de briques, pas même de torchis. L'enceinte des bâtiments, les cloisons, les portes, les escaliers, les planchers et les meubles, tout est en bambou ; tout jusqu'aux ustensiles que par coquetterie le maître du lieu fera placer sur la table au moment du déjeuner.

Au moment où nous entrons, on distribue la quinine journalière à la compagnie rassemblée au milieu de la cour. Il n'est pas d'officier vivant dans la haute région qui ne sache l'importance de cette médication préventive sur les indigènes qui supportent moins bien que les Européens le climat de la montagne. Cette prédisposition fâcheuse entretient chez nos protégés l'idée que le Haut-Tonkin est un lieu d'exil ; la tristesse du soldat quittant les rizières de la plaine pour les redoutables forêts du Nord-Ouest où rôdent le tigre et la fièvre a été depuis longtemps le thème favori de la poésie populaire annamite.

Ici grâce au commandant du poste, qui a une sollicitude de père pour ses tirailleurs, les dispositions les plus minutieuses sont prises pour entretenir chez eux un état sanitaire excellent. Afin d'éviter toute supercherie, chacun est tenu d'absorber la dose de quinine dissoute dans un peu d'eau sous les yeux d'un gradé européen et comme complément à cette mesure judicieuse, il faut, le soir venu, que les moustiquaires soient obligatoirement abaissées sur les nattes.

Une couverture et une moustiquaire sont ici deux objets indispensables et leur emploi constant, en cours de route, est peut-être le moyen le plus efficace pour faire disparaître des légendes injustifiées sur l'insalubrité de certains postes où, grâce à sa coupable négligence, l'Européen arrive malade, parfois même mûr pour l'évacuation avant de les avoir atteints.

Toutes ces précautions sont de rigueur pour notre caravane. Mais, chose curieuse, ceux qui observent le mieux les prescriptions sanitaires sont précisément ceux auxquels nous penserions le moins : ce sont nos ma-fou chinois. Il ne s'est pas passé un jour, depuis notre départ de Lai-châu, qu'ils ne soient venus avec une insistance remarquable réclamer à l'ambulance le médicament souverain et l'absorber sous nos yeux, avec de comiques grimaces causées par son amertume.

*
* *

Une petite flotille nous attendait à Sop-Nao, dix pirogues laotiennes légères, étroites, au bec effilé et à l'arrière surélevé, munies d'un rouf minuscule en feuilles de latanier, d'ailleurs séparé en deux pour permettre de vider le fond par le milieu.

Le 25 Novembre, tandis que notre caravane, libérée des lourds impedimenta qui suivront par eau, continue par le sentier muletier qui sur la rive droite du Nam-Ngoua rejoint Muong-Khoua par Sop-Hat, nous prenons place au frais matin tranquille sur nos embarcations. Et nous voici sur le torrent à sinistre réputation.

D'abord, nous ne voyons presque rien autour de nous ; le brouillard, qui met aux collines des écharpes de mousseline et des capuchons d'ouate, s'étale en nappes impalpables au-dessus de la rivière et c'est à peine si nous distinguons, un peu en aval du poste, les premières cases d'un village laotien encore endormi sous la brume.

Mais bientôt les buées se dissipent et le soleil, qui resplendit de tout son éclat, nous montre des rives délicieuses de calme, bordées d'une végétation intense qui semble, par endroits, sortir de l'eau. Les arbres poussent horizontalement des branches puissantes vers cette coulée d'air, et suivant les caprices des méandres, c'est une succession rapide de lumière et d'ombre, de verdures qui s'obscurcissent en des tons de velours ou brusquement s'allument de paillettes d'or. Les rapides très nombreux ne sont pas méchants : simples dénivellations plus ou moins sensibles où les flots courent très pressés, mais sans grand tumulte. La barque s'y engage lancée comme une flèche ; tandis que le pilote la guide, les rameurs redoublent d'efforts sur leurs pagaies, scandant leurs mouvements de la voix. Dans les biefs intermédiaires, le silence n'est interrompu que par leur respiration cadencée, le clapotis de l'eau, le rythme régulier des avirons ou le frottement du bambou courant tout le long des barques. Celles-ci nous offrent une place si restreinte que nous ne pouvons nous y tenir qu'assis au fond, le casque écrasé par la paillote, ou couchés en chien de fusil. Nous sommes réduits, pour éviter la courbature, à changer constamment de position. A l'entrée du boyau, qui nous semble maintenant la chambre noire d'un appareil photographique, se dessinent les jambes vigoureuses de nos bateliers dont les tatouages se perdent dans une sorte de caleçon très collant et c'est tout ce qui nous est permis de voir d'eux tant qu'ils se servent de leurs perches qui passent et repassent devant l'ouverture cylindrique de notre prison avec des balancements inquiétants d'un bord à l'autre. Quand ils ne poussent pas avec leurs bambous, ils usent de leurs pagaies ; cela dépend de la profondeur de l'eau. Alors seulement nous pouvons les voir tout entiers. Quel charme de nous sentir glisser rapidement au milieu de cette nature exubérante et sauvage qu'interrompt seulement la vision rapide des très rares villages où quelques Laotiens, dans des étoffes bigarrées, s'étirent paresseusement sur les vérandahs, comme les lézards au soleil ! Et quel dommage, pendant que les arbres de la rive fuient comme un rêve, de nous sentir enfermés dans nos paillotes comme des animaux en cage et paralysés dans nos mouvements !

Trois heures de descente nous mènent au Nam Ou qui apparaît subitement derrière un rideau de verdure. Le joli fleuve ! Des eaux vertes, comme elles sont si souvent dans la Haute-Asie, transparentes comme du cristal et, de chaque côté, des montagnes qui se profilent en masses sombres, s'estompant de plus en plus et rapprochant leurs cimes dans le lointain. Jusqu'ici, nous marchions à grande allure entraînés par le courant et les rameurs n'avaient guère comme travail qu'à maintenir les pirogues au milieu de la rivière. Mais le Nam Ou descend et il nous le fait bien voir par sa résistance à se laisser remonter. Notre marche s'est singulièrement ralentie. Bientôt, nous abordons un petit rapide, un « hat », comme on dit ici : c'est un simple ressaut, dû à une surélévation du lit où le fleuve bondit et bouillonne, accélérant sa vitesse et brodant mille franges argentées au-dessus de petits écueils qui surgissent par endroits.

Solidement arc-boutés contre les perches de bambou qui plient sous l'effort, nos bateliers luttent vigoureusement pour franchir ce passage, allant et venant de la proue à la poupe avec une incomparable obstination. Mais bientôt, en dépit de leur légèreté, les pirogues s'immobilisent sur les galets ronds. Nos équipages se sont dévêtus, mettant à nu leurs singuliers tatouages (1). Ils ont déjà sauté dans

------

(1) Tout Laotien qui prétend au titre d'homme doit se faire tatouer depuis le nombril jusqu'au-dessus du genou. C'est une coutume ancienne qui vient de l'Inde. Elle est si répandue qu'il serait difficile, aujourd'hui, de rencontrer un homme qui ne le soit pas. Elle est considérée ici, comme un ornement d'art et aussi comme une preuve de courage et de virilité chez ceux qui se soumettent volontairement à cette torture. Dans certaines parties du Laos, un homme dépourvu de tatouages ne peut, en signe d'infériorité, se baigner en amont des femmes. L'opération ne se fait pas sans douleur, cela se devine, étant donnée la sensibilité particulière des parties du corps où elle se pratique. Et elle ne se fait pas en une seule séance !

A l'origine, le tatouage était religieux ; on tatouait sur le corps des signes distinctifs empruntés aux croyances. Mais cet usage tend à se réduire à quelques données dépourvues de toute signification symbolique. Les dessins sont variables : tantôt ils représentent des singes, des éléphants, des serpents, des oiseaux, des panthères ou des animaux fabuleux ; tantôt ce sont des sortes de petits carrés ou rectangles renfermant des ornementations qui ont quelque analogie avec les cachets de mandarins chinois. Tout dépend de la fantaisie et du goût de l'artiste tatoueur.

La couleur s'obtient soit avec de l'encre de Chine ou du cinabre délayé, soit en faisant déposer, au fond d'un pot, de la suie de graisse brûlée, que l'on mélange avec du fiel de bœuf sauvage, d'oie ou de porc. On ajoute un peu d'eau, pour donner la consistance voulue. Une fois introduite dans les piqûres, la couleur reste indélébile.

On emploie deux sortes d'instruments : l'un est une lance de métal très mince et dentelée, l'autre une sorte de poinçon fait d'une tige d'acier solide, aiguisée en pointe fine avec des rainures destinées à contenir la matière colorante ; c'est avec ce dernier que les figures sont tracées sur la peau.

Le Thaï se fait également tatouer, mais ses tatouages sont beaucoup plus discrets : c'est par exemple sur le mollet l'image d'un dragon au-dessus de celle d'une collerette à dents de scie qui enveloppe toute la jambe, ou encore une petite croix sur chaque main.

l'eau, et les mains agrippées sur les bords ils poussent les embarcations lentement, patiemment, mètre par mètre. Ce seuil franchi, on en aborde un second, puis un trois:ème que nous passons sans encombres. Tout se tait. C'est la fulgurat on de midi. Le soleil, au zénith, darde sur nous ses rayons de feu. Dans cette immobilité forcée au fond de la pirogue, la chaleur nous plonge dans une demi somnolence et, à travers la fumée de nos cigarettes qui monte tout droit dans l'air brûlant, nous ne voyons plus que les bustes de bronze de nos bateliers qui font tache sur l'éblouissant reflet des eaux. Ils poussent toujours infatigables et muets, la joue distendue sous la fluxion produite par la chique de bétel.

Un hameau : Sop-hat. La torpeur méridienne qui achève d'éteindre les bruits n'a pas apaisé notre faim. En un clin d'œil, nos ordonnances, heureuses de sortir du trou incommode où elles sont assises depuis ce matin, ont dressé nos tables et nos pliants à l'ombre d'un arbre de la berge. Nous déjeunons sommairement et repartons aussitôt. Muong Khoua n'est qu'à huit kilomètres ; deux heures de navigation nous suffiront pour l'atteindre. Bientôt, en effet, nous distinguons les toitures grisâtres des premières maisons, puis tout en haut d'un éperon à cheval sur le Nam-Ou et son affluent le Nam-Pak, de grands arbres aux feuillages épais et les plis d'un drapeau tricolore.

Les gens du village se sont mis en frais pour nous recevoir. Sur la berge ils ont construit un appontement qui, dans sa manière, est un petit chef-d'œuvre de goût délicat. Il est orné d'une multitude de fleurs qui, dans ce pays existent toute l'année : fleurs de pamplemoussier, aréquier, frangipanier, rhubarbe, muguet sauvage. C'est un pavillon fait de lames de bambou entrecroisées que continue une large passerelle sur pilotis s'avançant de plusieurs mètres au-dessus de la rivière et terminée par une sorte d'arc de triomphe. Nos pirogues, grâce à cette sorte de warf, peuvent aborder facilement. Mais nous n'avons pas encore accosté que, de tous les points de la berge, apparaissent des Laotiens aux cheveux en brosse, mandarins ou notables, s'empressant vers nous et tenant dans leurs mains les présents symboliques de bienvenue : petits bouquets de fleurs et bougies de cire grosses comme le doigt qui embaument le miel sauvage. A recevoir ainsi, sous ce pavillon fleuri, les hommages naïfs que la tradition laotienne réserve aux hôtes, nous avons vraiment l'impression d'être dans un pays nouveau. Pendant que s'échangent souhaits et compliments, nous jetons çà et là aux alentours quelques regards fugitifs. Des enfants couverts de poussière piaillent comme des moineaux et se roulent avec délices sur le sable. Des nymphes capricieuses venues au fleuve avec leurs étroits seaux de bambou jouent sur les rives, pendant que d'autres, qui ne paraissent nullement effarouchées par notre venue, baignent, dans l'onde transparente à souhait, un corps digne de tenter le ciseau d'un sculpteur.

Et voici qu'arrive, à pas pressés, souriant et tout essoufflé, un grand garçon de belle mine qui s'excuse de son retard. C'est le prince Souvannarath, neveu du roi de Luang-prabang, qui sera, dans le Haut-Laos, notre interprète pour toute la durée de la colonne. Il est culotté d'un magnifique sampot de soie violette que mettent en relief des bas blancs soigneusement tirés. A cela du reste se borne son respect de la tradition locale, car son vêtement s'achève en veston noir, chemise blanche, cravate de couleur et chapeau de feutre, toutes choses qui n'ont pas été confectionnées sur les bords du Mékhong.

Au pas majestueux et grave des anciens triomphateurs, nous passons sous un dernier arceau de feuillage et, suivis des autorités indigènes, nous montons sur la berge pour traverser le village. Des marmots, aux yeux pleins d'une douceur caressante et simplement vêtus d'une cordelette autour des reins, grouillent à terre parmi les poulets. Chancelants sur leurs petites jambes potelées, ils courent se cacher derrière les pilotis où ils s'entassent comme des lapins dans un clapier. Sur les vérandas, des femmes, le chignon orné d'une fleur coquettement posée sur l'oreille nous regardent tout en se laissant regarder. Laides ou jolies ? Sait-on jamais avec cette éternelle chique de bétel qui leur ensanglante la bouche ? Heureuses de vivre en tous cas, car elles jacassent avec volubilité, s'interpellent d'une maison à l'autre et rient à qui mieux mieux, gracieuses également avec leurs écharpes jetées avec tant d'art autour du sein, qu'elles semblent plutôt trahir les formes que les cacher. Mais nous les reconnaissons. Ce sont des cousines après tout, ces Aryennes aux yeux droits et doux, aux prunelles rayonnantes sous des sourcils bien dessinés. C'est du sang pareil au nôtre qui coule dans leurs veines. Comme cela nous change des filles d'Annam qui n'y voient que par de tout petits trous obliques entre des paupières bridées. Ici le type humain s'est modifié. La race qui se rapproche un peu de la race hindoue est grande et forte et n'a rien d'étriqué comme la peuplade des Giao-chi.

Au détour du chemin qu'ombragent les banians centenaires, près de la porte d'entrée du poste, une compagnie de tirailleurs en ligne attend notre passage. Une belle voix de commandement se fait entendre. Un lieutenant dont le visage s'encadre d'une barbe nazaréenne a donné l'ordre de porter les armes. Ce Breton à figure de Christ est précisément un soldat de Dieu que la guerre a enlevé à sa petite chrétienté d'Annam, pour l'appeler à d'autres obligations qu'il remplit avec l'aisance et les facultés d'un officier de carrière. Mais les devoirs présents ne lui ont rien fait oublier des Saintes Ecritures et c'est par une parole qui s'y rapporte que nous faisons d'abord connaissance : « Avant d'arriver à la Terre Promise, les Hébreux durent traverser le désert » répond-t-il l'index levé au récit de nos misères de route. La Terre Promise ? Y serions-nous ? On pourrait le croire tant les regards dans ce petit village, calme comme un paradis, nous paraît souriant et plein de bienveillance. Et l attrait sérieux du lendemain, cette curieuse et touchante fête de bienvenue que les Laotiens ont coutume d'offrir aux nouveaux arrivés ne nous enlèvera pas a bonne impression que nous avons ressentie en débarquant sur ce so que nous foulons pour la première fois.

En fait de salle de réception nous n'aurons que le décor du poste ; une plate-forme sur pilotis qui réunit l'étage de deux cases parallèles. Assis sur nos pliants de voyage comme des rois sur leurs trônes, nous attendons les chefs et les notables qui se sont fait annoncer. Voici le cortège ; les hommes d'abord, autorités locales en tête, et derrière eux en un moutonnement de couleurs, toutes les femmes du village revêtues de leurs plus beaux atours. Les jeunes filles glissent onduleuses, retenant d'une main leurs écharpes rouges, jaunes, ou vertes déroulées par la brise et chatoyantes sous le soleil qui glisse sur les chignons noirs, les belles épaules et les gorges rebondies couleur d'or mat. Mais à côté de ce frais bouquet de fleurs, voici des fleurs éteintes des quinquagénaires au visage tanné par de longs étés, qui croient inutile de cacher leurs chairs flasques et ridées sous l'écharpe de leur voisine alors qu'elles feraient preuve de quelque sagesse en la leur empruntant. Nous serions presque tentés de leur en jeter une pour cacher ces appats plissés comme des fruits desséchés qui pleurent depuis si longtemps leur splendeur déchue. Cependant, elles ne paraissent guère se soucier de l'éloignement qu'elles nous inspirent, car derrière leurs lèvres ensanglantées par le bétel, les pauvres vieilles nous sourient, il faut le reconnaître, tout-à-fait gentiment.

Et presque toutes, les jeunes comme les vieilles, les plus fraîches comme les plus ratatinées, portent à cheval sur la hanche des enfants demi-nus qui piaillent, le derrière à l'air, ou qui dorment, insensibles au tapage, la tête ballotant comme une orange mûre.

Après avoir placé à nos pieds un plateau d'argent contenant un œuf, des brins de fils de coton, des bouquets de fleurs et un flacon d'alcool, un vieillard avec des gestes lents, presque religieux s'est prosterné devant nous. Agenouillé il s'incline encore une fois devant le colonel, puis les mains hautes, récite les phrases rituelles. Le plus grand silence plane sur l'assemblée. Tous, les mains jointes sous le menton, suivant le rite sacré, dans un profond recueillement comme si chaque parole prononcée par l'officiant avait la puissance d'une incantation magique. Durant une heure, c'est un interminable chapelet de vœux qui s'égrène. Les Laotiens n'y vont pas de main morte, et c'est par dizaines de mille que ces hommes qui nous veulent certainement du bien, nous souhaitent belles femmes, chevaux, buffles,

Sur le Nana-N'goua.

Muong Poun : « sur les terrasses auparavant désertes des femmes se montrent ».

Diên-biên-phu : pont de bambou sur le Nam-Youn.

éléphants, années de vie. Des bougies de cire sont allumées, nous en recevons chacun deux avec un bouquet de fleurs des champs. Puis le vieillard prend les cordonnets de coton et les noue autour de nos poignets que, sur son invite, nous lui avons tendus.

De nouvelles incantations sont dites avec une gravité extrême et une dernière prosternation clôt ce cérémonial minutieux. Nous sommes désormais sous la protection des génies laotiens du Bonheur et de la Longévité, et nous devons garder jusqu'à ce qu'ils tombent d'eux-mêmes, les bracelets de coton qui nous placent sous leur sauvegarde.

Ces gracieuses traditions nous font oublier momentanément les désagréments de notre nouvelle résidence. Le poste de Muong-Khoua se compose, comme celui de Sop-Nao, d'une série de constructions de bambou de modèle uniforme coiffées d'un toit pointu. Construit à l'extrémité du promontoire qui domine le double confluent du Nam-Ou et du Nam-Pak, il occupe le terrain d'une pagode que ces propriétaires ont mis à la disposition de l'autorité militaire moyennant une faible rétribution mensuelle et l'assurance que les objets du culte, placés sous notre protection, seront respectés. Et c'est ainsi que, pour quelques jours, nous avons dû installer nos quartiers sous l'œil d'une multitude de Bouddhas pensifs, réunis en tas dans l'ancien logement des bonzes.

Cette profusion d'idoles ne réussit pas à éloigner du temple un peuple innombrables de rats qui a élu domicile sous les paillotes entre les lattis de bambou, partout où le moindre recoin peut servir d'abri. Dans ce lieu où flotte une atmosphère ecclésiastique, ils se sentent complètement chez eux et c'est à peine s'ils daignent s'apercevoir de notre présence. Ils ont toutes les audaces ; on les voit en plein jour folâtrer, se poursuivre, se livrer bataille au milieu de cris perçants et finalement se laisser choir du plafond pour disparaître aussi facilement qu'ils sont venus, par les larges fissures qui trouent le parquet en maints endroits.

La nuit ils donnent avec le plus parfait sans-gêne de furieux assauts à notre literie et font de multiples dégâts à nos bagages.

Tout paraît bon à ces rongeurs affamés et hardis : le savon, les harnachements, les vêtements et les casques. Il n'est pas rare, au réveil, de trouver dans le coin le plus reculé de la pièce, la paire de souliers, qu'avant de se coucher, on avait placée au pied du lit. Elle a voyagé pendant la nuit. Il faut, contre cette offensive sans répit, une expectative armée : un rotin à portée de la main pour casser les reins aux plus osés et des crochets au plafond pour suspendre tout ce qui peut être l'objet de leur voracité sans égale.

La seule promenade possible de la localité est le bord du fleuve, où l'arrivée des tirailleurs a attiré bon nombre de petits marchands laotiens. En voilà qui ne font pas grands frais pour leur étalage. Accroupis à l'ombre d'un parasol siamois, d'une natte, de quelque étoffe maintenue par les perches de leurs embarcations, ou par leurs pagaies dressées en faisceaux, ils attendent patiemment la clientèle. La cigarette aux lèvres, l'esprit en rêve d'éternité, ils nous regardent passer. Devant eux, sur une couverture posée à même le sol, c'est un amalgame de tous les produits d'importation que les caravanes du Siam ou de Birmanie ont amenés à Luang-Prabang : cotonnades, boutons et filets anglais, savons, papier à cigarettes, boîtes d'allumettes et galons de clinquant au milieu desquels se prélassent dans leur enveloppe en chromo, quelques douzaines de chaussettes multicolores affligées de l'estampille inévitable : *made in Germany*, et je passe sous silence ces boîtes de conserves d'origine américaine ou japonaise qui, avant d'arriver ici, ont déjà fait trois fois le tour du monde.

Il faut de la pacotille ici pour séduire les acheteurs. Les plus empressés, est-il besoin de le dire ? sont ces bênêts de tirailleurs qui gâtent les prix soit en prenant femme dans le pays en échange de dots extravagantes versées à la famille (six ou dix fois ce que verserait un Laotien), soit en faisant des cadeaux princiers à leurs petites amies. Plus pratiques, nos ordonnances qui n'ont pas encore eu le temps de penser aux personnes les plus gaies du village songent à leur toilette et s'offrent des serviettes-éponges sur lesquelles les mots *Good morning* se détachent en grosses lettres jaune serin, détail qui les ravit, bien qu'incompris.

« Made in germany », « good morning » ! Hélas ! tout cela nous vient des maisons de Bangkok. Peu de produits français. Outre que nos industriels fabriquent des articles trop beaux et trop chers pour ces primitifs, la voie dangereuse du Mékong, aussi bien que le médiocre appoint des rares caravanes venant du Tonkin, ne favorisent guère le développement de notre commerce.

Pendant que nous regardons les étalages, nos animaux de bât, venant de Sop-Nao font leur apparition sur la berge opposée. Et voici l'épisode de la journée. Leur bât déchargé, on tente de leur faire passer le Nam-Ou à la nage. Opération plus compliquée que nous ne pensions. Visiblement elle leur répugne : ils hésitent, reculent, se débattent ou font demi-tour. A force de cris et de coups de bâton, le gros de la bande finit par entrer dans l'eau, où il ne tarde pas à perdre pied. Déjà le courant les entraîne à la dérive. Du coup nous les voyons nager vigoureusement vers nous, oreilles pointées, naseaux dilatés, serrés les uns contre les autres et cornant à qui mieux mieux. Seuls quelques obstinés, à la méfiance tenace, sont poussés de force dans une embarcation tandis qu'apparaissent au loin les quatre derniers, pauvres bêtes clopinantes et fourbues qui n'auront atteint le fleuve que pour y finir misérablement en une lente et lamentable agonie.

*
* *

Chaque soir, après le repas, nous allons flâner dans le village. C'est le moment où les indigènes nous gratifient d'une sérénade de khène, cet instrument de musique dont on a dit si souvent la douceur et la mélancolie, sorte de flûte de Pan composée de huit ou dix tuyaux juxtaposés et de longueurs différentes, reliés les uns aux autres par un collier de bois que termine une embouchure. Et tandis que le musicien égrène sa romance et met toute son âme dans la plainte de son roseau, nous poussons jusqu'à la plage de sable fin où, dans un grand bruissement de feuilles froissées, nos chevaux et nos mulets immobiles et penchés comme s'ils broutaient leur ombre, mâchonnent avec ardeur leur ration de bambou. Les pauvres bêtes se soucient bien peu de la musique. Un merveilleux instinct de conservation les pousse à réparer leurs forces. Mais combien d'entre elles malgré tout, sont destinées à jalonner de leur os blanchis les pistes exécrables que nous allons suivre ?

CHAPITRE IV

Sus aux pirates.

LES quelques jours de repos passés à Muong-Khoua ont permis au Colonel de recueillir tous les renseignements de nature à nous éclairer sur les mouvements des pirates établis dans la région.

Leur principal repaire est à quatre jours de marche, vers le Nord, à Mok-Pha, village de Khas, sur une hauteur qui domine de trois côtés une profonde vallée. La position est elle-même commandée par un mamelon sur lequel ils auraient élevé un fortin, surplombant la route qui vient de Muong-Khoua. Il y a, tout autour, des ouvrages de défense très sérieux sur lesquels nous sommes d'autant mieux documentés que ces renseignements ont été donnés par le chef du village de Mok-Pha, contraint par les pirates sous peine de mort de travailler à leur édification. En venant se plaindre de leurs méfaits, il nous a mis en garde contre les traquenards qui nous sont tendus.

Chassé de Muong-Houn-Xieng-Houng par quatre cents Hos et Méos des deux rives du Nam-Ou, un second groupe de bandits se serait replié sur Phong-Saly et Phanya-Soum-Phou. Enfin, une troisième fraction se serait établie et fortement retranchée à Long-Nay, riche village à proximité de la frontière chinoise près de laquelle se tient, à l'affût des mauvais coups, toute la canaille des Sip-Song-Pana, dont l'existence n'est faite que de rapines et de brigandage.

En présence de cette situation, le Colonel a décidé qu'une colonne actuellement concentrée à Muong-Sai se chargerait de régler l'affaire de Long-Nay tandis que nous nous dirigerions d'abord sur Mok-Pha (1).

---

(1) La partie du Haut-Laos où se sont déroulées les opérations de la colonne Friquegnon est limitée au Nord et à l'Ouest par la frontière du Yunnan et des Sip-Song-Pana, au Sud par le cours du Nam-Pak et les crêtes de Phou-Pan-Kan, à l'Est par le Nam-Ou jusqu'à son confluent avec le Nam-Khang et au-delà par les crêtes rocheuses qui vont du col de Phou-Pha-Sang à celui de Si-Nou-ho. La superficie de ce quadrilatère est d'environ 13.500 kilomètres carrés soit environ la vingtième partie de la superficie totale du Laos.

Le Colonel avait divisé ses forces (160 Français, 2.500 Indigènes et 800 animaux

Le premier Décembre, nous entrons pour de bon sur le sentier de la guerre.

A la place du clairon, muet désormais, un long coup de sifflet donne, bien avant l'aube, le signal du branle-bas et réveille le poste endormi.

Au silence succède tout-à-coup une activité de ruche affairée : ce ne sont, parmi les ordres brefs des gradés qui s'agitent et vociférent des noms et des numéros, qu'allées et venues, pas précipités, grincements de portes ouvertes et refermées, afflux sans cesse renouvelé de tirailleurs prompts à rejoindre leur point de rassemblement, achevant en courant de boucler leur ceinturon ou de mettre la dernière main à leur disgracieux paquetage. Le calme imperturbable de nos muletiers chinois fait le plus vif contraste avec cette effervescence. Drapés dans de vieilles couvertures trouées qui leur donnent, dans le matin gris, des allures spectrales, ils traversent processionnellement l'allée médiane suivis de leurs bêtes qu'ils conduisent en bon ordre avec le mépris majestueux d'hommes qui savent le prix du temps et ne le gaspillent pas en vaines agitations. Et dans un coin, pressés les uns contre les autres, comme des moutons dans un parc, trois cents Khas accroupis et muets font, sous forme de porteurs, leur première apparition ; vêtus d'un pantalon court et d'une petite veste de coton, ils ont des regards de bon chien fidèle ; une physionomie ouverte quelque peu naïve et la beauté tranquille d'un excellent équilibre physique. Tous sont souples, forts, dans le triomphant éclat d'une santé vigoureuse. Les braves gens ! Je ne sais ce qui me retient d'aller les féliciter de se porter si bien.

---

de bât) en deux groupes : le groupe Nord sous les ordres du commandant Dussault devait se porter de Lai-Châu par Muong-Nhié sur Muong-Ou-Neua pour se rabattre ensuite vers le Sud-Est entre le Nam-Ou et la frontière des Sip-Song-Pana ; le groupe Sud le plus important dirigé par le Colonel en personne, avait pour but de remonter parallèlement au Nam-Ou à la rencontre du groupe Nord de façon à obliger les pirates soit à se faire écraser soit à passer en Chine.

Dans le Sud, le Nam-Ou étant placé sous la garde de la compagnie de tirailleurs venue de Dien-Bien-Phu ; trois colonnes se mirent en marche le même jour : la colonne Ouest sous les ordres du Capitaine Marlats avec mission de s'emparer de Long-Nay, la colonne Est sous les ordres du Capitaine Bernard avec mission de se rendre à Mok-Pha par Sop-Ban et Ma-La-Sa tandis que la colonne du centre sous les ordres du Colonel, avec le même objectif devait, pour tromper l'adversaire faire un crochet par Kok-Phao et déboucher par le Nord, seul côté par où logiquement les pirates ne devaient pas l'attendre. On verra par la suite du récit ci-dessus que son arrivée fut pour eux une véritable surprise, et qu'ils furent rapidement chassés d'une position qu'ils jugeaient, avec quelque raison, inexpugnable.

A voir leurs poses de résignation, on pourrait croire qu'ils ne savent pas exactement pourquoi ils sont là et cependant il suffit de l'imperceptible signal que leur fait un sous-officier pour qu'ils fassent immédiatement feu des quatre pieds et se précipitent au pas de course vers nos bagages et les paniers de l'ambulance. Quel enthousiasme ! En experts habiles, les premiers arrivés les soulèvent et les reposent rapidement les uns après les autres, les palpent, les retournent, les soupèsent avec des gestes d'une étonnante dextérité. Quel flair et quel coup d'œil ! Ce qu'ils cherchent, parbleu, ce sont les moins encombrants et les moins lourds. Voici donc la cause de cet entrain que je croyais tout désintéressé. Une illusion qui tombe ! Mais la précaution est superflue car nous nous sommes ingéniés à égaliser les poids et à donner autant que possible aux charges le format le plus pratique pour que les Khas, qui sont des gens de tradition, ne puissent trouver là prétexte justifié à les abandonner en cours de route.

Au lieu de porter les fardeaux sur l'épaule à la façon des Thaïs et des Annamites, ils se servent de hottes comme les autres montagnards Mans et Méos ; mais la forme de nos impédimenta s'accorde mal avec cet appareil un peu étroit, et, c'est à l'aide d'une courroie de bambou tressé, appliquée sur le front comme un joug, qu'ils se préparent tous avec diligence à leur besogne de portefaix. Tous...... sauf le dernier venu, un gros garçon joufflu dont la mine réjouie s'est subitement assombrie devant l'unique caisse qui gît à ses pieds et ne lui laisse pas l'embarras du choix. A lui seul tout cela. Le volumineux colis n'a évidemment tenté personne. Voilà bien sa chance ! Sans hâte, presque découragé, il dépose ses lanières à terre avec le mutisme stoïque d'un souffre-douleur. Mais qu'est-ce à dire ? Ce monument est sans poids et il le soulève comme une plume. Le sourire qui l'avait quitté, réapparaît sur sa bonne figure de pleine lune où se lit l'épanouissement d'un homme qui, après s'être cru un instant ruiné, s'aperçoit en fin de compte qu'il fait des affaires d'or.

Cette caisse renferme nos couverts, nos vivres de tous les jours, presque rien en somme. Mais ce rien est tout de même quelque chose qui a grande importance à certaines heures et nécessite un porteur dont on soit sûr. Ce Kha a une tête qui nous plaît et nous décidons sur le champ de l'attacher définitivement à notre service. Pour le distinguer des autres, quelqu'un — je ne sais plus qui — propose un nom qui lui va comme un gant : Boulot. Il lui va si bien qu'il sourit, comme s'il avait déjà compris que ce nom sera désormais le sien. Pourquoi ce sobriquet ? Est-ce une allusion à son embonpoint, à ses fonctions, aux mille petites combinaisons que permet le mot « Kha » et à cette source inépuisable de propos plaisants et facétieux dont on s'accommode si aisément en campagne ? Je ne sais et je m'en excuse. Au moment où ce paisible montagnard, guerrier malgré lui, s'apprête courageusement à partager la fortune de nos armes, notre gloire ou nos revers, je me sens impardonnable de n'avoir pas encore élucidé ce petit point d'histoire.

*
**

L'heure du départ est venue. A la manière des chefs Romains qui faisaient marcher devant eux des licteurs armés de haches, nous avons en avant-garde une section du génie chargée de préparer les voies et de rendre abordables les passages difficiles. Viennent ensuite en file indienne les tirailleurs, des mitrailleuses, l'artillerie débarrassée de ses lourds impedimenta qui suivent par eau, l'ambulance et, précédant l'interminable file de porteurs, notre convoi.

Au sortir de Muong-Khoua, la tête de colonne s'enfonce dans un ravin, réapparaît au sommet d'une colline pour disparaître sur le versant opposé et se montrer à nouveau très loin sur les bords du Nam-Pak, sous la forme d'une petite ligne vivante qui chemine d'un mouvement presqu'imperceptible. Tant par la diversité des hommes de races disparates que par la dissimilitude des animaux, parmi lesquels nos grands mulets harnachés en guerre font l'effet des derniers survivants d'une faune disparue, l'ensemble que nous formons ne manque pas de pittoresque : de robustes laotiens aux jambes tatouées ouvrent la marche servant de guides à de petits Annamites bavards qui voisinent avec des Thaïs d'une gravité taciturne, suivis eux-mêmes de Khas complètement muets. Ce serait la confusion des langues si ces derniers voulaient parler, mais ces gens-là, paraît-il, ne causent que la nuit. Et tous, Laotiens, Annamites, Chinois, Thaïs, Khas, Européens, chevaux, mules et mulets, tous, quels qu'ils soient piétons et cavaliers, hommes et animaux, s'en vont en longue procession à travers monts et vallées, ne formant désormais qu'une seule et même chose, qu'un seul et même tout, qui se ramasse ou s'étire, s'allonge ou se rétrécit avec la souplesse et l'ondoiement élastique d'un monstrueux reptile en déplacement.

Nous voici sur le sentier qui court le long du Nam-Pak, jolie petite rivière dont les eaux calmes reflètent les collines boisées qui bordent les sinuosités de son lit. Des « hats » insignifiants la coupent par endroits. Sur les rives, de petits villages laotiens donnent un peu d'animation au paysage. La curiosité des habitants peuple subitement la plateforme de chaque demeure d'une foule drapée dans des étoffes de couleurs vives. Revêtus de leurs habits de fête les hommes portent le sampot de soie aux teintes changeantes, les femmes ont mis leurs écharpes lamées d'argent sur des fonds vert jade, rubis, rose, violet, orange. On dirait une assemblée de fleurs des champs. Heureux de la protection que notre présence leur assure, tous nous comptent à haute voix et supputent nos chances de succès contre un ennemi qui ne doute de rien et pousse l'audace jusqu'à proclamer sa venue prochaine.

Deux tirailleurs de l'avant-garde, en effet, conduisent au colonel un messager porteur d'un pli à l'adresse du chef de village de Muong-Khoua. L'homme, à cent lieues de se douter qu'il pourrait être inculpé de commerce avec l'ennemi, a l'air ravi de se trouver en si bonne compagnie et c'est avec un sourire plein de candeur qu'il tire de sa ceinture une longue enveloppe cerclée d'une bande de papier rouge. Voyons ce que disent ces hiéroglyphes qui ne nous étaient certainement pas destinés. Avec leur jactance habituelle, les pirates déclarent qu'il n'existe plus un seul Français dans la région ; qu'ils les ont tous exterminés et que leur venue à Muong-Khoua n'est plus qu'une affaire de quelques jours. En attendant la mise à exécution prochaine de ce projet, les riverains du Nam-Ou feraient preuve de la plus louable initiative en leur envoyant, à titre gracieux, quelques provisions de riz, des bœufs et des porcs. Ils ne donnent aucun chiffre, ne fixent pas de quantités. A quoi bon ? La générosité bien connue des habitants n'est-elle pas une garantie suffisante ! Le ton est d'une exquise politesse : c'est donc qu'ils se sentent en moins bonne posture qu'ils ne se plaisent à le clamer.

Le pli porté de village en village vient de Mok-Pha. Comme cela tombe bien ! C'est justement là que nous allons de ce pas. Mais leur service d'espionnage paraît singulièrement mal fait. Pécherait-il au point d'ignorer que nous sommes en route pour leur rendre une visite destinée à mettre un terme à ces fanfaronnades ?

A onze heures et demie, nous faisons la grande halte sur une plage de sable au bord de la rivière. A peine arrivés, de nombreux tirailleurs se précipitent. Enfouis jusqu'à mi-cuisse dans le lit du Nam-Pak, ils éparpillent un peu d'eau devant eux, relèvent leurs manches et commencent à boire dans le creux de leur main. Quelques Européens qui se préparent à les imiter sortent déjà de leur gaine des gobelets d'étain, bien qu'il soit convenu qu'on ne boira que de l'eau filtrée ou bouillie. Mais comme l'hygiène et la crainte de la dysenterie comptent peu quand on a bien soif !

Deux heures plus tard, nous repartons. Le chemin jusque là bien débroussaillé devient difficile, s'élève brusquement et nous avons à escalader péniblement des collines formées d'enrochements abrupts. Nos chevaux y font des prodiges, s'arc-boutant, grimpant et bondissant comme des chamois. Nous nous garderons bien de les contrarier au milieu de tels exercices.

Par endroits la sente passe sur une étroite corniche. Débarrassés de nos personnes, nos poneys marchent d'une allure rapide, à pas vifs et menus, suivant adroitement la piste, comme un wagon suit le rail. Et c'est à peine si leur démarche, toujours égale, accuse ces dénivellations continuelles. Il n'en est pas de même de nos animaux de bât, considérablement gênés par leur charge, qui avancent avec précaution. Leur prudence, cependant, ne les met pas à l'abri des accidents. Et c'est presque coup sur coup que trois mulets s'abîment dans un ravin avec tout ce qu'ils portent. Le premier a été arrêté par les arbres et les bosquets de bambous qui couvrent la pente. Déjà les conducteurs descendent à sa recherche, mais ils ne l'ont pas encore atteint, que deux autres prennent le même chemin, au milieu d'un fracas de caisses brisées. Il faudra pour les tirer de là dépenser beaucoup de peine et perdre beaucoup de temps.

Le demi-jour de la forêt que nous traversons s'obscurcit et la nuit nous surprend avant d'atteindre Phya-Kam-Pong, village que nous nous étions fixés comme terme de l'étape. Nous nous arrêtons au milieu des bois, sur un terrain en pente très inclinée vers le Nam-Pak. Nos ordonnances considèrent un peu décontenancées le maigre espace qui s'offre à leurs petites combinaisons de campement pour la nuit. Si inconfortable que soit le gîte, il faudra pourtant s'en accommoder. Nous les laissons à leurs préparatifs coutumiers pour aller faire un tour de promenade à travers le bivouac. Dans le secteur qui lui est réservé, chaque section s'installe ; le silence habituel du bois est subitement troublé par le martelage rapide des sabres d'abatis qui taillent à droite, tranchent à gauche et arrachent un peu de place à l'exubérance de la végétation. Déjà, près des lits de branchages, des feux s'allument, des groupes se forment, des silhouettes passent devant les flammes éparpillées. Dans un coin, des mulets attablés devant des masses compactes de bambou consomment avec entrain, la queue frétillante de plaisir. Leurs têtes débridées s'éclairent grossies tandis que les corps s'estompent, à demi cachés dans l'ombre de la forêt. L'obscurité bientôt est complète. Avec elle, la réverbération agrandie des foyers se traduit en ombres animées sur les grands fûts et les rochers. Non loin de nous, installés derrière un amoncellement de charges, nos porteurs, assis en rond, se chauffent les mains au-dessus d'un brasier et les flammes gaies éclairent les figures sombres, les corps entassés, le pêle-mêle des membres nus, tandis que plus loin, les reflets qui teintent de lueurs rougeâtres les visages des tirailleurs accroupis autour des plats d'étain et fourrageant avec ensemble dans le riz gluant, achèvent de donner à la scène un cachet tout particulier.

Bientôt vient l'heure où s'apaisent une à une les rumeurs du camp. Le silence est presque complet. Couché sur mon petit lit de sangle, je me sens envahi par cet engourdissement délicieux qui suit les grandes fatigues. Au-dessus des feux mourants où chauffent encore de rares

marmites de cuivre, des hommes silencieux viennent parfois se pencher, agitant un tison qui brusquement se rallume, et c'est aussitôt la
projection sur les feuillages des grands arbres d'une silhouette mobile,
grossie au centuple, pareille à l'ombre de quelque Titan, errant
dans la forêt.

***

J'éprouve un peu de regret le lendemain quand résonne le coup de
sifflet du réveil de voir se terminer si vite le bon sommeil égal et
réparateur dans lequel j'étais plongé. Bien qu'il fasse encore nuit,
certains tirailleurs tracassés par une avarie d'équipement sont déjà
debout occupés à de hâtives réparations ; d'autres tout aussi matinaux
se mettent à la recherche d'un objet perdu la veille, errent çà et là,
buttant contre des caisses ou des faisceaux de fusils et de baïonnettes
qui s'écroulent avec fracas. Quelques torches de bambou décrivent
des arabesques lumineuses au ras du sol. Ces mouvements, cette
agitation avant l'heure, sont des signes qui ne trompent pas : ils pré-
sagent une longue étape.

La piste où nous nous engageons suit toujours le Nam-Pak tantôt
passable, tantôt franchement mauvaise, coupée par endroits d'escaliers taillés dans la terre molle par notre avant-garde. Sur ces marches
fragiles, déjà usées par les éléments de tête, nos animaux se montrent
admirables. Nous fiant à leur instinct, nous les laissons faire, assis les
jambes de derrière repliées sous eux, des glissades de plusieurs
mètres. Bien entendu nous avons mis pied à terre ; mais malgré cette
élémentaire précaution nous conservons difficilement notre équilibre
sur les pentes détrempées et nous connaissons à notre tour les joies
du skating.

Au hameau de Ban-Ha-But nous retrouvons les pirogues venues
de Muong-Khoua avec le lourd matériel de l'artillerie. Désormais,
elles continueront parallèlement à nous. A neuf heures nous sommes à
Phya-Kam-Pong, petit village que la lenteur de notre marche ne
nous a pas permis d'atteindre la veille et c'est dommage car les habitants nous y avaient préparé un superbe campement. Ils avaient
pensé à tout : il y a encore là d'énormes paquets de fourrage demeurés
intacts, de longs tubes de bambou, remplis d'eau claire, jusqu'à des
pipes de roseau pour nos soldats. Et sur notre passage de chaque côté
du sentier, des femmes, rangées derrière leurs paniers comme les
paysannes de chez nous sur le champ de foire, nous offrent du poisson,
du riz, des bananes et des oranges, toutes choses qui, sitôt achetées,
disparaissent dans les musettes, les caisses, ou sont assujetties au
sommet des charges. Quelques coqs récalcitrants feront l'étape
suspendus aux flancs des chevaux ou enfermés dans des cages de

rotin, roulant et tanguant au pas des mules. A la volée, des hommes assoiffés absorbent une gorgée d'eau. Aucun arrêt. Les chiens aboient, la caravane passe.

Grand'halte à onze heures et demie. Un bœuf que nous avions acheté à Muong-Khoua voit, d'un œil tranquille, venir sa dernière heure. Aussi bien cette promenade obligatoire qu'il faisait, seul de son espèce, sur des sentiers difficiles, ne lui plaisait guère.

A quatre heures nous sommes à l'embouchure du Nam-Noi où nous nous préparons à camper. Ses ondes passent en nappes transparentes et rapides sur un fond de sable et de petits cailloux. Comment résister à la fraîcheur de la petite rivière si tentante et qui semble nous appeler ? Quelques tirailleurs se livrent déjà à leurs ablutions. Je fais comme eux. Je descends vers l'arroyo. Je choisis un petit coin paisible où seul s'entend le déferlis soyeux de la vague sur les minuscules galets ronds de la grève. De fines vaguelettes effleurent mes pieds nus, Dieu que c'est froid ! Un frisson me secoue. J'entre doucement dans l'eau les bras croisés, les joues gonflées avec des souffles de saisissement. M'y voici tout entier. Je flotte comme un bouchon. Le courant est rapide. Je m'accroche à des racines et c'est entre les deux épaules un ruissellement délicieux. Qu'on est bien ! L'exquise sensation de fraîcheur et de bien-être ! Quel délassement parfait ! Quel épanouissement des sens ! On resterait comme cela toute sa vie, et l'éternité. Quand je rentre au camp plein de cette joie indéfinissable qu'on éprouve à se sentir vivre, reposé, rafraîchi, sans le moindre souvenir de la courbature de l'étape, les berges du Nam-Noi ont subi en moins d'une heure une transformation complète tant les Indigènes ont le don inné des installations improvisées. A la place des touffes de bambou géantes, un véritable petit village s'élève avec des maisons à compartiments où, par endroits, sous la garde d'une sentinelle s'alignent, suspendus contre les parois de feuilles, des fusils, des ceinturons, des baïonnettes, des musettes gonflées de riz et là, tout près, sous une coquette cabane couverte de feuilles de bananiers je reconnais déjà ma place pour la nuit, mon lit de campagne monté, et la paire de souliers de repos qui m'attend, délicatement posée sur une descente de lit faite d'une série de petits roseaux assemblés avec un fil de rotin.

Comme il va faire bon dormir dans ce petit coin champêtre avec le ruisseau clapotant à nos pieds et le joyeux bruissement de l'eau qui court sur un lit de cailloux ! Quelle bonne vie que cette vie de plein air, de liberté et d'imprévu ! Un peu trop d'imprévu peut-être, car lorsque je me réveille vers minuit, la tête encore pleine d'un mauvais rêve, je me demande où sont passées les étoiles qui, il y a quelques heures encore, palpitaient au firmament. Il souffle un vent frais et de grands nuages noirs qu'il chasse devant lui courent très vite dans le ciel bas. Quelques gouttelettes d'eau viennent s'écraser obliquement sur mon visage. Il pleut ! Surprise désagréable que ne permettait pas de prévoir la sérénité de l'horizon à notre coucher. Les premières gouttes arrivent sur le sol avec un bruit de grenaille de plus en plus intense. Bientôt elles tombent lourdes, serrées, criblant de coups précipités nos toitures de feuilles de bananiers qui, sous cette mitraille, se transforment en écumoires. Et voici les écluses du ciel largement ouvertes sur nos pauvres petits abris sylvestres. De nombreux filets d'eau arrosent copieusement nos couvertures et nos lits de sangle. En hâte nous nous levons pour lutter contre ce déluge, mais c'est en vain que nous essayons de remédier aux défectuosités de nos abris ; nous n'arrivons à combler une fissure qu'en en créant une autre à côté. Mieux vaut faire contre mauvaise fortune bon cœur et prendre le parti de rire de nos efforts illusoires. Jusqu'aux premières lueurs de l'aube, ramassés en boule sous nos couvertures trempées, nous devrons écouter le susurrement continu de la pluie sur les feuilles et le toc-toc assourdi de grosses gouttes qui, lentement reformées aux mêmes points de la toiture, tombent encore sur nos imperméables et nos cantines.

Et ce n'est pas fini : cette séance d'hydrothérapie nocturne va se prolonger, dans la journée, d'une autre façon. C'est Edmond About, je crois, qui a dit, en parlant de la Grèce que « là où le travail de l'homme contrarie peu le travail de la nature, les torrents sont routes royales, les ruisseaux routes départementales, les rigoles chemins vicinaux ». Ces lignes pourraient tout aussi bien s'appliquer au Laos, où les hommes ne se sont jamais donné la peine de tracer un sentier chaque fois que l'eau s'est chargée de la besogne. L'unique chemin qui se présente devant nous pour atteindre Kok-Phao où nous devons aller coucher est le lit du torrent où nous nous engageons immédiatement à dix mètres de notre bivouac. Route royale, par conséquent et nous sommes, pour le reste, aussi royalement servis : l'eau sous les pieds, l'eau dans le ciel ; l'eau dans l'air, l'eau partout. Car il pleut encore : une odieuse petite pluie tombe lentement, doucement, afin semble-t-il de pouvoir durer plus longtemps. A chaque instant il faut couper mille petits méandres pour suivre sur les rives une mauvaise piste à lacets incessants encombrée de racines, de troncs d'arbres ou d'éboulis. Mais la marche sur la berge est toujours de très courte durée. Nos chevaux sont à peine sortis qu'ils doivent entrer à nouveau dans l'arroyo. Nous passons, accroupis sur la selle, cramponnés au pommeau, les jambes étendues le long de l'encolure pour éviter le contact de la nappe qui monte par moment au-dessus des étrivières. Notre bain de la veille, l'averse de cette nuit, et nos jambes mouillées jusqu'au genou, nous valent un rhume de cerveau général. Ce ne sera bientôt qu'un concert d'éternuements. Devant et derrière moi, les tirailleurs, culottes relevées jusqu'à la naissance des cuisses, avancent avec lenteur au prix de prodiges d'équilibre sur les galets aplatis qui jonchent le lit du torrent. La plupart s'aident d'un long bâton. Par intervalles j'entends le choc d'un fusil ou d'une baïonnette contre les pierres, un juron annamite, des éclats de rire : c'est l'un d'eux qui vient de glisser sur le roc et de faire un plongeon dans l'eau. Plus loin, ce sont les mulets chargés, auxquels ces bains de rivières ne plaisent pas et qui font des difficultés pour avancer, tandis que, tout en queue de file, juché très haut sur un amoncellement de sacs et de paniers qui multiplient sur sa personne les réactions de sa monture, notre cuisinier, la tête enveloppée de torchons crasseux, m'apparaît semblable à je ne sais quel mystérieux méhariste qui se serait égaré derrière notre caravane.

Nous avons traversé pour la trentième fois le Nam-Noi et nous abordons enfin un terrain plat sur lequel nos chevaux s'ébrouent comme chiens de chasse au marais. Dans une atmosphère enivrante faite d'une odeur qui monte à la tête de nombreux pamplemoussiers y déploient la masse sombre de leurs feuilles lustrées, piquées de points d'or, fruits magnifiques et monstrueux qui ne laissent au palais qu'une légère saveur d'amertume. Une si belle apparence peut séduire nos tirailleurs, mais les coolies, mieux renseignés, passent dédaigneux, sans y toucher.

La présence d'un village tout proche nous permet de nous ravitailler. On nous vend des poulets, quelques œufs, des montagnes d'oranges. Prestement les tirailleurs en garnissent leurs poches et leurs musettes, pendant que d'autres ajoutent au pittoresque de leur accoutrement un coq suspendu par les pattes. Quelques-uns, enfin, qu'anime probablement le désir de faire un commerce lucratif en monopolisant, aux dépens de leurs camarades moins prévoyants, des ressources qu'on ne trouvera pas plus loin se font remarquer par des cages, fixées à l'extrémité du canon de leur fusil, où se balancent une dizaine de gallinacés qui passent leur tête effarée au travers des barreaux de bambou.

La route, maintenant facile, serpente entre des montagnes recouvertes d'une brousse inextricable et le Nam-Noi dont nous sommes séparés par une clairière entourée de très beaux arbres. Vers neuf heures passe un groupe de Khas, la hotte chargée de vagues choses dont on ignore l'usage mais dont s'embarrassent en voyage tous les gueux semblables à ces pauvres diables que la misère a chassés de quelque part et qui vont sans doute vers une autre misère. On les interroge. Par eux nous avons la confirmation de la présence des pirates à Mok-Pha. Ils seraient là-bas soixante-dix hommes environ, bien armés et se croyant inexpugnables. Tenus dans l'ignorance complète de notre mouvement, ils attendent sans doute les vivres frais demandés à Muong-Khoua. Patience ! Ils ne seront que mieux servis, puisque nous nous donnons la peine de les leur apporter nous-mêmes.

A Ban-Houei-Pong, le chef de village se présente la bouche fleurie d'un sourire et, après force prosternations, offre au Colonel, en manière de bienvenue, un œuf et un cuissot de cerf boucané dont l'odeur suffirait à faire reculer les plus entreprenants. Tout en remerciant, nous faisons passer le gigot sous le vent de l'escorte qui a l'odorat moins susceptible que le nôtre. Le chef de village cause beaucoup, beaucoup trop, car il ne répond pas aux interrogations qu'on lui pose mais fournit des renseignements qu'on ne lui demande pas et dont nous n'avons, par surcroît, nul besoin. Il faut obliger ce bavard à se taire. A côté de cet infatiguable causeur, maître dans l'art de ne rien dire tout en parlant avec abondance, se tient un autre quidam qui n'a pas ouvert la bouche depuis le début de l'entretien et qui se borne à répéter les gestes et les mouvements de son voisin, s'accroupissant, s'inclinant ou se prosternant suivant que l'autre s'accroupit, s'incline ou se prosterne. Il y a plus d'un quart d'heure que dure ce petit manège lorsqu'en fin de conversation, nous le voyons avec étonnement sortir de dessous ses vêtements un message à l'adresse du Colonel. Qu'attendait-il donc pour le lui remettre ? Ce sont pourtant des nouvelles que nous sommes impatients de connaître : le pli vient du capitaine chargé des opérations contre Long-Nay. Il annonce que le repaire que nous pensions évacué sur la foi de renseignements qui nous avaient été donnés à Muong-Khoua est encore occupé par une centaine de pirates. Les troupes parties de Muong-Ngin doivent attaquer le 3 décembre. Or il se trouve que nous sommes précisément au 3 décembre ; à cette heure, pensons-nous, Long-Nay est pris et les pirates en fuite.

Nous repartons pour faire la grande halte sur un gradin dénudé qui marque l'emplacement d'un ancien village, Ban-Houei-Sala. L'an dernier, une épidémie s'y étant déclarée, les sorciers ont prétendu que des « phis » malfaisants y avaient établi leur résidence et que le plus sage parti était de l'abandonner. Il ne reste plus que quelques poteaux à demi-pourris, sur lesquels nous nous asseyons pour prendre le modeste déjeuner froid que transporte avec sollicitude, presque avec vénération, le respectueux Boulot, notre porteur particulier, qui jouit auprès de ses pairs — auxquels il adresse maintenant des sourires de supériorité bienveillante — de l'imposant prestige d'être au service du grand chef et de pouvoir goûter aux reliefs de sa cuisine.

En face de nous une montagne dresse sa grande silhouette glabre. Tout le pays était autrefois couvert de forêts, mais les procédés de culture des montagnards ont peu à peu modifié cet état de choses.

La forêt a disparu sous la hâche des sauvages pour faire place à quelques champs de riz les uns encore exploités, les autres déjà couverts d'une brousse inculte. Il résulte de ce système, qui est une calamité pour le pays, qu'on ne trouve d'arbres en certains endroits que là où les lois de la nature sembleraient précisément s'opposer à leur venue. Les incendies annuels empêchent les jeunes pousses de se développer, et c'est ainsi que disparaissent, sans qu'on semble trop s'en préoccuper, ces magnifiques ressources forestières. Quant à la terre végétale, elle est emportée par les pluies, et le sol graduellement s'appauvrit.

D'où nous sommes assis, nous pouvons voir le groupe de Khas entrevus tout à l'heure faire avec cette démarche souple, libre et animale des races qui vivent à peu près nues, l'escalade de la montagne sur une pente à angle droit. Par les miracles d'équilibre qu'ils accomplissent, on pourrait les croire enracinés aux parois, tant ces terribles grimpeurs, supérieurs aux meilleurs alpinistes, semblent maîtres de leurs mouvements et de leurs muscles assouplis par cette continuelle gymnastique.

Nous repartons pour patauger à nouveau dans le lit du Nam-Noi que nous traversons vingt fois avant d'arriver vers la fin de l'après-midi au point où ses eaux se réunissent à celles du Nam-Na. Au milieu d'une vaste plaine herbeuse, des mulets paissent paisiblement, gardés par des hommes qui nous accueillent avec de larges sourires. Ces figures hirsutes taillées à coups de serpe, ces corps tannés, bistrés, bronzés, cuits à la flamme de cent soleils, nous les reconnaissons : ce sont nos ma-fou chinois qui, ces jours derniers, ont suivi avec leurs animaux l'officier chargé d'appuyer le mouvement de la colonne de l'Ouest. Et c'est tout de suite après les avoir rencontrés, le joli petit village laotien de Kok-Phao : une vingtaine de cases propres alignées sur plusieurs files, dans une boucle du torrent, au milieu d'un cirque de montagnes verdoyantes. Pendant que les troupes rejoignent la compagnie qui a établi de l'autre côté de la rivière un campement spacieux, nous nous installons à l'entrée du village, dans une pagode, que les bonzes ont, dès notre arrivée, mise à notre disposition, pour aller rejoindre dans la forêt d'autres habitants que la crainte des pirates tient éloignés de leurs demeures depuis plusieurs mois.

Si dans les grands centres laotiens, les pagodes, généralement en briques, sont couvertes en tuiles et rehaussées d'ornements de bois sculpté ou doré, avec, aux murs, des fresques représentant des scènes guerrières ou religieuses, elles ont, dans les petits villages, un aspect autrement modeste. La nôtre est simplement construite dans le même style que les maisons voisines, avec cette différence qu'elle est beaucoup plus petite et qu'il y a tout juste, à l'intérieur, la place nécessaire pour y mettre nos lits et de menus bagages. Encore est-ce tout un travail pour les y installer, car le plancher de bambou n'existe qu'à l'état de souvenir et il y fait à peine clair, tant est discret et avare le peu de lumière qu'y laissent filtrer comme à regret d'étroites lucarnes. Les boiseries, par contre, se parent de dessins divers : silhouettes hiératiques, la main levée dans un geste qui bénit, ou ébauches ingénues. S'il est certains croquis qui exigent quelques efforts pour arriver à comprendre ce que l'artiste a voulu représenter, il en est d'autres, au contraire, dont le caractère libertin, ne fait aucun doute. Et tous, les bons comme les mauvais, les plus décents comme les plus licencieux sont l'œuvre des moines. (1)

Singulier décor de salle à manger ! Car c'est là, devant ces ornements, parmi nos caisses et bagages, sur l'étroite plateforme où aboutit l'échelle d'accès du temple, que nous finissons de dîner lorsque des fanfares de hennissements et des bruits de bataille montent dans la fraîcheur du soir. Ce sont nos chevaux qui se sont encore pris de querelle. La haine dont ils font preuve entre eux est inimaginable. Méchants comme des teignes, ils se jettent les uns sur les autres avec acharnement, la lèvre haute, démasquant de furieux rateliers de combat. Une fois de plus il faudra, à grands coups de matraques, maîtriser ces forcenés et isoler chacun d'eux à bonne distance pour que tout s'apaise et que nous puissions reposer dans la jouissance du calme reconquis.

A peine sommes-nous couchés qu'il recommence à pleuvoir : petite pluie fine, égale, bien établie qui ne semble pas devoir épuiser de sitôt les épaisses vapeurs du ciel. Le matin se lève dans une brume lourde et moite. Au pied de la petite pagode, l'arroyo considérablement grossi charrie des eaux jaunâtres. Le Colonel, à sa vue, fronce les sourcils. Que va devenir le convoi de ravitaillement qui nous suit à vingt-quatre heures d'intervalle et qui devait venir nous rejoindre à Kok-Phao ? La crue du Nam-Noi ne lui permettra pas de passer. Premier contre temps. Force est de faire appel aux ressources locales :

____

(1) Le bouddhisme ne se présente pas au Laos sous des dehors bien sévères. Les livres sacrés peuvent renfermer des préceptes d'une belle et saine morale, aussi bien que des règles de vie très précises : les bonzes laotiens n'y voient là qu'un idéal auquel ils ne sont pas tenus de se conformer. S'ils sont accoutrés comme leurs confrères du Cambodge, s'ils ont remplacé le sampot usité par tout le pays par une robe jaune descendant jusqu'à la cheville, s'ils portent suspendu au cou le chapelet bouddhique et s'ils se rasent la tête qu'ils ont toujours complètement nue, la comparaison s'arrête à ces apparences extérieures. Alors que les bonzes cambodgiens vivent modestement dans leurs monastères, paraissant détachés des biens de ce monde, les moines laotiens n'ont de bouddhique que le costume. Ils reçoivent l'aumône directement de la main des femmes, montent à cheval, font du commerce, spéculent, toutes choses contraires à la véritable règle. Leur existence est toute de paresse et ils font de multiples dérogations à leurs commandements.
Mendiants de par leurs règlements, ils passent chaque matin par les rues du village, tenant suspendu à l'épaule un sac où les habitants ont l'habitude de

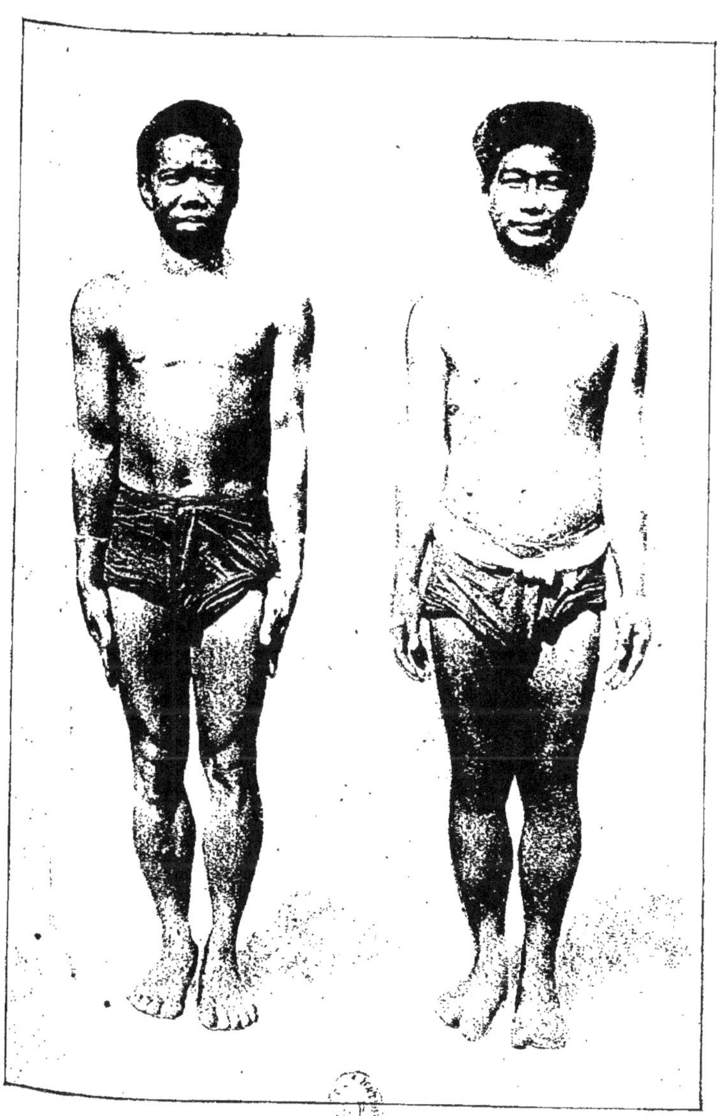

Laotiens de Muong Khoua.

E

Laotiennes de Muong Khoua.

des émissaires sont envoyés dans toutes les directions et bientôt nous avons des preuves évidentes de la fidélité de la population et de ses bonnes dispositions à notre égard. Si nous eussions douté d'elle, nos soupçons se seraient vite envolés devant l'empressement manifeste avec lequel elle répond à notre appel. Des divers coins de la montagne nous viennent des gens portant des hottes remplies de paddy. Tous les appareils à décortiquer du village sont réquisitionnés et mis aussitôt en mouvement. Outre les modèles semblables à ceux que nous avons vus chez les Thaïs il existe ici de petits mortiers en bois transportables, dans lesquels le travail s'effectue avec un pilon en forme de double massue. Ce sont les mêmes qu'emploient les peuplades nègres de l'Afrique Occidentale.

Journée maussade passée à contempler la campagne trempée, les lointains de brumes, les buées d'étain, le vol des nuages. Temps d'hôpital, temps de perle malade qui porte à la mélancolie. Pour me distraire j'erre à travers le camp entre les groupes de tirailleurs ou de porteurs au travail, passant les heures à ces mille petits riens dont il faut savoir se faire en campagne une véritable occupation. J'admire la physionomie heureuse des habitants. Le coin des lèvres orné d'une volumineuse cigarette en forme de tronc de cône — simple cornet fait d'une parcelle de feuille de bananier remplie de tabac. Ils promènent avec des airs de rentiers au milieu des cuisines en plein air, leur inlassable curiosité et leur désœuvrement. Qu'importe que le temps soit soucieux et chagrin ! N'est-ce pas une fête pour eux que de contempler ce mouvement, cette activité, tous ces tirailleurs, ces chevaux, ces mulets, ces mitrailleuses, ce canon, qu'ils voient pour la première fois ? Tout cet attirail de guerre leur donne la certitude que les maîtres exigeants qui, depuis plusieurs mois, sèment la terreur dans le pays vont être rapidement expulsés, et qu'enfin la vie normale, la bonne vie laotienne, paisible et pastorale va reprendre comme autrefois.

*
* *

déposer quelques boulettes de riz. C'est plutôt là une promenade symbolique, car il est de coutume d'apporter à la pagode même la nourriture des prêtres. Ils font deux repas, l'un à sept heures, l'autre à midi. Trois fois par jour, au lever, dans la journée et le soir, ils récitent sur un ton de mélopée monotone des prières auxquelles ils ne comprennent goutte et, entre temps, font de longues siestes. Ce sont là toutes leurs occupations.

S'ils ont le devoir de rester chastes, il leur arrive plus d'une fois d'aller lutiner quelque appétissante *phu sao* et de commettre maints péchés d'amour défendus par la règle. Au Cambodge, des relations criminelles de bonze à femme déshonorent une pagode désertée sur le champ par tous, moines et laïques. Mais au Laos, où l'indulgence pour les péchés de la chair est la note dominante du caractère de l'indigène, de tels accrocs à la morale publique ne sont sanctionnés que par l'exclusion de la pagode du délinquant, qui rentre dans la vie civile après avoir été parfois contraint d'épouser la femme avec laquelle il s'est compromis.

Le cinq décembre, nous sommes toujours sans nouvelles des opérations de Long-Nay, sans nouvelles également du groupe de partisans de Muong-Ngin chargés de venir chercher à Kok-Phao un convoi de chevaux que le Colonel, devant cette défection inexpliquée, a dû envoyer la veille sous la garde d'un gradé indigène assisté de quelques conducteurs.

Comme le jour précédent, nous nous éveillons sous la pluie : de tous côtés un ciel blafard, un horizon rétréci, des feuillages lavés qui s'égouttent. Tout le pays a l'air d'une grosse éponge mélancolique et les aubades sonores des coqs qui s'appellent d'une case à l'autre ne parviendront pas à faire lever le soleil.

Rassemblés devant leurs abris, les tirailleurs plaisantent sous l'averse. Tandis que dans le jour naissant, le convoi se forme au bruit des vociférations habituelles, l'avant-garde se met en marche, petite ligne ininterrompue de fantômes gris qui se déroule en un lent mouvement de fourmilière le long du Nam-Noi. A sa suite, deux heures durant, nous barbotons dans les méandres de cet arroyo gonflé par les pluies récentes, et nous devons le traverser dix-neuf fois avant d'attaquer le sentier qui se dresse en échelle sur une montagne herbeuse où, comme frappés par le doigt d'une méchante fée, les arbres subitement ne poussent plus. Autour de nous, pas de mouvement, pas de vie, un désert.

L'escalade d'une montagne n'est jamais une partie de plaisir, à moins que ce ne soit un exercice comparable à celui que s'imposent certaines écoles de grimpeurs semblables à ces « rochassiers » intrépides qui gravissent les falaises de Cumberland ou s'attaquent aux pics vertigineux des Dolomites. L'ascension qui se prépare nous paraît d'avance singulièrement laborieuse. L'avant-garde vient à peine d'entamer le premier raidillon, que les éléments qui suivent, pressés les uns contre les autres comme les plis d'un accordéon, sont obligés de s'arrêter. Chaque homme, poussé par celui qui le suit, heurte celui qui le précède. Le sentier court à pic sur la terre humide, glissante comme du verglas. On ne peut aller là qu'à pied, cela va sans dire. Alourdis par leur équipement, auquel les pochettes gonflées de riz donnent un aspect plus disgracieux encore, les tirailleurs, munis d'une longue canne de bambou, avancent pas à pas, courbés en deux, avec des précautions infinies. On les voit s'accrocher aux racines, à des touffes d'herbe. A chaque instant, ils croient poser le pied sur un point d'appui solide et c'est une culbute qui détermine la chute immédiate de tout le groupe qui suit. On dirait un jeu de massacre. A la longue, cela devient une distraction de contempler les acrobaties auxquelles les camarades de tête se livrent pour maintenir leur équilibre, et nous comprenons déjà le bon sens dont faisait preuve cet Auvergnat qui prétendait qu'il valait bien mieux contempler les montagnes du pied que du sommet.

Nous nous en rendons mieux compte encore quand notre tour est venu de nous engager sur la pente que les glissades continuelles de ceux qui nous précèdent ont complètement polie. A peine sommes-nous parvenus à faire quelques mètres, que nous nous étalons de tout notre long. La section du génie a beau tailler, de ci, de là, quelques marches d'escalier dans la terre molle, trente hommes y sont à peine passés, qu'il faut recommencer à droite ou à gauche. Vingt fois nous tombons, vingt fois nos montures en font autant et les efforts que nous faisons pour les relever nous causent des chutes nouvelles. Nous sommes les uns et les autres littéralement couverts de boue, couverts de sueur aussi, car la pluie nous oblige à garder nos imperméables, qui nous tiennent enfermés comme dans une étuve.

Comment nos animaux de bât feront-ils pour arriver au faîte ? En pareille occurrence, c'est en général le moment où une conversation très animée s'engage entre le conducteur et sa bête, familiarisée avec la gamme des onomatopées journalières. Mais, cette fois, les hurlements que nous percevons au-dessous de nous, prouvent que cela marche moins bien que de coutume. D'entre les clameurs gutturales, je distingue l'habituel refrain que j'aurais fatalement retenu, si je ne le connaissais depuis longtemps, tant il est revenu souvent depuis que nous avons quitté Lai-Chau : « I ma le pi ». Ce sont nos ma-fou qui distribuent force encouragements à leurs bêtes en les assaisonnant d'insultes variées : injures à leurs ascendants, injures à leurs descendants, rien n'y manque. Il y a même le superflu car leurs malédictions s'étendent jusqu'à la dixième génération passée ou à venir. Mais les cris et les vociférations n'empêchent pas, devant cet escarpement si abrupt et si glissant, nos animaux de s'écrouler à tout instant par groupes de trois ou quatre à la fois. Leurs forces s'usent à de tels exercices. Il faut parfois cinq hommes pour relever un mulet tombé et le faire avancer : un tire par la bride, deux soutiennent les côtés pendant que les deux autres poussent par derrière.

A leur suite, c'est la triste procession des coolies auxquels les manteaux de feuilles donnent l'apparence de hérissons humains. Courbés sous leur fardeau, ils gravissent péniblement les gradins creusés dans le sol, haletants, gémissants et ruisselants de sueur sous l'effort violent de la montée. La brume nous empêche de voir le reste de la colonne.

Midi passe. On piétine depuis des heures dans une boue de plus en plus glissante, on avance sous la pluie avec une exaspérante lenteur et au prix d'efforts inouïs, quand une voix joyeuse se fait entendre.

— Du courage, on arrive.

Et un billet qui vient de l'avant-garde en passant de main en main, nous apprend qu'un village est enfin en vue. Bientôt nous l'atteignons et c'en est fini pour le moment de nos fatigues et de nos peines.

L'artillerie renforcée par des coolies qu'on lui dépêche en toute hâte ne nous rejoindra que deux heures plus tard. Les animaux harassés, insensibles aux exhortations comme aux bastonnades que leur prodiguent leurs conducteurs, ont atteint la limite de leur résistance. Et voici en un grouillement confus le troupeau titubant des coolies, les genoux pliés, essoufflés, fourbus, râlant des « han han » douloureux à chaque pas qui les rapproche de nous. Quant aux Européens, exténués eux aussi, ils arrivent dans un état lamentable, la figure et les mains maculées de boue, grelottant sous la bise qui balaie le plateau, mal à l'aise dans leurs vêtements de toile rigide, aux plis mordant sous la peau comme les dents d'une scie.

Nous ne sommes qu'à huit ou dix kilomètres de notre point de départ. Un kilomètre à l'heure ! Cette marche d'escargots nous a néanmoins surmenés et il faut remettre au lendemain la fin de l'étape que nous devions couvrir d'une seule traite.

*
* *

Vus de loin, les villages Khas, disposés en échelons, offrent un joli coup d'œil. De près, ils sont moins agréables à considérer. Celui de Pi-Che où vivent quelques familles de Khas-Khos, ne se compose que de six à huit huttes misérables au toit de chaume, posées à raz de terre, et dont les abords ne sont que de répugnants bourbiers. La demeure du chef du village où nous sommes invités à entrer ne diffère en rien des autres. Elle est si peu engageante que nous nous demandons s'il faut nous résigner à y passer la nuit. Après une minute pénible de délibération muette et un sérieux effort de volonté, nous nous décidons à nous aventurer dans ce taudis où, dès l'entrée, masquée par une écurie, il faut s'incliner bien bas pour ne pas se cogner le front. Il y fait un jour de puits, suffisant néanmoins pour constater, dans l'unique pièce qui nous est réservée, que le sol battu tient lieu de parquet, et que le mobilier y atteint le summum de la simplicité : rien, absolument rien en dehors d'une sorte de lit de camp sous lequel se font entendre les grognements d'un porc troublé dans sa sieste, détail sans importance, car il y a longtemps que nous sommes résignés aux promiscuités les plus inattendues.

Tandis que nous nous efforçons de nous essorer devant un feu lilliputien, nos tirailleurs s'en vont jeter un regard dans la pièce voisine, mais ils n'ont pas encore mis le nez à la porte de séparation que déjà un homme, les bras en croix, l'allure tragique, s'est subitement dressé devant eux. On n'entre pas ici, dit il, c'est le gynécée.

C'est notre hôte qui parle ainsi ; son langage est rude, haché, brutal. Pourtant sa défense formelle s'atténuera dans la suite. Autorisées d'abord à y prendre un tison enflammé, puis un peu d'eau, nos ordonnances finiront par y prendre pied définitivement, et même, chose contraire à toutes les règles, par y coucher pendant la nuit.

L'eau est rare dans ces villages de crête. En bas, il y en a trop, en haut, il n'y en a plus ; il faudra partager à quatre le contenu de la même cuvette et nous résigner à garder jusqu'à la nuit nos cuirasses de boue. Les tirailleurs ont déjà construit aux alentours quelques abris provisoires ; sur leurs visages bronzés à pommettes saillantes se lit la satisfaction d'avoir atteint l'étape et de se sécher comme ils peuvent à de mauvais feux de bois vert, en attendant le repas qui mijote dans les marmites de cuivre. Les porteurs, harassés, se sont couchés pour la plupart sous les toits rudimentaires de feuilles, étendus côte à côte et si serrés que de la figure aux pieds leurs corps se touchent. D'autres se sont accroupis avec un mutisme de bétail sous l'illusoire abri d'un groupe d'arbustes, et maintenant prostrés, repliés les genoux au menton et les mains aux genoux, ils attendent que la pluie soit passée. Nos ma-fou, qui ne font rien comme tout le monde, philosophent déjà avec leur pipe. Leur premier soin, après avoir débâté, a été de tirer de la ceinture cette noire compagne et d'oublier les fatigues de la route parmi les volutes de l'odorante fumée bleue qui leur ouvre en une bouffée les portes du Nirvana.

*
* *

Cet arrêt à Pi-Che a beau nous être imposé par les circonstances, il n'en dérange pas moins notre plan primitif. Si les renseignements que nous donne le chef du village sont exacts, si nous ne pouvons espérer atteindre Mok-Pha le six décembre, il faut prévenir de notre retard le Capitaine qui, venu de Muong Khoua par la route de Ma-La-Sa, a l'ordre de déboucher en face de la position ennemie le même jour que nous. On lui écrit une lettre en caractères grecs. En admettant que les rebelles l'interceptent, nous ne pensons pas que leurs connaissances de linguistique aillent jusqu'à la déchiffrer. Mais qui va se charger de porter le message ? Les indigènes se récusent et mettent en avant une foule de bonnes raisons ; les pirates tiennent toutes les routes, tous les carrefours et, aussi soucieux de leur existence que dédaigneux de celle des autres, coupent une tête sur le moindre soupçon, etc...

Pendant qu'ils parlent avec volubilité, le colonel tire négligemment quelques pièces de sa poche et les jette sur la table de campagne. Voilà pour l'homme qui se chargera de remettre le pli. O merveilleuse puissance de l'argent sous toutes les latitudes ! Notre amphitryon, dont la physionomie paraissait figée, s'est immédiatement animé au tintement métallique des piastres. Et voici que ses convictions arrêtées s'abattent comme un capucin de cartes. Tout de suite, il change d'avis : pour nous rendre service, pour nous être agréable, il risquera sa tête, mais le pli parviendra à son adresse. Il s'y engage formellement et déjà s'apprête au départ, non sans avoir, au préalable, escamoté en un preste tour de main la manne argentine. A la tombée de la nuit, il se met en route. L'amoureux qui se hâte au premier rendez-vous ne marche pas avec plus d'allégresse que cet homme qui s'en va pour quelques écus au devant d'une décapitation. Sa diligence est inouïe. Quatre heures plus tard — pas davantage — il reparaît. Déjà de retour ! Nous sommes suffoqués. Comment a-t-il pu faire en si peu de temps un tel chemin puisque d'après lui Mok-Pha est à une journée de marche ?

— Mais, nous dit-il, je ne suis pas allé à Mok-Pha.

— Alors ?

Alors il s'accroupit et gravement nous explique. Voilà : lui est Kha-kho ; comme tel chercher à passer eût été folie. Mais ce qu'un Kha-kho ne peut faire est aisé pour un Kha-kmou. Il n'est donc allé qu'à 8 ou 10 kilomètres à peine, à Sen-Sai, petit village où habitent précisément quelques familles de Khas-kmous. Là, il a causé avec un de ses bons amis, compagnon très sûr qui a consenti à se charger de la commission ; la lettre ne saurait être en de meilleures mains. En nous faisant cet aveu notre hôte parle lentement, posément, avec l'air d'un homme qui a la conscience tranquille. Soit ! lui ou un autre, peu nous importe, pourvu que le message passe. Est-il besoin d'ajouter que s'il s'est débarrassé du pli, il a gardé l'argent ? Rien à dire. Il est en règle avec les usages du pays.

Il est dix heures du soir et nous écrivons sur nos tables pliantes. Au dehors, une froide tristesse règne sur le camp boueux. Par comparaison, nous nous sentons bien dans notre taudis enfumé, où le silence n'est troublé que par nos plumes qui courent sur le papier et par une bouilloire qui chante sur la cendre chaude. Le bruit sec d'un fourneau de pipe secoué sur la braise nous fait lever la tête. Notre hôte est encore là, accroupi auprès du feu. Qu'attend-il donc pour aller rejoindre ses épouses invisibles ? Plongé dans de profondes réflexions, il semble mûrir une idée. Après avoir expédié dans le feu un dernier jet de salive, il se décide brusquement à passer dans la pièce voisine, d'où il revient peu après. Des chuchotements, des pas étouffés et des froissements d'étoffe se font entendre, puis, dans l'encadrement de la porte surgissent à sa suite trois têtes étranges sur lesquelles une quincaillerie de pendeloques scintillantes s'entrechoquent au moindre mouvement, trois têtes de bohémiennes aux yeux de flamme, sortes d'Esméraldas rustiques dont les vêtements et la parure sont un poème.

Ce sont ses femmes et sa fille. Elles portent une petite veste de cotonnade bleue nouée par une large ceinture, laissant le nombril et les reins à l'air et une jupe plissée de même couleur, si courte qu'elle n'atteint même pas la hauteur du genou. Sur le devant retombe une étroite écharpe à l'extrémité de laquelle pendent de petits coquillages accrochés à des fils.

La jupe, qui rend inutiles les conjonctures aventurées en permettant de voir parfois ce que les sauvages de l'Afrique centrale ont l'habitude de masquer avec des bouquets de feuilles a fait donner à ces Khas par les Chinois — c'est notre interprète Khang qui parle — le surnom de « lao-pi-kou ». Faute d'une expression honnête, je ne me risquerai pas à en donner la traduction latine. Il faudrait la langue de Pétrone ou de Martial et mes humanités sont vraiment trop loin.

La coiffure est tout à fait fantaisiste. Une sorte de diadème entoure les cheveux noirs épais, séparés au milieu par une raie et portés en bandeaux ; il est mince en avant, élargi en arrière et orné de petites piécettes d'argent de dix ou de vingt cents et de pompons multicolores. Toute une verroterie, des perles de porcelaine maintenues en place par une série d'artifices très compliqués retombe en torsades sur la poitrine. Des colliers, des bracelets, des plaques d'argent ou de clinquant rectangulaires, des bibelots de cuivre ou d'étain complètent ce costume d'une grande originalité. La coquetterie, fût-ce dans ce milieu de sauvages, ne perd jamais ses droits.

Les voici qui s'approchent avec une curiosité presque craintive, se cachant les unes derrière les autres. Leur timidité s'explique car c'est la première fois qu'elles se trouvent en présence d'Européens. Mais dès que leurs premières inquiétudes se sont dissipées, elles se pressent en gróupe pittoresque autour de nous. La vue de nos uniformes détermine chez elles une muette stupéfaction ; tout les intrigue, nos boutons, nos galons, nos guêtres et jusqu'à nos brodequins de chemineaux. Elles nous suivent du regard dans tous nos gestes et le moindre d'entre eux est immédiatement l'objet de commentaires qu'elles se communiquent à voix basse.

Nos revolvers attirent leur attention ; doucement, avec circonspection, elles entr'ouvrent les étuis qui les renferment et demandent à voir de près ces petits instruments de meurtre. Puis ce sont nos montres qui les occupent ; elles ne se lassent pas d'en écouter le tic-tac mystérieux. Aussi mystérieux paraissent à leurs yeux étonnés les hiéroglyphes de nos carnets qu'elles tournent et retournent dans tous les sens. Notre hôte est aussi curieux que ses femmes : il prend les jumelles qui sont sur la table, regarde indifféremment par le gros ou par le petit bout, s'étonne de ne rien voir, puis s'esclaffe dès qu'il a vu. Mais la palme revient à une lampe électrique de poche. Au moment où il vient d'apprendre la façon de faire jouer le déclic, dont il abuse après en avoir, par crainte, très prudemment usé, entre un voisin désireux de nous voir de près. Fier d'étaler devant ce primitif ses nouvelles connaissances occidentales, il lui fait la bonne farce d'approcher innocemment la lampe de son visage et de l'éclairer brusquement d'un seul coup ; l'autre recule épouvanté, les yeux exorbités et ne reprend son sang-froid que devant les éclats de rire de l'amphitryon et de ses femmes.

Nos objets passent de mains en mains et pour chacun on nous demande des explications. Seuls nos appareils photographiques restent incompris. A qui ferions-nous croire que ces deux petits canons de cuivre ne servent qu'à reproduire quelques images ? Et s'il en est ainsi, qu'on le prouve. Elles seraient heureuses de voir leur portrait sur le champ ; qu'on le leur fasse et qu'on le leur remette. Un désappointement comique se lit sur leurs visages quand nous répondons que c'est impossible. Nous le déplorons du reste autant qu'elles et il me vient encore, en écrivant ces lignes, le regret de n'avoir pu fixer sur nos plaques ces figures si originales que nous ne retrouverons plus au cours de nos périgrinations. Mais ce que l'objectif ne saurait rendre, c'est la bizarrerie des pendeloques et des colliers scintillants, ce sont les jeux de la lumière de nos lampes sur le bistre de la peau, les subites lueurs de convoitise qui s'allument dans leurs yeux devant les douloureuses délices de la tentation représentée par de fines sucreries tirées de nos cantines.

En dépit de nos efforts la conversation s'épuise. Et nous en arrivons de fil en aiguille, malgré le charme de la causerie, à ces échanges de mutisme qui sont une des nombreuses manifestations d'une entente parfaite. Notre hôte, devant ces silences multipliés, comprend que l'entrevue a assez duré et leur fait discrètement le signe de se retirer. Maintenant que la connaissance est faite et que nous l'avons cimentée avec des friandises, elles nous faussent compagnie pour aller se coucher. Plaisir des yeux, joie de l'estomac, que désirer de plus ? Elles s'en vont d'autant plus satisfaites que nous complétons nos libéralités par l'octroi de quelques pièces d'argent qu'elles semblent tout particulièrement priser.

Seule, quelques minutes après, la plus âgée vint s'accroupir en face de nous, près du foyer où quelques braises qui y grelottent attisées par les secousses du vent s'éteignent peu à peu sous de petits chapeaux de cendre pareils à un fin duvet. Les coudes sur les genoux, le menton dans les mains, muette, le regard fixe, elle ne cessera pendant plus de deux heures de darder sur nous la flamme de ses yeux ardents. Et dans la demi-obscurité, parmi le désordre de cet antre fumeux, la figure étrange de cette femme à peau basanée, semblable à quelque fée Carabosse, méditant sur la ligne de vie, de chance ou de félicité, évoque dans mon imagination le type de la sorcière des contes du vieux temps.

L'esprit hanté d'histoires de sorcellerie, je m'endors sur le lit de camp où déjà reposent roulés dans leurs couvertures le colonel et son chef d'Etat-Major. Nuit agitée sous le harcellement de rats énormes qui se poursuivent avec des cris perçants, tandis qu'immédiatement au-dessous de nous, notre voisin le porc que notre présence inquiète, heurte à tout moment du groin les planches sur lesquelles nous sommes étendus.

Au matin, une brume épaisse masque la terre enveloppant le pays d'une morne grisaille. Mais la pluie a cessé et c'est déjà beaucoup. Ce serait parfait si de nombreux porteurs n'avaient profité de l'accalmie pour s'enfuir. Quand une idée est ancrée dans la cervelle d'un sauvage, il est bien difficile de l'en faire sortir et les nôtres n'en avaient qu'une depuis que nous nous approchions des pirates : celle de nous lâcher à la première occasion. Nous laissons à Pi-Che le Prince Souvan-narath avec mission de recruter tous les hommes nécessaires au transport des caisses abandonnées ; puis nous nous engageons sur un chemin de crête facile, bien débroussaillé et en pente douce.

En trois heures de marche, nous atteignons Sen-Sai. Le village est désert, abandonné depuis longtemps. Cependant notre présence ne tarde pas à être connue des habitants, cachés dans les forêts avoisi-nantes. Sachant qu'ils n'ont rien à craindre de nous, ils arrivent en famille, leurs femmes trapues aux jambes cagneuses comme celles des Japonaises, dévalant de la montagne en file indienne, l'échine ployée, soutenant leur hotte d'une corde passée autour de la tête, tirant du front comme des bêtes sous le joug. Elles nous apportent quelques racines comestibles qui s'enlèvent à prix d'or : vingt cents le tubercule.

Hier nous étions chez les Khas-khos ; nous voici maintenant chez les Khas-kmous. Les premiers vivent dans des tanières posées à ras du sol. Pour être moins primitives, les habitations des seconds, montées sur pilotis, n'en suent pas moins la misère. Ce sont tout autour, les mêmes amas d'immondices, d'épluchures ou de fiente de porc, les mêmes bourbiers à relents pestilentiels. Tandis que les Khas-khos portent la natte, la calotte céleste, et parlent la langue chinoise, les Khas-kmous portent les cheveux longs, enroulés sous un turban et ne comprennent que le Laotien en dehors de leur propre langue qui a de nombreuses affinités avec la langue khmère. Ceux-ci ont quelques pagodes, ceux-là n'en ont pas, mais les uns et les autres ont un point commun ; les notions très obscures qu'ils possèdent sur le temps, le nombre et les distances.

Pour les distances en particulier, il est impossible d'obtenir un

9

renseignement moindrement précis. A de telles questions, les Laotiens répondent en montrant un coin du ciel. Cela veut dire qu'en partant au soleil levant, on atteindra le but du voyage au moment où il se trouve au point de la voûte céleste qu'ils indiquent du doigt. Les Khas, eux, ont pour s'exprimer, une façon qui est plus originale mais tout aussi vague. « A quelle distance le prochain village ? » — Le temps, répondent-ils, de faire cuire une, deux, dix marmites de riz. Mais encore faudrait-il savoir le temps que met à cuire la première marmite et de quelles marmites il s'agit.

Ce ne sont donc pas eux qui nous fixeront sur le temps nécessaire pour atteindre Mok-Pha. Le colonel voudrait pourtant camper assez près du repaire pour être en mesure d'attaquer de bonne heure le lendemain. Pour cela, il faudrait trouver un point d'eau. Fatigué de ne pouvoir tirer la moindre précision des indigènes qui disent tantôt qu'il existe, tantôt qu'il n'existe pas, il envoie une compagnie en reconnaissance.

Elle est à peine partie que les tirailleurs restés au camp, excités par l'approche de la bataille, voient l'ennemi partout. Du bout de l'index ils signalent au loin un point mobile, un cavalier en faction sur une crête ou un petit groupe de piétons qui disparaît dans un fond de vallée. Tout cela, bien entendu, n'existe que dans leur imagination en travail, car il n'y a pas âme qui vive dans les environs. C'est du côté d'où nous sommes venus qu'ils feraient mieux de regarder. Sous un moutonnement de caisses ou de cantines apparaît le cortège le plus original qui soit ; à défaut d'hommes, ce sont les femmes du village de Pi-Che qui arrivent, en court jupon, massives et trapues comme les Cariatides de l'Acropole, muettes comme des bêtes de somme, le visage éclairé par de beaux yeux sauvages sous d'épais sourcils. Courbées sous le faix qu'elles portent avec aisance, elles passent devant nous parmi le cliquetis argentin de leur ferblanterie, les heurts et le bruissement discret des perles, des coquillages, et de cette extraordinaire bimbeloterie dont elles parent si copieusement leur chevelure et leur poitrine.

**

La nuit passée à Sen-Sai nous vaut les mêmes désagréments qu'à Pi-Che : de nombreux porteurs ont mis à profit les ténèbres opaques qui nous entouraient pour filer à l'anglaise sous le nez des sentinelles. L'inquiétude a gagné ces hommes qui ne s'aventuraient pas sans appréhension dans un pays où nous étions certains de rencontrer l'ennemi. Mais les Khas sont vraiment d'une pusillanimité déconcertante. Avec le courage d'un lièvre, ils détalent avant même qu'ait eu lieu la première alerte. Seuls, les coolies de l'ambulance sont tou- jours au complet. Ce n'est pas qu'ils fassent preuve de plus d'audace, mais le caporal infirmier, homme très averti des choses de la mon- tagne, a le soin de leur reprendre chaque jour, dès qu'ils s'en sont servis, le sac qui renferme leur nécessaire de voyage, objet dont ils ne se séparent jamais en cours de route. Il semble que cette élémen- taire précaution suffit. Le Kha, sans son sac, est incapable de pren- dre le large, comme un avion sans moteur est incapable de prendre l'air. Il n'y a cependant pas grand chose dans cette pauvre enveloppe de coton : un coupe-coupe, du riz, du bétel, du tabac, parfois un mi- nuscule instrument de musique. N'empêche qu'il y tient comme à des reliques, et cela se comprend : c'est le plus souvent toute sa fortune.

Comme la veille, Souvannarath se charge de faire appel aux gens disséminés dans la forêt, fuyants personnages qui nous lâcheront sans doute à la première occasion, et, sans plus attendre, nous mettons le cap sur Mok-Pha.

Vingt à vingt-cinq kilomètres nous séparent du repaire ; c'est le renseignement que nous ont rapporté nos éclaireurs revenus sans avoir trouvé le point d'eau qui nous aurait permis d'aller bivouaquer plus loin. Etape un peu longue pour une journée d'attaque. Le temps, fort heureusement, nous favorise: une légère brume estompe le paysage et une lumière diffuse enveloppe ciel et terre dans une même grisaille uniforme, conditions excellentes pour faire, sans être aperçus, notre marche d'approche.

Les premiers kilomètres sont assez pénibles. Le sentier détrempé, plein de boue, défile lentement sous le pas patient des mules. Puis, peu à peu, il s'aplanit, s'élargit, s'assèche et tout s'arrange. A neuf heures, nous arrivons à l'embranchement de la route caravanière qui relie Long-Nay au Nam-Ou par Mok-Pha. Rien jusqu'ici ne semble avoir trahi notre présence, rien non plus ne nous fait soupçonner celle des pirates. La luminosité de l'atmosphère ne se prête guère à l'observation de part et d'autre. Aussi loin que porte le regard, pas le moindre village, pas le moindre vestige de construction qui puisse indiquer une agglomération humaine. Cependant, le soleil dont nous sommes privés depuis plusieurs jours se décide brus- quement à traverser les brumes. « Le soleil d'Austerlitz ! » dit en riant le colonel. Notre esprit d'aventure s'excite : à travers les bambous qui montent en épaisses touffes le long du sentier, nous cherchons à distinguer le repaire. Un rayon tout à coup, fait briller quelque chose au sommet d'un mamelon. Nous prenons nos jumelles. Hourrah ! C'est un drapeau qui flotte au vent, un drapeau chinois recon- naissable aux nombreuses bandes de couleurs dont il est fait. Et voici qu'on distingue le village, les retranchements, la terre fraîchement remuée qui se détache en larges placards fauves sur les verdures environnantes, puis en arrière, une sorte de fortin élevé à la pointe du plus haut piton. Un tel site semblait prédestiné pour servir d'aire à une nichée de bandits et le fait d'y avoir accumulé des défenses, hissé leurs couleurs indique assez l'intention qu'ils ont de s'y maintenir. Les ouvrages paraissent sérieux, l'accès du mamelon difficile. Chacun va donc pouvoir donner sa mesure et mériter sa récompense.

Pendant que nous regardons, le canon, qui tangue sur le dos d'un grand mulet, nous dépasse et nous éprouvons subitement une joie barbare à songer que la mort, tout à l'heure, va sortir de sa gueule démuselée. Alertes et joyeux, les tirailleurs jettent à travers le feuillage un rapide regard dans la direction où sont braquées nos jumelles et de proche en proche échangent à voix basse leurs impressions. On n'a pas le temps de s'ennuyer quand on sent le but si proche !

La position repérée, nous reprenons nos places en doublant les files car la sente maintenant est parfaite, grâce aux pirates qui ont débroussaillé, élargi et nivelé la plate-forme, adouci les pentes et taillé des gradins dans les montées trop abruptes. On ne saurait être plus aimable ! Nous serions complètement satisfaits si nous ne manquions d'eau, chose presque introuvable sur ces sentiers de crête. Où donc est le temps où nous n'avions qu'à nous pencher pour cueillir au passage ces larges tubes de bambou que des mains prévenantes avaient emplis et rangés sur le bord de la route afin que nous puissions tout à loisir étancher notre soif ? A Sen-Sai comme à Pi-Che, nos animaux ont été soumis à la ration la plus stricte. Quelques-uns même ont dû se contenter, pour tout breuvage, des gouttes de pluie répandues sur le feuillage qui leur était distribué. Aussi, considérons-nous avec le plus vif intérêt un mince filet d'eau qui sourd le long du chemin. Pour le capter, la section du génie a creusé une petite fosse où quelques mulets peuvent se rafraîchir, tandis qu'en hâte les indigènes placent leurs gobelets sous les gouttelettes qui filtrent parmi les mousses. Autant de pris !

Mais voici que l'allure se ralentit progressivement. Arrêt brusque. Qu'est-ce qui arrive ? Un tout petit incident signalé par l'officier qui est de service à la pointe d'avant-garde : des hommes auraient été aperçus descendant en hâte du haut de grands arbres d'où sans doute ils nous épiaient ; ce sont probablement des gens de quelque village proche. La marche, néanmoins, reprend avec plus de lenteur, car on ne saurait faire preuve de trop de circonspection dans un pays qui se prête si bien aux embuscades. La méthode, nous le savons, est chère aux pirates dont le goût prononcé pour l'affût est un danger perpétuel. Je songe en ce moment au « Roi des montagnes » et à ses argousins, aux buissons de lentisques et d'arbousiers qu'ils déplaçaient devant eux en se rapprochant de la route suivie par les gens qu'ils voulaient détrousser. N'allons-nous pas voir bientôt luire un canon de fusil derrière un paquet de broussailles ? Combien de morts consécutives à ces tirs à bout portant nous a valu la conquête du Tonkin ? Mais il semble ici que l'ennemi, soit mal renseigné, soit trop confiant dans son système de fortifications, ne prenne pas la peine de se garder. La population cependant n'ignore pas notre venue : voici un village de khas fraîchement évacué par ses habitants sans doute peu soucieux d'assister même de loin à des échanges de coups de fusil.

On marche encore une heure, puis nouvel arrêt. Cette fois, j'entends nettement le bruit des culasses maniées par les tirailleurs de pointe. Instinctivement, ceux qui m'entourent libèrent les batteries des chiffons graisseux, vérifient le mécanisme de leur arme. Ce n'est encore qu'une fausse alerte, mais nos partisans assurent avoir vu aux aguets, au milieu du chemin, un groupe de pirates sur lesquels l'un d'eux aurait tiré ; si nous n'avons rien entendu, c'est que la poudre ne valait rien, voilà ce qu'ils disent. Simple prétexte. Pas plus que les Khas, les Laotiens ne brillent par le courage. En dépit de leur ceinture de cuir bastionnée de cartouches, ils jugent leur rôle d'éclaireurs terminé et, sans qu'ils y soient invités, viennent prudemment se ranger derrière les premières files de tirailleurs. Comme les apparences sont trompeuses ! J'aurais cru trouver plus d'audace chez ces hommes que je voyais marcher d'un pas si allègre, le regard droit, assuré, les mains accrochées à leur fusil couché horizontalement sur la barre de leurs épaules et se profiler devant nous en l'élégante silhouette des coureurs antiques.

Midi arrive et nous ne sommes qu'au bas du sentier qui mène à la position ennemie. Les guides prétendent que nous n'y arriverons pas avant deux heures. Devant ces affirmations, le colonel ordonne une halte de vingt minutes pour permettre à chacun de prendre un peu de repos et quelque nourriture. Notre repas est bref : une tranche de jambon entre deux croûtes de pain, le tout arrosé d'un gobelet d'eau claire.

Rassasiés et désaltérés, nous reprenons notre ascension. Les mitrailleuses sont poussées en tête, l'artillerie vient prendre place immédiatement après nous et la colonne repart en formation de combat. Malgré le mauvais état du sentier, les tirailleurs impatients de se mesurer avec les pirates ont accéléré l'allure ; les jarrets fatigués ont subitement recouvré leur élasticité, la marche s'allonge et c'est presque au pas de course que l'on dévore l'espace qui nous sépare du sommet. Il faut modérer l'ardeur générale pour permettre à l'artillerie de suivre sans se laisser trop distancer. Et nous montons, nous montons toujours, sans que rien ne nous permette de croire qu'on soupçonne notre venue. Des gerbes de bambous, élancés comme des fusées bordent le sentier ; au travers de la végétation qui nous masque de façon si heureuse, nous apercevons les sentinelles chinoises toujours en faction derrière leur parapet. Et leur immobilité est telle que nous nous demandons si ce ne sont pas des mannequins placés là à dessein pour nous tromper.

Trois heures. Même calme, même silence impressionnant. Nous ne sommes plus qu'à 600 mètres du village, à 800 mètres du fortin. Là-haut rien ne bouge. Ah ! si cependant. Du petit espace que l'on prépare en hâte pour les artilleurs, je vois une silhouette se détacher sur l'azur du ciel ; un homme descend tout tranquillement du réduit vers la pente opposée à la nôtre. S'il nous savait si près, il prendrait quelques précautions. Donc nous ne sommes pas éventés. C'est parfait. Frapper l'imagination et surprendre, voilà la formule dont la réalisation nous semble proche. Autour de moi, on fait place nette. Les arbustes tombent un à un, fauchés en un clin d'œil par des coupes-coupes manœuvrés en sourdine. En trois minutes, comme à la manœuvre, les mulets sont débarrassés de leurs charges, ramenés en arrière et la pièce montée sur son affût est mise en batterie. Notre chef de section est pâle d'émotion et de joie. Enfin le voici donc prêt à l'action ce fameux canon qui lui a coûté tant de peine ! On ouvre en hâte la première caisse d'obus pendant que les tirailleurs défilent, rejoignant à pas rapides et feutrés les éléments d'avant. La tête de colonne, à l'abri des broussailles qui bordent le sentier, n'est plus qu'à deux cents mètres de la position. La voici tout près, à cent mètres, cinquante mètres..... et derrière la palissade c'est toujours le même silence de mort.

Le repaire serait-il abandonné ? Cet homme entrevu tout à l'heure ne serait-il pas un simple habitant revenu dans son village ? Ce serait par trop vexant d'arriver si près pour constater que le nid est vide et que la racaille s'est envolée. Soudain une violente détonation suivie aussitôt d'autres nombreuses, pressées, multipliées par l'écho de la vallée, coupe court à mes soupçons. Ça c'est du côté pirate. Mais la réplique ne se fait pas attendre : un éclat déchirant de feux de salve couvre tous les autres bruits ; ce sont les nôtres qui répondent. Maintenant la fusillade fait rage, les balles pleuvent de tous côtés, coupent avec un bruit sec les tigelles des roseaux, ricochent avec des sifflements de fouet. Autour de nous, l'air criblé vibre et résonne.

Au milieu de ces crépitements continus une voix forte se fait entendre : « A huit cents mètres feu ». Et le premier coup de canon éclate comme un tonnerre. Un ronflement de grosse toupie lui succède, puis une grande colonne de terre et de fumée surgit brusquement du sol près du fortin, en même temps que nous arrive, assourdi, le bruit formidable produit par l'éclatement de l'obus. C'est une partie du parapet qui vient de voler en miettes. Triomphant, le pointeur se retourne et se rengorge, tandis qu'on l'applaudit.

Un bruit nouveau. Voici maintenant le moulinet de nos mitrailleuses. Tout près de nous, nous les entendons égrener et accélérer leurs *tac-tac* précipités. Quelques malandrins, les épaules chargées, escaladent déjà au pas de course le sentier qui relie le village au réduit ; mais un obus qui vient de faire sauter une partie du retranchement les cloue sur place. Ils hésitent, font demi-tour, s'arrêtent, se concertent, puis reviennent. Un troisième projectile démolit un couloir d'accès. Décidément, les abords du fortin deviennent trop dangereux. Ils font de nouveau volte-face, se pressent, s'affolent, avancent, reculent puis disparaissent enfin subitement dans la brousse avec armes et bagages.

Le combat dure depuis quarante minutes. Du fortin, on ne tire plus ; dans le village, le feu se ralentit. A l'instar des héros de l'antiquité, les tirailleurs ont échangé avec les pirates cachés derrière leurs créneaux, les pires injures ; ils les ont insultés dans leurs mères, dans leurs femmes, dans leurs enfants et même dans toute leur postérité. Si copieux qu'il soit, leur répertoire est épuisé. C'est le moment de donner l'assaut final. Un clairon sonne la charge. D'effroyables clameurs sorties de deux cents poitrines lui font aussitôt réplique, car, pour l'Annamite, plus on crie d'abondance, plus on a victoire facile. Et, après ces hurlements féroces de meutes découplées, les tirailleurs, électrisés par leurs cadres, se ruent à l'assaut avec un ensemble parfait. A coups rapides, les sapeurs mettent à bas les palissades, mais les pirates, canonnés, tournés, cernés, n'ont pas attendu. Démoralisés dès les premières notes, ils ont pris le large, enjambé leurs fortifications et dévalé précipitamment les contre forts du mamelon, à travers l'épaisseur de la forêt. L'étendard chinois est aussitôt amené ; il est à peine à terre que, hissé rapidement tout en haut du mât, notre fier drapeau fait déjà flotter ses plis dans l'air radieux.

La position est à nous.

Et sa prise, grâce à l'utilisation judicieuse d'un épaulement de terrain, ne nous a pas coûté la vie d'un seul homme. Les larges flaques de sang qui jonchent le sol à l'entrée du village sont le fait des nombreux piquets de bambou dont les abords sont littéralement couverts. L'une d'elles remarquable par son étendue est due à la blessure du même genre dont a été victime le petit clairon qui, tout à l'heure, sonnait si bien la charge. Un de ces maudits engins, dissimulé sous des feuilles lui a traversé le pied de part en part. Il est tombé, mais semblable au clairon de Déroulède, il a continué à sonner et c'est lui encore qui, maintenant assis sur le talus où ses camarades l'ont porté, se fait entendre pendant que montent nos couleurs.

Nous pénétrons, à notre tour, à travers la palissade défoncée. Un grand diable de pirate est là, étendu raide près de la porte d'entrée, les yeux chavirés, la machoire fracassée par une balle, la face tordue sous l'éclatement du maxillaire, tenant encore dans ses doigts crispés une grosse bombe dont il n'a pas eu le temps de se servir. Derrière moi, un tirailleur, en passant, lui tranche froidement la tête, puis, après avoir remis le coupe-coupe au fourreau, poursuit sa route, silencieux et flegmatique, comme s'il ne s'était rien passé. Le moment est venu de se reposer dans la joyeuse détente du succès acheté sans pertes, tandis que les compagnies se dispersent pour fouiller toutes les habitations et les moindres recoins. Dans les cases toutes proches, c'est un désordre inexprimable : ce ne sont que vêtements épars, marmites fumantes, plats remplis de viandes déjà entamées, éparpillées un peu partout. Ces messieurs faisaient ripaille ! Et dans le blockhaus, c'est encore mieux. Les hardes, les nattes fines, les pipes à opium, les chapeaux et les savates, tout gît pêle-mêle à terre ou sur les lits de camp couverts de débris de terre rejetés par les obus, mélangés avec des bols pleins de riz et de graillons inachevés.

Tout porte la trace d'un affolement général : dans les cuisines d'énormes morceaux de lard, des porcs entiers, fraîchement tués, sont suspendus à des étals de fortune pendant que dans de grandes cuvettes d'émail, pleines de sang nagent des cervelles et des entrailles fumantes. Des théières, d'immenses marmites chinoises sont encore en ébullition sur les fourneaux allumés. D'innombrables jeux de cartes témoignent des occupations des hôtes enfuis. Dans leur précipitation ils ont oublié leurs couvertures, leurs vêtements, leurs papiers, des machines à sertir, des lingots de plomb, de la poudre, voire même un cheval qui remontera notre cavalerie décimée. Voici des uniformes de réguliers chinois, voilà des états de solde, des comptes rendus de chefs de bande, des listes de perception d'impôts, de longues proclamations aux habitants qu'un pinceau de chef a soulignées au vermillon et revêtues d'estampilles de dimensions variées ou de cachets mandarinaux. Voici une valise défoncée, crevassée, ravaudée de pièces de toile et de cordes effilochées ; dans ce fourre-tout dégradé comme la besace d'un miséreux on trouve les papiers personnels d'un sieur Lou-Kouan-Min. C'est un Chinois de Mong-Tse, un bel homme si l'on en juge par la photographie collée sur son passeport, très honnête aussi s'il faut en croire les attestations multiples qui y sont jointes. Notre consul à Mong-Tse le connaît et une grosse maison chinoise à Haïphong se porte garante de sa loyauté. Elle est au moins singulière la loyauté de cet honnête trafiquant venu dans le delta pour y faire le commerce de porcs et qui se trouve aux fins fonds du Laos au milieu d'une bande de pirates. Avec ses papiers, il a laissé son chapeau : il est regrettable qu'il n'ait pas eu la délicatesse de nous laisser aussi sa tête.

Pas fier pour un sou le chef qui commandait ici ; sa demeure qui

(Cl. Bouteiller).

Le poste de Muong-Rhoua au confluent
du Nam-Ou et du Nam Pak.

(Cl. Bouteiller).

Courses de pirogues à Muong Khoua.

(Cl. Bouteiller).

Muong-Khoua. — Maisons du village.

(Cl. Bouteiller).

M. H X. Houng. — Porte de la Pagode.

(Cl. Bouteiller).

M. H. X. Houng. — Convoi de bœufs porteurs
dans la cour du poste.

(Cl. Bouteiller).

M. H. X. Houng. — Aspect du village.

Laotiens en prière.

est devenue la nôtre est dans un état de délabrement et de malpropreté qui défie toute comparaison. Nous nous y installons, mais le plancher est si largement troué qu'il nous arrivera plus d'une fois de voir crouler au rez-de-chaussée nos tables ou nos chaises, à moins que nous ne fassions nous-mêmes de nuit ce court voyage. Passe encore quand on tombe sur la terre ferme, mais quand on rebondit sur le dos concave d'un cochon vautré dans une fosse à purin !..

L'eau qu'on nous apporte, d'une belle couleur café au lait, est peu engageante. Elle vient d'une mare piétinée par les buffles où se désaltèrent à la fois bêtes et gens. C'est ce bouillon de microbes, assemblage de bouse de vache, de terre et de poils de bêtes qui doit nous alimenter ; l'ambulance heureusement possède un filtre puissant dont l'utilité ne nous a jamais paru aussi grande. Si nous avons assez d'eau pour boire, nous n'en avons qu'une quantité dérisoire pour notre toilette et nos visages à qui elle est inconnue depuis plusieurs jours, aussi bien que les rasoirs du reste, ce qui nous donne l'apparence de paysans du Danube. Le pittoresque est l'ennemi du confort, nous disons-nous en trempant l'extrémité d'une serviette au fond d'un récipient lilliputien ; pour rencontrer le premier il faut bien savoir faire le sacrifice du second.

Et le pittoresque ici n'est pas seulement dans le paysage ; il est encore dans la variété des retranchements et des travaux de défense de ce nid d'aigle dont les pirates avaient su faire une véritable citadelle. Outre qu'ils avaient fait preuve de goût dans le choix de la position, ils l'avaient aussi admirablement fortifiée.

Le village est défendu par une forte palissade de bambous entourée d'une zone de petits piquets plantés en terre, la pointe tournée du côté de l'assaillant et formant avec le sol un angle de 45e. Dans ce pays où tout le monde marche nus pieds, c'est une défense accessoire des plus sérieuses. La semelle des chaussures n'assure parfois contre eux qu'une protection insuffisante. Cachés dans l'herbe on ne les voit guère et les blessures qu'ils déterminent sont souvent très longues à guérir, quand elles n'entraînent pas de complications fâcheuses dont la plus redoutable est le tétanos. Vingt-trois tirailleurs viennent d'être victimes de ces engins semés à profusion.

Sur toute la longueur de la palissade, parfois doublée, court un chemin de ronde contre lequel se dresse de trois côtés un mur en terre battue d'un mètre d'épaisseur, étayé par des rondins de bois disposés en forme de créneaux et soutenus eux-mêmes par de grands piquets enfoncés profondément dans le sol. Partout des redoutes, des tranchées à parapet, des banquettes de tir, des fascines, des gabions, des glacis couverts d'arbustes et de bambous traîtreusement taillés en biseau, des chemins couverts, des caponnières, des escarpes et contre-escarpes, tout un système d'ouvrages distribués de façon si ingénieuse qu'on pourrait les croire conçus par un cerveau européen.

Les Chinois sont depuis longtemps passés maîtres dans l'art de remuer la terre. C'est ce qui fait à la fois leur force et leur faiblesse. Manquant de la hardiesse nécessaire pour manœuvrer en campagne, ils attendent, cachés derrière des broussailles ou des créneaux, que l'ennemi paraisse dans leur champ visuel pour ouvrir le feu. C'est de cette façon, dans des tranchées merveilleusement dissimulées, qu'ils comptaient recevoir les troupes venant de Muong-Khoua. Mais outre que la tactique du colonel les a complètement désorientés, la petite colonne n'a pas encore paru. Sans doute, n'est-elle plus très loin maintenant. Et voilà comment elle arrivera trop tard après nous avoir fait craindre qu'elle arriverait trop tôt.

Les fatigues d'une journée si bien remplie nous ont donné de furieux appétits de sommeil. Le dîner expédié en quelques minutes, nous nous couchons. C'est l'heure où l'on oublie tout, la médiocrité de la table, la misère du gîte, le lieu même où on se trouve. Nous dormons à poings fermés lorsque le silence croule tout à coup sous une secousse terrible : un coup de feu dans la nuit, suivi d'un appel aux armes répété et colossalement amplifié par nos sentinelles qui hurlent comme si on les étranglait. Nous sautons à bas de nos couchettes. A la hâte je cherche ma paire de brodequins, ma veste, mon revolver. Les pilotis de notre habitation tremblent sous une violente poussée ; c'est le troupeau affolé des coolies de l'ambulance qui, pris de panique, se ruent comme un seul homme sous notre parquet de bambou.

Encore un coup de fusil puis un autre, puis le brusque éclat d'un feu de salve. Toute cette fusillade part de la redoute où campe un peloton. Est-ce un retour offensif des pirates ? Qui tire ? Eux ou les nôtres ? On essaye de savoir. Du village au fortin on interpelle mais on ne se comprend pas. « J'ai un bon coup de g..., dit modestement le chef de section de notre artillerie ; si on veut me laisser faire, je me charge de me faire entendre ». Et les mains en porte-voix il interroge. Cette fois on a compris et on nous répond. Il paraît que des coups de fusil partent de la vallée et dans la pensée qu'il s'agit des pirates on leur réplique.

« Les pirates ou la compagnie qui vient de Muong-Khoua, bougonne le colonel. Qu'on cesse le feu et qu'on sonne le refrain du régiment ».

Bientôt un clairon lointain répète les mêmes notes. C'est une méprise en effet. Nous tirons sur nos propres troupes qui échangent sans doute quelques balles avec les pirates en fuite.

Le fait nous est confirmé de vive voix une demi-heure plus tard. Mis en gaîté par cette petite aventure terminée heureusement sans accident, le colonel nous raconte une histoire vieille de trente ans où une méprise analogue faillit être le signal d'un véritable massacre. Le 29 avril 1885, la colonne du colonel de Maussion lancée derrière une bande de chinois entre le col de Kem et Hoa-Binh s'arrêtait dans la soirée au Sud du Ba-Vi dans un petit village de Muongs adandonné depuis quelques heures seulement par ses habitants. Les officiers, les blessés et les troupes blanches s'installaient à l'étage des cases tandis que les troupes indigènes et les coolies s'entassaient au rez-de-chaussée.

Vers le milieu de la nuit un cri terrible, le cri d'un homme qu'on égorge, répété par des centaines de voix, mettait aussitôt tout le monde sur pieds.

— Aux armes ! crient les hommes de faction.

Que se passe-t-il ? On ne sait pas. Personne ne sait rien, pas même les sentinelles qui s'époumonnent sans interruption. Aux armes contre qui ? Ce ne peut être que contre les Chinois qui se sont sans doute glissés dans le cantonnement et se servent de leurs coupe-coupes. Mais déjà les officiers qui prévoient la formidable tuerie qui va s'ensuivre, si les fusils partent dans l'obscurité, dégringolent à toute vitesse par les échelles à perroquets en criant : « Ne tirez pas. Défendez-vous à la baïonnette ».

Après dix minutes d'affolement l'ordre se rétablit. En vain cherche-t-on la cause de tout ce vacarme. Pas le moindre Chinois dans le camp. Pas le moindre blessé. On commence à enquêter lorsque les plaintes désespérées d'un pourceau appellent l'attention sur un groupe de coolies occupés à le saigner. D'où vient cet animal ? Et voici bientôt démontré que c'est lui l'auteur du bouleversement général. Emmené en hâte, dans la matinée, par les habitants du village qui prenaient la fuite, il avait tenté de réintégrer dans la nuit son fumier natal ; mais en rentrant il avait heurté du groin un indigène qui pris de peur avait poussé le premier cri d'alarme. Effrayé à son tour le porc avait foncé tout droit devant lui, passant au galop sur les files ininterrompues d'hommes couchés qui, réveillés en sursaut, s'étaient pris tous en même temps à pousser des hurlements d'effroi. La panique qui s'ensuivit n'avait pas d'autre cause.

Mais cette histoire eut une sanction inattendue. Le Tong-doc de Hanoï qui accompagnait la colonne avec ses gens chargés de la garde des prisonniers s'émut de constater que ces derniers avaient profité du désarroi pour prendre la clé des champs. Furieux, il fit appliquer la bastonnade à chacun des gardiens et ce fut sur un concert lamentable de « ôi cha ôi » que se termina la nuit.

Nos prisonniers à nous, nous donneront moins de mal. Mais nos factionnaires ont juré de ne pas nous laisser en repos. Vers dix heures, nouveau coup de feu, nouvel appel aux armes. C'est une sentinelle énervée par sa garde et trompée par les ténèbres qui a cru voir ramper dans l'ombre un brigand imaginaire. Mais cette fois, le colonel fait prendre des mesures nécessaires pour éviter le retour de pareils incidents et nous pourrons dormir tranquilles le reste de la nuit.

CHAPITRE V

Vers la frontière des Sip Song Pana. (1)

IL y a certains jours des réveils triomphants, où on se sent pour ainsi dire retrempé de jeunesse et de joie physique de vivre. Le clairon qui a retrouvé sa voix et lance à pleins poumons ses notes précipitées, nous permet d'admirer au saut du lit le spectacle féerique réservé à ceux qui voyagent sur les hautes montagnes. A nos pieds s'étend un océan de brouillard d'un blanc éblouissant, couvrant de ses flocons épais toutes les vallées environnantes. Au-dessus de ces mousselines flottantes, les sommets émergent comme autant de récifs, archipels d'écueils que le soleil levant baigne de lueurs irisées ou de teintes roses d'une douceur inexprimable qui, après s'être posées sur les cimes descendent sur les pentes en une série de dégradations successives merveilleusement atténuées. C'est la Baie d'Along, sur terre, une de ces impressions qui restent à jamais fixées sur la rétine.

Peu à peu, cependant, le paysage se modifie. Les brumes qui sont venues s'accumuler pendant la nuit pour envelopper les montagnes s'éclaircissent, se diluent, découvrent progressivement par transparence les plans de profondeur : ici apparaissent des plaques jaunâtres qui marquent des escarpements dénudés ou des champs abandonnés ; là des taches vertes indiquent la forêt ou de luxuriantes végétations. La mer flottante de nuages n'est bientôt plus qu'une immense et souple écharpe dont la gaze impondérable se déchire mollement. Les lambeaux prennent leur vol, s'élèvent avec lenteur, comme de grands oiseaux de mer incertains de la route à suivre, qui chercheraient à s'orienter, jusqu'à ce que, saisis par une brise légère, ils

---

(1) J'écris Sip Song Pana en raison de la prononciation la plus répandue. Le mot « Pana » veut dire circonscription. Sip Song (douze) Pana (circonscription) : les douze circonscriptions. Les Lus de Boun-Neua et Boun-Tai prononcent Sip-Song-Phan-Na, ce qui signifie les douze mille rizières. Sip Song Phan (douze mille) Na (rizière). La première version qui me vient d'un chef Phou-Noi me paraît la plus vraisemblable étant donné que la région est très montagneuse et ne se prête guère à la culture du riz de plaine.

s'éparpillent aux quatre coins du ciel. Puis sous l'appel puissant du soleil, les dernières vapeurs attardées se volatilisent et, subitement baignés de lumière, des torrents qu'on ne pouvait voir sous l'épaisseur des buées, étincellent maintenant au fond des vallées comme des colliers de diamants. Etre venus ici et voir cela par de si radieuses matinées infiniment rares en cette saison voilà de quoi nous faire oublier les misères de la route, les grimpades à pic sur des sentiers abominables, la boue, la pluie et la vermine. Heures délicieuses et charmantes dont on voudrait ralentir l'écoulement pour mieux les respirer.

Mais nous ne sommes pas à Mok-pha pour suivre et contempler les transformations successives de ce gracieux panorama. S'il nous arrivait de l'oublier, que de sujets d'occupation et de préoccupation se chargeraient de nous le rappeler ? Il y a d'abord l'étrange silence du capitaine chargé des opérations de Long-nay dont nous ne savons rien encore ; il y a ces fortifications chinoises qu'il faut raser après en avoir admiré l'ingénieux agencement. Il y a les pirates dont nous avons mis les têtes à prix et dont nous avons indirectement quelques nouvelles. A l'aide de fusées, de feux allumés sur des hauteurs que le colonel, avec la mémoire spéciale des topographes a immédiatement situées, ils ont déjà averti de leur fuite les autres bandes et sonné le ralliement. Furieux d'avoir été chassés, ils se vengent commodément sur les villages où ils entrent à coups de fusil. Considérant le vol comme la source la plus légitime de la propriété, ils pillent ce qu'ils peuvent, quand ils peuvent et comme ils peuvent ; puis lâchement brûlent après avoir pillé. Quand cette racaille est en nombre, ses instincts sauvages croissent en des proportions formidables ; mais s'ils voyagent en maigre équipage il leur arrive parfois, par une juste compensation, d'irréparables malheurs. C'est ainsi que nous avons reçu certain soir un sac que je prenais naïvement pour le courrier, alors qu'il renfermait deux têtes de brigands que les notables de Muong-Houn-Xieng-Houng avaient la délicatesse de nous adresser dans un ballot de sel destiné à assurer leur conservation : celle de l'ancien chef chinois qui commandait précisément là-bas et qui y était retourné s'imaginant sans doute être reçu à bras ouverts et celle de son secrétaire, personnage de second plan, qui se devait de partager jusqu'au bout la fortune de son maître. L'envoi des notables était accompagné d'une lettre où, mis en goût par la prime qui leur était allouée, ils annonçaient dans un style enflammé la mobilisation générale de tous les guerriers du Nam-Ou et la poursuite énergique des opérations, pour peu que le colonel veuille bien leur accorder une petite subvention : quatre cents piastres par exemple pour commencer. Ici comme partout l'argent est le nerf de la guerre, mais ce qu'ils demandent est beaucoup pour ce qu'ils ont fait jusque là quoique ce ne soit rien par comparaison avec la munificence dont les pirates aux abois sont prêts à donner la preuve : mille piastres à qui leur apportera la tête d'un Européen.

S'il ne nous vient aucun souci de cet appel désespéré qui risque fort de n'être pas entendu, il n'en est pas de même du boire et du manger qui nous apparaissent ici sans conteste possible comme les deux plus grandes choses de la vie. Voici notre unique préoccupation car en dépit de nos succès, notre situation matérielle ne s'est pas améliorée. Il faudra donc se serrer le ventre ; la période des vaches maigres va commencer.

Le convoi que nous attendions le trois décembre ne nous parvient que le neuf. Le retard nous laisserait indifférent si les vivres qu'il nous apporte étaient consommables. Une grande partie malheureusement est avariée, le riz, en particulier, qu'une pluie continuelle depuis le départ de Muong-Khoua a réduit à l'état de ciment. Que faire ? Poursuivre les pirates à Phanya-Soumphou et rejoindre le Nam-Ou pour nous ravitailler telle est la solution qui s'est présenté immédiatement à l'esprit du colonel. Mais il est écrit que nous ne pourrons faire le moindre projet sans que des circonstances inattendues ne viennent le réduire à néant ou le bouleverser de fond en comble.

On a bien raison de dire qu'un malheur n'arrive jamais seul. Nous venons à peine de constater le mauvais état de la plus grosse partie de nos vivres qu'une lettre vient nous causer une surprise aussi désagréable qu'inattendue : l'échec de nos troupes devant Long-Nai. Le capitaine Marlats s'est trouvé en face d'une position retranchée qu'il ne pouvait prévoir si fortement organisée et il s'est borné à brûler le village qui masquait les ouvrages après un combat qu'il n'a pas voulu pousser à fond, de crainte de s'exposer à de trop lourdes pertes. Et maintenant campé à 1.800 mètres environ au sud du repaire il rappelle une demi-compagnie de renfort qu'il avait laissée à Muong-Ngin et demande au colonel l'appui immédiat du canon et de nos effectifs.

Courir est bien, attendre est mieux. Nous ne pouvons partir au pied levé, ni songer à nous embarquer sans biscuit. Force est de se ravitailler sur place en faisant appel aux ressources locales pourtant si maigres. Vite des émissaires dans toutes les directions et les tirailleurs aux pilons. Mais alors adieu à la marche sur Phanya-Soum-Phou à notre jonction avec les troupes du Nam-Ou, au petit crochet par Muong Houn-Xieng-Houng où nous avions la certitude de trouver bagages et provisions de bouche. Il nous faut partir pour une direction inattendue ; nous devions marcher vers le Nord, nous irons vers l'Ouest. Et pour aller plus vite, pour ménager nos animaux fatigués qui ne trouvent dans la région qu'une nourriture insuffisante, nous n'emporterons avec nous que le strict nécessaire. Tel est l'ordre formel qu'on me présente à émarger. Je me demande ce que le colonel entend par « strict nécessaire ». Il me semblait que dès notre départ de Muong-Khoua nous avions déjà réduit au minimum conserves ou vêtements, que dans le but d'alléger nos cantines, nous avions empli les sacoches de nos selles d'objets de toilette et de mille petits riens pourtant indispensables, que ce qui nous reste de plus lourd sous le plus petit volume, ce sont les petits sacs de piécettes blanches qu'on ne peut abandonner sans risquer de mourir de faim. Pourtant il paraît que cela ne suffit pas. Faut-il donc encore réduire, jeter du lest lorsque le contenu pèse déjà moins que le contenant ? Pour peu que ces restrictions continuent nous finirons bientôt par n'avoir en tout et pour tout que les vêtements, le linge et les chaussures que nous portons sur nous. Ah ! c'est tout autre chose que d'agréables piques-niques, ces petites expéditions coloniales qui n'ont l'air de rien.

Tandis que je me fais cette réflexion, un artilleur assis sur les barreaux de l'échelle de ma résidence partage une boîte de sardines avec un de ses camarades et laisse percer ses inquiétudes en termes amers.

— Allons, mon vieux, c'est la dernière. Profitons-en. As-tu vu ce convoi de ravitaillement ? Une purée dont on n'a pas idée. Pas un gramme de pinard, du riz pourri, autant dire trois fois rien. Ce qu'on va claquer du bec !

— T'en fais pas pour ton ventre, répond l'autre imperturbable tout en écrasant sans hâte son poisson entre deux croûtes de pain. Il y aura toujours du singe, de la bidoche de réserve. On a l'habitude de ces situations difficiles, on se débrouillera.

Evidemment on se débrouillera, il le faudra bien.

*
* *

Le onze décembre tout est prêt. Les misérables petits villages des environs nous ont envoyé, hotte par hotte, cinq jours de riz. Vers midi nous nous mettons en route, guidés par le chef de village de Mok-Pha. Le bonhomme qui a déjà reçu la récompense qu'il avait sollicitée en échange de ses services antérieurs, soit en argent la valeur de cinquante pieds de riz que les pirates lui auraient soustraits, marche d'un pied léger, escomptant sans doute par avance l'honnête commission que lui vaudront ses services futurs.

Nous suivons d'abord le sentier par lequel nous sommes venus. Nous laissons à droite le chemin de Phanya-Soum-Phou, à gauche la route de Sen-Sai et nous continuons franchement vers l'Ouest, où se dessinent dans un voile lointain de vapeurs lumineuses un chaos confus de crêtes dentelées. Les tirailleurs en file indienne avancent avec entrain bavardant comme des pies, les pochettes à riz outrageusement gonflées, le sac lourd de quelque profitable larcin commis aux dépens de l'ennemi, quelque peu grotesques sous le volume démesuré de leur accoutrement.

Six heures de marche nous amènent dans une vallée souriante encadrée de verdure. Il y court un rapide et transparent ruisseau qui gazouille en bondissant sur les roches essaimées sur son lit, entre deux haies légères de grandes herbes vertes dont les tiges penchées tremblent sous les remous argentés. C'est le Nam-Koum, affluent du Nam-Pok qui se jette dans le Nam-Ou en amont de Sop-Ban. Au moment où nous arrivons le soleil disparaît derrière une montagne dressée devant nous comme un écran et couverte de bois qui, tout au sommet, à cette heure crépusculaire, se détachent avec une netteté d'ombres chinoises.

Nous ne pouvons songer à en faire l'escalade avant la nuit ; il nous faut donc rester dans ce bas-fonds. Mais peu nous importe que l'horizon soit borné, que nous soyons dans un cirque entouré de collines mélancoliques ; le site nous paraît enchanteur. Nous avons de l'eau, nous avons du bois et si restreint que soit l'espace dont nous pouvons disposer, il est recouvert d'un tapis de gazon sur lequel nous pouvons commodément établir notre bivouac. Une brousse dense d'arbustes épineux et de grosses touffes de bambou nous environne de tous côtés : voilà de quoi construire en moins de temps qu'il n'en faudrait pour monter une tente, un de ces petits villages de roseaux et de feuilles où excelle l'esprit inventif de nos tirailleurs qui les remplissent de détails imprévus et commodes. De grands feux clairs aux flammes joyeuses s'allument presque tout de suite un peu partout, car l'atmosphère s'est singulièrement refroidie depuis quelques jours et c'est chaque soir dans le camp, le lamentable concert de la toux.

Nous arrivons juste à point pour cueillir au passage trois indigènes qui se disent des Khas, de retour de Bo-Hê ; ce nom désigne les salines où s'approvisionnent les habitants de la région aussi bien que ceux des Sip-Song-Pana. En passant près de Ban-Long-Nai, il y a trois jours, ils auraient entendu une fusillade d'une telle intensité qu'ils se seraient prudemment écartés de la route caravanière. D'après ce qu'ils disent, nos troupes auraient vainement essayé à deux reprises de s'emparer de l'ouvrage construit par les Chinois. Une troisième tentative aurait été couronnée d'un plein succès, malgré la résistance désespérée des occupants qui, comptant jusqu'au dernier moment sur l'appui de renforts attardés à Ban-Na-Mak, se seraient fait presque tous massacrer sur place. Que croire de ces nouvelles ? Quelle foi ajouter aux racontars de ces trois hommes qui n'ont rien vu par eux-mêmes ? Ils semblent cependant pleins de sincérité. On les laisse continuer et lorsque l'idée nous vient qu'après tout ils pourraient bien être envoyés par nos ennemis dans le but de nous espionner, il est trop tard ; ils sont déjà loin.

Si les faits qu'ils ont rapportés sont exacts, il serait vraiment extraordinaire que nous ne rencontrions pas un envoyé de Long-Nai. Voici justement que vient vers nous un homme conduit par deux tirailleurs de nos postes de sûreté. Il est porteur d'un courrier : la bonne nouvelle sans doute ! En hâte le colonel rompt les cachets, mais à l'indifférence qu'exprime son visage nous comprenons qu'il n'en est rien. Simples télégrammes qui lui annoncent le départ de Lai-Chau de la colonne du Nord et quelques escarmouches entre les pirates et ses avant-gardes. Ces nouvelles qui nous paraissent bien secondaires en comparaison de l'intérêt qui s'attache à celles que nous espérions, nous font ressentir plus vivement notre déception et c'est presque sans mot dire qu'assis à califourchon sur le pied de nos couchettes de campagne nous prenons, sans hâte et sans faim, notre modeste repas du soir.

Derrière nous s'allonge le pittoresque campement de nos coolies. En voilà que nos préoccupations ne tourmentent guère ! Assis parmi les bagages accumulés et mêlés en un magnifique désordre, ils devisent entre eux et se réchauffent autour des feux tout en surveillant d'un œil intéressé le riz qui cuit dans leurs marmites. Et quelles marmites ! Je recommande leur rustique simplicité à tous les coureurs de brousse. La formule en est simple et, par philanthropie, je la livre pour rien : prenez un tube de bambou assez volumineux, fermé par un nœud à l'une de ses extrémités ; dans ce tube, dont l'intérieur sera préalablement revêtu sur toute sa surface de segments cylindriques de feuilles de bananiers, versez du riz, remplissez aux trois-quarts d'eau et fermez l'orifice à l'aide d'un bouchon de feuilles en guise de couvercle. A cette élémentaire opération se bornent les apprêts culinaires. Maintenu au-dessus du feu par un petit piquet fourchu sur lequel il s'appuie horizontalement, l'appareil ne demande d'autres soins désormais que d'être tourné et retourné de temps en temps. On obtient ainsi, après cuisson, une pâte gluante et légèrement caramélisée. Sa légère fadeur n'eût peut-être pas satisfait le palais délicat de Brillat-Savarin ; mais nos bons sauvages s'accommodent fort bien de ce plat de fortune auquel les plus raffinés, désireux sans doute de surpasser les plus opulents rapestas, ajoutent quelques pétales de fleurs de bananiers.

Le bananier ! Le bambou ! Deux noms qui s'unissent invincible-ment dans ma pensée, chaque fois qu'elle s'évade vers le Laos.

Du premier, Bernardin de Saint-Pierre a pu dire, qu'il est le « roi des végétaux », le « vrai végétal de l'homme » parce que seul il lui donne « de quoi le nourrir, le loger, le meubler, l'habiller et l'ensevelir »

Et c'est Mahomet qui prétend que, de toutes les choses qui sont sur la terre, le bananier est la seule qui semble être une parcelle du paradis parce qu'il donne des fruits en toute saison. Qu'auraient-ils dit tous les deux du second, s'ils avaient pu voir se multiplier sous les yeux, comme nous le voyons depuis deux mois, les utilisations qui en sont faites par des peuplades diverses, suivant leurs besoins et leur tempérament ?

Le dattier a été tenu longtemps pour l'arbre indispensable parce que le tronc sert à la construction des maisons et des ponceaux, la palme à celle des clayonnages et des clôtures, les fibres à la préparation des nattes, la sève et le fruit à l'alimentation. Les marins qui ont beaucoup navigué dans le Pacifique ont depuis longtemps fait la réputation du cocotier. Elle est du reste tout à fait justifiée, car chacune de ses parties est utilisée. Le bois est employé pour les constructions et les meubles, les feuilles pour les toitures. La noix renferme un lait apprécié et l'amande est comestible. Les fibres de la noix sont utilisées de cent manières ; on en fait des cordes, des brosses, des tapis et des chapeaux.

Mais qui fera l'inventaire des richesses précieuses que représente pour l'habitant de la haute région indochinoise et les Extrême-Orientaux en général, cet incomparable roseau qui se nomme le bambou ? Il est plus utile encore pour l'indigène de ces contrées que ne l'est le dattier pour l'Arabe ou le cocotier pour les naturels du Pacifique. La question n'est pas de savoir ce qu'on peut faire de lui, mais ce que l'on n'en pourrait pas faire.

Voilà le véritable végétal universel. On couvrirait des pages entières à citer les transformations qu'il peut subir. Qu'on entre dans une belle habitation thaï : on ne peut retenir un geste de surprise devant la hardiesse de ces constructions qui s'élèvent à très grande hauteur. Pourtant, en dehors des colonnes de bois dur, qui supportent la toiture, il n'y a été employé que du bambou : la charpente, les cloisons, le plancher, les lits, les escabeaux, les tréteaux, tous les meubles et ustensiles de ménage ou de vannerie sont faits de ce roseau. Grâce à lui, nos tirailleurs ont pu, en quelques semaines, faire sortir de terre des postes complets. L'agriculteur lui emprunte la plupart des matériaux pour ses instruments, ses conduites d'eau, ses norias ; le batelier en fait ses radeaux, ses perches, ses cordes, la nervure de sa natte à voile, son petit sampan tout entier parfois ; le pêcheur, ses nasses et ses autres engins ; le chasseur, ses pièges et ses flèches ; le voyageur, ses abris, sa pipe, sa canne, son verre, son seau, et sa marmite de campagne ; le musicien ses flûtes, ses fifres et ses violons, le coolie et le marchand ambulant le fléau où ils suspendent leur double faix. On en fait des câbles extrêmement solides, des ponts, des nattes, des chapeaux, des torches, une foule de jouets, d'objets d'art et de bibelots.

C'est à ses feuilles que nos chevaux doivent de subsister dans ce pays sans ressources, et à défaut de mets plus dignes de tenter le palais d'un Épicurien, nous avons croqué plus d'une fois, à belles dents, ces jeunes pousses dont quelques espèces ont pu être appelées les « asperges du Haut-Tonkin ».

Le musée de Colombo contient une collection remarquable de tous les objets fabriqués avec les fibres de la noix de coco. On pourrait faire une bien plus belle exposition de tout ce que l'on peut créer avec le bambou. Il tient une si grande place dans la vie matérielle de l'indigène qu'on a pu dire que, sans lui, cette vie serait impossible.

Il n'existe pas une incrustation, pas un tableau annamite où il ne soit représenté sous différents aspects. C'est presque un culte, et c'est justice.

Si admirable est ce roseau, qui se plie à toutes les fantaisies, que s'il n'existait pas il faudrait l'inventer.

*
* *

Quand nous nous éveillons sous nos couvertures trempées par les fines gouttelettes d'un épais brouillard qui traverse aisément nos minces toitures de feuilles, le ciel écrasé de nuages, est couleur de fusain. Il fait un froid intense. La verdure a disparu pour faire place à une morne grisaille qui ne permet pas de voir à quatre pas devant soi. Le Nam-Koum traversé, nous attaquons le sentier qui court comme une couleuvre sur les flancs escarpés de la montagne. De chaque côté du chemin les arbustes pleurent des larmes glacées, et sur l'argile gluante, glissante comme une planche enduite de savon, nos animaux font plus d'une fois d'inquiétantes reculades. D'un bout à l'autre de la colonne en marche, on observe un silence complet. C'est l'ordre formel : défense de parler, défense de faire le moindre bruit que ce soit avec les armes, les outils, ou les ustensiles de campement : précaution élémentaire, car, si les Khas nous ont dit la vérité il faut s'attendre à une embuscade ou tout au moins à une rencontre avec quelque reconnaissance chargée de s'assurer de nos mouvements. Ce serait parfait si le chien d'un sous-officier ne s'avisait de manifester la joie qu'il éprouve à faire route en notre compagnie par de bruyantes manifestations tout à fait inopportunes. Très affairé, il cherche visiblement à se rendre utile et se donne un mal inouï à se multiplier. Il court avec inquiétude le long de la colonne, va d'une bête à l'autre, stimule celle-ci, morigène celle-là, puis tout à coup s'arrête près d'un mulet immobilisé par un obstacle et se fixe à ses côtés en une pose désopilante : les pattes agrippées au sol, le cou tendu, le poitrail gonflé, le dos courbé, tous les muscles subitement raidis dans un effort prodigieux, on croirait qu'il remorque un tank de trente tonnes. Lentement, mètre par mètre, il avance parallèlement à son frère de peine, dans la même tension de tout son être tant que l'obstacle n'est pas franchi, nous rappelant ainsi les comiques interventions des clowns dans les intermèdes du cirque, avec cette différence que son essoufflement n'est pas comme le leur, un essoufflement de contrebande. Il joue franc jeu. Sa fraternité est sincère et il est certainement persuadé dans sa bonne âme de chien qu'il rend vraiment service et que le renfort qu'il apporte dans le vide est autant de fatigue épargnée à celui dont il est venu spontanément doubler les efforts.

La montagne gravie, ses soucis s'envolent. Alors il s'abandonne à une joie sans mélange. Sans le moindre respect pour la consigne, il bondit à nos côtés, aboie de toutes ses forces et sans discontinuer. Impossible de l'en empêcher : plus on cherche à le calmer plus il s'excite et donne de la voix. Imprudence qui va lui être fatale car on ne badine pas avec les mesures de sécurité. Sans pitié, d'un coup de sabre un indigène l'expédie dans l'autre monde. Voilà pour lui apprendre à vivre ! Leçon paradoxale dont il ne pourra profiter au moins dans celui-ci.

Il est écrit que cette exécution ne sera pas unique. Les précautions que nous sommes obligés de prendre ralentissent notre marche. A neuf heures seulement nous atteignons la vallée du Nam-Ly où la colonne s'immobilise sans qu'on en sache d'abord la raison ; c'est un pirate, un blessé de Mok-Pha que l'avant-garde vient de trouver couché dans l'herbe du sentier. Il n'était pas seul, mais le camarade qui l'accompagnait, a jugé bon de déguerpir à toutes jambes sans prendre le temps de donner la moindre explication. A défaut d'autres preuves, cela suffirait à nous faire soupçonner qu'il n'a pas la conscience tranquille. Le blessé a du plomb dans l'aile : une hanche brisée lui rend toute marche impossible. On l'interroge sur les faits et gestes de l'ennemi, sur les résultats de notre attaque. Il prétend qu'il y avait à Mok-Pha quatre-vingt-dix Chinois qui faisaient bombance à notre arrivée sans songer évidemment que nous étions à deux pas de ce festival auquel on ne nous avait pas associés. Surpris et démoralisés par une attaque aussi brusquée de notre part que meurtrière pour les leurs, ils auraient rapidement fui emportant leurs morts et leurs blessés, ces derniers, paraît-il, très nombreux. Quant à lui, pauvre laotien, petit esclave comme il dit dans son langage d'humilité, il a dû se débrouiller tout seul, ce qui est un mensonge manifeste puisqu'il n'a qu'une seule jambe valide. Depuis quatre jours, il a erré à travers la forêt. Au surplus, il prétend et ceci contre toute évidence qu'il a été enrôlé de force comme coolie et qu'il est en route sur Ban-Na-Mak où il va retrouver sa mère. Sa mère ! Il eût été préférable pour lui de ne jamais la quitter comme il eût été plus prudent de ne pas parler de Ban-Na-Mak que nous savons pertinemment être le point de rassemblement des pirates. Que signifie cette ceinture bardée de cartouches qui lui serre encore la taille ! Est-ce la tenue d'un coolie ! Et ce camarade dont il oublie de parler qui prend le large avec une agilité si remarquable tout en se gardant d'oublier les armes ! Allons, c'est bien, l'affaire est claire, rebelle pris les armes à la main. Aucune pitié pour ce monde-là ; son procès est instruit. On le décapite. Il s'y prête du reste avec une rare complaisance. Il ne m'en coûte pas de rendre ce tardif et juste hommage à sa mémoire.

Longtemps nous suivons les bords du Nam-Ly. La rivière se plie et se replie plusieurs fois sur elle-même. Vingt fois nous passons d'une rive à l'autre, traversant entre les méandres tantôt de petits mamelons herbeux, tantôt de belles futaies de grands arbres ; et bientôt pour varier les charmes de la route c'est l'imposant massif de Mok-La-Man dressant devant nous, comme une immense muraille, ses pitons ébréchés, ses crêtes, ses scies, ses noirs escarpements qui semblent monter dans le ciel à mesure que nous avançons. Nous abordons vers onze heures les premiers contreforts pour faire halte deux heures plus tard afin de prendre quelque nourriture. Les tirailleurs fatigués, muets pour la plupart, se couchent parmi les grandes herbes, tandis que d'autres s'asseoient sur le bord du sentier pour mâchonner silencieusement leur déjeuner de boulettes de riz gluant pour lesquelles ils n'ont qu'une sympathie modérée. Notre repas ne vaut guère mieux ; au moins ne nous gênera-t-il pas pour escalader les pentes qui s'annoncent extrêmement dures pour les piétons et qui seront un calvaire pour le convoi.

L'avant-garde emploie des signes usités par les indigènes pour indiquer, aux bifurcations, le sentier âpre et étroit où il faut s'engager. C'est ainsi que nous avons trouvé, obstrué par une branche cassée, le chemin de Ban-Na-Mak, que nous laissons à notre droite pour suivre celui qui mène directement à Long-Nai. A tout moment, nous avons ainsi l'occasion de nous instruire de la vie des primitifs. A ce jeu notre vue acquiert la plus grande acuité et notre ouïe une finesse extraordinaire. Quelle école d'observations incessantes que cette marche dans la brousse et la forêt ! Si cela doit continuer longtemps encore, nous finirons par entendre comme dans certains contes l'herbe pousser et les boutons s'ouvrir.

A peine repartis, nos chevaux insuffisamment nourris, nourris surtout de kilomètres, donnent des signes évidents de fatigue. Leurs coups de reins désespérés nous font de la peine ; aussi, mettons-nous pied à terre pour les abandonner à eux-mêmes ; les voici aussitôt partis à grimper les sentiers sans nous attendre. Ils ne vont pas très vite, mais la piste qui escalade la falaise est si raide que nous ne pouvons plus les rattraper. Dès que nous faisons mine d'approcher d'eux, ils accélèrent l'allure, marquant nettement leur préférence à marcher ainsi, débarrassés de leurs cavaliers. L'après-midi s'achève quand le gigantesque seuil est franchi. En haut du col, quel spectacle s'offre à nos regards quand nous nous retournons ! Est-ce la terre ou l'océan ? Un océan de terre plutôt, une succession de montagnes confusément amoncelées les unes sur les autres ; puis, derrière, d'autres reliefs puissants aux lignes dentelées et d'autres crêtes encore très nombreuses semblables aux vagues de la mer qu'un coup de baguette magique aurait subitement pétrifiées ; elles s'étendent à perte de vue jusqu'à la limite de l'horizon brumeux. C'est le grand massif où habitent les Khas Phou-Noi. Un calme de mort règne sur le paysage : pas un chant d'oiseau, pas le moindre cri d'animal. Il semble que la vie se soit retirée de ce pays sur lequel pèse une tristesse indicible que rendent plus saisissante encore les premières ombres de la nuit qui tombe.

Notre campement de la veille, se trouvait à 820ᵐ d'altitude ; nous sommes maintenant à 1.760 mètres. Le pis, pour nous, est qu'après avoir monté, il ne nous reste plus qu'à descendre. Bien que nous commencions à en avoir quelque habitude, nous n'en faisons pas moins chaque fois *in petto* la même réflexion désagréable. La sente, fortement inclinée sur l'autre versant, continue sur un chemin bordé de hautes herbes sèches qui ajoutent à la désolation. On devait trouver près du col le village de Moc-La-Man. On ne le voit pas. Où allons-nous ? Nous n'en savons rien. Le guide ? Il est parti ce matin, sous le prétexte d'aller chercher un poulet dans un village et, depuis, il n'a pas reparu. Nous ne le verrons plus. Son courage, soutenu jusqu'à Mok-Pha par l'appât du gain et le désir de rentrer en possession de ses biens, s'est subitement évanoui en approchant de Long-Nai. Du reste, nous n'avons plus besoin de ses services, car ce que nous apercevons là-bas, très loin encore, au fond de la vallée, ce sont des rizières. Et après avoir consulté nos cartes, si mauvaises qu'elles soient, nous concluons que ce ne peuvent être que celles de Long-Nai ou des villages environnants. Nous sommes donc sur la bonne route.

Peu à peu les couleurs se mêlent ; les contours s'estompent, les profondeurs deviennent plus mystérieuses. Les faibles lueurs de quelques rayons d'un rose pâlissant qui éclairaient encore les sommets s'éteignent. La nuit est proche. Voici onze heures que nous marchons. Il est grand temps de bivouaquer si nous voulons que le convoi et l'arrière-garde qui sont encore loin arrivent à nous rejoindre. Nous nous installons comme nous pouvons sur un espace très restreint, très incommode près d'un maigre filet d'eau qui coupe le chemin au fond d'une profonde crevasse creusée par les pluies qui ruissellent sur ces pentes d'argile. Les divers éléments qui nous suivent s'entassent les uns sur les autres sans qu'il soit possible de faire mieux, l'artillerie, comme toujours, arrive bonne dernière ; le mulet de pièce marche encore avec sa charge, mais celui auquel était confié l'affût a dû être allégé de son faix et ce sont nos porteurs thaïs qui suent sang et eau pour le remplacer.

La fumée d'un feu clair s'accroche aux basses branches de l'arbre au pied duquel se trouve notre abri. Il y a près du tronc des piles de selles entassées les unes sur les autres, des rangées de fusils, de cartouchières, de caisses, de ballots de toute espèce. Comment, au milieu de cet amoncellement de choses si disparates notre cuisinier est-il parvenu à installer ses fourneaux ? Je me le demande. Vieille habitude de débrouillage chez les Annamites. Il est vrai que notre batterie de cuisine est singulièrement réduite et que la chère que nous faisons ne trouverait pas place dans les fastes de la gastronomie. A travers la montagne de bâts, je cherche à saisir malgré tout le mystère des casseroles. Au fond d'une passoire, des centaines d'yeux me regardent. Encore des haricots rouges ! Le stock ne tarira donc jamais ! Voilà huit jours déjà que ces féculents figurent la pièce de résistance de nos repas, et ce n'est, paraît-il, qu'un début ! Ce pronostic m'assombrit.

— Excellente nourriture pour la montagne, me dit, avec un sourire de commande et d'un petit air dégagé le chef de popote qui cherche à se faire pardonner le menu misérable qu'il offre à nos estomacs affamés.

— Excellente nourriture, en effet. Cependant, s'il y avait avec cela — et j'insiste sur le mot *avec* — un peu de viande grillée et quelques pommes de terre autour.....

Mais le colonel qui a entendu ne me laisse pas achever.

— En voilà un sybarite ! Et quoi encore ?

Le ton est sec et tranchant. Sybarite ! traiter de sybarites des gens qui couchent à la belle étoile en plein mois de décembre et qui n'ont même pas dans leurs bagages un veston de rechange... Le mot est dur, vexant d'une ironie qui frise le sarcasme. Mais je ne suis pas le seul à constater que la civilisation a quelquefois du bon. De l'abri voisin, nous arrivent les échos affaiblis d'une discussion qui tourne à l'aigre.

— Comment, c'est tout ?

— Mais oui, mon capitaine.

— Et vous croyez que je vais me contenter d'une saleté pareille ! Pas de pain, pas de vin, un immonde riz gluant et un morceau de bouilli qui a deux jours d'existence ! Ah non ! vous savez, ça va bien pour une fois, mais que ce soit la dernière.

— On fait ce qu'on peut. Je n'ai ni salmis de palombes, ni pâté de bécassines à vous offrir. Vous ne vous attendiez tout de même pas à faire un festin de Balthazar !

— Non, certes. Mais entre un festin de Balthazar et ces rogatons qui déshonorent ma table, il y a un monde. Parce que vous êtes pénétré de cette vérité qu'il faut manger uniquement pour vivre, vous nous offrez les charmes un peu minces d'une table de cénobite. Il faudra changer la manière. Quel malheur de voir à notre époque des gens ignorer encore que la cuisine est l'art du bonheur, et qu'elle donne seule des voluptés sans mélange !

Après quelques secondes de silence, la voix reprend avec une amertume qui va crescendo :

Pas de fromage ! Dire qu'il n'y a même pas le moindre morceau de fromage ! Mais vous ne savez donc rien ? Un dessert sans fromage, monsieur, c'est une belle fille à laquelle il manque un œil.

— Je ne dis pas..... je ne dis pas, réplique un peu gêné par cette comparaison précise le lieutenant K... qui, par vocation et par état — il est prêtre ! — ne s'intéresse qu'à la beauté morale.

La gaieté pourtant ne perd jamais ses droits. De derrière une seconde montagne de bâts et de caisses, une voix goguenarde se fait entendre et suscite des éclats de rire.

— 130, apporte-nous le chapon truffé et le Pommard.

130, c'est le numéro matricule par lequel on désigne l'ordonnance dont le nom est un problème de prononciation insurmontable. Sans avoir fait sa rhétorique, le tirailleur connaît les hyperboles et sait ce que parler veut dire. Lentement, il s'approche, et dépose avec componction sur une cantine qui sert de table un poulet étique avec le bidon d'eau claire qu'il vient de puiser au ruisseau tout proche.

A la table voisine, le dialogue qui se poursuivait avec animation entre le lieutenant K..... et son chef s'est transformé en un calme exposé tout spéculatif. Nous entendons des lambeaux de phrases : cailles dorées.... macaroni charpilleux.... ailes de coq sauvage... tournoi culinaire.... oignons caramélisés.... une de ces sauces qui sont la gloire de la cuisine française, etc.... Finalement, le premier qui vendrait sans doute son droit d'ainesse pour un plat de lentilles avoue ses préférences. En tant que nomade, il sait se sevrer de ses fantaisies. Il est comme les anciens qui conseillaient aux voyageurs d'adopter la cuisine des peuples qu'ils visitaient. De même qu'Alcibiade à Sparte, se régalait de brouet noir, lui se régale de riz gluant. En résumé, ce qui lui importe actuellement aux repas, c'est, dit-il, la quantité et non la qualité.

— Vous parlez d'or, lui répondraient nos animaux s'ils avaient comme l'ânesse de Baalam le don de la parole et la possibilité d'exposer leurs doléances. Quantité ou qualité, diraient-ils, peu nous importe, mais qu'on nous donne au moins quelque chose.

Kok-Phao : Les pilons en action

(Cl. O' Kelly.)

Femmes Kha-Kos venant au marché.

Groupe de Kha-Kos faisant la pose.

M. H. X. Houn Kha Pai dans l'intérieur de la pagode.

Groupe de Khas Phon-Noi.

Mise à l'eau d'une pirogue de courses
à Muong-Khoua.

Le fait est qu'ils n'ont rien à manger, rien, ce qui s'appelle rien. Pas la moindre touffe de bambou à l'horizon. Résignés à rester le ventre creux, ils baissent tristement la tête, fouillant du nez la terre pour y chercher en vain, une feuille morte ou un brin d'herbe absents. Pauvres bêtes ! Trimer jusqu'à l'épuisement pour être aussi maltraitées ! Leurs ancêtres, comme disait Voltaire, ont dû manger dans le paradis de l'orge défendue.

Les rudes fatigues de la journée nous engagent à goûter enfin les douceurs de nos couchettes sur lesquelles sont étendues nos couvertures encore humides de la rosée de la veille. Bien vite nos idées se confondent et nous nous endormons. Mais, vers minuit, nous sommes brusquement tirés de notre quiétude par un vacarme assourdissant : des cris, des jurons, des hurlements de douleur, des galopades, des bruits de caisses heurtées, et de casseroles qui s'éparpillent à tous les vents. Que se passe-t-il donc, grand Dieu ! Tout le camp est en rumeur. Les dormeurs qui gisaient enveloppés de couvertures dans un sommeil lourd comme la mort se sont dressés sur leurs pieds. Et les voici partis à crier en toutes sortes de langues ou de dialectes comme à Babel le jour de la dispersion des travailleurs.

Est-ce une attaque des pirates ? Bien moins. L'auteur de tout ce bruit est un simple mulet, un de ces pauvres hères dont je parlais tout à l'heure, qui faute d'avoine ou de fourrage, mangent l'écorce des arbres. A la recherche d'herbe tendre, et quelque diable aussi le poussant, celui-ci s'est détaché pour aller brouter les feuilles de bananiers d'un abri voisin. Par la lucarne artificielle ainsi créée, il a plongé la tête à l'intérieur pour chercher sans doute une pitance plus conforme à son goût, mais les petits mouvements convulsifs de gourmandise de ses lèvres en quête de pâture n'ont réussi qu'à réveiller un officier, qui, surpris en plein sommeil par ce visiteur inattendu assez indiscret pour lui chatouiller les moustaches, a renvoyé le gêneur d'un formidable coup de poing sur les naseaux. A demi étourdi, et pris de frayeur, l'animal a commencé aussitôt une véritable course d'obstacles dans l'obscurité. Aidé par quelques congénères qui avaient hâte de se libérer de leurs attaches, il a suscité dans le cantonnement une panique telle que ce ne sont pendant un long moment qu'animaux affolés, culbutant colis et ballots, décochant forces ruades, contusionnant une jambe par-ci, écrasant un orteil par-là, fauchant tout ce qui se trouve sur leur passage, indifférents du reste à l'ouragan de protestations et d'imprécations qu'ils ont subitement déchaîné.

Il est facile de s'imaginer l'aspect du camp le lendemain d'un pareil remue-ménage. Le jour naissant éclaire des groupements vagues de corps couchés au milieu d'un entassement chaotique de choses incohérentes parmi les chevaux et les mulets, ces derniers jetant de temps à autre leurs hennissements funèbres, interrompus comme une plainte qui jamais ne s'achève. J'aperçois la silhouette de l'officier chargé du convoi qui, les mains dans les poches, fume sa pipe, en inspectant distraitement hommes et bêtes. Un murmure confus monte de tous ces corps étendus qui, peu à peu, s'animent et s'étirent paresseusement les uns après les autres sous les couvertures roulées sur le sol. Tout est bouleversé, enchevêtré, mêlé, en un sauvage et magnifique désordre. On dirait un immense déballage de bohémiens au bord d'une grande route.

Nos bagages repliés, nous reprenons notre marche silencieuse. Le sentier encombré de pierres croulantes et de troncs déracinés, dégringole les pentes avec de courts et brusques soubresauts parmi les hautes herbes, les massifs de bananiers sauvages, les clairières ombragées de grands arbres. Paysage auquel nous sommes habitués, région pittoresque mais sans habitants, sans vie. Vers neuf heures cependant, quelques champs de pavots, puis un espace recouvert de pamplemoussiers chargés de fruits aux vives couleurs : simple régal des yeux, car la pulpe singulièrement réduite par l'épaisseur de l'enveloppe n'est même pas comestible. Deux ou trois huttes vides dressent à proximité leur lamentable misère ; ce seront les seuls témoignages de la présence de l'homme avant que nous apparaisse, au travers de la brume, l'étroite vallée où coule le Nam-Man, rivière qui passe à Ban-Long-Nai.

A onze heures, nous sommes au bas de la montagne, mais nous marchons toujours à l'aveuglette. Depuis que notre guide a pris la clé des champs, nous n'avons personne qui soit capable de nous renseigner sur l'emplacement du repaire chinois aussi bien du reste que sur le campement du capitaine Marlats. Nos partisans eux-mêmes ignorent tout de la région. Aussi les yeux fouillent-ils chaque arbre, chaque buisson pour y découvrir un ennemi invisible. Le moindre mouvement suspect est signalé. A un certain moment, l'avant-garde croyait avoir vu, assez loin sur notre droite, un homme écarter des branches. Nos jumelles nous ont renseignés, c'était un grand oiseau qui, pour se donner du mouvement, faisait jouer ses ailes. A midi, nous atteignons la lisière du bois ; au-delà c'est la plaine unie, complètement découverte. On fait halte avant d'y déboucher et on déjeune rapidement pendant que les mitrailleuses et l'artillerie viennent se placer à l'avant de la colonne. Au moment où nous allons repartir, deux hommes, vêtus de bleu, apparaissent au fond des rizières et se dirigent vers nous. Bonne aubaine ! Ce ne peuvent être que des rebelles en reconnaissance et chacun de se tapir derrière un arbre ou une touffe d'herbe, prêt à bondir sur les deux compères qui bavardent entre eux et semblent ne se méfier de rien. Mais un brusque mouvement de leur part nous prouve qu'ils nous ont vus, et tout de suite ils agitent quelque chose au-dessus de leur tête. Ce sont des émissaires et c'est une lettre qu'ils agitent comme un drapeau de parlementaire. Nous allons donc savoir. Et nous savons enfin : le fortin de Long-Nai est pris et les pirates sont en fuite vers le Nord. Le mot est daté de la veille. C'était bien la peine d'avancer avec des ruses de Mohican. C'est notre tour d'arriver trop tard.

**
**

A travers la plaine maintenant, les tirailleurs en formation de route avancent à pas pressés. Sur notre passage, des buffles à ventre rose, couleur « cuisse de nymphe émue » visiblement indignés de notre sans-gêne s'écartent lourdement, gardant tournés vers nous leurs muffles baveux et lustrés, continuant à nous regarder sans bienveillance de leurs yeux démesurément ouverts sous leurs cils blonds. Dans leur mouvement de retraite, ils se sont écartés les uns des autres, mais à peine revenus de leur surprise, ils se groupent d'instinct à nouveau, et s'avancent avec lenteur l'allure menaçante, heurtant leurs genoux cagneux, humant l'air avec le bruit d'un soufflet de forge. Que n'ai-je le temps et surtout le talent nécessaires pour croquer d'un rapide coup de crayon ce magnifique tableau pastoral !

En tête marche le colonel, l'esprit préoccupé d'un soupçon. Le compte-rendu qu'il vient de recevoir ne porte pas la signature du capitaine Marlats, mais celle de son second. « Je suis étonné, me dit-il, qu'il ait laissé à un autre le soin de me prévenir ; serait-il blessé par hasard ? Mais alors pourquoi ne nous le dit-on pas ? »

Hélas ! c'est bien pis. Quelques instants plus tard un pli que m'envoie le médecin des troupes de Long-Nai viendra nous tirer d'incertitude et nous remplir de consternation. Au laconique billet que j'en retire est épinglée la liste des morts et sur la première ligne figure le nom du capitaine. Nous sommes atterrés.

L'absence du moindre détail sur les circonstances de cette perte en même temps que l'ordre bizarre dans lequel nous parviennent les lettres qui nous sont remises prouvent que nous n'avons pas tout reçu et que certains messagers se sont sans doute terrés quelque part en attendant la suite des événements. Nous ne saurons sans doute rien de plus tant que nous n'aurons pas rejoint le bivouac. Nous accélérons encore l'allure. Il n'y a pas maintenant de troupe plus pressée que la nôtre. Voici un village abandonné, puis une magnifique clairière, des pelouses ombragées de très grands arbres, un village habité, puis un cirque entouré de montagnes boisées où des cerfs font entendre leurs bramements. Au cirque fait suite une succession de forêts et de rizières, et c'est tout à coup après avoir dépassé le dernier contrefort de la montagne qui nous fermait l'horizon vers le Sud, la citadelle des pirates à quinze cents mètres, isolée au fond de la plaine sur un petit mamelon. Le drapeau tricolore flotte par-dessus et des sonneries de clairon répondent aux nôtres. Hélas ! pourquoi les coquins qui s'y trouvaient n'ont-ils pas eu le bon goût de nous attendre ? Le plaisir d'arroser cette racaille avec quelques obus à la mélinite nous est enlevé. Ah ! ce n'était pas de façon si pacifique que nous avions espéré faire notre entrée à Long-Nai.

Dans un nuage de poussière, au trot accéléré de leurs chevaux, ceux que nous devions secourir viennent rapidement au-devant de nous et c'est aussitôt après la rencontre effectuée et les premiers serrements de mains, le récit du drame qui vient d'avoir un si triste épilogue : l'arrivée de la colonne le 3 décembre, l'attaque immédiate du fortin, la défense méthodique et acharnée de l'ennemi, l'incendie du village découvrant le réduit où il peut tenir longtemps, sans risquer beaucoup, tout en nous infligeant de lourdes pertes, la décision prise de s'en tenir là pour ménager des vies humaines et d'attendre pour en finir à meilleur compte, l'arrivée de renforts et de moyens d'action plus puissants. Jusque là tout va bien : les pertes ont été insignifiantes, l'ennemi a eu peur, du moins on le croit ; on va tranquillement camper sur un petit plateau près du Nam-Yenne à 1.500 mètres de la position pirate qu'on fait surveiller par un petit poste, du haut du mamelon le plus proche.

Quatre jours plus tard, dans la soirée du 7 décembre, les renforts de Muong-Ngin rejoignent sans incident. Le lundi, 8, le calme le plus complet règne partout, lorsque au moment de déjeuner de furieuses fanfares de trompes emplissent l'air de tous côtés en même temps qu'une autre musique, la musique sifflante des balles, s'abat en rafales précipitées sur le plateau.

— Qu'est-ce que c'est ?

Un nouveau crépitement, une nouvelle grêle, le bourdonnement de milliers d'abeilles apportent la réponse dans un ricanement sinistre.

On avait compté sans les pirates auxquels l'inaction de nos troupes donnait, avec le sentiment très net de nous avoir infligé un échec, le désir d'exploiter leur succès. A la faveur de la nuit, divisés en plusieurs groupes, ils étaient venus s'embusquer sur les hauteurs dominantes. Alors qu'on les croyait enfermés derrière leurs remparts, ils avaient fait, au coupe-coupe, de longs et patients détours pour se frayer une route, sans être éventés, à travers les lacis inextricables de la forêt.

Dès les premiers coups de feu, le capitaine a rassemblé son monde. Les tirailleurs viennent s'abriter derrière le talus quadrangulaire d'enceinte le long duquel court une tranchée sans profondeur qu'ils n'ont pas encore eu le temps de creuser davantage. La protection est insuffisante, mais c'est tout de même une protection. Seul, debout au milieu du camp, insouciant du danger qu'il court, Marlats donne ses ordres. Mais son casque est une cible trop belle pour que les Chinois —qu'on ne voit pas, tant ils savent, à la manière des lapins, se clapir— ne concentrent pas sur lui tous leurs coups. Une première balle l'atteint à la base du poumon droit. Le médecin, mandé près de lui, l'emmène dans la tranchée, le panse et devant la gravité de sa blessure, lui conseille de passer son commandement. Il s'y résout avec difficulté ; mais bientôt l'inactivité lui pèse. Au moment où le feu de l'ennemi atteint son paroxysme de violence, il se refuse à rester plus longtemps à l'abri, tandis que ses soldats tombent autour de lui. — « Ma vie ne m'appartient plus maintenant », dit-il, et il revient reprendre la place où il a été blessé, place qu'il juge être la sienne, celle du chef, parce qu'elle est la plus exposée. Sa bravoure lui est fatale ; à deux heures, ce preux tombe face à l'ennemi, foudroyé par une balle en pleine colonne vertébrale.

Cependant, sous l'énergique impulsion de ses lieutenants, les tirailleurs parviennent à dégager le camp et à nettoyer les hauteurs d'où les pirates peuvent si facilement par un tir plongeant, nous causer de terribles pertes. Le 9, l'ennemi revient à la charge, mais sans succès. Le 10, il est définitivement chassé des sommets où il se cramponne encore avec acharnement et le 11, le repaire, que défendent seulement une cinquantaine de brigands restés pour protéger la retraite du gros de la bande, est enlevé presque sans coup férir.

Les assauts répétés que nos troupes ont soutenus si vaillamment prouvent que l'ennemi est en nombre, audacieux, bien armé, abondamment pourvu de munitions. Les tombes fraîchement creusées qui ont été trouvées en maints endroits de la forêt attestent qu'il a été sérieusement éprouvé. Mais si importantes que soient ses pertes, elles ne sauraient nous faire oublier les nôtres. Dix morts, et vingt-et-un blessés, tel est le cruel bilan de cette malheureuse affaire.

*
* *

Le village de Long-Nai a disparu. Il ne reste plus que des cendres et une dizaine de poutres calcinées au milieu desquelles errent quelques porcs, dont les heures sont comptées, en quête de l'auge familière, détruite par l'incendie. Il faut traverser ces débris pour arriver à la citadelle construite par les rebelles, une dizaine de huttes sordides entourées d'une épaisse muraille circulaire de pisé percée de créneaux, dominant la plaine aussi bien que la vallée du Nam-Yene dans la direction du Sud. L'immeuble où nous allons prendre les places qu'on nous a réservées n'a rien de séduisant. Il y flotte encore de puissantes effluves de chinois, quelque chose de caractéristique et d'indéfinissable à la fois : odeurs tenaces et complexes de cancrelat, de punaise, d'ail, de sanie, de crasse et de guenilles imbibées de sueurs lointaines. Il faut y faire d'abord un peu de désinfection à grands coups de bouffées de pipes et de cigarettes.

Ce logement primitif est recouvert d'un lattis très serré de bambous entrecroisés qui touche terre d'un côté, et repose, de l'autre, sur des piquets enfoncés dans les murs crénelés. Deux nattes en loques tiennent lieu de pignon. Sur une plate-forme de terre battue, nous installons nos couchettes de campagne. La seule place libre dont nous puissions disposer pour entrer ou sortir est un fossé de soixante centimètres de large qui nous sépare du mur et nous sert de salle à manger. L'extrémité de nos lits nous sert de siège et ce sont nos genoux qui remplacent nos tables de campagne abandonnées à Mok-Pha. A la guerre comme à la guerre. Nos cantines comblent les vides formés par les créneaux, mais la précaution est insuffisante pour nous protéger contre un petit vent du Nord très désagréable. Moins difficiles que nous, les pirates trouvaient le logis plein d'agrément ; ils y faisaient bonne chère d'abord, ce que l'on devine aux traces de leurs mains graisseuses sur les nattes sordides qui se balancent à nos côtés, et d'autre part, confortablement couchés sur de bons matelas dont profitent actuellement nos blessés, ils pouvaient en cas d'attaque tirer sur l'agresseur sans sortir de leurs abris.

La disposition générale de leur fortin rappelle dans tous ses détails ce que nous avons rencontré à Mok-Pha. On y sent la même unité de direction. Ce qu'il y a de mieux, c'est la porte d'entrée. Défendue par d'énormes piliers de maçonnerie et par un dédale de couloirs compliqués, elle est surmontée d'un mirador spacieux qui se termine tout au sommet par un poste d'observation dont la protection est assurée par des sacs de terre. Et ce sont tout autour du réduit les mêmes retranchements, les mêmes palissades de bambou, les mêmes milliers de petits piquets traîtreusement dissimulés, bien connus et toujours redoutables.

Car on a beau être prévenu, on s'y laisse toujours prendre, témoin cette demi-douzaine de tirailleurs que nous avons déjà vu errer dans le camp, traînant un pied encore endolori et entouré de linges. Mais à côté de ces éclopés capables de repartir demain si on leur en donnait l'ordre, il y a les vrais blessés, ceux sur lesquels les balles chinoises se sont acharnées. Sous deux larges abris reliés par un espace découvert dont on a fait un poste de secours, ils sont là une vingtaine, immobiles, les corps en ligne, les vêtements lacérés, maculés de boue et de sang, attendant avec une résignation toute asiatique la réfection d'un pansement ou l'extraction d'un projectile. Sans différer davantage, aidé du Docteur L....., je commence ma besogne de médecin, et nous voici tous deux les manches retroussées, tamponnant et désinfectant les plaies, fouillant les chairs, emmaillotant les membres brisés ou sanglant les torses perforés.

Le lendemain, nous allons rendre hommage à nos morts. Cinq cents indigènes forment un imposant cortège et un auditoire attentif aux paroles du colonel qui sait trouver les mots qu'il faut pour aller au cœur de nos fidèles auxiliaires. Le cimetière des tirailleurs se trouve à côté du bivouac où ils ont été frappés. Plus près de nous, dans un petit enclos de bambous sous un humble tumulus marqué d'une croix et recouvert de couronnes de fleurs sauvages tressées par les soldats auxquels il a su donner jusqu'à la fin le plus pur et le plus noble exemple du devoir, le capitaine Marlats dort son dernier sommeil.

Il peut reposer en paix.

Une belle mort honore toute une vie.

CHAPITRE VI

En pays lu.

JE ne sais plus où j'ai lu l'histoire de ce brahmane hindou qui, après avoir vécu neuf cents ans avec une nymphe céleste, la retint lors qu'elle voulut partir en s'écriant : « Attends un peu, la nuit n'est pas encore venue ». A ce mortel, presque immortel, neuf siècles de bonheur avaient fait l'effet d'un jour.

Nous ne risquons guère d'avoir les mêmes illusions à Long-Nai où les minutes nous paraissent des heures, tant on s'y ennuie et tant les jours qui passent viennent grossir de leur monotonie la monotonie du lendemain. N'était cette irritante question des vivres, il y a longtemps que nous aurions emboîté le pas des pirates. Mais le spectre de la faim est là qui, chaque fois, se dresse devant nous et dit : Halte ! La farine, le sucre, le café vont nous manquer, sans que nous puissions savoir quand nous rejoindra le prochain convoi de ravitaillement. La situation des indigènes serait même critique si la plaine couverte de meules de paille où le grain est encore intact n'était pas venue nous offrir des ressources providentielles. Mais cette fois, nos richesses agricoles, pour être exploitées, demandaient un outillage qui nous faisait complètement défaut. Le besoin, heureusement, rend ingénieux. De grosses branches coupées dans la forêt et grossièrement taillées ont servi de pilon, des trous creusés à même la terre et recouverts d'une épaisse couche de glaise durcie au feu ont remplacé les mortiers calcinés du village. Les tirailleurs se sont aussitôt attelés à la besogne et c'est, depuis ce moment, la sourde symphonie des gourdins qui, sans arrêt, de l'aube au crépuscule, nous emplit les oreilles.

Ce ne sont malheureusement là que des expédients. Nous allons partir après avoir connu l'impérieuse nécessité du présent ; les incertitudes du lendemain nous attendent. Serrons d'un cran la ceinture, c'est la période de la vache enragée qui va s'ouvrir.....

*
* *

Grâce aux renseignements que nous font parvenir les notables de chaque village, nous pouvons facilement suivre jour par jour, je dirais presque heure par heure, l'exode des Chinois. Les dernières nouvelles nous ayant appris qu'ils avaient décidé de concentrer à Phong-Saly toutes leurs forces éparpillées dans la région du Nam-Leng, le Colonel envoie le 16 décembre un fort détachement pour surveiller ces mouvements et décide notre départ pour le lendemain.

Il fait encore nuit noire, lorsque se manifestent dans notre camp les premiers signes d'activité. La température entre pour une bonne part dans cette diligence inaccoutumée, car il nous paraît d'autant plus facile de nous lever, que, malgré nos couvertures, nos vêtements de laine et le feu de bois allumé dans la tranchée, le froid nous tient éveillés depuis longtemps. Aussi est-ce une joie réconfortante d'absorber la tasse de café bouillant que nos ordonnances déjà équipées nous servent au saut du lit.

La grande affaire, c'est la mise en route de nos blessés. Il faut d'abord les sortir de l'obscur taudis où on avait pu les loger, puis les installer sur des brancards de fortune qui, sans avoir l'estampille du ministère de la guerre, n'en sont pas moins extrêmement commodes, infiniment plus pratiques que le matériel officiel dont je dispose et qui ne peut résister dans un pays hérissé de telles difficultés. Ils sont faits de ces deux végétaux inséparables : le bambou et le bananier dont on connaît les innombrables applications. Au premier j'ai emprunté les brancards proprement dits et le clayonnage ; au second la toiture qui protège du soleil et de la pluie. Un médecin et des infirmiers accompagneront le petit convoi. Ces précautions élémentaires ne sembleront pas un luxe si on songe à la longueur et aux difficultés des sentiers qu'ils vont suivre : cinq jours sur des pistes analogues à celles que nous avons déjà pratiquées pour atteindre Muong-La, puis huit jours de pirogue tant sur le Nam-Pak que sur le Nam-Ou avant d'arriver à Luang-Prabang.

Tandis que la longue procession des litières s'engage sur le sentier de Muong-Ngin, deux hommes sortent du blockhaus, impassibles, les mains ligotées, encadrés d'une petite escorte de partisans. Ce sont deux condamnés à mort, un pirate et un traître que l'on mène en cet équipage au lieu d'exécution. Le premier qui s'était imprudemment attardé aux alentours du camp a été cueilli par une de nos reconnaissances, le second est le chef du village de Long-Nai en personne, qui, après avoir ouvertement pactisé avec l'ennemi, a fait trancher la tête de deux de nos émissaires. Il subira la peine du talion ; presque sans s'en apercevoir du reste, tant le supplice est court. Il suffit en effet de quelques secondes à Monsieur de Long-Nai pour que justice soit faite.

Au petit jour, dans la fine excitation du café matinal, nous sommes déjà dans la plaine. Un épais brouillard emplit la vallée et limite la vue à quinze pas. Ordre de se taire, ordre qu'il faudra renouveler à tout instant, car l'Annamite foncièrement bavard a toujours quelque petite histoire à raconter aux camarades qui le précèdent ou qui le suivent. On pourrait croire que nos tirailleurs chargés comme des bêtes de somme n'ont à penser qu'aux marches exténuantes qu'ils font sous cet équipement écrasant. Mais non ! Ils causent, rient, plaisantent, les reins vigoureux et souples, avec autant d'aisance que s'ils se promenaient pour leur agrément sur les routes du Delta. Rien ne les fatigue, ni la lenteur du pas des animaux épuisés, ni les pentes rapides et glissantes, ni les raidillons qu'il faut escalader des heures durant. Ils sont étonnants. On les a lestés de soixante cartouches supplémentaires, prélevées sur les charges des mulets défaillants. Deux kilos de plus ! Qu'est-ce que c'est à côté du poids de leur attirail ? L'énumération de tout ce qu'ils portent suffirait à noircir une page blanche de papier de grand format. Aux armes, aux munitions, aux musettes remplies d'objets divers, aux cartouchières et à la couverture s'ajoutent les habits de rechange et les pochettes à riz. Plus de vingt-cinq kilos ! Et tout cela tient avec des ficelles, des courroies, qui les enserrent comme dans un étau ou entrent dans les chairs comme une lame de couteau dans de la mie de pain. Essayez seulement pendant dix minutes de porter cet équipement — j'ai eu cette curiosité — et vous m'en direz des nouvelles. Il a fallu presque un demi-siècle et les nécessités impérieuses de la guerre pour changer le pantalon rouge de nos fantassins. Mettra-t-on le même temps à trouver le moyen d'arrimer convenablement cet assemblage hétéroclite ?

Une fois dépassé les ruines d'un petit village resté fidèle à notre cause et que, pour cette raison, les pirates ont brûlé, nous entrons dans la montagne. Nous voici revenus aux horizons étroits, aux cheminements pénibles à travers bois, sur des sentiers abrupts, aux arrêts insupportables, au bas des escarpements pour attendre l'écoulement de ceux qui nous précèdent. Bien qu'elle ne soit ni classée, ni numérotée, la route que nous suivons est cependant une grande artère commerciale. C'est la route caravanière qui relie Se-Mao à Luang-Prabang ; c'est par elle que se fait le trafic entre le Mékong et la Chine, entre le Tranninh et le Laos, entre le Siam et Se-Mao, grand marché au carrefour des routes de Birmanie, du Yunnan et du Thibet. Je pense ne faire de peine à personne en affirmant qu'on n'a jamais vu depuis qu'elle existe le moindre être humain se soucier de son entretien. Un tronc d'arbre vient-il à l'obstruer ? La première caravane qui passe, contourne l'obstacle et c'est une voie nouvelle qui se crée, pendant que l'ancienne, progressivement envahie par la végétation, disparaît au bout de quelques mois en faisant place à un lacet de plus.

Parfois la piste se perd dans le lit d'un arroyo. Il faut faire de minutieuses recherches deux cents mètres plus loin, souvent davantage, pour la retrouver sur l'autre rive. Vers dix heures, nous arrivons précisément à l'une de ces coupures. La route plonge dans le Nam-Yen.

Il faut le traverser en sautant d'une roche à l'autre avec l'agilité des chèvres qui broutent dans la montagne, ou assis sur la selle les jambes ramenées près du pommeau dans une position très instable. Ce serait une corvée désagréable à la longue, si le paysage ne rachetait l'ennui de ces petites difficultés. Les berges sont couvertes d'arbres géants à fûts élancés réunis entre eux par des centaines de clématites et de liserons. Dans l'intervalle, ce sont les rameaux verdoyants des bambous qui se mêlent aux plantes grimpantes, aux lianes dont les réseaux compliqués enserrent tout un fouillis d'arbrisseaux. Voici les traces d'un campement abandonné : un abri rudimentaire, de l'herbe foulée, des branches coupées, des cendres sous de grosses pierres noircies par le feu, des tubes de bambous à demi pleins d'eau, et bien en face du point où aboutit le sentier près de l'arroyo, et, soigneusement dissimulée sous les branches, une tranchée protégée par un mur de pierre sèche. Ce sont les traces récentes du passage des pirates. Il faut reconnaître que l'endroit était judicieusement choisi pour nous fusiller à bout portant dans le cas où nous serions venus nous engager dans l'arroyo. Le retard auquel nous a contraint le manque de vivres nous a heureusement empêchés de tomber dans ce guet-apens.

Quand on a cheminé de longues heures à travers les solitudes, traversé vingt fois le même ruisseau, laissé quelques lambeaux de vêtements aux épines agressives qui bordent un étroit sentier sous bois, c'est pour le voyageur une joie sans mélange de découvrir un village habité et de belles cultures. Nous éprouvons cette satisfaction à la vue des rizières de Ban-Na-Mak. Le petit hameau, d'après les renseignements que nous donne notre interprète, est habité par d'anciens Thaïs blancs émigrés de Pou-Fang depuis une centaine d'années. Quoi qu'il en soit, ils n'ont pas été molestés par les Chinois, preuve évidente qu'ils se sont montrés accommodants sinon accueillants à leur égard.

Nous établissons notre gîte d'étape au milieu de la plaine. Nos animaux y seront à l'aise. Le paddy dont ils se sont rassasiés à Long-Nai surexcite nos chevaux auxquels le scalpel n'a pas enseigné la sagesse. Quelques-uns cassent leurs entraves et vont semer la panique parmi les juments et même les mules du convoi. C'est bientôt un beau désordre auquel le bataillon mobilisé des ma-fou et des coolies mettra difficilement fin en les rouant de coups. A côté de ces forcenés couverts de sueur et que rien n'arrête, certains mulets, maigres et tristes, s'en vont clopinant, le dos ensanglanté, marchant d'une allure grotesque et misérable. Ceux-là ne feront pas de vieux os ; ils sont déjà marqués pour une mort prochaine.

« Que faire dans un gîte à moins que l'on ne songe ? » a dit le fabuliste. Pour charmer les loisirs de l'après-midi, nous pourrions peut-être employer notre temps de façon moins immatérielle. Si on se livrait aux douceurs de la pêche ? L'idée est à peine émise que nous voici déjà partis au bord de la rivière. Une cartouche de dynamite amène à sa surface une multitude de poissons. Les coolies, que ce passe-temps amuse, se jettent à l'eau et plongent, gais comme des collégiens en liesse, pour s'en emparer. Ils luttent avec les plus gros qui, simplement étourdis, se débattent encore. Celui-ci en emporte un entre les dents, celui-là en maintient un autre de ses deux mains passées dans les ouïes et le pousse avec précaution du côté de la berge, tandis que les enfants du village font avec des paniers d'osier la cueillette des tout petits, qui, par légions, le ventre en l'air, descendent doucement au fil de l'eau.

*
* *

Une montée pénible en forêt pour atteindre les crêtes du Doi-Sene sert de prélude à notre étape du lendemain. Sur le sentier qui zigzague en épousant tous les accidents du sol, nos chevaux de bât n'avancent qu'avec une extrême lenteur. Malgré les cinq jours de repos qu'ils ont pris à Long-Nai, ils sont loin d'être en forme ; le pâturage et l'avoine leur ont manqué trop longtemps et depuis que nous peinons dans ce pays ingrat et montagneux, l'abondance de la nourriture est en raison inverse des efforts exigés. Déjà, nos grands mulets d'artillerie sont tombés plusieurs fois. Impuissants à franchir une telle série d'obstacles, ils renâclent, s'arrêtent net, épuisés, rebelles aux coups comme aux encouragements. Il faut leur enlever leur charge pour la confier aux épaules robustes de nos Thaïs et c'est ainsi que nous perdons une heure et demie avant d'arriver sur la crête.

De chaque côté du chemin, la forêt étend ses sombres halliers, ses épaisses futaies. A côté d'énormes touffes de bambou qui entrecroisent très haut leur feuillage serré, des plantes grimpantes de toutes formes et de toutes couleurs se mêlent aux lianes pour former des rideaux de feuilles, des portiques de verdure, d'où pendent, agités par le vent, des calices de pourpre ouverts comme des bouches avides de baisers. De nombreuses orchidées aux fleurs étranges apparaissent au creux des écorces des plus grands arbres. S'il y en a de très communes, il en est aussi de très précieuses : les unes sont hérissées comme les pointes d'un porc-épic, les autres plaquent contre les troncs de larges feuilles aplaties, découpées, semblables aux tentacules de poulpes gigantesques. Voici venu le moment de tenir les belles promesses que j'ai faites à mes amis de Hanoï au moment du départ. Je me mets en chasse ; mais pendant que je regarde en l'air à la recherche des plus beaux spécimens apparaît l'ennemi : de répugnantes petites sangsues brunes, grosses comme un fil, se laissent tomber des arbres ; d'autres sorties des sous-bois humides émergent des tapis de feuilles mortes où elles se dissimulaient, s'avancent avec agilité, s'arcboutent en fer à cheval, puis se dressent droites sur leur queue et jettent vivement la tête à droite ou à gauche humant l'air à la recherche d'une proie. Si on les effleure au passage, elles adhèrent aux vêtements et se mettent aussitôt en quête d'une fissure qui leur permettra de s'insinuer jusqu'à la peau.

Tous nos efforts pour nous défendre sont inutiles ; elles se glissent partout et nous sucent sans vergogne. Les houseaux et les guêtres sous lesquels elles ont l'astuce de pénétrer favorisent leurs migrations au lieu de les empêcher. La meilleure protection pour nos jambes est encore la bande de toile qui enserre solidement le cou-de-pied pour remonter jusqu'au haut du mollet, par-dessus le pantalon. Loin de se décourager quand elles sont frustrées de ce côté, elles cherchent ailleurs une autre porte d'entrée. Rien n'est plus facile pour elles que de la trouver, si on ne prend pas la précaution de les détacher de soi avec une lamelle de bambou ou la pointe d'un couteau. Mais on a beau s'y prendre de toutes les manières, il en est toujours une qui passe inaperçue. Alors qu'on se croit à l'abri, une gouttelette sanguinolente qui traverse le pantalon vient démontrer l'inutilité des précautions. Voulez-vous vous rendre compte de la finesse de leur odorat ? Placez-en une au bout d'un bâton dont vous tiendrez à la main l'autre extrémité. Vous la verrez immédiatement, dès qu'elle aura pris le vent, mettre le cap à toute allure dans cette direction. Changez votre main de place, elle changera immédiatement d'orientation. Recommencez dix fois, dix fois elle recommencera le même manège. L'expérience, pleine d'intérêt, est concluante.

Embusquées sur les basses branches, à l'abri des feuilles ou sur les arbustes de petite taille pour guetter la proie qui vient, elles excellent à saisir au vol, pour ainsi dire, l'occasion de commettre leurs méfaits. Le mieux est qu'elles appliquent, pour opérer, la formule chirurgicale classique : *Cito, tuto et jucunde.* Car leurs ponctions sont faites avec un tel art qu'on ne les sent pas ; le sang qui coule, seul, décèle le dommage. A quelque chose, malheur est bon : leurs piqûres auraient un avantage ; quand elles sont nombreuses, elles font disparaître les plus violentes migraines ; c'est un tirailleur qui nous fait cette révélation. Sa conviction ne l'empêche pas, du reste, d'oindre de jus de tabac les parasites qui se gorgent de sang aux dépens de ses mollets. Le remède le plus efficace serait, paraît-il, la décoction du fruit d'un arbre de la famille des sapindacées dont le nom exact nous est inconnu. Dès qu'elles sont touchées par ce liquide savonneux, elles tombent aussitôt, raccourcies et réduites à l'état de pellicule noirâtre.

Tout en nous débarrassant, autant que faire se peut, de ces ignobles petits vampires, nous continuons notre marche en forêt. Un petit billet qui passe de main en main, nous annonce un arrêt de quinze minutes. Les sapeurs mettent à bas un ouvrage des pirates qui s'étend de chaque côté de la route : forte palissade de bambou derrière laquelle se dresse un petit mur crénelé en pisé de cinquante centimètres de hauteur, protégé par un revêtement de solides rondins, tranchée profonde en arrière, abri couvert pour la nuit, petits piquets, débroussaillement pour dégager le champ de tir, etc... Les pirates ont pensé à tout, sauf très heureusement pour nous à utiliser leurs dangereux travaux de défense.

A onze heures, nous sommes à la lisière d'une plaine où s'élève un adorable petit village Lu. Tout y est propre, coquet, soigné. Un pont de bambou fraîchement établi sur le Nam-Lan nous a permis de passer l'arroyo à pied sec. Que d'égards ! A-t-il été construit pour nous ou pour les pirates qui nous précèdent de quelques jours ? Pourquoi le demander ? Puisque nous sommes les plus forts, nous sommes certains de la réponse qui nous sera faite. Aussi aurons-nous le bon goût de ne pas nous en enquérir. Silencieux et méditatifs, les bonzes à tête rasée, vêtus d'un péplum de couleur safran exposent sur la berge leur profil de médaille pendant que les notables, qui sont déjà venus nous offrir leurs présents de bienvenue : fines bougies enveloppées de fleurs, et alcool de riz présenté dans une coupe de métal, font avec acharnement des salamalecs qui n'en finissent pas. « Bien polis pour être honnêtes », entends-je dire autour de moi.

Nous traversons la principale rue du village sur laquelle d'autres, plus petites, viennent se couper à angle droit. De légères palissades bordent les rues, enclosent les jardinets, les touffes de bambou, les arbres fruitiers : papayers, pamplemoussiers, orangers, qui mêlent harmonieusement leurs feuillages autour des cases. Sous les pilotis reposent d'énormes buffles aux flancs ventrus comme une barrique, qu'on a parqués à notre approche. Des femmes, au minois éveillé, gentilles sous leur turban, se tiennent aux abords du chemin nous offrant au passage des bananes, des œufs, des poulets, enlevés à prix d'or, aussitôt que présentés. Il n'y en a que pour l'avant-garde qui rafle tout ce qu'on lui propose sans se lasser et avec un sans-gêne imperturbable.

A partir de Ban-Na-Vai, le sentier serpente le long du Nam-Leng que l'on traverse plusieurs fois avant d'atteindre, par une vallée boisée, la plaine de Boun-Tai, où nous apercevons déjà hommes, femmes et enfants se dépenser en allées et venues avec un joyeux empressement.

A peine arrivés, nous sommes pris d'assaut, accablés d'attentions. Les notables porteurs de présents symboliques viennent aussitôt au devant de nous. C'est le moment des laïs, des profonds saluts, des échines cassées, des longues prosternations. Et notre sentier jalonné maintenant par deux rangées de piquets légèrement espacés couronnés de bouquets de fleurs, nous mène tout droit parmi les rizières vers des groupes occupés à terminer de magnifiques et spacieux abris. Nattes sur les côtés, nattes sur les toits, nattes partout. C'est d'autant plus ravissant que le beau sexe s'est mis de la partie. Faisant la haie tout le long de cette avenue fleurie qui n'aura pas de lendemain, des femmes accourues de tous côtés tendent vers nous en des vases d'argent, des fleurs qu'elles tiennent étroitement serrées entre leurs mains élevées dans un geste d'offrande. Plusieurs, munies de gracieuses corbeilles ou d'écuelles de bronze, s'agenouillent quand nous passons et nous aspergent copieusement la figure avec des grains de riz éclatés au four qui s'accrochent à nos moustaches, nous entrent dans le cou, dans la bouche, dans les narines, dans les oreilles : une vraie pluie de confettis lus ! C'est tout simplement charmant. Mais où sont donc les jeunes filles ? Nous ne nous plaindrions pas si quelques-unes de plus étaient venues remplacer de vieilles mégères édentées, aux mamelles vidées par l'âge, dont la figure tannée, plissée, fendillée comme du vieux cuir, tranche désagréablement sur les nuques frêles et les visages poupins et frais qui les entourent.

Notre campement est prêt. Nous n'aurons que la peine de nous y installer. Voici, pour nos tirailleurs, du riz qui nous arrive dans des paniers ou dans des hottes dont le contenu se répand aussitôt sur les nattes étendues à terre. Voilà pour quelques-uns d'entre nous, — il ne peut pas y en avoir pour tout le monde, nous sommes trop, — des poulets, des œufs, deux ou trois régimes de bananes. Et tout cela vient rapidement, spontanément, avant que nous ayons ouvert la bouche pour le demander. J'ai besoin d'un peu d'eau ; mon ordonnance ne m'en a pas plutôt apporté dans un bambou creux qu'un habitant du village se précipite sur le récipient, le renverse et part au galop vers la rivière en s'écriant : « Attendez une seconde ; celle-ci n'est pas bonne, je vais vous en apporter de la toute fraîche ». C'est merveilleux !

Ah ça ! Dans quel pays sommes-nous donc ici ? Chez les Lus ? Mais alors, qu'est-ce qu'on nous raconte ? Que ce sont des gens avides, vantards, menteurs, fourbes, arrogants, cruels, lâches, je ne sais quoi encore. Comment ! ces hommes aimables, empressés, polis à l'excès, qui nous font pareil accueil, seraient..... Hélas oui ! Trop flatteurs pour être sincères. Leur réputation est justifiée. Nous ne sommes aujourd'hui que les spectateurs amusés du deuxième acte d'une tragi-comédie dont le premier s'est déroulé l'année dernière. A cette époque, une compagnie de tirailleurs tenait garnison à Boun-Neua où nous allons arriver après-demain. Les pirates s'étaient avancés près du village et, chaque soir, venaient tirer sur le poste, sans autre résultat du reste que de tenir la garnison en éveil. Pendant le jour, ils disparaissaient. Avant de se lancer à leur poursuite, le capitaine, qui commandait alors Boun-Neua, était à court de vivres et battait en vain le rappel aux environs pour en trouver. La population avait fui dans la montagne, prétextant son propre dénuement pour ne rien fournir. Il fit alors appel aux riches villages placés plus au sud. Quand la demande parvint aux Lus de Boun-Tai, ils firent par la bouche de leurs notables cette réponse qui montre avec quelle habileté ils savent manier les ficelles de l'éloquence asiatique : « Nous venons de recevoir votre lettre nous demandant de vous envoyer du riz. Nous allions précisément vous adresser la même requête, car nous sommes sans aucune ressource et nous allons mourir de faim si vous ne nous secourez pas immédiatement ».

Grâce à cette trahison qui reposait sur la crainte de représailles de la part des pirates qu'ils jugeaient sans doute les plus forts, la garnison de Boun-Neua dut, faute de moyens de subsistance, évacuer le poste pour se replier sur Muong-Sai. Dans la suite, les Lus se montrèrent accommodants avec les rebelles en leur fournissant ce qu'ils nous refusaient. Affaire de calcul. Leur amitié, qui n'est jamais désintéressée, allait à ceux qui, dans leur esprit, paraissaient devoir l'emporter dans la lutte. Aujourd'hui que nous revenons en maîtres incontestés, aujourd'hui que les Chinois battus et terrorisés par le canon nous tournent le dos et fuient sans la moindre tentative de résistance, les gens de Boun-Tai nous font risette comme nous recevront sans doute après-demain leurs congénères de Boun-Neua, ceux-là qui écrivaient, il n'y a pas très longtemps encore, au roi de Luang-Prabang, cette lettre plutôt compromettante : « C'est nous qui sommes chargés de la garde des frontières (1). Les pirates sont de très braves gens, tandis que les Français nous ont brûlé notre village. Nous avons agi au mieux des intérêts du roi ».

Ils doivent se sentir quelque peu gênés dans leurs entournures par le souvenir de cette imprudence, car nous sommes à peine installés sous nos abris qu'ils ont déjà fait parvenir au colonel une lettre où ils rendent compte des faits et gestes de leurs anciens amis les pirates. Ceux-ci n'auraient fait à Boun-Neua qu'un très court séjour, juste le temps de brûler tous les bâtiments de notre ancien poste avant de rejoindre, à Phong-Saly, les autres bandes que poursuivraient, paraît-il, l'épée dans les reins, une armée de huit cents Hos, Meos et Yaos. Bien entendu, ils nous prient de bien considérer que, dénués de tout, victimes expiatoires d'un ennemi qui les a pressurés sans merci, sans autres ressources que les racines sauvages de la forêt, ils éprouvent les plus violents regrets à l'idée de ne pouvoir nous être utiles. Mais il

---

(1) Ce sont les Khas Pou-Noi et non les Lus qui sont regardés par le roi de Luang-Prabang comme étant chargés de la garde des frontières.

Sur les bords du Nam-Ou : Restaurant Laotien.

Sur le Nam-Ou : Un couloir du Keng-Lik aux basses eaux.

nous sera d'autant plus facile de nous passer de leurs services que, mis en défiance par leur attitude d'antan, nous n'avions jamais compté sur leur aide.

*   *
*

Le 19 décembre, nous quittons Boun-Tai avec un approvisionnement de riz suffisant pour nous mener chez les Khas Phou-Noi où nous trouverons facilement à nous ravitailler. Malgré l'heure matinale, les habitants du village, enveloppés d'étoffes et de couvertures multicolores, sont déjà debout sur les vérandas pour nous regarder défiler avec la plus ardente curiosité.

Les dernières maisons dépassées, nous avons la sensation de marcher au milieu de champs de neige ; ce sont les salines qui font la renommée du pays. Le sel provient d'une source soigneusement captée et conduite sur des aires couvertes de sable, découpées en une série de damiers par des diguettes d'argile et de galets. Après évaporation, le sable est ramassé avec une raclette, puis lavé à l'eau de source dans de grandes auges. Tandis qu'on l'étale à nouveau sur les aires pour une nouvelle opération, les eaux de lavage sont recueillies dans des cuves placées sur un fourneau chauffé au bois. Nous comptons en passant cinq ou six installations semblables. Le produit de ces diverses manipulations est de couleur grise. On le présente sous forme de briques enveloppées de feuilles de bananier et ficelées avec de la corde de bambou. La production entièrement utilisée dans la région est insuffisante, car une partie de la consommation locale provient de Bo-Hé en territoire chinois (1).

Au-delà des salines, nous suivons d'abord les rives du Nam-Boun couvertes de frêles arbrisseaux qui oscillent au moindre souffle de la brise puis, brusquement, par un sentier tortueux, nous obliquons vers la forêt. Au début, ce ne sont qu'arbustes timides, feuillages effilés de bosquets de bambous qui étalent sur le sol leurs ombres légères. Peu à peu cependant les plantes deviennent plus nombreuses, plus serrées, plus hautes, coupées de quelques clairières. La végétation devient de

---

(1) En certains endroits, on a créé des puits où l'eau est puisée à l'aide de longs bambous percés de trous à petite distance de leur base. Les bambous, enfoncés perpendiculairement dans le puits, se remplissent en partie de l'eau du fond qui est naturellement la plus salée. Ils sont ensuite retirés et leur contenu est versé dans de grandes marmites en fer. Ce serait par simple évaporation sur le feu de cette eau mère que les indigènes retireraient le sel.
Le sel gemme est très répandu dans les montagnes environnant Boun-Tai, car il existe de nombreux fonds de vallée connus pour offrir un sol et une herbe salée. A de certaines époques de l'année, les cerfs y viennent en nombre, faire une véritable cure.

plus en plus compacte à mesure que nous pénétrons plus avant ; elle est bientôt si intense qu'on ne voit plus que du vert autour de soi.

Nous entrons dans la véritable forêt tropicale.

Quelque chose d'inouï, d'extravagant, de prodigieux, quelque chose qui laisse dans l'âme du voyageur une impression ineffaçable !

La forêt vierge, la forêt des vieux âges, peuplée d'arbres millénaires avec ses profondeurs mystérieuses et ses inextricables enchevêtrements, ses arceaux embaumés, sa flore si riche et si variée, ses arcades de futaies gigantesques dominant l'écroulement des arbres morts de vieillesse. Aucune ressemblance avec nos forêts d'Europe sans cesse éclaircies, diminuées, ruinées par les besoins constamment accrus de l'homme civilisé, mais là au contraire une débauche de végétation folle, une armée formidable de roseaux et de fougères naines ou arborescentes aux élégantes dentelures, un amoncellement de mousses d'une douceur et d'une finesse extrêmes sous l'entrelacement harmonieux d'une flore colossale, d'une variété infinie d'essences inconnues de nos climats. Pour qui sait voir ces splendeurs et se régaler de toutes ces magies rassemblées, la forêt vierge est une des merveilles du monde.

Et tout de suite, on se sent confondu devant ce spectacle d'une grandeur incomparable, diminué, rapetissé, minuscule sous ces géants du tropique qui, dans l'opulent épanouissement de leurs sèves, semblent peser sur nous de toute leur hauteur.

Ici c'est l'arbre véritable, l'arbre par excellence : ligneux, énorme du tronc dont la coupe révèle des couleurs qui varient du blanc au brun d'ébène en passant par tous les tons intermédiaires jaune clair, rose et rouge ponceau. A défaut du teck, « le premier bois du monde, le chêne des chênes, l'indestructible teck » commun seulement aux frontières de la Birmanie et sur la rive droite du Mékong, je reconnais des variétés équivalentes susceptibles de résister cent ans dans la terre ou dans l'eau. A côté du mai-dou, du mai-chik, du mai-khène, du mai-lieng, du mai-tè, du mai-khang, essences supérieures auxquelles le Laotien emprunte les pilotis, les colonnes, les charpentes de sa maison, ses rustiques essieux de voitures, les éléments de sa batellerie et cent autres choses d'utilité première, voici le mai-puail avec lequel on fait actuellement des crosses de fusils et de solides hélices pour nos avions de guerre, le kok-xieng, arbre à miel au tronc si puissant qu'il faut les bras étendus et joints de dix hommes pour en faire le tour, le kok-ngiou, en forme de candélabre à branches multiples, arbre à kapok qui fournit de chauds vêtements pour nos soldats, le mai-mi ou jacquier au joli bois jaune clair, qui permet de revêtir de la même livrée de safran tous les moines d'Extrême-Orient. Voilà d'autres espèces plus communes et de proportions plus réduites, des arbres aux noms étranges qui produisent des résines, des vernis, des laques noires

et des laques carminées, le kok-seng aux fruits homicides, le gingem-
bre, la cardamome, à l'écorce raccornie, les fruitiers sauvages, pamplemoussiers, manguiers, figuiers et enfin, encore et toujours, inévitable comme le destin, le bambou aux souples gerbes et son complice
l'éternel bananier aux feuilles vernissées, aux corolles de pourpre
offrant ses lourds régimes avec la sereine quiétude des inlassables
fécondités.

Au fur et à mesure que nous avançons, la pénombre s'épaissit. Pas
de lumière ; mais un jour sépulcral tamisé par les dômes feuillus. Tout
se fond, se transforme en une confusion féerique de toutes les nuances
du vert. Au-dessus de nos têtes où les branches entrelacent leurs
rameaux séculaires, ce ne sont plus qu'étages superposés au travers
desquels il est difficile d'apercevoir la moindre échappée de ciel,
difficile de voir percer le moindre pinceau de soleil. On le devine
simplement par transparence, même en plein midi.

D'âcres odeurs où se mêlent les aromes nidoreux des plantes décom-
posées et la fraîcheur des plantes nouvelles se dégagent de l'humus
épais qui recouvre le sol d'où s'échappe une végétation d'une vigueur
telle que je n'ai pas le souvenir d'avoir rencontré nulle part quelque
chose de semblable ou même d'approchant. Des arbres gigantesques y
plongent de profondes racines, dressent leurs fûts à des hauteurs invraisemblables, étalent leur fantastique ramure au-dessus d'autres de
très grande taille qui, par comparaison, semblent pourtant des arbrisseaux. Au milieu de ces feuillages touffus, des lianes se tordent, s'en-
roulent, se faufilent dans la brousse, s'envolent vers les plus hautes
branches, se pelotonnent en grosses boules crépues comme des chevelures de nègres, redescendent en longs festons pour remonter à nouveau vers le ciel à travers les épaisses frondaisons et retomber enfin
en de miraculeuses cascades de fleurs et de verdure.

Pareilles aux serpents qui étouffent leur proie pour la dévorer, elles
écrasent les troncs sous leurs vigoureuses étreintes et les réunissent
les uns aux autres par des réseaux compacts ou des guirlandes fantaisistes qui atteignent parfois plus de cent mètres de développement.
Ce qui se passe dans l'air se passe aussi à fleur de terre. Des racines
monstrueuses surgissent à un mètre du sol en échines rudes, traversent le chemin et vont se perdre dans la jungle avec les mouvements
sinueux et puissants d'un de ces reptiles colossaux d'avant le déluge.

Il est des lianes de toutes formes et de toutes dimensions ; il en est
qui se contournent en spirales, se tressent en longs cordages, se transforment en passerelles aériennes monumentales ou en hamacs de
Titan. Certaines pendent en désordre comme des écheveaux dévidés
ou de lourdes chevelures trempées, d'autres dessinent de longues ton-
nelles dont les pampres descendent jusqu'à terre, et tombent des nues
en un treillis de franges uniformément tressées qui rappellent ces ingé-

nieuses portières de bambous et de perles que fabriquent les artisans japonais. En voici de complètement lisses, en voilà qui sont surchargées de renflements et de nœuds si rapprochés les uns des autres qu'ils semblent les grains démesurés d'un chapelet monstre ; quelques-unes sont recouvertes de dents de scies ou d'épines acérées dont le volume fait songer aux écailles d'un dragon. J'en ai vu qui atteignaient presque l'épaisseur du corps humain. Le plus grand nombre supporte un monde de parasites; les plantes poussent sur les plantes, s'efforcent et se développent aux dépens de leurs voisines et forment ainsi de véritables jardins suspendus. Il en est d'autres enfin, qui enlacent les troncs d'une étreinte si puissante qu'elles s'y coulent, s'y enfoncent, s'y encastrent, mêlent leur propre substance à celle de leurs victimes au point de leur donner l'apparence de piliers sculptés pour la décoration de quelque palais de féerie. L'œil charmé par la majesté du décor voit dans ces capricieuses transformations une parure sans cesse renouvelée qui ajoute à tant d'émerveillements un enchantement de plus.

Il faut avoir vu cette montée furieuse vers le soleil, cette véritable folie collective des plantes pour comprendre ce qu'est la vie de cette forêt et son intensité prodigieuse. La vie ! On la sent palpiter autour de soi, déborder de toutes parts. On la sent tressaillir dans ces écorces suintantes qui éclatent sous la poussée des sèves, bouillonner, dans ces grosses lianes juteuses, qui courent les unes sur les autres, raidies et tendues comme des câbles, s'irradier et s'épanouir enfin dans ce pullulement fabuleux de tiges et de feuilles qu'une force harmonieuse et puissante dresse magnifiquement d'un seul jet hors du sol.

Mais la grande forêt n'est pas toute la forêt ; à ses pieds, il en est une autre aussi drue, tout aussi vivace, je veux parler de l'armée formidable des roseaux, des fougères, des hautes herbes, et l'invraisemblable fouillis des plantes amoncelées dans les sous-bois, qui, trop pressées pour vivre, s'étouffent et s'assassinent dans l'ombre.

Ici, la tombe côtoie le berceau, les cadavres s'encadrent de résurrections. Au milieu des fourrés compacts, soutenus par les vivants, des arbres marqués des livrées de la mort élèvent tristement vers le ciel leurs bras gris et tordus jusqu'au moment où leur désagrégation est telle qu'ils s'effondrent d'un seul bloc. Alors, sous le travail mystérieux des infiniment petits, dont ils deviennent la proie — car il est à côté de la vie de la forêt une autre vie parasitaire, sournoise, silencieuse et cachée que l'on devine parmi l'inépuisable fécondité des végétaux — les squelettes blanchis et décortiqués ne seront bientôt plus qu'une matière décomposée qui viendra s'ajouter aux feuilles mortes pour engraisser le sol. Et, rappelant le mythe d'Antée qui reprend des forces en touchant la Terre, d'autres végétaux naîtront, grandiront, pourriront pour renaître encore de cette éternelle pourriture, génératrice de vies nouvelles, héritière de l'existence des ancêtres terrassés par les ans. La mort et la vie se recouvrent ici tour à tour et c'est par ce cycle sans cesse renouvelé, par ce recommencement indéfini que la forêt affirme sa pérennité.

Dans les anfractuosités des vieux troncs, partout où un peu de mousse ou de débris organiques a pu s'accumuler, les orchidées aux variétés innombrables ont pris naissance. Ce n'est pas seulement le paradis du naturaliste, c'est aussi celui de l'amateur. Il ne manque qu'une chose pour donner à ce cadre grandiose l'aspect d'un véritable Eden : il manque les oiseaux aux plumages éclatants dont nos lectures d'enfance ont bercé notre imagination. On voudrait voir un monde de poils et de plumes s'agiter dans les massifs ombreux ; mais il n'y a rien ; la vie végétale semble avoir tué la vie animale. Le silence n'est troublé que par le bruissement du vent dans les feuilles ou le craquement d'une branche sèche qui se détache et tombe à terre. Le cerf est le seul animal dont les appels rauques troublent de loin en loin la paix majestueuse de la forêt. Dans d'impénétrables fourrés, le tigre, maître de céans, cache son repaire. Il n'en sort que la nuit, nous ne serons plus là pour l'entendre quand il se mettra en chasse.

Je savoure les joies exquises de ce tableau de poésie et d'abondance. La nature tropicale m'apparaît d'une exubérance splendide, si prodigue en cet instant qu'il me semble que je ne l'ai jamais vue encore. Semblable à ce prisonnier dont parle Milton qui, une fois évadé, aperçoit dans la campagne mille choses ravissantes qu'il n'avait jamais remarquées auparavant, j'éprouve un véritable enchantement à la découvrir de nouveau. On ne se lasse pas de la fête offerte aux yeux, et à force de regarder la procession interminable de ces éternelles futaies, on finit par se croire très loin, dans quelque royaume des arbres, hors du temps et de l'espace.

Cinq heures durant, nous cheminons à travers ce panorama ; c'est trop pour que l'illusion dure, et lorsque nous sortons dans l'après-midi des ombres de la forêt, lorsque nous revoyons la lumière et le ciel et que devant nous s'étalent enfin les libres horizons, nous éprouvons, malgré nous, comme la satisfaction d'une délivrance. Les nerfs se détendent, on respire mieux, les regards, las de scruter la pénombre, se reposent sur les clairières ensoleillées où poussent, avec une verdeur de blé nouveau, des herbes que l'incendie avait fauchées et qui reprennent plus vigoureuses que jamais. Par de grêles tinteries d'argent, par de lilliputiennes fanfares, le menu fretin des insectes atteste sa présence dans les buissons ; des oiseaux s'envolent de branche en branche, pépient à plein gosier ; des singes apparaissent et disparaissent dans une soudaine cabriole, et c'est cela, cette vie qui se meut sous le ciel clair, cette vie que l'on voit maintenant et que nous ne sentions plus que confusément, c'est cela surtout qui nous allège de l'imperceptible angoisse que le silence et l'ombre font toujours peser comme une menace sur le cœur de l'homme, quand ils se prolongent.

****

Nous avons successivement escaladé les pentes du Pou-lan-dang, du Doi-Khang et du Doi-Khat, atteignant sur ce dernier 1.200 mètres d'altitude, pour redescendre aussitôt après à 400 mètres au niveau du Nam-Hoi dont on emprunte le lit à diverses reprises. L'après-midi est très avancée et nous sommes, paraît-il, encore loin du but. Notre chevauchée s'allonge démesurément. Pour prendre patience, nous interrogeons de temps en temps les quelques camarades qui ont séjourné l'an dernier dans la région. « Une petite grimpette à franchir, disent-ils, et on y est ». La grimpette est passée et on n'y est pas encore. On en franchit une seconde, une troisième et Muong-Yo n'apparaît toujours pas.

Et nous allons de crête en crête, de ravin en ravin, de la même allure monotone et languissante. Des touffes de bambou ralentissent la marche du convoi en tentant à tous moments nos pauvres animaux faméliques. Il semble qu'on n'arrivera jamais. Ah ! nous les connaissons maintenant les « charmes des détours imprévus » et nous savons ce qu'est « l'espoir d'arriver tard dans un sauvage lieu », chanté par les poètes ennemis des voyages rapides. « Le chemin de fer, disent-ils, est bien la pire manière de voyager. A peine parti on arrive. Le beau plaisir ! » Ils ont raison, c'est évident. A la majestueuse rigidité du rail, ils préfèrent un mauvais chemin et la marche à pied qui est, en même temps que le plus ancien, le meilleur mode de tourisme. Il n'y a rien de tel en effet pour bien voir, bien connaître, bien comprendre, découvrir ou observer les caractères d'une région, pénétrer dans l'intimité d'un pays. Les luxueux voyages en auto ou en sleeping-car ne sont au fond que des voyages de pauvres dont les heures sont mesurées et qui se hâtent de voir le plus qu'ils peuvent dans le moins de temps possible. Tout ceci est indiscutablement vrai ; mais peut-être baisseraient-ils ici le ton de leur lyre et trouveraient-ils que la locomotive a parfois ses avantages.

Pour eux, le voyage même est le but, et l'arrivée le désenchantement. Ce que nous voudrions précisément, nous, c'est arriver. Mais il ne semble pas que notre désir soit près de se réaliser car les animaux de bât marchent paresseusement comme s'ils s'étaient donné le mot et s'ils se disaient qu'il y en a encore pour deux jours.

Derrière eux, je suis lentement au balancement mélancolique de mon cheval. Les temps sont durs pour la pauvre bête : le poil bourru, les flancs creux, les pointes osseuses en saillie attestent ses souffrances. Ils sont loin les jours où, tel le fougueux coursier de Mazeppa, ce buveur d'air s'échappait du camp au galop, dévorant l'espace, effleurant à peine les herbes desséchées, puis rentrait en pétaradant, l'œil en feu, la crinière hérissée, les narines frémissantes, la queue droite comme un manche à balai. Autrefois, il fallait l'arrêter pour qu'il s'arrête ; aujourd'hui, il faudrait presque le pousser pour le faire avancer, tant son ardeur s'est refroidie. Ses bruyantes fantasias ont pris fin. Plus d'écarts à réprimer. Et comme les fatigues de la route l'ont façonné, rendu sociable ! Au début, c'est à peine s'il daignait jeter un regard sur son cavalier ; maintenant, ce m'est un agréable compagnon, presque un ami. Je lui parle et je suis certain qu'il me comprend. De lui à moi, des affinités subtiles ont tissé leur mystérieux réseau. M'invite-t-il à descendre ? Il ralentit l'allure progressivement et finalement s'arrête, retournant doucement la tête de mon côté comme pour me dire : « Qu'attends-tu, tu serais infiniment mieux à pied et moi je ne m'en porterais pas plus mal ».

Je comprends si bien sa muette et discrète invitation que la plupart du temps je m'exécute ; mais il arrive que je veuille m'y dérober et que, par une pression de mes genoux, je marque ma volonté de ne pas m'incliner devant sa fantaisie. Cela ne suffit pas : car il tient avant de repartir à être absolument sûr que je me refuse à descendre. C'est à la seconde étreinte, plus énergique que la première, qu'il consent seulement à se remettre en route, ce qu'il ne fait jamais du reste, sans un soupir de résignation qui me fend le cœur.

Pour s'arrêter, il est beaucoup moins exigeant. Point besoin de précision : un simple soupçon de sa part, un rien, un imperceptible mouvement anormal sur ma selle, une rêne que j'abandonne doucement sur son cou, et le voici, comme un cheval de marbre, automatiquement figé dans une immobilité parfaite. Et s'il croit prudent d'allonger subitement le pas dès que j'ai mis pied à terre, c'est, je m'imagine, parce qu'il craint que je me ravise. Mais je suis sur mes gardes et j'ai le temps avant qu'il ne soit loin, de me cramponner à sa queue comme un noyé à une amarre.

Quand nous avons fait connaissance, il y a trois mois, il s'intéressait à tout hormis à ma personne. Aujourd'hui, si nous marchons côte à côte, ce qui nous arrive de plus en plus souvent, il sait à merveille trouver le chemin de ma poche. Combien de fois m'arrive-t-il d'entendre au cours de l'étape un petit hennissement doux, attendri, interrogateur, en même temps que je sens sur l'épaule le frôlement de son encolure et de sa crinière ; et presque aussitôt après, dans le creux de la main, la douce chaleur de ses naseaux soyeux comme un fin velours, et le mouvement mou de ses lèvres en quête d'une offrande. La faim est vraiment une puissante éducatrice.

Longeons-nous quelque maigre pâturage ? Il demande grâce et

tourne vers moi, des yeux de morne supplication. Je vois bien, parbleu, ce qu'il voudrait ; mais c'est impossible. « Marche ou crève »,
telle est la consigne en cours de route. De mourir du reste, il n'a nulle
envie, et il suffit pour s'en convaincre d'observer l'entrain avec lequel
il se faufile entre les cépées drues pour triturer lestement sous ses
mâchoires laborieuses les paquets de bambou qu'il arrache brutale-
ment d'un mouvement sec de l'encolure à la première occasion. Et dès
que le moindre arrêt du convoi la lui donne cette occasion, il faut voir
la façon dont il sait la mettre à profit ! Que le paysage soit agréable ou
sévère, peu lui chaut. Il s'y complaît et cela se comprend : pour un
ventre affamé, la beauté des choses réside dans leur comestibilité.

La caravane, interminable, monte, dévale, dans le même déroule-
ment d'inlassable monotonie, avec des temps d'arrêt et des élans
brusques pour s'essaimer comme les grains d'un chapelet dont le fil a
été rompu.

Abandonné depuis près d'un an, le chemin est envahi par la végétation. Pour soulager ma monture et pour ne pas avoir la chevelure
happée par quelque hamadryade désireuse de faire de moi un nouvel
Absalon, je mets pied à terre. Le temps passe sans nous révéler la
moindre trace d'habitation. Bien mieux, ceux qui se croyaient près du
but tout à l'heure prétendent ne plus savoir au juste où on se trouve.
Pour peu que cela se complique et qu'il y ait eu erreur de direction,
il n'y a pas de raison pour que nos tribulations finissent.

Et pourtant, elles vont finir, car voici enfin les signes précurseurs
d'un village proche. La sente s'élargit sillonnée d'ornières parallèles
comme si le terrain eût été labouré par une charrue et qu'une roue à
palettes eût sculpté dans la glaise, à intervalles réguliers des empreintes transversales, sortes de marches boueuses. Ce sont les buffles à
l'allure nonchalante digne des anciens rois fainéants, qui ont ainsi
cannelé le sentier et fait ces routes à crémaillère. Nous approchons.
Les notables du village sont venus nous attendre, et c'est en leur compagnie que nous arrivons à Muong-Yo.

Comme à Boun-Tai, des piquets de bambou ornés de fleurs marquent le chemin à suivre pour atteindre les abris préparés à notre
intention. On passe entre le village et la pagode. Sur un monticule, se
meuvent bonzes et bonzillons, promenant avec gravité leurs écharpes
de safran sur la teinte grise des rizières, cependant qu'un groupe
d'habitants, coiffés de turbans de couleur et drapés dans des couvertures à ramages, jettent des regards curieux et étonnés sur les mitrailleuses et la pièce de canon. A côté d'eux, leurs épouses, en jupon de
cotonnade bleue, bordé d'un galon blanc, tiennent déjà pendus au
bout du bras les poulets étiques qui nous seront offerts au triple de
leur valeur.

Il y a onze heures que nous avons quitté Boun-Tai, onze heures que nous marchons sans autre arrêt qu'une courte halte pour déjeuner. Harassés de fatigue, nous nous laissons tomber sur nos lits de camp, dès qu'absorbé le maigre repas du soir et nous nous endormons d'un lourd sommeil ; pas pour longtemps, car le froid est si vif et si pénétrant que nous passons la plus grande partie de la nuit à nous tourner et à nous retourner sans parvenir à nous réchauffer sous nos couvertures dont nous déplorons l'insuffisance.

***

Au matin, quand nous sortons de notre palais de feuilles, une légère couche de givre recouvre la plaine sous le brouillard où tâtonnent nos ma-fou à la recherche de nos bagages. J'admire la résistance des Annamites. Entassées comme des ballots dans un coin du gîte, nos ordonnances ont ronflé à poings fermés. Par contre, les coolies Khas n'ont pas dormi plus que nous. Assis près de leurs feux dont la clarté empourprait notre abri et sur lesquels ils jetaient de temps en temps de petites brassées de bois sec, ils ont, suivant leur habitude, passé le temps à causer. Que peuvent-ils bien se dire pendant de si longues heures ? Nul ne le sait. A les voir ainsi groupés à demi nus et fumer en regardant monter les flammes, on ne peut s'empêcher de penser à ces réunions de coureurs des bois dont parle Mayne-Reid dans ses livres de chasse. En tout cas, ni les fatigues de la route, ni les basses températures ne semblent les incommoder. Au réveil, nous trouvons nos bons sauvages accroupis en rangs d'oignons, joyeux, attendant leur salaire. Ils nous quittent et c'est miracle que nous ayons pu les garder si longtemps, car ils s'éloignent difficilement à plus de deux ou trois jours de leur village.

Leurs mains se tendent au fur et à mesure qu'on les paie. C'est un plaisir de voir leurs prunelles brillantes d'attention et le sourire que chacun fait à ses piastres ou à ses piécettes dès qu'il est servi, tandis que les derniers se grattent la tête et jettent des regards de convoitise sur le trésor, se demandant sans doute avec inquiétude s'il en restera encore quand viendra leur tour. Parmi eux, se trouve Boulot, le robuste garçon à figure franche et épanouie que nous avons attaché plus spécialement à notre service. Il a toujours la mine d'un homme pleinement satisfait — aux heures des repas surtout, car, de père en fils, on a toujours mangé dans sa famille ! — mais quand on lui apprend que nous apprécions trop ses bons offices pour nous séparer si vite de lui, de grosses larmes coulent lentement sur ses joues pleines et je lis subitement dans son regard — un regard qui m'attriste — la désolation nostalgique des bêtes en cage. L'amour de son village l'emporte sur la reconnaissance de son estomac ! Pour le consoler, il faudra lui promettre formellement de lui rendre sa liberté dès que nous l'aurons remplacé à Boun-Neua. On lui promet aussi une gratification. Mais de ce supplément, il n'a cure ; ce primitif préférerait une bonne demi-douzaine de bouteilles vides ou quelques boîtes d'allumettes, car sa tribu en est encore aux temps préhistoriques où l'on obtenait du feu en frottant du bois. Sa gaîté ne reviendra que lorsqu'il sera vraiment certain de rejoindre le foyer natal, près de Pia-Kam-Pong sur le Nam-Pak.

Les Khas s'acheminent vers leurs montagnes en traversant d'un pas allègre la petite plaine pastorale de Muong-Yo. Assis devant une caisse de piastres à demi vide, l'officier qui vient de les payer est subitement devenu rêveur. Il songe que c'est aujourd'hui, vingt décembre, qu'on atteint Boun-Neua, son ancien poste où il a dû abandonner l'an dernier la plus grosse partie de ses bagages et de ses conserves qui représentent une somme assez rondelette. Il reverrait tout cela avec plaisir.

Il n'est pas le seul à penser à ce qu'il a laissé là-bas. Mais s'il appréhende que les pirates n'aient découvert la cachette, une grande fosse sous l'habitation du commandant du poste, un sous-officier, qui se trouve dans le même cas, montre, lui, la plus belle assurance. Quand nous serons en route, tout à l'heure, il livrera ses réflexions au camarade qui le suit sans se douter que nous l'écoutons.

— « Elles sont dures ces marches continuelles en montagne, sans vin, sans rien pour se soutenir. Heureusement que nous allons enfin ce soir nous offrir un bon Pernod.

— Tu dis : du Pernod.

— Oui, mon vieux, du Pernod et du vrai. Ce qu'il doit s'être bonifié depuis le temps !

— Qu'est-ce que tu racontes ? On n'en trouve plus nulle part. D'ailleurs, c'est défendu.

— Défendu ! Mais tu ne sais donc pas qu'on n'en a jamais tant bu que depuis que c'est interdit ! Dernièrement, à Lao-kay, il y avait un sampan qu'on appelait le vaisseau-fantôme et qui, régulièrement, venait de Chine, la nuit, par le Fleuve Rouge, chargé de caisses d'absinthe.

— Et les douaniers ?

— Les douaniers ? Peuh ! Ils ne voient pas tout. Du reste, ce sont eux qui en boivent le plus.

— Penses-tu ? Eh bien, moi, le Pernod me laisse froid. Depuis que nous marchons en colonne, le régime de l'eau m'a fait du bien. Je ne souffre plus de l'estomac et je trouverais cela parfait si je pouvais manger autre chose que du riz gluant et du bouilli.

— Ce soir, tu auras tout à foison: du pâté de foie gras, des conserves de toutes marques et même de bonnes bouteilles de Champagne pour arroser le dîner.

— Ah ! Et où trouveras-tu ces bonnes choses ?

— Mais à Boun-Neua, pardine, dans « la cache » où nous avons enterré ce que nous ne pouvions pas emporter. Et Dieu sait ce qu'il y a là-dedans !

— Crois-tu que les Chinois n'auront pas déniché tout cela, fouillé partout ?

— Aucun danger. La fosse était trop profonde, trop bien dissimulée. Et puis, après tout, quand bien même ils auraient découvert le pot aux roses, qu'est-ce que tu veux qu'ils fassent de conserves, de Pernod ou de Champagne ?

La conversation se poursuit longtemps sur le même sujet et se termine par une définition originale des pirates : « des types qui vous couperaient le cou rien que pour la blague ». On ne saurait mieux dire. Au vol, du haut de ma monture, je note l'expression, tandis que ma pensée me ramène aussitôt quinze ans en arrière et sous un autre continent, à l'époque où les sofas de Samory coupaient un doigt pour avoir une bague et arrachaient une oreille pour s'emparer d'un bijou, tandis que l'almamy, dans le but de se procurer des distractions d'un goût plus relevé, faisait monter des enfants dans les arbres, puis les abattait à coups de fusil comme on abat un gibier. De tout temps et partout, l'homme a été un loup pour ses semblables.

De Muong-Yo à Boun-Neua, la route bien débroussaillée serpente sur les crêtes, tantôt à travers bois, tantôt à travers des herbes coupantes. Trois heures de marche nous amènent dans la vallée du Nam-Boun, qui pourrait s'appeler la vallée des orchidées tant elles y sont nombreuses. Et bientôt, nous apparaît, aux bords de l'arroyo, le village de Boun-Neua, construit aux confins d'une plaine triste et uniforme d'où s'élèvent brusquement au nord-est les premiers contreforts des montagnes du pays Phou-Noi.

Un poste abandonné laisse toujours une impression pénible. Celui de Boun-Neua se trouve réduit à une forte palissade de gros pieux qui entoure les débris des logements de la garnison. Les pirates ont enlevé tout ce qui pouvait être pillé, jusqu'aux toitures de chaume dont nous retrouvons quelques vestiges trop soigneusement entassés dans un coin pour ne pas avoir été mis là tout récemment par les habitants de moitié dans l'opération. Eh bien ! où est la « cache », sur laquelle un sous-officier fondait, ce matin, de si grands espoirs ? Hélas, elle est toujours là, mais fouillée, disséquée, large plaie béante sous le squelette de l'ancienne maison du commandant du poste. Les Chinois ont tout raflé, ne laissant ni une boîte vide, ni le moindre tesson de bouteille. Adieu donc au Pernod bonifié par un long séjour en terre. Adieu au foie gras truffé, aux légumes fins, aux vieux crus et au champagne mousseux : nous sommes tous logés à la même enseigne, tous au régime égalitaire du riz gluant et du bouilli traditionnel auxquels viendra s'ajouter, tout à notre aise, la bonne eau fraîche du Nam-Boun.

Quelques-uns se font difficilement à l'idée d'une telle catastrophe. Ils sont là trois ou quatre debout, muets et immobiles à contempler la fosse vide avec la mine qu'auraient les membres d'une même famille devant la tombe encore ouverte d'un être cher.

Le souvenir d'une illusion ! C'est tout ce qu'ils en ont eu et c'est tout ce qui leur en restera.

CHAPITRE VII

Chez les Khas Phou-Noi

D^E jour en jour, le froid augmente d'intensité. Intelligemment approprié aux ardeurs du climat en saison chaude, le poste de Bou-Neua, réduit à un hangar d'échalas à travers lesquels l'air circule sans arrêt est un gîte plus que médiocre par une nuit de décembre toute en blancheur d'argent comme celle-ci. Couchés autour d'un grand feu de bois, nous passons les premières heures à épier du coin de l'œil le mouvement généreux de celui qui aurait le courage de se lever pour jeter quelques bûches dans le foyer. C'est là une tâche qui incombe tout naturellement à Boulot, notre homme de confiance, l'impeccable préposé à ces petites besognes inférieures. Malheureusement, Boulot n'est plus là. L'ingrat nous a quittés dès l'arrivée à Bou-Neua sitôt après avoir reçu — avec quel bonheur et avec quel sourire de béatitude épanouie — son sac de voyage, ce sac sans lequel un Kha n'est plus un Kha, mais avec lequel il peut se suffire à lui-même et dire comme le philosophe Bias : *Omnia mecum porto.*

Mais dans sa hâte de reprendre le chemin de Pya-Kam-Pong, notre volage serviteur a oublié de passer la consigne à son successeur qui dort avec la tranquille candeur du juste près du brasier. Nous serions mal venus d'en vouloir à cet intérimaire sans expérience et ignorant tout de ses attributions. Le réveiller nous semblerait même inhumain. Nous avons une couchette, des couvertures, d'épais habits de drap, tandis qu'il couche à terre sans autre protection que ses oripeaux de cotonnade et un lambeau d'étoffe en guise d'édredon. Pourquoi serions-nous mal puisqu'il se trouve si bien ?

Et pourtant, fait indiscutable, d'entre les rondins mal ajustés qui tiennent lieu de mur à notre logis, souffle un petit vent coulis dont l'âpreté nous coupe la figure et donne à nos nez l'aspect de charbons ardents. Aussi, machinalement, sans mot dire, établissons-nous d'un accord tacite des heures de veille et venons-nous, chacun à tour de rôle, alimenter le feu pour le bénéfice de la collectivité.

Mais quand sonne le clairon, c'est presqu'un soulagement de sauter à bas de sa couchette, tellement l'air est glacé dans ce court débat entre la nuit et l'aurore. Il a gelé, phénomène que j'observe pour la première fois en Indochine et que n'ont pas dû observer plus souvent les indigènes s'il faut en juger par l'étonnement de nos ordonnances qui nous apportent, avec un respect attendri, de petits icebergs trou és au fond de leurs seaux de campement.

Au dehors, un brouillard épais descend sur la terre couverte de givre. Voici venu le vrai froid, que nous n'avions pas assez prévu et dont commencent à souffrir nos tirailleurs. Chaque race se distingue des autres par sa façon de réagir contre son emprise : tandis que les Cochinchinois transis claquent des dents et se bornent à grelotter sous leurs couvre-pieds qu'ils portent à la manière d'un pardessus, les Tonkinois, plus robustes, se réchauffent en se livrant à quelques exercices chorégraphiques et j'en vois même qui, en guise de distraction, battent la semelle pour imiter leurs sous-officiers européens.

Il n'y a que nos muletiers chinois pour se sentir à l'aise par un temps pareil ; en hommes prévoyants, ils ont tiré de leurs peaux de bouc aplaties maintenant comme le bissac d'un mendiant, toute une garde-robe, une demi-douzaine de vêtements ouatés de plus en plus courts au fur et à mesure qu'ils se superposent et s'emboîtent les uns dans les autres. Bizarre accoutrement qui donne à leur groupe un aspect quelque peu bouffon. On dirait une troupe de cirque ambulant qui déménagerait la représentation une fois finie, précédée de son chef, un grand diable à profil d'empereur romain, aux membres robustes, à la puissante carrure, vrai fils de Han, dont l'extraordinaire endurance s'accommode aussi aisément du froid intense qu'il fait aujourd'hui que du soleil de feu sous lequel nous marchions il y a trois mois.

Mais de tous ces hommes, de tous ces extrêmes-orientaux qui nous accompagnent, les plus étonnants sont encore nos coolies khas. Personne ne s'occupe beaucoup de ces pauvres hères, solides gaillards pour la plupart, mais timides, pleins de couardise, prompts à s'affoler à la moindre alerte. Le corps mal défendu par un morceau d'étoffe usée et effrangée, ils ont couché dans la cour du poste, sans la moindre couverture, sous des abris théoriques faits de quelques branches de bambou piquées en terre, à peine de quoi se protéger la tête contre un rayon de lune. Et le jour les trouve ni plus gais ni plus tristes qu'à l'ordinaire, devisant doucement entre eux de choses que nous ne soupçonnons pas, rassemblant avec lenteur les tisons épars de quelque microscopique foyer. Quelques-uns gardent une telle immobilité qu'on ne sait d'abord sous cette brume, si ce sont des êtres humains ou des ballots, qu'on a devant soi ; le menton sur les genoux, les yeux fixés sur le givre, chacun d'eux semblable à ses voisins paraît ignorer leur présence, seul pour ainsi dire au milieu de son groupe. En ligne, frissonnant sous la mince veste de cotonnade, ils me rappellent en ce moment les files de moineaux qui, en hiver, chez nous, se pelotonnent sur les fils télégraphiques.

*
* *

Parce qu'ils sont les plus frileux et les plus fragiles, parce qu'ils sont surtout fatigués par un climat si différent du leur, ce sont les Cochinchinois qui resteront à Bou-Neua avec mission de reconstruire le poste et de le garder. Ainsi se termine pour eux, de façon inopinée, beaucoup plus tôt qu'ils ne l'avaient pensé, la course aux pirates, en même temps aussi, hélas, que les charmes qui s'attachaient à cette poursuite, et, tandis que par cette froide matinée d'hiver nous nous éloignons allègrement, la petite garnison, sevrée désormais des joies de la vie nomade, nous suit du regard avec une mine attristée et des yeux d'envie.

Une demi-heure nous suffit pour aborder au fond de la plaine les premiers escarpements à peine soupçonnés, emmitouflés encore dans un immense foulard de brume, et ce sont aussitôt les escalades qui recommencent sur de mauvais sentiers étroits, coudés, ravinés, obstrués de rochers glissants. Les animaux de bât, vigoureusement poussés par leurs ma-fou, n'avancent sur ces rampes qu'au prix de prodigieux efforts ; derrière nous, leurs brefs halètements nous arrivent, pareils à des râles d'asphyxie, à des ronflements de soufflet de forge. Dès les premiers pas, nos grands mulets qui charrient péniblement le canon et ses lourds accessoires se sont arrêtés. Ah ! ceux-là sont bien « finis ». Leur fatigue s'augmente de jour en jour ; habitués à ne rien faire dans le delta tonkinois, tout en absorbant un abondant picotin, ils sont obligés maintenant de fournir de longues étapes, chargés au maximum, par des sentiers abominables et sans autre nourriture pour ainsi dire que des feuilles de bambou. Comment pourraient-ils tenir longtemps dans de telles conditions ? Ils sont sur les boulets, cela se voit, cela se comprend encore mieux et compter sur eux, désormais, serait un leurre.

Seules à marcher, comme si rien n'était, les courageuses petites mules du Yunnan font preuve d'une résistance qui force l'admiration. En plaine, elles vont librement, s'arrêtant pour brouter quelques touffes ou les happer au passage d'un hâtif coup de dent, trottinant ensuite pour regagner la colonne, harcelées par les rappels à l'ordre gutturaux de leurs muletiers ; ici, sur ces pentes, elles marquent de loin en loin un petit temps d'arrêt, simplement pour souffler, puis repartent vaillamment d'un coup de rein décidé, comme si elles avaient hâte d'en finir, et d'épuiser les séries d'obstacles qui se succèdent indéfiniment dans ce pays de montagnes.

Quant aux tirailleurs, ils conservent sous leur lourd harnais, et par tous les temps, leur merveilleuse bonne humeur. Je pense que c'est ce côté de leur caractère qui les a fait appeler par certains les « Français d'Extrême-Orient ». S'ils ont la poitrine capitonnée, ils gardent les pieds nus sur les sandales de cuir et c'est nous cependant, nous les civilisés aux membres soigneusement protégés, qui avons le bizarre privilège d'avoir l'onglée. Une conclusion réconfortante est à tirer de cette constatation : ce ne sont pas de ces hommes, habitués aux plaines et qui savent pourtant si bien s'adapter à la vie de montagnes, que nous viendront des difficultés.

Les rênes de nos montures s'échappent si souvent de nos doigts engourdis qu'il semble préférable d'aller à pied. Nous ne cessons pas de monter. Nous venons d'atteindre une crête et nous nous croyons déjà au faîte. Erreur : voici que nous en découvrons une seconde un peu plus haut, chaque plateau dérobant au regard le plateau immédiatement supérieur. Rien n'est aussi décevant que ces escalades avec l'espoir jamais réalisé de découvrir, en haut de la cime, une échappée sur l'horizon. On en vient ainsi à se demander si cette marche épuisante prendra fin. Il semble que nous soyons les jouets d'une illusion et que les montagnes montent en même temps que nous.

Pourtant, vers dix heures, nous avons, tant bien que mal, terminé notre ascension. Depuis le départ de Bou-Neua, nous avons monté de six cents mètres. Nous nous retournons. Au fond de la plaine couverte de rizières, le poste nous apparaît, minuscule silhouette de grisaille qui se découpe sur le fond d'un paysage hérissé de mamelons ravinés, tourmentés, où la couleur sombre des forêts alterne avec un sol chauve et la farouche désolation des rays.

Mais la vue des montagnes ne saurait nous faire oublier les morsures d'une âpre bise ; la sensation de nos pieds et de nos mains transis de froid coupe les ailes de notre imagination, nous tient dans un ordre d'idées tout à fait banal. Les ascensions continuelles nous ont, depuis longtemps, aiguisé l'appétit, et chaque jour, de bonne heure, répondant à notre estomac dont les exigences croissent en raison inverse de nos moyens de subsistance, nous tournons un regard complaisant vers le coolie qui porte notre repas, songeant déjà à satisfaire la bête qui, en nous, crie famine. Un bon coup de fourchette est l'heureux épilogue d'une longue étape et je comprends maintenant à merveille cette parole de Henri Heine. « On ne peut en vouloir au pauvre voyageur d'apaiser la faim du corps avant celle de l'esprit ».

Mais c'est mieux que de la faim, c'est une prosaïque fringale qui bat la charge dans nos estomacs. Par répercussion, nos cerveaux sont vides. Finies les exclamations devant les beautés du paysage ! Nous n'avons plus qu'une idée : nous voulons — car l'homme ne vit pas seulement de l'air pur des montagnes — nous voulons manger.

Une demi-heure de descente sur l'autre versant et nous voici dans une sorte de cuvette où apparaît un sordide petit hameau. On s'arrête en attendant que tous les éléments éparpillés puissent se regrouper et on improvise en hâte une dînette sur l'herbe rase. Sept à huit masures sans fenêtres, bâties de boue et de bois, au milieu de mares d'ordure

(Cl. Bouteiller).
Vallée du Nam-Pak.

(Cl. Bouteiller).
Nam-Pak. — Barrage de pêche.

(Cl. Bouteiller).
Nam-Ou. — Convoi de pirogues.

(Cl. Bouteiller).
Le Nam-Ou au N. de M. H. X. Houng.

(Cl. Bouteiller).
Une pirogue.

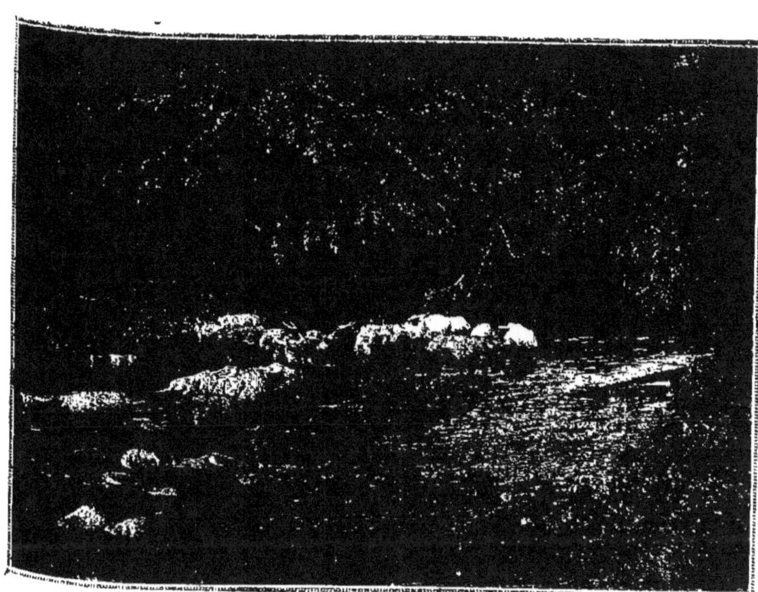

Troupeau de buffles traversant le Nam-Yen. (Cl. O' Kelly).

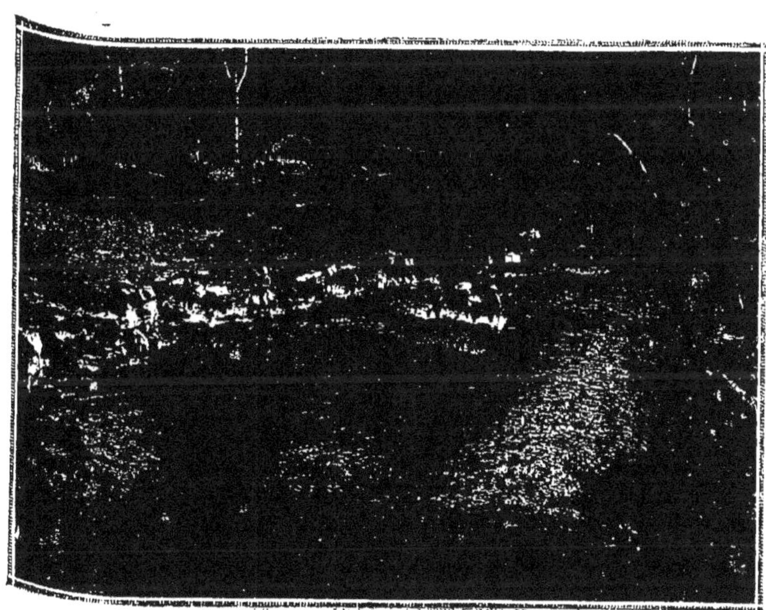

Traversée d'un arroyo. (Cl. O' Kelly).

où s'escrime à qui mieux mieux du groin un grand troupeau de gorets trop occupés pour nous faire l'aumône d'un regard, voilà de quoi se compose le village. Et sur le seuil de ces tanières ,où, derrière des portes closes, des yeux craintifs. nous épient, quelques vagues spécimens d'humanité en haillons abominables, entourés de marmots sales au-dessus de ce qu'on peut imaginer, sont figés bouche bée dans la contemplation de l'interminable file des tirailleurs et des animaux du convoi.

Il faut déjeuner, mais où ? Pas une place où des nausées ne nous monteraient aux lèvres. C'est là pourtant, parmi les enfants nus, les chiens, les poules, et les porcs que nous entamons goulûment notre ration de riz gluant. Que les gens délicats s'abstiennent de venir dans ces pays de boulimie. Le spectacle que nous offrons serait quelque peu décevant pour un rigide observateur. Dois-je le dire ? On a je ne sais quelle joie, quel attrait enfantin à revenir si près de la vie animale comme s'il suffisait d'être séparé par quelques journées de marche de la civilisation pour que le mince vernis qui nous différencie des races primitives s'effrite aussitôt.

Le village est habité par des Hos, anciens Chinois, qui ont gardé la natte et le costume de cotonnade bleue du Yunnan, leur province d'origine. Les femmes portent une sorte de turban autour de la chevelure, des pendeloques d'argent aux oreilles, une longue tunique de coton serrée à la taille par un petit tablier qui dépasse à peine leurs genoux et leurs pieds, ces derniers réduits de moitié par les pratiques habituelles des bandelettes compressives, sont chaussés de sandales à bouts relevés.

D'humeur peu accommodante, les Hos se laissent difficilement molester. C'est que leur qualité d'anciens pirates les met mieux que qui que ce soit en mesure de redouter à juste titre les désagréments du pillage, ayant pu pendant de longues années, en apprécier tous les avantages. Est-ce par crainte, est-ce par sympathie professionnelle envers d'anciens confrères assagis, que les bandits que nous poursuivons ont respecté leurs biens ? On ne sait. On ne voit pas bien, du reste, ce qu'ils auraient pu prendre en dehors de ces porcs à dos concaves qu'on voit grouiller dans la fange.

Ah ! ceux-là sont partout et toujours les privilégiés de la nature, les animaux les plus heureux de la terre. « Il n'y a dans toute leur vie dit Théophile Gautier, qu'un moment fâcheux : celui où on les saigne ; encore il passe vite et ils ne le prévoient pas ». Ici, ces bienheureux coquins semblent faire partie de toutes les familles. Inévitablement crottés jusqu'aux oreilles, on les voit, une fois repus, aller d'une case à l'autre avec intimité, le groin au vent, les yeux narquois, la queue conquérante, avec en plus de tous ces avantages physiques un petit air supérieur et comique d'insouciante philosophie.

J'éprouve toujours, en voyage, un plaisir nouveau à observer ces intéressants Epicuriens qui prennent en vous regardant eux-mêmes des mines d'inquisiteurs souvent très drôles. Je déplore qu'il y ait encore des gens assez aveugles pour ne pas voir et ne pas comprendre le fin personnage qui se cache sous une grossière enveloppe et je plains ceux qui détournent leur regard de ces omnivores sous le prétexte qu'ils sont sales. Sales ! Voilà qui est bientôt dit. Mais ne sait-on pas encore qu'ils ne sont devenus ainsi que depuis qu'ils fréquentent l'homme ? A l'état sauvage, ils sont propres.

Et pourquoi leur en vouloir quand l'homme précisément, leur donne le plus fâcheux exemple ? Quoi de plus répugnant que ces taudis infects, cette boue empestée, ces détritus de fruits et de légumes qui achèvent de pourrir sur des tas d'ordure où s'empressent avec une fiévreuse activité, des essaims voraces de mouches vertes cuirassées d'acier ? Qu'y a-t-il de plus abject que la crasse presque centenaire et les immondes défroques qui recouvrent le corps vermineux du vieux chef de village ?

Convoqué par le colonel pour nous donner quelques renseignements sur les pirates, le sordide personnage a cependant un mérite incontestable à mes yeux : la clarté des expressions dont il se sert dans une langue sur laquelle j'ai beaucoup trop pâli en regard des insignifiants avantages pratiques que j'en ai retirés. Rien d'étonnant à cela puisqu'il est admis qu'il faut travailler de la naissance jusqu'à la mort pour arriver à écrire et à composer comme un simple bachelier provincial. Les résultats que je visais étaient évidemment beaucoup moindres, mais après trois longues années de séjour dans la belle province du Seutchouan, je suis, malgré tout et non sans honte, un peu vexé d'être obligé d'avouer qu'en dehors de ma domesticité qui discernait facilement ma pensée, je n'ai jamais trouvé dans les innombrables rues de la grande ville où je vivais, que des Chinois pressés de répondre à mes interrogations, en pur dialecte mandarin, qu'ils n'entendaient rien aux langues étrangères.

Et voici que, cinq ans plus tard, par un extraordinaire retour de fortune je fais à mes commensaux l'impression d'un sinologue distingué grâce à ce fangeux chef de village qui parle assez clairement pour que je le comprenne et qui, par un miracle bien plus stupéfiant, arrive à comprendre ce que je lui dis, au moment même où sachant encore plus mal ce que je savais à peine autrefois, j'avais quelque raison de croire que j'avais oublié tout ce que j'avais appris.

D'après ce que nous dit cet homme, quatre cents pirates nous attendraient à Phong-Saly après avoir livré au feu de nombreux villages Phou-Noi. Il termine le récit de leurs méfaits lorsque arrive, avec les derniers éléments de la colonne, notre artillerie portée à dos d'homme depuis la défaillance de nos mulets.

Grands, bien découplés, le sabre d'abattis croisant la ceinture, où ils ont suspendu une petite gourde pleine de thé, les Thaïs qui se sont chargés de la dure besogne, ont une allure magnifique sous leurs grands chapeaux plats. Il faut voir avec quelle élégance aisée de gymnastes ils s'avancent à petits pas rapides, les muscles saillants, les veines gonflées sous la violence de l'effort, soutenant à six, deux par deux, la pièce de canon attachée par des cordes de bambou à une lourde barre qui pèse de tout son poids sur les nuques raidies et tendues.

Et tandis qu'ils déjeunent nous repartons sur un sentier qui déroule d'innombrables circuits à travers une série de mamelons presque complètement scalpés. C'est à peine s'il reste sur les sommets quelques bosquets de bambou dont les longues tiges s'inclinent gracieusement au souffle du vent. Partout ailleurs le feu a fait son œuvre. Ici tout est systématiquement détruit, les habitants ayant la déplorable coutume, pour établir leurs petits champs de riz, de livrer inutilement aux flammes des forêts entières.

D'une crête herbeuse où nous arrivons vers le milieu de l'après-midi, nous distinguons la masse sombre de l'imposant massif de Phong-Saly, énorme gibbosité qui rappelle le dos d'un monstrueux éléphant accroupi au milieu d'un chaos de collines et de mamelons. A sa forme particulière, nous l'eussions reconnu bien vite si nos guides ne nous l'avaient montré du doigt aussitôt qu'apparu. Le sentier, maintenant, descend large et net dans une pointe de la vallée. Au fond d'un trou le petit hameau de Muong-Chao, premier village phou-noi que nous rencontrons. Les tirailleurs s'en vont frapper de porte en porte. Pas une âme qui vive ; les maisons sont fermées, les greniers à riz complètement vides. C'est tout près sur les pentes du monticule qui lui fait face, bien défilés aux vues de l'ennemi, que nous décidons de camper.

La nuit tombe quand s'allument les premiers feux. On se hâte de dîner, et, couverts de tout ce que nous avons de vêtements chauds ou de manteaux pour nous protéger de la brise aiguisée et subtile qui s'insinue à travers les cloisons de feuillage de nos abris, il ne nous reste qu'à dormir comme nous y convie impérativement une rude journée venue après tant d'autres semblables.

Nous avons fait depuis longtemps bon marché de tous nos aises. Néanmoins les ardus escarpements gravis au sortir de Bou-Neua nous ont mis dans un tel état de fatigue qu'au réveil malgré l'habituel et tyrannique coup de sifflet, nous resterions volontiers étendus sur nos lits de camp dans cette sorte de demi-sommeil, d'engourdissement délicieux, qui permet de penser sans qu'on puisse avoir le courage de se lever et d'agir.

Et pourtant une radieuse matinée se prépare dans cette fin de décembre. En route, sous la brise froide que tempèrent les rayons tièdes d'un soleil timide, il fait bon mettre pied à terre pour prendre à côté de sa monture, un exercice salutaire ; quatre heures de marche en pente doucement inclinée sur un large sentier bordé de quelques arbres qu'enveloppe un paysage malheureusement désolé, nous suffisent pour atteindre l'étape. C'est à regretter presque qu'elle soit aussi courte. Pour nos chevaux c'est déjà trop. Cinq ou six, dans l'impossibilité d'avancer même sans fardeau, ont dû être abandonnés sur la route, titubant comme s'ils étaient ivres, portant déjà dans le regard l'angoisse des bêtes qui vont mourir. Bon nombre de ceux qui restent ne valent guère mieux : à peine débâtés, ils se couchent exténués, fourbus, complètement vidés, par les jeûnes sans fin auxquels le sort le plus injuste les a misérablement condamnés.

Nous sommes à Ban-Nam-Poung, chez les Khas Phou-Noi. Le village, établi sur une pente, à droite du sentier, se compose de quelques huttes misérables construites sur pilotis et presque toutes abandonnées par les habitants depuis que les pirates ont annoncé leur intention de les incendier.

Le chef de ce village nous reçoit avec un enthousiasme visiblement sincère. Autant, d'ordinaire, les Khas sont réservés, autant celui-ci, au contraire, est expansif. Il va, vient, gesticule, s'adresse à la cantonnade, crie très haut des ordres à des gens qu'on ne voit pas et qui ne sont probablement nulle part, car toutes les tentatives faites par nos hommes pour trouver un interlocuteur derrière les portes closes, n'ont abouti qu'à libérer un chat qui est parti comme une flèche dans la direction de la forêt. Il se décide enfin, une fois ses vaticinations et ses gestes d'inspiré terminés, à nous introduire dans sa demeure, véritable cage à poules au-dessus d'une écurie à pourceaux. D'une étroite plate-forme où nous accédons par de mauvais échelons de bambou, nous pénétrons en nous cassant en deux dans l'unique pièce du logis. Dans un coin, masqué par une cloison de nattes, un matelas sordide, et, pendus contre les murs, qui ne sont ici que des planches grossièrement équarries et mal ajustées, des tiges de maïs, un vieux parapluie poussiéreux, des ustensiles de ménage et un bât si rapiécé, si disloqué que j'ai grande envie de l'emporter pour en faire don à un musée d'antiquités. On hisse un petit drapeau tricolore au-dessus de notre résidence et, tandis que les tirailleurs construisent leurs abris sur la crête qui domine le village, nous allons jeter un coup d'œil sur la montagne qui, à quelques kilomètres de nous, dresse à 1.760 mètres d'altitude sa haute silhouette en dos d'éléphant.

C'est tout au faîte, parmi la végétation qui couronne le plus haut sommet, que les pirates auraient établi des retranchements vraiment sérieux. Déjà en venant, à petite distance du village, nous avons trouvé la route barrée d'une puissante tranchée munie de solides parapets avec palissade et redoute de pisé sur un petit piton boisé en face d'un autre ouvrage similaire dissimulé sur les flancs d'un coteau, pourtant débroussaillé, afin de dégager le champ de tir.

Ce sont toujours les mêmes embuscades, quelque chose de parfait dans le genre, comme tout ce que font les Chinois quand ils s'y appliquent. On avance à découvert en écarquillant les yeux sans rien voir, sans pouvoir soupçonner derrière soi la présence d'une troupe d'escarpes, qui, après avoir bravé les battues les mieux organisées, filtré entre les mains les plus habiles, se sont tapis derrière d'épais taillis, et attendent là, dans le plus grand silence, après vous avoir soigneusement couché en joue, le moment le plus propice pour vous assassiner proprement dans le dos à coups d'arquebuse.

Nous ne risquions pas de tomber dans un piège éventé depuis long-temps, déjà évité l'an dernier, par les détachements qui circulaient entre Bou-Neua et Mouong-Xieng-Houn.

Le traquenard aujourd'hui est désert ; l'ennemi est invisible ; même immobilité sur les hauteurs de Phong-Saly, où, pour le moment, du moins, on ne voit rien. Ah ! si cependant, sur une petite avancée dénudée, voici qu'on distingue avec de bonnes jumelles trois petits points mobiles qui se détachent sur le fond clair du ciel. D'une espèce de paillote ou de quelque chose d'analogue, car c'est loin, on voit se dessiner des silhouettes qui se dirigent à l'extrémité de la falaise, semblent inspecter l'horizon pour rentrer ensuite dans le refuge. Ce doit être quelque poste d'observation, et ces gaillards sont évidem-ment là pour nous épier.

Des Hos, des Méos qui les assiégeaient, les entouraient, leur bar-raient les routes, disait-on, il n'est plus question. Ces farouches guer-riers ne sont probablement jamais venus par ici, pas plus du reste, que n'est allée vers le Nam-Ou une bande de deux cents pirates qu'on nous avait signalée et qui n'ont été vus nulle part. Les nouvelles vont vite en pays kha, et comme chacun y ajoute, en les transmettant, une parcelle de son imagination, il n'y a rien d'étonnant à ce qu'elles nous parviennent déformées et grossies.

Dans la nuit arrivent deux messagers. S'ils n'apportent que des renseignements sans importance, ils nous annoncent l'arrivée pour le lendemain « au chant du coq » des deux grands chefs phou-noi le phya Souli-Ya et le phya Souline-Taket qui nous donneront peut-être les indications nécessaires pour continuer la poursuite. Par crainte de nos sentinelles — un mauvais coup est si vite reçu, ils ont préféré envoyer à leur place deux hommes de confiance. C'est plus commode, en effet, mais un tel excès de prudence nous porte à croire que nous n'allons pas nous trouver en face de deux foudres de guerre.

Et le lendemain ils arrivent tout doucement, encadrés par un petit détachement de nos avant-postes. Mais le coq a chanté depuis longtemps quand ils grimpent à l'échelle de notre misérable logis. Ils ne brillent pas par un fastueux apparat, ces deux phyas qui ont rang de mandarins à la cour de Luang-Prabang. Suivis d'une bande de vigoureux gaillards vêtus de cotonnade bleue et porteurs de coupe-coupes, ils n'ont presque rien dans leur costume, qui permette de les distinguer de leur entourage. Tous deux portent un pantalon de toile foncée, une courte veste de calicot blanc et une paire de sandales chinoises. Mais Souline-Taket se différencie de Souli-Ya par un complément de toilette : autour de son chignon relevé, il a enroulé un volumineux turban d'étoffe rose à rayures. Tout en lui respire la force bestiale ; il a une grosse tête taillée à coups de hache, une petite moustache noire tombant de chaque côté d'un menton en galoche, des épaules carrées, un facies de brute. Le second, mince, aux membres grêles, aux attaches fragiles a le nez pointu, un visage glabre, des yeux obliques et futés, une petite tête de fouine.

Tous deux semblent surtout désireux de ne pas dire un mot qui puisse les compromettre. Suivis de leurs gens qui entrent chez nous avec l'admirable sans-gêne des primitifs, ils s'affaissent d'un même mouvement sur les lattis de bambou près du foyer, et tous deux, dès les premiers mots, se regardent effarés, tremblants, avec des figures de criminels en face de la potence. Il ne sera pas facile d'obtenir d'eux un renseignement de quelque intérêt, car chacun surveille avec inquiétude les paroles de l'autre, tout en lui laissant l'honneur et l'embarras de la réponse. Le moindre geste du colonel les fait sursauter comme s'il donnait l'ordre de leur couper le cou. A un certain moment, Souline-Taket semble s'enfermer dans une énigmatique méditation, tandis que Souli-Ya voit soudain dans la présence du foyer tout proche, l'occasion de faire de petits tas de cendres, comme font avec le sable, les enfants.

— Combien de coolies ont travaillé à Phong-Saly ?

Souli-Ya, à qui la question paraît plus particulièrement s'adresser, regarde aussitôt Souline-Taket qui, surpris de la muette interrogation de son collègue, prend soudain le plus gros intérêt à ses doigts de pied. On réitère la demande et Souline-Taket qui s'occupait de ses orteils, jette les yeux sur Souli-Ya qui concentre immédiatement toute son attention sur le feu où il envoie de temps à autre un long jet de salive avec un bruit de piston qui a des fuites.

La question est embarrassante pour eux car ils s'imaginent que nous les accusons déjà d'avoir pactisé avec les pirates. On les rassure. On veut savoir simplement de quelle nature sont les travaux établis sur la croupe. On sait qu'ils ont été contraints d'y aller eux-mêmes, qu'ils peuvent nous dire ce que nous leur demandons. Enfin, ils se décident, mais avec quelles réticences ! Les coolies, paraît-il, n'auraient fait que des corvées ; ils auraient été employés en qualité de gens de service, allant chercher de l'eau, du bois, des nattes, de l'herbe à paillotte. Il faudra, pendant deux heures, dépenser des trésors de diplomatie pour obtenir quelques renseignements de médiocre intérêt.

Ainsi sont les Khas, respectueux, dociles, mais réservés et craintifs quand on ne les connaît pas. Ceux qui ont eu avec eux des relations suivies nous disent qu'il faudrait passer deux ou trois jours en leur compagnie à causer près du feu, tout en absorbant de temps à autre quelques gorgées d'eau-de-vie de riz. Ils deviendraient alors gais, communicatifs, exubérants. Mais le temps presse et nous n'avons aucun penchant pour les liqueurs fortes. Nous savons que Ban-Pou-Soum n'a été ni occupé, ni brûlé, que la route de M. Houn-Xieng-Houng est libre. C'est l'essentiel.

Il est temps, du reste, que l'entretien prenne fin car au fur et à mesure qu'il se poursuit, surviennent sans bruit quelques personnages désireux de nous considérer de près. A tout instant, à travers la porte entrebaillée, un nouvel individu se présente qui s'accroupit, pour faire place au suivant, prêt à faire de même et ainsi de suite. Mais tout cela se passe si discrètement que chaque fois que je me retourne je suis sûr d'apercevoir un nouveau venu qui s'est installé derrière moi, sans que je m'en doute. Et tout ce monde qui se trouve entassé dans un espace de quelques pieds carrés ajoute une puissante odeur de fauve aux effluves écœurantes qui nous viennent du rez-de-chaussée où s'agite un compagnon de Saint-Antoine que les craquements du plancher de bambou commencent à inquiéter.

Une nouvelle qu'apporte soudain un factionnaire essoufflé termine heureusement la conversation : Phong-Saly brûle ! On se précipite en haut de la crête toute proche pour vérifier l'exactitude du fait. Favorisé par une forte brise, l'incendie s'étend au pied de la montagne avec une vitesse foudroyante, si bien que ce ne sont bientôt que de hautes vagues de flammes surmontées d'énormes volutes de fumée noire. Le village flambe dans un ruissellement de fournaise, les toits s'effondrent laissant la place à des tourbillons incandescents qui s'élèvent rapidement, se tordent élargis tout en haut ainsi que de gigantesques ombrelles de feu montées sur des manches tourmentés.

Voilà bien l'œuvre des Chinois. Avant de quitter le pays où ils ne se sentent plus en sûreté, ils cherchent à faire le plus de mal qu'ils peuvent. C'est qu'ils savent bien, les infâmes coquins, qu'ici plus qu'ailleurs, il faut pour agir à sa guise et sans être inquiété, parler aux yeux, impressionner par la force ou la violence. Je suis le plus fort, donc tu as tort ; la maxime est vraie depuis le commencement du monde !

*
* *

Le village où nous campons et où nous sommes par trop à l'étroit n'est pas le vrai Ban-Nam-Poung. Nous avons été trompés par une similitude de noms. Le véritable est à un quart d'heure de marche plus à l'Est. C'est, paraît-il, une agglomération importante où nous aurons de la place, une eau pure et abondante, les ressources les plus variées. Séduit par cette profusion d'avantages alléchants, sur lesquels se sont longuement étendus les deux phyas, un peu pressés aussi sans doute de nous sentir plus près d'eux, le colonel décide d'aller y établir nos quartiers. Les Chinois ont, paraît-il, juré de l'incendier. Voilà qui va déjouer leurs sinistres projets.

Mais cette décision ne fait pas l'affaire de notre hôte qui pense que ce sera le petit village, le sien, qui paiera pour le grand, si nous le délaissons. Tout en nous faisant l'aveu de ses inquiétudes trop minces cependant pour lui couper l'appétit, il s'assied les deux jambes allongées sur le parquet, après avoir retiré d'un plateau à claire-voie suspendu au-dessus du foyer un morceau de buffle boucané. A l'aide d'une lame de sabre qu'il tient solidement pincée entre les orteils, il se met en devoir de découper sa viande en fines lanières. En guise de tourne broche, il dispose sur les braises une baguette horizontale soutenue par de petits piquets et sur laquelle il aligne chaque morceau avec un soin minutieux. Bientôt une forte odeur de graisse brûlée s'échappe de l'ingénieux dispositif. Le repas est à point, et, sans plus attendre, notre hôte se met à table. Par là, je veux dire simplement qu'il s'emploie à déglutir rapidement son filet de buffle dont il ne laissera pas, cela va sans dire, la moindre parcelle pour les milans.

Tandis que la satisfaction du ventre rassasié s'irradie sur son visage, nous nous préparons à rejoindre notre nouveau cantonnement. Les tirailleurs se mettent en route sous les yeux ébauhis des habitants, qui repris de confiance à notre venue, sont déjà de retour de la forêtet se pressent sur leur passage.

Soudain une femme dont les vêtements de fête et les riches parures détonnent étrangement au milieu de cette truanderie de la montagne se précipite à grands cris vers une table qui passe les pieds en l'air sur les épaules de robustes coolies. Elle agite les bras, glapit des invectives, harangue la foule dans un charabia incompréhensible et maudit les tirailleurs tout en leur jetant, pour la forme, de petits cailloux qui ne les atteignent pas. Quoi ? Déménagerait-on ses meubles ? Eh non, c'était pour rire, puisque la voilà qui revient vers nous, haussant les épaules et riant de toutes ses jolies dents.

Il n'est pas besoin, du reste, d'être près d'elle pour s'apercevoir qu'elle a une denture de porcelaine limpide, voire même qu'elle est jeune et jolie. La beauté ne s'apprécie pas d'après un type unique ; elle varie suivant l'époque, suivant la civilisation ou le degré de culture intellectuelle. Pourtant quand j'affirme que cette femme est jolie, je veux dire qu'elle le serait aussi bien à Paris qu'à Ban-Nam-Poung, partout où il y a des hommes et qui ont des yeux. Son teint est clair, à peine ambré, à peine hâlé par le grand air et sa figure d'un ovale si gracieux qu'on pourrait la prendre pour une Européenne, n'était son costume bien spécial : une longue tunique blanche sous laquelle sa gorge se précise avec fermeté, un pantalon bleu serré aux chevilles par des jarretières de toile rouge — nos trois couleurs — et par-dessus un coquet tablier fixé par des agrafes joliment ciselées à un grand collier d'argent qu'elle porte autour du cou. Avec cela les multiples et précieux ornements dont une femme coquette aime à faire étalage : des pendeloques birmanes, de lourds bracelets et sur l'épaisse torsade d'une chevelure plus noire que de l'ébène de superbes épingles ouvragées.

Peu farouche malgré ce luxe apparent, elle vient vers nous légère comme une sylphide, le visage au vent, l'allure décidée, la prunelle audacieuse et brillant d'un éclat capable de faire mûrir un fruit. Tout en marchant elle continue ses imprécations, s'exprimant avec volubilité dans un jargon mi-chinois mi-laotien auquel personne ne comprend rien, ce dont elle s'aperçoit vite et rit de plus belle. Un Européen esquisse vers sa poitrine un geste de conquête vite réprimé et s'éloigne en chantonnant : « Bien gentille. Elle est fille. D'un mandarin fameux. Car elle a sur sa poitrine deux petites mandarines ». Sournoisement, en passant, quelques tirailleurs, décochent à son adresse et dans sa langue des plaisanteries d'un goût un peu spécial, mais ces privautés ne l'impressionnent pas outre mesure ; elle a tôt fait d'y répondre, car elle a la langue bien pendue et cela ne l'empêche pas de continuer son monologue.

C'est bien sa table, en effet, qu'on lui enlevait tout à l'heure, mais on ne la lui vole pas ; un officier la lui a louée pour faire des levées topographiques. Alors quels cruels soucis déchirent cette âme féminine ? Contre qui sont dirigées ces clameurs frénétiques et passionnées ? Et d'abord quelle est cette créature de luxe ? Et quel est donc l'opulent nabab, le boyard, le magnat à qui elle appartient ?

Si on interrogeait le Prince Souvannarath ? C'est le bourreau des cœurs, le Don Juan de la colonne ; il possède d'ordinaire sur ces ténébreux problèmes les données les plus précises. Peut-être la connaît-il.

Et le plus fort est qu'il la connaît. On avait quelque raison de s'en douter. D'un air qu'il cherche à rendre aussi détaché que possible, il nous fait un bref historique de la question. C'est, dit-il, une femme Ho qui l'année dernière venait périodiquement vendre des bouteilles d'eau-de-vie de riz à la garnison de Bou-Neua. Après un stage plus ou moins long elle s'en retournait dans son village avec de bonnes piastres métalliques, vingt ou trente fois la valeur de son choum-choum. Elle a eu la plus grande joie à retrouver d'anciennes figures de connaissance, mais comme on s'en va, alors, vous comprenez....

— Ah ! bien. Tout s'explique. Nous avons compris, fort bien compris. Mais qu'en termes aimables ces choses-là sont dites ! Et qui se serait jamais douté que dans ce coin perdu et à de pareilles altitudes nous eûssions pu rencontrer si séduisante péripatétitienne !

Tandis que Souvannarath parle dans une langue qu'elle ne comprend pas, elle a fini de s'abîmer en regrets inutiles et repris ce masque d'impassibilité par lequel on distingue les souverainetés qu'on adore. Elle reste d'abord fièrement campée devant nous, un pied en avant, dans une attitude de défi, puis brusquement, sans qu'on sache pourquoi, cette reine sauvage fait volte-face et s'éclipse au premier tournant du chemin dans le tintinnabulis de ses bijoux, de ses fibules, et de ses bracelets. Nous la reverrons du reste car elle n'aime pas la solitude. Ses charmes sont célèbres dans la montagne ; elle passe pour en avoir fait largesse autrefois, mais à présent elle en trafique pour vivre et ne gaspille plus son temps en vaines galanteries. Le soir venu, elle rejoindra sa table, à Ban-Nam-Poung pour continuer auprès de ses généreux amis ses leçons de philosophie horizontale, que notre départ a interrompues.

*
* *

Soixante à quatre-vingts maisons étagées sur les pentes d'un ravin dont les crêtes se hérissent de gigantesques touffes de bambou composent le village où nous sommes venus camper. Toutes les habitations sont d'un type unique, sur pilotis à la mode laotienne, mais plus grossièrement construites. Pas de fenêtres. A quoi bon puisque le soleil, le vent et la pluie entrent de tous côtés aussi bien par la toiture qu'à travers les minces clayonnages de bambou écrasé qui tiennent lieu de murailles ? Outre le foyer de terre battue, le même que chez les Thaïs, et quelques nattes crasseuses, on aperçoit suspendues à la toiture ou aux parois, des hottes, des engins ou trophées de chasse et de vagues ustensiles de ménage. Les greniers à riz, rangés en ceinture autour du village, sont représentés par de grands récipients en nattes recouverts de chaume et isolés du sol par des pieux garnis de manchons de bambou destinés à mettre le grain à l'abri des rongeurs. Ces greniers qui ne sont à personne et appartiennent à tous sont placés sous la protection du village. Ce détail suffira peut-être à faire comprendre tout le ridicule qu'il y a à gratifier de sauvages des peuplades qui ont certainement des instincts moins féroces que les nôtres et sont à certains points de vue mieux organisés, plus « avancés » que nous ; ils ont d'autant plus de mérite à mettre en pratique les principes communistes que les fervents disciples de Karl Marx, trop occupés en Europe pour songer à faire le voyage, ne peuvent revendiquer la gloire de leur avoir apporté la bonne parole.

Tout en ayant un langage spécial, les Phou-Noi comprennent le chinois aussi bien que le laotien et si la masse ne sait ni lire, ni écrire, il est tout de même chez eux une élite qui se sert de caractères palis ; ils ont des pagodes, des bonzes, particularité qui les différencie de leurs voisins Khas-Kho ou Khas-Kmouks. Ils font preuve d'une véritable aptitude à parler la langue française, supérieurs en cela aux Annamites qui arrivent difficilement à prononcer certaines lettres.

La cour de Luang-Prabang qui leur a conféré le titre de gardiens des frontières du royaume, les a toujours traités en petit Etat et, à ce titre, s'est toujours montrée pleine d'attention pour leurs chefs, intermédiaires naturels entre le peuple et les fonctionnaires du roi. En ce qui concerne la garde des frontières la confiance de la cour de Luang-Prabang pourrait sans doute être mieux placée. Ils se sont bien mal acquittés de leur rôle, les bons Phou-Noi. Tout leur pays a été envahi par les Chinois sans qu'ils aient songé à faire la moindre tentative de résistance, et je pense pour ma part, en les voyant si timorés, qu'il suffirait d'un seul pirate pour mettre en fuite cinquante d'entre eux, fussent-ils choisis parmi les guerriers les plus fameux.

Ce sont néanmoins les gens les plus sympathiques de la région car s'ils sont sans bravoure, vertu qui ne s'acquiert pas, ils ont au moins le mérite de s'occuper davantage que leurs frères des autres tribus et notamment que les Lus, ces plaisants personnages qui ne travaillent guère plus d'une heure par jour sous le facétieux prétexte que leurs buffles ont une tendance indiscutable à se fatiguer très rapidement.

Leurs femmes ne demeurent jamais oisives ; quand elles partent le matin la hotte sur le dos, vers les rizières de la montagne, elles s'en vont toujours filant, telles les bergères françaises. Leur costume qui a quelque titre à l'originalité, sinon à l'élégance, se compose d'une courte jupe fendue de haut en bas, aussi bien par-devant que par derrière. Ces fentes indiscrètes sont voilées par deux bandes d'étoffe de vingt centimètres de largeur qui pendent librement et ont leur équivalent dans le « limpé » que portent avant la puberté les petites négresses de l'Afrique occidentale. Le costume en cotonnade bleue, est complété par des jambières couleur de terre mais qui ont été certainement blanches à un moment de leur existence et par un petit caraco de couleur foncée dont les manches enserrent très étroitement les bras. Quant à la coiffure, c'est une mince étoffe en forme de bonnet phrygien où sont piquées des épingles d'argent.

Ici, le sexe faible est nettement inférieur au sexe fort. Tandis que les hommes gardent longtemps un air de jeunesse et ont, sous leurs vêtements légers, — courte veste talon bouffant, — des poses naturelles très élégantes, les femmes sont presque toutes laides et sales. Le dur labeur auquel elles sont astreintes depuis l'enfance, le travail de la terre, le port des fardeaux ainsi que les fonctions répétées de la maternité leur donnent de bonne heure un air vieillot, et il n'en est pour ainsi dire aucune qui échappe à cette rapide et cruelle décrépitude.

En ce qui regarde l'élégance telle que nous la comprenons, les Phou-Noi ne le cèdent en rien aux autres Khas. Comme eux ils ont le lobe de l'oreille percé d'un énorme trou dans lequel ils trouvent un plaisir évident à introduire des cylindres de bois, d'ivoire ou des morceaux de feuilles de bananier roulées. Le comble du chic est d'y mettre une boîte d'allumettes suédoises. Je crois que s'ils le pouvaient, ils y placeraient une assiette à soupe ou un tesson de bouteille.

Une telle marotte ne nuit en rien à la sympathie que nous devons fatalement ressentir vis-à-vis de populations dont le labeur nous est si profitable. Le village est riche, en effet, et les deux phyas avaient bien raison de nous le recommander. Outre que nous y sommes à l'aise, on nous a apporté des quantités de fourrage et de paddy pour nos animaux qui ne se sont pas trouvés à pareille fête depuis notre départ de Lai-Chau. Près de nous ils mâchonnent activement une ration si plantureuse que les cerceaux de leurs carcasses qui se dessinent en ombres et lumières, s'agitent à tous moments, de soubresauts de satisfaction. Tout à la joie de manger pour vivre, ils ont oublié les querelles d'antan, définitivement assagis cette fois, par l'excès de fatigue et un jeûne démesurément prolongé.

Notre venue ramène la confiance parmi les populations que la crainte de représailles de la part des pirates avait essaimées dans la forêt. A la tombée de la nuit, c'est un plaisir de voir de tous côtés dévaler par les pentes qui mènent au village, de longues théories de petites montagnardes en veste bleue, aux mollets serrés de bandelettes, portant, soutenues par une courroie qui s'appuie au front comme un harnais de bœuf, de lourdes hottes remplies de racines, de bois mort ou de fourrage. Toutes se suivent à la file indienne, les plus jeunes aidant les plus âgées, courbées, essoufflées, ahannant sous leur fardeau de broussailles, ou remorquant au bout d'un bâton de pauvres vieilles aveugles aux paupières rongées, aux reins cassés, qui cachent sous leurs courts jupons des maigreurs de bique. D'autres, de toutes petites très drôles, hautes comme une botte, font avancer avec des précautions touchantes quelques aïeules usées à la peine, obstinées à vivre, semblables à celles que les âpres paysans de chez nous regardent souvent comme des bouches inutiles, mais qui rejoignent ici leur gîte de misère entourées de douces prévenances.

C'est dans l'unique pièce de la petite pagode du village que nous tenons nos assises, le colonel, ses adjoints et moi. La seule compagnie que nous ayons est celle d'un bonze aussi gros et aussi gras que sa physionomie est vide de pensées. Vêtu d'une pièce de cotonnade jaune qui a connu des jours meilleurs et dans laquelle il se drape avec la majesté d'un sénateur romain, il vit là dans une contemplation que rien ne trouble. En dépit de sa tête rasée jusqu'à l'os, sa bonne figure de pleine lune, ses bajoues retombantes, l'épais bourrelet de chair qui lui sert de cou et sa graisse d'eunuque ne peuvent lui donner l'aspect d'un ascète desséché par le jeûne et les macérations. Par contre, il laisse l'impression d'un homme qui a trouvé le secret du bonheur dans cette vallée de larmes en passant la première moitié du temps à dormir et la seconde à ne rien faire. Sans trop s'en douter, il applique au fond les principes de Çakya-Mouni, car il semble avoir banni de sa vie tout désir. Aucune souffrance, aucune peine ne l'attend plus dans l'existence qu'il s'est créée. Il est évidemment sur le chemin qui mène tout droit au paradis bouddhique.

Quand la faim se fait sentir, ce professeur d'anéantissement abandonne sa posture de paresse familière pour se donner la peine d'aller quêter quelque nourriture par le village. Il en revient portant avec une gravité sereine dans son petit panier les menues offrandes que lui ont faites en passant quelques bonnes âmes, peu de chose d'ailleurs, des pistaches, un petit bol de riz gluant et, à défaut d'un plat fin mijoté dans une sauce odorante, un morceau de peau de cochon qu'il laisse lentement rissoler sur les braises. Cela lui suffit. Matin et soir nous l'entendons marmonner devant un poussah ventru des mots sans accent comme s'il se racontait des choses à lui-même. C'est le refrain monotone de ses prières qu'il débite avec volubilité, les yeux fermés aux séductions du monde, un peu pressé d'en finir pour aller s'étendre de nouveau près du foyer et reprendre cette fixité extatique qui semble remplacer la pensée chez les animaux et la remplace probablement aussi chez lui.

Cette immobilité, ce rêve intérieur ne sont, du reste, que les préliminaires transitoires d'un état de torpeur plus avancée ; car tout doucement, sans clignoter, ses paupières s'abaissent et il s'endort le pli des lèvres éclairé d'un sourire d'une douceur et d'un sérieux inexprimables. On le dirait atteint de la maladie du sommeil.

Des heures durant, il restera là étendu sur le côté droit, la tête tournée vers le Nord sans se douter qu'il est dans l'attitude que prit son maître spirituel le vénérable et omniscient Gautama lorsque arrivé à Koucinagara sur le territoire des Mallas il se coucha épuisé au pied d'un arbre pour entrer successivement dans les quatre degrés de méditation cataleptique qui précéda de quelques heures son paisible passage dans le Nirvana.

Au-dessus de la niche des Bouddhas où il vient à heure fixe psalmodier ses coutumières oraisons, j'aperçois, suspendu à une poutre par une ficelle, sa bibliothèque. Oh ! quelque chose de bien peu compliqué, un unique livre, simple pile de feuilles de latanier pressées entre deux lames de bambou. Les caractères m'en paraissent si curieux que je me décide à tenter sa cupidité pour l'acquérir et royalement je fais le geste de lui offrir une piastre à titre d'essai. Aussitôt il se déride et tend vers moi deux mains larges comme des écuelles. Vendu ! Le manuscrit m'appartient. Déjà ! J'aurais cru trouver plus de résistance. N'en ai-je pas pour mon argent ? C'est probable. Mais si, croyant conclure une bonne affaire, j'ai fait preuve, au contraire, d'une trop grande générosité, ce sera tant mieux, car le culte me paraît bien mal rétribué dans la paroisse de Ban-Nam-Poung.

N'empêche que ce moine est moins détaché des choses de ce monde que je ne l'aurais cru. S'il suffit, pour un laïque, de ne pas tuer ou voler, de ne pas commettre d'adultère, de ne pas mentir ou s'enivrer, pour être en règle avec les cinq principes fondamentaux de la morale bouddhique, les prêtres de cette église sont tenus d'observer d'autres commandements spéciaux, entre autres et notamment celui de n'accepter ni or, ni argent, ni même de toucher du doigt la moindre monnaie. Dans l'Inde ils tournent la difficulté en se revêtant la main d'un pli de leur voile. Moins raffiné ou moins instruit de ses obligations professionnelles, le bonze de Ban-Nam-Poung y a mis moins de formes.

Est-il, du reste, aussi coupable qu'il le paraît ? Cette piastre qu'il a si prestement escamotée sous son peplum peut être considérée, après tout, comme une aumône. Or on sait qu'au point de vue bouddhique, rien n'est aussi méritoire qu'une aumône faite à un bonze. On a donc le devoir de la lui faire, et si on a le devoir de la lui faire il a sans doute le droit de l'accepter. Sa culpabilité est donc hors de cause. Et ceci nous prouve en fin de compte que dans toutes les religions, dans la sienne comme dans les nôtres, il est toujours d'heureux accommodements avec le ciel.

*
* *

Voici Noël. Quelle étrange veillée que celle que nous passons sous l'humble toit de chaume de la petite pagode par cette fraîche nuit d'hiver pleine de scintillements d'étoiles, loin de tout, dans la profonde solitude des campagnes phou-noi ! Assis sur nos cantines près du foyer entre un bonze endormi et la niche obscure au fond de laquelle, avec un sourire de bienveillance, des idoles, le doigt levé, semblent nous faire discrètement le signe de nous taire, il faut un effort pour être certain que notre almanach de poche ne nous trompe pas, que c'est un jour de fête, la fête où l'on se retrouve en famille autour de l'âtre illuminé d'une ardente flambée, la fête que si longtemps rappela à nos rêves d'enfant ces humbles et naïves petites images de calendriers, un vieillard à longue barbe blanche se hâtant, les bras surchargés de cadeaux dans un paysage de neige.

Ce n'est pas la première nuit de Noël que je passe loin des miens depuis vingt ans. Que ce soit dans la majestueuse solitude du Sahara devant l'autel de campagne d'un Père Blanc, que ce soit dans une église des missions de Chine, au frontispice éclairé à cette occasion de lanternes multicolores et de figurines transparentes représentant à l'aide de quelque petite mécanique aussi ingénieuse que peu rituelle des scènes animées des premiers temps de la Chrétienté, j'ai toujours senti vibrer en moi, cette nuit-là, la fibre qui me reliait au foyer familial.

On ne peut se défendre d'évoquer des jours semblables passés depuis longtemps et déjà si lointains. Et voici que surgissent, aujourd'hui pêle-mêle et en foule, de rapides images, des souvenirs d'Europe, plus matériels et plus concrets : l'arbre de Noël, la belle oie ou la belle dinde choisie pour le sacrifice, l'active circulation de gens frileusement encapuchonnés portant sous le bras de multiples paquets de bonbons et, dans les rues des grandes villes brillamment illuminées, toutes ces montagnes de victuailles, de gibiers et de venaisons devant lesquelles les badauds et les goinfres viennent complaisamment se dilater les narines comme devant des autels élevés à la gastronomie, enfin toutes ces pyramides rutilantes de flacons et de comestibles qu'il est de coutume d'étaler devant la foule grouillante pour lui rappeler, sans doute, qu'il est de règle, ce jour-là, chez les riches comme chez les pauvres, de se gaver à ventre déboutonné.

L'évocation de ces pantagruéliques agapes nous fait sentir plus âprement notre misère actuelle et il nous vient un peu de mélancolie, à constater que, dans l'isolement où nous sommes, notre dénuement est tel qu'il ne nous permet même pas le plus modeste réveillon traditionnel.

Et pourtant... pourtant nous sommes étrangement privilégiés. Il suffit pour s'en convaincre de fermer les yeux et de penser à ce que doit être la vie de ceux qui, de l'autre côté de l'hémisphère, de la Mer-du-Nord à la crête bleue des Vosges, dans la boue et dans le sang s'offrent si noblement au plus formidable carnage que le monde ait jamais vu.

Comme pour changer le cours de nos pensées et nous ramener du tumulte de la guerre à la paix des champs, un indigène, dans le village, fait soudain pleurer sa flûte de roseau. C'est une sorte de mélopée plaintive à rythme lent, un susurrement de la solitude, un mélodieux roucoulement quelque chose d'infiniment doux et charmant. Malgré moi, les vers de Virgile me reviennent en mémoire :

Tityre tu patule recubans sub tegmine fagi
Sylvestrem tenui musam meditaris avena.

Il y a, en effet, dans les suaves modulations qui résonnent si délicieusement à nos oreilles, une évocation de l'antique simplicité des premiers âges. Ainsi devait jouer, pour bercer la nostalgie de sa servitude, le divin Apollon chassé du ciel en expiation du meurtre des Cyclopes et condamné à garder sur les pentes du mont Ida, les troupeaux du roi Laomedon.

**
**

Les heures se sont passées à écouter les plaintes harmonieuses du khène dans le calme d'une belle nuit. Moins poétique est celle qui suit, interrompue par l'entrée bruyante dans notre paisible demeure de deux jeunes femmes hos solidement ligotées que les notables soupçonnent d'espionnage et qu'ils nous envoient pour faire la lumière sur leurs agissements.

Au petit jour, on les interroge. Ce sont deux sœurs, deux fortes luronnes à la gorge redondante, à la jambe massive, aux attaches puissantes, signes infaillibles des beautés issues des couches profondes. Le reste est à l'avenant ; il serait exagéré de dire que leurs joues ont l'incarnat des roses et que leur teint est de la blancheur du lait. Mais si les deux donzelles débordantes de lymphe, et couvertes de crasse n'ont rien d'aguichant dans la mise, la démarche ou la tournure, elles ne manquent pas d'aplomb par contre et gardent en face de nos menaces le calme des vieilles troupes.

Elles ne songent pas à nier les relations qu'elles entretenaient à Phong-Saly où elles allaient fréquemment. La plus agée a été abandonnée par son mari il y a déjà plus d'un an. Comme il faut vivre il lui arrivait b'en de temps à autre d'oublier, la nuit venue, de rentrer au village. Ça, elle ne le nie pas. Elle se consolait avec les pirates qui avaient la piastre facile. Mais qu'y a-t-il de répréhensible en cette affaire ? Celle-ci seule est chaste que personne ne sollicite. N'a-t-elle pas, elle, le droit de disposer de sa personne comme elle l'entend ? Et que lui veut-on après tout ? Elle nous regarde avec la hardiesse des prostituées et son rire imbécile éclate par saccades comme les hennissements entrecoupés d'une cavale.

La seconde n'a pas l'excuse de l'abandon. Elle aurait même droit à la couronne de fleurs d'orangers si on se laissait abuser par l'apparence mensongère de sa coiffure de vierge. Pourtant elle confesse qu'en

Le Poste de Bou-Mua à notre arrivée.

(Cl. O Kelly).

Village de Ban-Nam-Poung.　　(Cl. O'Kelly).

allant vendre quelques provisions dans le camp chinois, elle s'est éprise d'un jeune chef dont elle a gardé un souvenir excellent. Car elle en parle avec respect et attendrissement, tout à la fois, et le décore d'une appellation pompeuse — Ta Jen, Excellence. — Le cœur a des raisons que la raison ne connaît pas ; le sien l'a trahi, elle en fait l'aveu. Tout doucement elle lui a cédé, c'était fatal, mais pas plus que sa sœur elle n'a porté là-bas de renseignements sur notre compte. Qu'on se rassure ! Il n'était nullement question de nous dans leurs entretiens.

— Et la preuve, ajoutent en chœur les deux hétaïres, c'est que ces « grands vieux messieurs sont partis sans nous prévenir. » Voilà qui est étonnant, en effet. De la part de nobles chevaliers d'un goût si raffiné, cet indélicat oubli est impardonnable.

Pour qu'elles n'aient point d'ennuis dans l'avenir, le colonel les confie au chef de village en lui enjoignant de les tenir à l'œil un mois durant. Passé ce délai, leurs volages époux qui semblent peu disposés à nous attendre auront certainement repassé la frontière. Et les deux dondons, l'interrogatoire fini, s'en vont rassurées, traînant joyeusement jusqu'à leur nouvelle demeure leurs corps poussifs.

**

Le 26 décembre nous reprenons notre chasse. Trois jours d'arrêt à Ban-Nam-Poung ont été nécessaires pour avoir des renseignements sur l'ennemi et le chemin qu'il suit dans sa retraite. Ce que nous savons est assez peu précis, du reste, bien que nos éclaireurs nous aient envoyé dans des paniers de rotin, à titre de preuves, les têtes de quelques brigands qu'ils avaient surpris sur la route de Ngai-Tai et abattus comme du gibier.

De bonne heure nous levons le camp. Un quart d'heure plus tard nous repassons devant le petit village qui nous abrita l'espace d'une nuit. Tous les habitants sont là rassemblés au bord du sentier regardant s'égrener l'interminable cortège des tirailleurs, des chevaux, des mulets et des porteurs, échangeant leurs réflexions, discutant à perte de vue au passage du canon qui leur paraît sans doute quelque machine infernale capable de pulvériser la montagne de Phong-Saly.

Au premier rang se tient la belle Ho. « Dans les yeux le soleil, l'aurore dans le sourire » (d'aucuns pourraient dire « dans son amour le paradis ») elle salue avec grâce et dit au revoir à tous avec des gestes charmants. Ses amis s'éloignent, mais plus polis que les « grands vieux messieurs » dont parlaient les deux autres prêtresses, ils ne l'abandonnent pas sans l'avoir honnêtement prévenue. Cette femme légère gardera notre sympathie, car, fidèle à ses anciennes amours, elle, du moins, ne répandait pas ses faveurs dans le camp ennemi. Il lui sera pardonné parce qu'elle a beaucoup aimé. Personne, du reste, ne saurait lui en vouloir. *Qui est sine peccato, primum in illam lapidem mittat.*

Le village dépassé, nous obliquons sur Phong-Saly. La brume allonge d'un arbre à l'autre ses voiles de plus en plus transparents. Le soleil qu'on ne voit pas, mais qui doit bien être quelque part viendra tout à l'heure piquer des gouttes d'or dans les feuilles mortes, humides encore de la rosée de la nuit et jonchant la terre de chaque côté du sentier.

Tout à coup, comme nous nous enfonçons dans un ravin, une odeur puissante s'exhale dans le vent en même temps que s'élève le concert diabolique d'un essaim de grosses mouches vertes, acharnées sur un cadavre sanglant à demi dépecé par les vautours. C'est la dépouille d'un de nos chevaux abandonnés qui s'est traîné là pour y mourir. Que de charognes pareilles à celle-ci marquent déjà la route que nous avons suivie !

A 9 heures nous trouvons un premier retranchement, puis coup sur coup un second et un troisième, ne différant en rien de ceux que nous avons déjà vus et comme eux, abandonnés. Déjà sur les premières pentes se dessinent une file de petits points gris ; c'est l'avant-garde qui fait à un pas de promeneurs paisibles l'escalade de la montagne.

Voici Phong-Saly : du gros village de cent vingt cases, intact il y a trois jours, il ne reste maintenant que des cendres. La pagode, où se distinguent encore quelques fossés, des levées de terre et des restes de palissade, n'a pas été épargnée par la rage des destructeurs ; seuls subsistent d'elle quelques pans de murs qui se dressent à faible hauteur, noirs et durcis par l'incendie. Les Bouddhas, eux-mêmes, ont fondu dans leurs niches et ne sont plus que de petits blocs de métal répandus à terre.

Nous faisons halte sur l'herbe brûlée au milieu d'une forte odeur de cendre et sitôt déjeuné nous grimpons rejoindre les groupes de tirailleurs qui se sont assis sur les crêtes et se reposent en absorbant lentement leurs tartines de riz gluant.

Sur ces hauteurs, les pirates avaient installé des défenses variées. C'était d'abord, barrant la route, une tranchée, étroite et profonde, protégée par un mur épais de pisé à travers lequel d'étroites ouvertures avaient été ménagées pour passer le canon des fusils ; puis, sur un sommet dénudé, un poste de veille, simple hutte de chaume, en arrière de trois tranchées fortifiées par des remblais de terre et des murs de pierre sèche. Dans la paillote, on voit encore les traces des hôtes qui y vivaient : quelques nattes, des lits d'herbe sèche, des loques sordides, des outils de construction, des débris d'aliments, des seaux de bambou à demi pleins d'eau, une vieille paire de souliers volée on ne sait où, voire même une boîte de sardines vide, provenant sans doute, du sac de Bou-Neua. Mais lé vrai repaire est situé du côté opposé à cette crête, sur une éminence boisée où nous arrivons par un sentier invisible du bas, qui suit d'abord la falaise entre de hautes herbes, puis s'enfonce par de véritables tunnels à travers une végétation dense et, tout d'un coup, se dresse verticalement comme une échelle. Il faut faire d'arbre en arbre, des tractions sérieuses sur les poignets pour arriver au faîte. Nous tombons là sur les vestiges d'un fort qui date de l'invasion des Hos que les rebelles avaient remis en état de défense. En choisissant ce hallier d'accès si difficile, ils pensaient qu'on ne pourrait jamais les y atteindre et qu'il leur serait facile de résister à toutes nos attaques. Le canon de Moc-Pha, auquel doit s'ajouter la crainte de celui que traîne avec elle la colonne du Nord, sur laquelle ils n'ont pas de peine à être mieux fixés que nous-mêmes, les a démoralisés. Ils ont quitté en hâte la région dès qu'ils nous ont su à Ban-Nam-Phoung, pressés de mettre quelques kilomètres de forêt entre eux et nous.

Mais où sont-ils exactement ? Personne ne peut nous le dire. Les gens de Phong-Saly, qui viennent pleurnicher dans le gilet du colonel, se sont bien gardés de chercher à le savoir. Il ne restait que huit ou dix pirates, affirment-ils, le jour où le village a été incendié. Huit ou dix ! Et ils les ont laissés faire, au lieu de leur tordre le cou, comme à de vulgaires poulets ! Bien mieux ils les ont laissé emmener leurs femmes et leurs enfants sans faire la moindre tentative de résistance. Voilà les gardiens des frontières du royaume de Luang-Prabang. Ah ! Majesté que vous êtes donc mal servie et quels piètres hommes de guerre vous avez là

Après la grande halte, nous repartons pour atteindre, par un chemin coupé d'escarpements rocheux et de fondrières, le village de Koun-Souk, ou plutôt ce qui en reste. Et il n'en reste rien. Tout est brûlé, sauf une pagode qui va nous servir de gîte pour la nuit. Un scrupule superstitieux aura sans doute retenu au dernier moment la main qui portait la torche. A l'intérieur les Bouddhas sourient toujours dans l'ombre de leurs niches, mais le plus grand désordre règne dans l'unique salle du temple. Au pied de l'armoire aux idoles, c'est un entassement de hottes et de paniers pleins de manuscrits, des jeunes et des vieux de toutes formes et de toutes dimensions mêlés à des amas de feuilles de latanier gravées, à côté de monceaux de parchemins jaunis, roussis, rongés, mourant de vétusté.

Ah ! c'était bien la peine de dépenser des trésors de diplomatie auprès de mon ami, le bonze de Ban-Nam-Poung. Ici, je n'ai que l'embarras du choix. Il n'y a qu'à puiser dans le tas puisque les maîtres de céans paraissent s'en soucier si peu. Demain, quand nous ne serons plus là, ils seront peut-être brûlés ou volés par quelque bandit attardé. A cette pensée, tous mes scrupules se dissipent. Ces ouvrages feront peut-être les délices des savants de l'École Française d'Extrême-Orient et j'ai à Hanoï, un ami que je vois déjà se pâmer devant ces hiéroglyphes. Au hasard je choisis les plus anciens, les plus patinés, et je les entasse dans les paniers de l'ambulance qui se vident rapidement avec les perfides rafraîchissements des nuits commençantes.

Au réveil on se demande où aller. En venant à Koun-Souk, nous avions aperçu de longues colonnes de fumée que nos partisans attribuaient à des incendies de forêts ou à des défrichements et qui étaient probablement des villages qui brûlaient. Au cours de la nuit, nous avons vu de grands feux sur les mêmes crêtes et de temps en temps des fusées de couleurs différentes. C'étaient évidemment des signaux faits par les pirates, mais dans quel but ? Se rassemblent-ils en vue d'une nouvelle orientation dans leur marche ? On nous avait dit qu'ils marchaient vers Ngai-tai. Or Ngai-tai est au nord tandis que les signaux viennent du nord-ouest. Certains feux d'autre part indiqueraient leur intention de rebrousser chemin vers le sud. Ce serait une grosse faute de se lancer inutilement à leur poursuite, si nous ne savons pas où ils se dirigent. Le mieux est de revenir à Phong-Saly. L'occupation de ce carrefour empêchera l'ennemi de revenir sur ses pas, et comme toutes les précautions sont prises par ailleurs, il ne lui restera que le sentier de l'ouest qui mène en Chine ou celui du nord qui mène à Muong-Ou-tai, avec la désagréable perspective de se heurter à la colonne du nord.

De celle-ci nous ne savons plus rien depuis son départ de Lai-chau. Les indigènes, eux, prétendent qu'elle occupe déjà Muong-Ou-neua et Muong-Ou-tai, nouvelles qui nous semblent être venues bien vite, étant donné la distance qui nous sépare d'elle. Il est vrai qu'elles se transmettent dans ces solitudes avec une rapidité telle que c'est à se demander si ce n'est pas le vent qui les leur a apportées comme il transporte les grains qui viennent germer dans les lézardes des vieux murs.

Le temps d'écouter l'insipide verbiage d'un émissaire plus pressé d'empocher quelques piastres que de donner des renseignements utiles et nous nous mettons en route sur Phong-Saly où nous arrivons à neuf heures et demie. Là nous avons de l'espace pour camper à l'aise, de l'eau limpide que déverse à pleins bords, dans de gros troncs d'arbres creusés, une large canalisation de bambou venue de la montagne. En peu de temps nos ordonnances nous construisent un magnifique abri au fond duquel, par l'ouverture qui tient lieu de porte, la « blanche écume de tulle » de nos moustiquaires tendues prend un air de draperies tout à fait comme il faut. Tour à tour, nos cantines et nos lits servent de tables ou de chaises. On y dort, on y dîne, on y tient salon. C'est commode et du dernier confort. Nous finissons par appeler cela notre maison.

Si nous avions de quoi manger maintenant se serait parfait. Encore crois-je bien avoir entendu quelqu'un me souffler dans l'oreille qu'un convoi de vivres est proche. Si invraisemblable que soit la nouvelle elle est exacte.

Depuis longtemps Souvannarath s'est fait notre pourvoyeur. Ses Laotiens nous fabriquent des galettes de riz qui nous donnent sinon l'illusion de pain du moins l'impression de tenir quelque chose à la main en mangeant. Satisfaction un peu mince. Cela va changer ; le convoi nous apporte des provisions auxquelles le colonel a fait ajouter, agréable surprise, quelques caisses de vin. Ces dernières sont particulièrement entourées.

— Le vin, dit un artilleur à mine réjouie c'est comme l'avoine pour les chevaux. Ce n'est pas que ça engraisse, mais ça donne du nerf.

Les contrastes sont un des plus puissants attraits de la vie de l'explorateur ou du voyageur car ils donnent la juste appréciation des choses par comparaison. Qu'est-ce qu'un bon dîner pour celui qui dîne bien tous les jours ? Ceux qui n'ont jamais été privés des facilités de la vie ne peuvent se rendre compte de la joie puérile que nous éprouvons à penser que les galettes de riz gluant vont faire place au pain frais et que pour un temps si court soit-il nos misères vont s'alléger.

A la tombée de la nuit, tandis que nos soldats surveillent avec un intérêt passionné les apprêts du souper, un courrier rapide débouche dans la plaine. Le messager est porteur d'un petit morceau de rotin sur lequel sont fixés des plumes d'oiseau, un tison éteint et deux piments rouges. Cet assemblage symbolique, que nous voyons pour la première fois, a une signification très nette dans ce pays où on ne fait guère usage d'écriture. Les plumes indiquent que le porteur du pli doit avoir la rapidité du vol des oiseaux, le charbon, qu'il doit marcher jour et nuit en s'éclairant avec une torche si c'est nécessaire ; quant aux piments...... Lecteur, ne souriez pas, ce n'est pas ce que vous avez pensé — ils signifient simplement qu'il doit conserver comme une faveur brûlante la teneur verbale de la correspondance qu'il est chargé de transmettre. Enfin, semblable à l'épée de Damoclès, le rotin est là pour lui rappeler que s'il ne fait pas diligence il sera fustigé.

Outre que le colonel n'aurait jamais songé à infliger un tel châtiment nous ne pouvons qu'être enthousiasmés de la rapidité avec laquelle le courrier a franchi les étapes. Le malheur est qu'il n'apporte que des nouvelles déjà vieilles dans un pays où les hommes vont si vite.

Il n'y a pas que nos courriers qui marchent sur des ailes : un sous-officier nous apporte en courant une nouvelle stupéfiante. La colonne du nord fait, paraît-il, des signaux optiques ; une forte lueur serait visible sur un sommet. Si près déjà ! On se précipite dehors. D'innombrables étoiles vivantes remplissent le ciel de leur scintillement et la nuit est si claire, si argentée qu'il n'y a presque plus de place pour le bleu du firmament.

— Voyons ce projecteur, dit le colonel.

— Là, dit l'homme avec émotion. Et il indique du doigt une source lumineuse adressée à une crête.

— Çà ? Mais c'est une étoile, mon ami. C'est Sirius, une très belle étoile......

Et nous éclatons de rire, à la confusion de notre fantaisiste observateur.

Mais comme nous rentrons un peu déçus deux hommes coiffés d'un volumineux turban viennent mystérieusement donner les indications les plus précises : les Chinois seraient à Sen-An, petit village de Yaos sur la route de Ngai-Neua. Ils le savent puisqu'ils en viennent et qu'ils les y ont vus.

Nous n'avons plus rien à faire ici. Vite en route, pour Ngai-Neua !

CHAPITRE VIII

De crêtes en ravins.

LA nuit n'est plus ; mais le jour n'est pas encore quand nous nous engageons sur le chemin rocailleux qui descend à Koun-Souk. Les chevaux butent, se blessent, tombent, se relèvent et s'arcboutant sur leurs membres raidis se laissent glisser en faisant feu des quatre fers. Notre marche est terriblement lente. Descendus de nos montures qu'agace cette allure de crabes, nous songeons à la facilité qu'auraient des piétons, suivis de bons porteurs, pour parcourir chaque jour des étapes triples de celles que nous pouvons faire avec notre interminable convoi qui atteint parfois une lieue de long. Un bourbier, un épaulement de rocher, un rien et l'on perd des heures entières !

Questionnés sur la route que nous devons suivre, les indigènes nous ont donné d'assez vagues indications, mais de ce qu'ils nous disent, une chose certaine se dégage : c'est que nous allons peiner plus durement que jamais, les chemins n'étant jusqu'à Ngai-Neua que de perpétuelles montées et descentes à pentes très raides. A mesure qu'on avance, le paysage se fait, en effet, de plus en plus abrupt, de plus en plus désolé. De loin en loin apparaissent seulement de pauvres cultures, quelques parcelles de terre végétale péniblement recueillie sur les pentes d'un mamelon. Koun-Souk dépassé, nous ne verrons plus de la journée la moindre trace d'habitation.

Jusqu'au Nam-Long, le sentier s'engage sous bois le long de ravins dangereux. Quelques mulets y font des chutes effrayantes, roulant jusqu'au fond avec les caisses et les ballots qu'ils portent. On les croit tués ; ils en sont quittes pour quelques contusions ou des égratignures. Ils se relèvent sans hâte, s'ébrouent et profitent du répit que leur laissent leurs conducteurs, beaucoup moins prompts à les suivre, pour brouter quelques tendres feuilles de bambou. C'est à croire qu'ils sont en caoutchouc, témoin celui qui, devant moi, glisse sur une planche jetée d'un bord à l'autre d'un torrent très encaissé, tombant de trois mètres de haut avec sa charge parmi les rocs et les éboulis. Il ne bougeait plus. Je pensais qu'il s'était cassé les reins. Simple illusion ! Dégagé de son fardeau il s'est relevé pour continuer joyeusement sa route après quelques facétieuses gambades dans le but de se dégourdir les membres.

A certains endroits le sentier est coupé de fondrières où les animaux s'enfoncent brusquement jusqu'au ventre, comme s'ils disparaissaient dans une trappe. Il faudrait pour passer sans accident fâcheux sur cette glaise détrempée et glissante être muni d'une solide paire de bottes d'égoutier. Encore n'échapperait-on pas aux ennuis de la boue qui fait office de ventouse, colle aux talons, ou s'y attache en patins énormes.

C'est cependant bien sur ces odieux chemins que se sont engagés les pirates. Voici dans un coin de forêt les traces d'un repas sur l'herbe tragiquement interrompu ; le cadavre d'un Chinois complètement nu est là le visage contre terre, une main encore pleine de riz, sans autre trace de sang, sans autre lésion apparente qu'un tout petit orifice qu'aurait fait à l'épaule un grain de plomb, probablement quelque projectile sorti d'un de ces longs fusils primitifs qui partent avec une étincelle de silex. Il n'y a rien de tel pour maintenir en haleine ces maîtres en guêts-apens que de petits coups de Jarnac comme celui-ci perpétrés par un bon élève qu'on n'attend pas.

A midi nous atteignons les bords du Nam-Long et nous y faisons la grand'halte. Au même moment y arrivent, venant de Koun-Noum, une quarantaine de Méos. Ce sont, pour la plupart, de solides gaillards, bien musclés, à la physionomie ouverte et dégagée qu'on reconnaît immédiatement à ce fusil spécial qu'ils portent, sorte de long tube de fer, plus ou moins circulaire, emmanché sur une courte crosse légèrement coudée en bec de cane.

Des femmes et des enfants les accompagnent. Les pirates les leur avaient enlevés ; ils viennent de les leur reprendre après les avoir patiemment suivis pour leur faire une guerre d'embuscades sans merci. Car ce sont ces quarante hommes-là qui forment à eux-seuls l'innombrable légion de Méos dont on nous a si souvent rabattu les oreilles depuis notre départ de Boun-Neua. Décidément il faut pour arriver dans ce pays à apprécier sainement les questions de chiffres ou de nombres diviser par dix et parfois même extraire, par surcroît, la racine carrée.

C'est l'un d'eux qui a tué le pirate dont nous avons trouvé le corps couché dans l'herbe. A titre de preuve, il tire d'un sac qu'il porte en bandoulière, les dépouilles du mort, deux vestons emboîtés l'un dans l'autre et susceptibles de remonter sa garde-robe. Les Méos n'ont pas seulement l'esprit d'économie très développé. S'ils connaissent à fond l'art de travailler la glèbe, d'engraisser les porcs, de chaponner les poulets, d'élever bœufs, buffles et chevaux, de recueillir les larmes précieuses du pavot léthargique, ils savent aussi bien, le cas échéant, délaisser leurs pacifiques occupations pour le fusil de guerre et prendre le maquis. Des lascars décidés comme eux feraient de sûrs partisans, d'excellents éclaireurs. Si on les enrôlait sur le champ !

Aussitôt dit, aussitôt fait, et ils acceptent avec enthousiasme, ravis de marcher en si bonne compagnie. A part l'escorte indispensable pour mener sans encombre femmes et enfants à leur village, le groupe entier se décide à faire demi-tour et, tous ensemble, nous repartons.

Le Nam-Long de nouveau traversé, c'est tout aussitôt un rempart qu'on a devant soi. Il paraît qu'il faut encore grimper et grimper jusqu'à la nuit pour atteindre un village de Khas qui eux, n'ont pas attendu la venue des brigands pour prendre le large. Des heures durant nous cheminerons sur des pentes interminables, nous accrochant aux herbes et aux arbustes pour ne pas marcher à reculons. Si l'avant-garde peut parvenir au village à la tombée de la nuit, le convoi, l'artillerie, les porteurs n'y arrivent qu'à neuf heures du soir. Et dans quel désordre ! Bêtes, gens n'en peuvent plus. Jamais nous n'avons encore fait marche à la fois si longue et si dure. Et pourtant nous sommes tout près de notre point de départ. D'ici, le massif de Phong-Saly ne semble pas, à vol d'oiseau, à plus de sept kilomètres.

Pour la première fois nos porteurs thaïs, excédés de fatigue, ont esquissé un petit geste de mauvaise humeur, je n'ose dire de rébellion. Après avoir posé leur charge à terre et s'être couchés sur le sentier, ils ont déclaré tout net qu'ils en avaient assez et qu'ils n'iraient pas plus loin. Il a fallu des menaces mêlées de promesses et d'encouragements pour arriver à leur faire atteindre l'étape. Des chevaux, des mulets sont tombés pour ne plus se relever. A mesure que la fatigue augmente chez les tirailleurs, chacun d'eux s'ingénie à se débarrasser de ce qui lui paraît trop lourd. Où le mettre sinon sur le dos de l'animal le plus proche ? Les bêtes, cela ne se plaint jamais. C'est d'abord une musette, puis une pochette à riz, puis deux, puis quatre, parfois davantage, qui s'entassent au-dessus des charges. Quelques éclopés et des malades se hissent par-dessus le tout, si bien que certains chevaux arrivent écrasés au point qu'ils touchent réellement le sol de leurs boulets. C'est une pitié de les regarder.

Si la vie est rude pour nous, elle est cruelle pour eux. Maigres, efflanqués, ils prennent, en arrivant, l'attitude résignée des jours de jeûne ; car leurs efforts n'auront même pas pour récompense la poignée de paddy ou la touffe de bambou qu'ils ont cent fois gagnées. Il n'y a rien ici ; on dirait qu'ils le savent et qu'ils le sentent. Le village est désert, les greniers à riz vides, sans toitures, les brigands ayant utilisé la paille pour entretenir leurs feux. Tout est sale, misérable, délabré. Les habitants qui se sont réfugiés dans la forêt n'osent en sortir. Rien à faire que de se coucher et d'attendre de meilleurs jours. On ne me reprochera pas d'exagérer en affirmant qu'il y a certainement des situations plus gaies !

Mais c'est en vain qu'on les attend ces jours meilleurs. Ceux qui suivent nous réservent des épreuves plus dures encore. Dès notre

départ de Koun-Noum le lendemain, c'est un véritable gouffre que
nous avons devant nous ; une descente vertigineuse vers un arroyo
assez profond, suivie aussitôt qu'on l'a traversé d'une escalade à pic
par un sentier glissant sur l'autre rive. En quatre heures nous passerons de 1.200 mètres d'altitude à 800 pour remonter à 1.300 aussitôt
après. Cette marche, venant après les fatigues de la veille, est désas-
treuse. Quatorze tirailleurs exténués se laissent tomber à côté de la
piste, incapables de faire un pas de plus écrasés sous leur équipement,
à demi-morts sous un soleil anormal pour la saison. Il faut les jucher
un à un sur quelques mulets haut le pied qui se seraient bien passés
de cette corvée supplémentaire. Ils n'ont même pas la force de s'y
maintenir et dégringolent à terre avec tout ce qu'ils portent. Nous
sommes obligés d'envoyer des hommes du hameau voisin pour les
ramener sur des brancards.

Il est impossible de demander davantage à nos auxiliaires qui ont
atteint l'extrême limite de leur résistance. Il est d'autant plus sage
de s'arrêter au petit village qui couronne la crête que le convoi n'y
arrive qu'à une heure tardive, après avoir triomphé avec une peine
inouïe des difficultés rencontrées sur sa route.

*
* *

Chaoum-Muong est un village de Khas-Kos. Sur un plateau large
comme une aire à battre le blé, six ou huit huttes de torchis, coiffées
de chaume, composent l'agglomération. Basses et sordides, ces
cabanes sont de véritables cloaques où les animaux et les gens frater-
nisent dans une ignoble promiscuité, mêlant avec une simplicité
antique leurs maladies et leur vermine.

Nous nous installons dans celle du chef du village où, dans la pièce
voisine de la nôtre, se tiennent entre une auge à porcs et une marmite
pleine de racines qui mijotent sur le feu, deux ou trois vieilles sorcières
à peau basanée, vêtues de haillons. La pièce qui nous est réservée
a l'avantage d'être ornée de bois de cerfs, d'une ceinture en fibres
de bambou tressées supportant un carquois garni de flèches empoisonnées (1) d'un arc et de vieux paquets de cordes de rotin. Un foyer

---

(1) Le Docteur Pons qui fut, à deux reprises, chef du service médical des
troupes en opération dans le Haut-Laos, m'a remis la note suivante que je
transcris telle quelle :

« Les flèches empoisonnées employées par les Khas et les Méos du Haut-Laos
mesurent de 35 à 45 centimètres de longueur et de 5 à 6 millimètres d'épaisseur.
Leur pointe taillée en biseau est enduite d'une matière noirâtre que l'on ramollit
au moment d'en faire usage. L'extrémité opposée est munie d'ailettes constituées

simple cadre de bois rempli de cendres posé à même la terre, occupe le centre, tandis que, dans un coin près de la porte, nous avons la faculté d'étendre nos matelas sur la toiture de l'étable à pourceaux d'où nous viennent des senteurs inexprimables. Une impitoyable fumée a revêtu le chaume d'un enduit noir, poisseux, luisant comme un beau vernis et d'immenses toiles d'araignées tombent en lourdes pendeloques chargées de suie.

Ce sont les mêmes taudis que ceux que nous avons trouvés à Pi-Che, perchés, comme eux, au sommet d'un mamelon d'accès difficile, mais avec cette heureuse différence que la clémence du ciel nous permet de ne rester dans ces intérieurs empuantis par les déjections des bêtes que le temps strictement nécessaire à notre toilette et d'aller sitôt après admirer au dehors le paysage sauvage et tourmenté qui nous environne. Du piton où nous sommes, on voit aussi facilement le gîte de la veille que l'étape du lendemain, Sen-An, petit hameau de Yaos où nous avons l'intention d'aller camper si, toutefois, l'état de fatigue de nos animaux et le nombre toujours croissant des malades nous le permettent.

Trois cents pirates dont une centaine armés de fusils à tir rapide ont passé ici la nuit du 26 décembre et fait aux habitants les récits les plus terrifiants de leurs aventures. De quoi ajouter un chapitre nouveau à l'Histoire des Grands Hommes !

Les cinq chefs de bande, dont nous avons un signalement méticuleux, fiers comme des grands d'Espagne, se donnent sans rire les appellations les plus ronflantes et se traitent d'« Excellence » à bouche que veux-tu. Parmi eux se trouve un certain Luong qui, pour se donner plus de lustre, fait suivre son nom du titre de « tou-tou » réservé en Chine au gouverneur militaire d'une province. Quand on prend du galon on ne saurait trop en prendre. Celui-ci nous est déjà connu depuis longtemps. Petit commerçant sans scrupules, gêné dans son

---

par des feuilles de bambou. A sept centimètres de la pointe, deux encoches diminuent la résistance de la flèche qui peut alors se rompre au moindre effort.

Cette arme est employée contre le cerf. Pour la chasse au tigre, au buffle, à l'éléphant, le poison est enfermé dans un morceau de bambou taillé en biseau introduit comme un projectile dans le canon du fusil méo chargé de poudre.

Le poison, d'origine végétale, est tiré d'un arbre et de deux arbustes. Le principe actif est dû, sans doute, au strophantus giganteus très fréquent dans le Haut-Laos. On se sert d'une poule pour expérimenter sa toxicité et sa durée de conservation. Si la poule meurt aussitôt après la piqûre, le poison est trop violent et ne se conserve pas ; si la poule tourne en cercle la toxicité est assurée pour deux années.

Au dire des indigènes, la mort survient au bout du temps nécessaire pour fumer une cigarette et seule, ajoutent-ils, l'absorption de vers de terre ou de crabes peuvent préserver un homme atteint par une flèche empoisonnée d'une mort certaine.

trafic clandestin de contrebande d'opium, c'est lui qui, lors de l'affaire de Sam-Neua, a été l'instigateur de la révolte. Aidé par les fils et petits-fils des partisans de Luu-Vinh-Phuoc, il se croyait, il n'y a pas long-temps, le maître du pays. Il a dû déchanter depuis, et comprendre qu'il y avait loin de la coupe aux lèvres, car la rapidité avec laquelle il bat en retraite nous prouve qu'il a perdu sa belle confiance d'antan.

Pourtant, il tient à garder du décorum, de la « face ». Comme ses principaux lieutenants, il monte un beau cheval et s'habille de soie à la chinoise ; par contre, il trouve tout à fait distingué de remplacer la calotte céleste par un chapeau de feutre de forme européenne, déplo-rable innovation apportée en Chine, lors de la révolution, par les disciples de Sun-Yat-Sen. Si soignée que soit sa mise, cette « Excel-lence » nouveau style a la fâcheuse habitude de ne jamais régler ses dettes. Les pirates n'ont pas souvent d'argent et quand, par hasard, ils en ont, ils répugnent infiniment à s'en séparer. Mais le monde est ainsi fait que tout homme qui parle en maître est sûr d'être obéi. Et ils ne se sont pas fait scrupule de parler en maîtres, ici, ces odieux coquins qui, le sourire aux lèvres et l'index sur la gachette de leur fusil ont obligé les habitants à sacrifier porcs et buffles en leur honneur. Tout va-nu-pieds a des appétits de roi quand il s'agit de se goberger aux dépens d'autrui !

Après Chaoum-Muong, la piste très accidentée que nous suivons, tantôt sous bois, tantôt entre de hautes herbes, traverse deux miséra-bles petits villages de Khas-Kos qui, eux, n'ont pâti en rien du passage des malandrins. Il nous était réservé d'y goûter des sensations d'explo-rateurs. C'est, en effet, la première fois qu'on voit passer ici des Européens. Aussi sommes-nous l'objet d'une vive curiosité de la part des habitants qui nous considèrent avec des yeux remplis d'un immense étonnement mais sans la moindre inquiétude.

Notre marche est monotone. La seule rencontre que nous ayons faite jusque là est celle du chef de village de Phanya-Soun-Phou que les pirates avaient emmené en captivité et qui a su profiter d'un moment d'inattention d'une sentinelle pour s'échapper. Et le bon-homme tout joyeux d'en être quitte à si bon compte nous montre avec orgueil des pièces à conviction, le rustique cadenas et les solides chaînes qu'il a pu rompre, toutes choses qu'il emporte à titre de souvenir.

Les restes tout frais d'un campement ennemi nous fournissent l'occasion d'utiliser des cabanes de bambou construites au bord d'un arroyo dont le gazouillement met un peu de vie et de gaîté dans le paysage. L'eau vivante, l'eau qui fuit et qui bondit n'est-elle pas une compagne et une amie ? La nuit, la lueur de nos photo-phores s'y reflète. Voici un petit coin tout à fait séduisant pour un bivouac de fin d'année. Et pour que le charme soit complet, un courrier de France doublé d'un courrier du Tonkin vient à point pour nous permettre de passer joyeusement, en commune pensée avec nos familles et nos amis, ce dernier soir de décembre.

Sans bruit, sans qu'on l'ait entendue pénétrer sous nos gîtes feuillus la nouvelle année a fait son apparition. D'un abri voisin du mien me viennent à pointe d'aube, les réflexions d'un officier plein de belle humeur et d'optimisme, déjà en coquetterie avec sa glace à main.

— Encore un an d'écoulé ! Ça ne se voit pas. Pas une ride de plus, pas un cheveu de moins. C'est étonnant. Rien ne conserve comme la vie de brousse. Décidément je ne change pas.

Et il le croit !

Combien d'autres ont les mêmes illusions ? Combien de camarades retrouvés après vingt ans de séparation qui s'étaient fait chaque année les mêmes réflexions et qu'on retrouve vieillis, cassés, usés par le climat ? Ah ! c'est que le temps fait bien ce qu'il fait. C'est un prestigieux artiste qui sait merveilleusement ménager les transitions et nos susceptibilités. Rien ne saurait mieux donner l'idée exacte de son incomparable talent que sa manière de nous acheminer par une pente insensible de l'enfance à la vieillesse, moins contents tous les ans et pourtant satisfaits tous les jours.

Il n'y a qu'une chose qui ne change jamais et à laquelle il est moins facile de s'accoutumer, je veux parler de l'état des chemins toujours aussi abrupts, toujours aussi abominables. Ce sont de perpétuelles escalades sur des montagnes qui n'en finissent pas, de subites dégringolades au fond de véritables gouffres. Les meilleurs alpinistes trouveraient là de quoi calmer leur fanatisme.

Il ne nous faut pas moins de trois heures et demie pour atteindre Sen-An et quand nous y arrivons, la cîme de Phong-Saly nous semble toujours aussi proche. Où êtes-vous petits sentiers de France qui donnez à qui vous suit l'impression d'être le maître d'un splendide domaine ? Grâce à vous, il n'est pas de sommet d'apparence inaccessible, point de fond de vallée que l'on n'atteigne rapidement. Ici les heures, les jours, les semaines passent à plonger dans une succession sans fin d'abîmes et de ravins, avec, au bout du compte, la sensation du marin perdu au milieu des immensités de l'Océan. Il semble qu'on ne bouge pas, ou plutôt qu'on marche sans avancer, comme fait le navire à la cape qui, des heures et des heures durant, bondit à la crête des vagues et plonge dans leurs creux sans se rapprocher du port.

*
*

Sen-An est habité par des Yaos, gens de même souche que les Mans du Tonkin. Montés sur une haute falaise dominant le hameau, les habitants nous voyaient venir depuis longtemps. Quand nous ne sommes plus qu'à quelques centaines de mètres, l'un d'eux se détache du groupe et vient à nous. Il est jeune, trente ans à peine, grand, bien découplé, la tête entourée d'un turban énorme et noir comme le reste de ses vêtements. C'est le chef, et il se montre tout à fait charmant, l'excellent homme, car en manière de bienvenue et de déférente soumission, il vient offrir au colonel deux petits bouquets de fleurs de sa montagne entourés de feuilles vertes.

Le village se compose de quinze cabanes à même le sol taillé en terre-plein sur des pentes à peine nivelées. Des planches grossièrement équarries, des toits de chaume tombant d'un côté jusqu'à terre, des portes faites de bambous juxtaposés réunis entre eux par un bâton transversal, des pignons de paille laissant l'air et la lumière pénétrer librement, voilà de quoi sont faits ces logis miséreux de montagnards.

On compte ici quinze familles, au total quatre-vingts personnes. Les hommes, en général de grande taille, ont une physionomie ouverte comme celle des Méos. En plus de leur dialecte spécial, ils parlent le langage chinois du Nord et savent écrire un grand nombre de caractères. Ils sont vêtus d'un large pantalon et, sur une petite chemisette de couleur, d'une courte veste de cotonnade noire attachée au cou et sur les côtés par des boutons de métal.

Les cheveux roulés sous le turban, ils ont presque tous les poignets cerclés de bracelets d'argent et portent suspendue à la ceinture par une double lanière de cuir, une sorte de boîte plate en argent ciselé dans laquelle ils enferment leur tabac. Les enfants ont le crâne couvert de la calotte des marmots chinois et des jambières en toile au-dessus de leur pantalon très court. La petite veste qui recouvre le buste est décorée de deux rangées de pièces de vingt cents qui leur servent à la fois d'ornement et de boutons. Je compte jusqu'à vingt-six piécettes sur la poitrine de l'un d'eux.

Les femmes ont un costume plus curieux. C'est, d'abord au-dessus d'un pantalon de cotonnade bleue, une tunique de même couleur qui descend jusqu'aux genoux et se termine par deux pans ornés de liserés rouges qu'elles relèvent et fixent de chaque côté de la taille. Quelques broderies autour du cou, des agrafes d'argent au-dessus des seins, des bracelets au poignet, des anneaux d'oreille de même métal auxquels est suspendu un ornement contourné en S, complètent ce costume. Il s'y ajoute une coiffure originale que je vois pour la première fois. En plus du turban qui enveloppe la tête, elles ont un chignon rendu rigide par de la poix, de la cire ou de la laque, et en forme de disque, ce qui donne à l'ensemble l'aspect des chapeaux de nos paysannes creusoises.

Quelques vieilles — les jeunes demeurent invisibles — ont apporté des ignames, des navets de grosse taille que les tirailleurs se disputent à des prix stupéfiants, tout en continuant leur marche. Les produits de la terre, venant s'ajouter à tout ce qu'ils ont déjà sur le dos, apportent une note comique à leur accoutrement déjà pittoresque. On nous offre également des œufs à raison de vingt cents la pièce. Prix de guerre et même d'après-guerre !

Nous faisons halte pour déjeuner, près d'une canalisation de bambou qui recueille l'eau claire de la montagne. Immédiatement, nous devenons le centre d'un cercle formé par une trentaine d'hommes et d'enfants qui font preuve d'une curiosité inlassable. En d'autres temps, elle serait exaspérante. Aujourd'hui, elle nous distrait. Tout les intrigue : nos gobelets, nos assiettes et nos mets sur lesquels quelques bambins jettent de tels regards de convoitise que, pour nous divertir à notre tour, nous leur offrons de petites tartines de moutarde. Loin de faire la grimace, ils les mangent avec plaisir ; pour un peu, ils en redemanderaient. Et pour nous remercier, après le déjeuner, ils cherchent à se rendre utiles en portant de menus objets et nos appareils photographiques qui leur avaient d'abord semblé des armes dangereuses.

Les mitrailleuses et le canon sont très entourés. Il faut cependant les arracher à la muette contemplation dont ils sont l'objet et nous remettre en route. Nous allons à deux heures de là, sur le versant opposé, passer la nuit près d'un petit ruisseau qui se jette dans le Nam-Yong, affluent du Nam-Ngai, rivière de Ngai-Neua, point où aboutit le sentier qui relie Boun-Neua à Ngai-Neua.

On dirait que nous le faisons exprès, nous y trouvons encore les traces d'un campement des pirates, les preuves de leurs méfaits aussi car une tombe fraîche recouverte d'une calotte sanglante, à demi coupée en deux par un coup de sabre, nous renseigne sur le sort du malheureux compagnon de chaîne du chef de Phanya-Soum-Phou. Pour se venger de l'évasion de leur principal prisonnier, ces brutes, pour lesquelles la vie d'un homme ne compte pas, l'ont achevé. Ils l'avaient laissé sur place au milieu de flaques de sang qui empourprent encore les herbes foulées tout autour. Ce sont les habitants d'un hameau voisin qui sont venus le mettre en terre, après une cérémonie que révèlent encore quelques pains de riz torréfiés et de petits piquets de bambou ornés de drapeaux rouges que nous voyons à proximité de la sépulture.

S'ils n'ont aucun respect pour l'existence des autres, les pirates ont de la leur un souci constant. Cela se voit ici aux consignes écrites que nous avons trouvées épinglées sur des troncs d'arbres. Ordre de faire ceci ou cela en cas d'alerte, de le faire vite et bien sous peine des châtiments les plus sévères. Ces documents ont aussi à nos yeux une autre signification. Se sentant serrés de près, ces brigands avec lesquels nous sommes, paraît-il, en guerre, n'ont évidemment aucun désir de se rencontrer avec nous, à moins qu'ils ne rusent comme ces nations belliqueuses dont parlait Montaigne qui « se servoyent en leurs faits d'armes de la fuyte pour advantage principal et montroyent le dos à l'ennemi plus dangereusement que leur visage ».

Mais c'est grand dommage qu'ils mettent une telle obstination à nous éviter. Une honnête rencontre à coups de fusil nous permettrait de mesurer nos forces et de mettre fin à cette chasse à l'homme. Elle nous éviterait surtout ces perpétuelles déconvenues qui suivent l'appréciation fantaisiste des indigènes en ce qui regarde le temps et les distances. Les Khas de Chaoum-Muong nous avaient affirmé que de leur village nous atteindrions facilement Ngai-Neua dans la même journée. Nous l'avions cru — on croit si facilement ce que l'on désire et trois jours après les avoir quittés nous ne savons pas encore si nous arriverons avant que ne luise le soleil du quatrième.

C'est un lieu commun de dire que s'il est des heures, des journées et des années qui paraissent s'évanouir comme des rêves, ce sont celles où nous avons le plus vécu, les plus riches en pensées, en sentiments et en actions, d'où ces légendes de tous pays, depuis la légende allemande du moine attiré dans un bois proche de son ermitage où il resta trois cents ans à écouter le chant d'un oiseau alors qu'il ne pensait s'être absenté que quelques minutes, jusqu'à la merveilleuse légende japonaise d'Urashima Tarc, ce pêcheur qui fut si heureux après avoir épousé la fille du Dieu de la mer qu'il vécut quatre siècles dans une île où il ne croyait être que depuis trois ans. Mais le contraire est aussi exact : il y a des périodes si pleines de sensations qu'elles semblent ne jamais devoir finir tant il est vrai que les minutes et les siècles n'ont d'existence que par nous, et que c'est le rythme de notre pensée qui crée et modifie l'impression de la durée. C'est le cas de ces jours où nous avons à surmonter les difficultés de toutes sortes. Chacun, depuis le chef jusqu'au dernier soldat a sa part de tracas ; les évasions de porteurs, les chutes des animaux, les caisses qui se brisent, les réparations hâtives avec des moyens de fortune, les blessés, les éclopés, les malades, mille autres soucis ou embarras imprévus, toutes les petites misères de la vie journalière allongent démesurément le temps, et c'est une surprise, en arrivant à l'étape, de penser que tant de choses aient pu se passer dans une seule et même journée. « La distance, dans les montagnes, est comme le temps dans la vie, elle trompe. Seulement le temps trompe en sens inverse des distances : on croit les unes basses, elles sont hautes ; on croit le temps long et il est court, il semble infini et il est déjà passé ».

* *
*

Aucun autre chemin entre les berges escarpées que le lit de l'arroyo tantôt profond, tantôt presque à sec, encombré partout de cailloux ronds et de branches mortes. On en sort parfois par d'étroites fissures rocheuses entre lesquelles nos mulets se trouvent comprimés comme entre les mors d'un étau. Ils ne peuvent ni avancer ni reculer. Il faut décharger et faire passer les caisses à dos d'homme, tandis que les bêtes excitées par les violentes invectives des ma-fou, se dégagent prestement et sortent enfin de la glissière où elles étaient emprisonnées avec la soudaineté qu'aurait une bande de démons sortant d'un bénitier.

Toute une matinée se passe à patauger dans le Nam-Youn, ou à cheminer, dans l'intervalle, entre de hautes herbes ou sur des sentiers de forêt. Vers deux heures la trouée s'élargit, les collines s'écartent et nous nous trouvons tout-à-coup en face d'une ancienne fortification pirate. Ce n'est pas la moins sérieuse que nous ayons rencontrée : sur un terrain en pente, deux tranchées superposées, protégées par des murs de pisé, percés de trous juste suffisants pour les canons de la mousqueterie, le tout accompagné de défenses variées et d'un réseau serré de palissades. Personne derrière fort heureusement ! L'ouvrage franchi grâce à un étroit passage ménagé vers le centre, nous débouchons aussitôt dans une plaine de rizières parsemée de petits miradors qui, de loin, ressemblent à des cages à poules montées sur des échasses. Bientôt apparaissent une vingtaine de maisons sur pilotis méthodiquement alignées au milieu d'arbres fruitiers, sur une aire recouverte d'herbe tondue au ras du sol. Nous sommes à Ngai-Neua.

Le chef du village, un grand vieillard à figure madrée, nous cède sa spacieuse demeure. Ici les murs, comme le parquet, se composent de larges planches solidement fixées à des solives. C'est un progrès, et c'est déjà beaucoup d'être à peu près certains de ne pas gagner le rez-de-chaussée par une autre voie que l'escalier, qui remplace ici l'échelle à perroquet. L'échafaudage compliqué de la toiture est d'une belle envolée et si le vent qui souffle à travers les interstices nous est désagréable, nous avons, au moins, l'avantage d'être protégés de la bise qui traverse le plancher par de larges nattes sur lesquelles nous installons nos lits de sangle. Un bon point pour les Lus : leurs maisons sont confortables et bien tenues.

Les pirates avaient déterminé l'exode des femmes et des jeunes filles dans la forêt. Notre présence les fait revenir au bercail. C'est une constatation qui nous plaît. Déjà dans la lumière grise de cette matinée, on les voit joyeuses et caquetantes rentrer à la file indienne à travers le chaume des rizières, passant comme des fleurs en marche avec la grâce de leur silhouette moulée par l'étroit fourreau de la jupe et la gaîté de couleur de leur joli petit costume.

Bavards infatigables les Lus savent à l'occasion garder un silence prudent quand ils croient que le mutisme sert leur intérêt. Pareil mobile doit dicter leur attitude car il faut parler longtemps avec eux pour leur délier la langue. Ils s'y décident enfin après de longs palabres, mais comme ils savent que la parole a été donnée à l'homme pour déguiser sa pensée, ils en profitent pour faire durer le plaisir. La raison de leurs variations est assez grossière pour être facile à discerner. Il faut une heure pour arriver à savoir que les Chinois dont ils appréhendent le retour ont pris la route de Sop-Pong avec l'intention de gagner la Haute Rivière Noire.

De tels renseignements, donnés par de telles gens, ont besoin d'être contrôlés, et pour éviter de nous lancer sur une fausse piste nous attendrons, avant de repartir, ceux que doivent nous apporter quelques sûrs émissaires.

**

En attendant, que faire dans un pareil trou ? Comme il convient de s'instruire en voyage, je vais demander au chef de village quelques renseignements sur les mœurs et les coutumes lus. Je ne prétends pas que les sciences ethnographiques ou sociales, sciences très périlleuses, en tireront grand profit ; mais j'y vois le moyen de passer le temps agréablement, car je sais que le vieillard qui gouverne Ngai-Neua tient bien le dé de la conversation.

Ce noble patriarche me reçoit à l'antique, assis à croupetons sur une peau de bœuf et flanqué de deux notables que je n'ai pas invités mais qui, n'ayant sans doute rien de mieux à faire, viennent par charité me faire l'honneur d'assister à ma petite audience.

Nous passons en revue les principaux événements de la vie. De fil en aiguille nous en sommes arrivés au chapitre du mariage, et j'aborde à l'aide de très prudentes circonvolutions le paragraphe de l'adultère ; mais j'ai à peine entamé mon exposé que le vieillard sourit sous ses lèvres minces de pince-sans-rire et m'interrompt par cette déclaration inattendue :

— On ne voit que cela ici.

Je suis abasourdi. Dois-je en croire mes oreilles ? Et moi qui pensais que le rigorisme des femmes était, depuis longtemps, passé en proverbe en pays lu ! Si interloqué, si décontenancé que je sois par l'écroulement subit de mes illusions, je ne le suis pas assez pour oublier que la plupart des hommes qui disent du mal des femmes ne disent du mal que d'une seule femme. Généraliserait-il un cas particulier, le sien, par exemple ? Mais non, la femme de César ne peut être soupçonnée. Alors ? Alors c'est sans doute celui de deux notables qui grattaient leurs poux et qui, maintenant, opinent gravement du bonnet comme s'ils faisaient partie de la même confrérie. Et tandis que je me pose la question, le vieux barbon de tempérer son affirmation par une réflexion plutôt sévère pour le reste de l'humanité.

— Après tout, ajoute-t-il, dans tous les pays c'est à peu près la même chose.

Il me semble entendre le héros de Chateaubriand : « Je ne suis plus qu'un vieux cerf blanchi par les hivers, mes ans le disputent à ceux de la corneille. Eh bien ! malgré tant de jours accumulés sur ma tête, malgré une si longue expérience de la vie, je n'ai pas encore rencontré d'homme qui n'eût été trompé dans ses rêves de félicité, point de cœur qui n'entretînt une plainte cachée. »

Je continue mon interrogatoire. De l'adultère au divorce il n'y a qu'un pas. Le Lu sait le franchir avec élégance : en sa qualité d'époux outragé il exige de son infidèle moitié le versement immédiat d'une amende de dix piastres. Et tout est bien. Heureux pays où les blessures du cœur se guérissent avec des pièces de cinq francs.

Si j'avais encore des doutes sur la liberté des mœurs des Lus, la petite histoire que me conte Souvannarath suffirait à les dissiper. Il paraît que tout jeune homme épris d'une jeune fille peut entrer la nuit sous son toit à une heure où on a l'habitude de s'abstenir de visites, pourvu qu'il puisse, de l'extérieur, ouvrir la porte de la maison. Y parvient-il ? On lui demande alors s'il vient pour voler, à quoi il répond négativement comme bien on pense. Juliette est déjà debout si Roméo lui plaît, et neuf fois sur dix il lui plaît, car s'il a ouvert si facilement la porte, c'est elle qui lui en a indiqué le secret. Mais s'il ne plaît pas, la jeune fille passe dans le compartiment de ses parents et le garçon déconfit n'a plus qu'à rentrer chez lui.

Je comprends, maintenant, comment notre interprète n'a pas mis plus d'une journée pour se mettre au courant de cette singulière coutume. Il y a près du foyer de la pièce où je tiens mes assises deux jolies filles coquettement vêtues, deux sœurs que j'avais déjà remarquées en entrant. La joie de leur rire frais et jeune attire mon attention. De temps à autre, elles jettent de notre côté des œillades incendiaires que je n'ai pas la fatuité de me croire destinées. Elles se disputent jalousement le cœur de Souvannarath pour lequel les serrures de la maison n'ont déjà plus de secret. Cela se comprend ; il est jeune, beau garçon, bien mis et de famille princière. Il en faut beaucoup moins pour tourner la tête d'une femme et ce n'est pas parmi les lourdauds de leur village que ces deux petites Lus trouveront jamais si galant cavalier.

*
* *

Chaque matin des malades s'accroupissent devant l'ambulance devenue le lieu de rendez-vous des gens de Ngai-Neua qui n'ont rien à faire, autant dire toute la population. Il est de bon goût d'y venir de bonne heure et de s'asseoir gravement en cercle autour des paniers qui ont la réputation de contenir dans de tout petits flacons, des médicaments d'une puissance merveilleuse. Le médecin fait ici l'effet d'un grand sorcier et c'est, du reste, l'expression dont on se sert pour le désigner.

Silencieux et contemplatifs, ils sont toujours là une dizaine de fidèles qui suivent avec un intérêt soutenu les péripéties de la visite journalière et attendent que le flot des tirailleurs se soit écoulé pour venir m'expliquer leur cas particulier. C'est un aveugle qui voudrait que je remette à neuf les globes ternes de ses yeux morts, un goîtreux qui cherche une infusion capable de venir rapidement à bout de son infirmité, un citoyen naïf qui demande un secret pour avoir des enfants mâles, ou un grand dadais qu'un sorcier a envouté pour lui glisser sournoisement dans l'estomac une miniature de peau de buffle qui, maintenant, reprend peu à peu son volume normal au grand dam de sa santé.

Il en vient de tout âge et de toutes conditions. Il en vient même de très bien portants qui se croient très malades, témoin ce beau jeune homme qui semble d'une robuste constitution et qui, cependant, ne vit plus depuis qu'il a absorbé un poil de vache dans un verre d'eau. Et pour terminer, parlerai-je de ce vieux Céladon qui s'est tenu long-temps à distance d'un air indifférent pour venir mieux à son aise, le dernier, me chuchoter à mi-voix sa petite histoire. Ah ! je n'ai pas besoin d'interprète pour comprendre qu'il désire quelque philtre amoureux susceptible de le remettre en faveur auprès d'une beauté cruelle. Mais l'eau de Jouvence, les dragées d'Hercule, les sucs de Brown-Sequard ne sont pas encore compris dans la nomenclature de mon ambulance. C'est une lacune que je ne manquerai pas de signaler à l'attention ministérielle.

De tous les médicaments que je distribue, c'est la quinine qui a le succès le plus considérable. Rien n'est changé depuis l'époque où Montaigne écrivait : « Les drogues n'ont point d'effect à l'endroict de celui qui les prend avecques appetit et plaisir ; l'amertume et la dif-ficulté sont circonstances servants à leur opération. Le naturel qui accepteroit la rhubarbe comme familière en corromproit l'usage ; il faut que ce soit chose qui blece nostre estomach pour le guarir ».

A côté des naturels du pays qui se plaignent d'un mal imaginaire, dans le seul but de faire l'expérience des vertus magiques qu'ils attribuent aux mystérieux talismans qui m'entourent, il est de vrais malades, de pauvres diables de tirailleurs en piètre état que je me propose d'évacuer à Boun-Neua, en attendant le moment d'être en-voyés sur le Nam-Ou où nous finirons sans doute par arriver un jour puisqu'il n'est pas d'exemple au monde qu'une affaire, si compliquée qu'elle soit, n'ait fini par s'arranger.

Car tout arrive, même nos vivres que nous avions désespéré de recevoir. De pauvres rosses efflanquées et fourbues, pitoyables sous leur harnachement, nous les ont apportés, et maintenant délestées de leur charge, elles promènent tristement à travers le camp leur effrayante maigreur et leurs misérables échines ulcérées par le frottement continuel du bât. Comment deviner que ce sont les ardentes bêtes du début de la campagne ? Nous ne les reconnaissons plus, pas plus que ne font mine de les voir leurs frères d'infortune qui, la tête enfouie jusqu'aux oreilles dans les brassées de bambou qui leur ont été distribuées, ont assez de brouter sans avoir le temps de jeter autour d'eux le moindre regard de curiosité.

L'arrivée inespérée de notre convoi marque le début d'une journée de surprises. Tandis que nous sommes étendus sur nos couchettes, le nez en l'air, une chaîne qui pend au travers d'une claie suspendue au-dessus du foyer attire notre attention. A la chaîne fait suite un tonnelet d'ambulance. La présence de ce meuble insolite dans l'habitation d'un Lu détermine le colonel à citer devant sa barre de justice le maître de la maison. Celui-ci invente aussitôt une histoire compliquée pour éviter les ennuis que cette découverte lui permet de prévoir. Il ne peut nier que le tonnelet soit là puisque c'est l'évidence même, mais c'est bien le pur hasard qui l'y a placé. C'est un de ses lointains collègues du Nam-Ou — il ne se souvient même plus au juste lequel — qui le lui a envoyé en même temps qu'un paquet de graines auquel il n'a jamais touché. Il ne sait même pas ce que cela peut bien être, et tout en causant le voilà qui dénoue des linges poussiéreux. Du café apparaît à nos yeux étonnés. Hourrah ! Voici qui vient à point. Ajouté à ce que nous venons de recevoir, nous en avons au moins pour quinze jours.

Faire main basse sur ce stock imprévu est l'affaire d'une seconde. L'homme ne proteste pas. Bien mieux, il sourit. Justement, nous dit-il, il allait nous le donner. Le geste est un peu tardif et nous ne permettrons pas qu'on nous offre ce qui nous appartient. Le tonnelet, comme le café — qui n'est pas que nous sachions un produit du pays — proviennent, c'est évident, du pillage du poste de Boun-Neua, et tandis que le colonel en fait la remarque, le chef de village sentant que ses affaires se gâtent, se retire prudemment en dissimulant une grimace sous la gravité d'un ambassadeur qui prendrait congé d'un roi. Notre trouvaille est le début d'une série d'autres découvertes dans les habitations voisines. Une caisse de comptabilité, une cantine vide, un tas d'objets qu'on avait laissés à Boun-Neua ont émigré ici. Comment et par quels moyens ? Il est inutile de chercher à le savoir. Un silence parfait bien entendu règne sur cette histoire. Il y a un proverbe arabe qui dit que la langue coupe la tête ; je suis sûr que les Lus doivent le connaître.

Le ravitaillement que nous venons de recevoir va nous permettre de repartir. Accroupies dans un coin de la maison, nos ordonnances, prévenues, font déjà leurs préparatifs, rangent méthodiquement leur petit ballot, comptant et recomptant leurs effets, remuant amoureusement quelques babioles achetées en route qui constituent leur luxe et leur fortune. Il y a deux heures que 270, un gros garçon plein de santé, parcourt avec une inlassable patience et sans comprendre une pancarte rouge couverte de caractères, souvenir qu'il a rapporté de Lao-kay et qui a une histoire. Lors de la visite hâtive que nous fîmes au commissaire chinois de la frontière, nous avions oublié de nous munir de nos cartes de visite. Pour réparer cet impardonnable accroc à l'étiquette nous avions, dès notre retour au poste, chargé 270 d'aller les remettre aux policiers qui se tiennent en permanence au bout du pont du Nam-Ti. Le tirailleur s'acquitta ponctuellement de sa mission, mais devant le refus des policiers de prendre les cartes, il se dirigea incontinent vers le Yamen, sans se douter qu'il commettait une grave infraction aux règles de la convention internationale. Afin de lui permettre de revenir sans encombres, le mandarin témoigna de la plus grande indulgence à son égard en lui faisant remettre un laissez-passer. C'est la belle pancarte rouge dont il est si fier. Elle occupe une place d'honneur parmi ses hardes et il y attache le plus grand prix, car s'il consent à l'exhiber en déroulant avec d'infinies précautions et d'impayables crispations de sourcils les bandelettes dont il la tient pieusement emmaillotée, il a toujours refusé de s'en défaire pour la confier à des mains profanes.

A côté de lui se tient 48, mon ordonnance, un gringalet à figure intelligente, mais à regard fuyant et sournois. J'apprécie hautement les services qu'il me rend, l'ordre qu'il maintient scrupuleusement dans mes affaires et cette admirable faculté qu'il possède de faire vite et bien. Il a d'autant mieux respecté mes vins et mes cigares que je n'ai ni les uns ni les autres ; mais je crois que si je le laissais en compagnie de quelque bouteille entamée ou d'un étui à cigarettes, il m'arriverait peut-être de le retrouver occupé à boire mon tafia et à fumer mon tabac avec la tranquille assurance d'un homme qui se livre aux plus légitimes opérations.

Pour la centième fois, depuis qu'il est à mon service, je le vois dérouler une espèce de ceinture en forme de boyau qu'il porte d'ordinaire autour des reins. Il en retire un sachet de cuir où il enferme sa fortune. Il y a quelques jours, il s'est même permis d'y enfermer sans me prévenir quelques piastres qui m'appartenaient. Je ne l'ai pas accusé de vol, car il est de bon ton de ne pas employer ce mot si cru et si malsonnant devant un serviteur modèle. Mais je lui ai fait observer qu'il était nécessaire qu'il retrouve ce que j'avais perdu. Et j'ai cent fois raison de le tenir pour un serviteur modèle, puisqu'il a suffi de cette simple observation pour qu'il découvre mon petit pécule, trente belles pièces d'argent, soigneusement roulées dans un mouchoir dont je m'étais servi la veille sans m'en apercevoir.

***

Le 7 janvier, lestés de cinq jours de vivres, nous nous mettons en route pour Sop-Pong, petit village où nous devons rencontrer la colonne du Nord, arrivée à Muong-Au-Neua le 28 décembre et non le 22, comme l'annonçaient par anticipation les Khas de Ban-Nam-Poung.

Il fait jour quand nous traversons le Nam-Ngai. Des brumes se balancent mollement au ras de l'eau en ondoyantes écharpes qui, peu à peu, montent et s'effilochent pour se fondre dans la lumière pâle de cette froide matinée d'hiver. Les deux berges recouvertes de buissons épineux que la rosée saupoudre d'une infinité de diamants sont reliées l'une à l'autre par une sorte de pont de singe fait de grosses tiges de roseaux ajoutées bout à bout et reposant sur des trépieds de bambou maintenus par de fines lianes. Un officier qui se pique d'être sapeur à ses moments perdus a profité de ses loisirs pour construire à côté quelque chose de moins fragile. Les animaux chargés peuvent y circuler sans crainte d'accidents et c'est autant de gagné sur les retards habituels que cause toujours le passage des arroyos.

Dès qu'elle est sur l'autre rive, la colonne, semblable à une interminable file de fourmis émigrantes, se déroule à travers le chaume qu'empourprent de loin en loin d'anciennes proclamations révolutionnaires sur papier rouge, abandonnées par les rebelles dont elles encombraient inutilement les bagages.

La plaine traversée d'un pas élastique, ce sont bientôt les mille désagréments de chemins tortueux, barrés de rotins dont les panaches souples sont armés d'imperceptibles hameçons, puis c'est une marche pénible dans le lit caillouteux d'un torrent qu'il faut traverser quarante ou cinquante fois pour le moins. Voici maintenant une clairière, de l'herbe foulée, des piquets d'attache, des abris d'une nuit et des tisons calcinés entre des pierres noircies. Nous comptons cinquante-trois feux. A raison de dix hommes par foyer cela fait tou· de même un conseil de cinq cents brigands qui s'est tenu là.

Plus nous avançons, plus les traces de leur déroute sont évidentes. Tout à l'heure, c'était, au pied d'un arbre, le corps d'un Chinois à demi dévoré par les fauves, étendu sur le dos les bras en croix, dépouille que les vers et les termites avaient déjà recouverte d'un linceul de terre. Maintenant ce sont des tombes fraîchement refermées qui jalonnent les bords du sentier, des blessés sans doute qui n'auront pas survécu aux secousses des escalades, car les pirates qui ne s'embarrassent pas de vaines complications ont imaginé un système de transport qui est une merveille de simplicité : solidement fixé à l'aide d'une liane le long d'un bambou, le corps de l'homme suit les moindres déplacements de la perche dont les extrémités reposent sur les épaules de deux solides coolies ; on le porte ainsi qu'un paquet, procédé sommaire qui évite les multiples désagréments du transport en brancard.

C'est une méthode indiscutablement judicieuse, pleine de l'intelligence complète des nécessités de l'heure, mais je crains que les blessés — mieux placés puis-je dire pour juger sainement les choses — aient moins d'enthousiasme pour l'ingéniosité et l'excellence du dispositif.

A onze heures et demie, on fait halte au bord d'un ruisselet qui dégringole de la montagne en égrenant sa petite musique de cristal sur un lit de galets sonores. C'est le moment de déjeuner. Nos porteurs ne s'attardent pas en d'inutiles préparatifs. De leurs petits sacs de vannerie ils tirent des boules de riz qu'ils pétrissent avec leurs mains avant de les engouffrer tout entières. Dès qu'ils ont commencé, le monde n'existe plus pour eux et leur appétit est tel qu'ils n'attendent pas d'avoir avalé la première bouchée avant d'en reprendre une seconde qu'ils poussent d'un jeu rapide de leurs cinq doigts réunis entre leurs joues démesurément gonflées. Où peuvent-ils mettre tout cela, grand Dieu ! Admirables estomacs capables de rester des jours sans nourriture ou susceptibles de se satisfaire à peine avec ce qui étoufferait un ogre ! Et quand ils ont fini, ils restent là sans bouger, muets comme des animaux, l'air absorbé dans une méditation sans fin, rappelant les bœufs du poète qui :

> . . . . couchés parmi les herbes
> Bavent avec lenteur sur leurs fanons épais
> Et suivent de leurs yeux languissants et superbes
> Le songe intérieur qu'ils n'achèvent jamais.

A quoi ces hommes, dans leur immobilité, peuvent-ils bien penser ! A rien, sans doute, ces Extrême-Orientaux, ayant comme les Orientaux dont parle Théophile Gautier « la faculté de rester des heures entières à l'état purement végétatif, enveloppés par l'air tiède comme par un bain et ne conservant de la vie que la respiration ».

Pour atteindre le petit village d'A-Cha-Tiai, nous dépenserons une heure d'efforts sur une pente excessive. Chaque fois que nous avons passé par un village de Khas-Kos, nous avons peiné de cette façon. Mais si le pays s'offrait sous un aspect ingrat, la population adoucissait l'âpreté de nos tribulations par l'affabilité de son accueil. Ici, au contraire, règne une méfiance injustifiée. La pointe de l'avant-garde est à peine en vue que c'est là-haut un joli remue-ménage. De toutes les cabanes sortent, au pas de gymnastique, des femmes en petit jupon hotte sur le dos, suivies d'un essaim de marmots déguenillés qui leur emboitent le pas. En désordre tout ce monde loqueteux détale ventre à terre vers la forêt où il disparaît en un clin d'œil. Pour qui nous prend-on ! La pureté de nos intentions serait-elle méconnue ? Nous sommes, cependant, des gens honnêtes, et notre caravane est disciplinée. Après une minute d'hésitation visible, la plupart des hommes se décident à nous attendre. C'est heureux qu'ils aient ce courage. Bien vite ils s'aperçoivent qu'ils n'ont rien à regretter de leur héroïsme et font ce qu'ils peuvent pour rappeler les gazelles effarouchées. Mais leurs efforts demeurent stériles. Dans de sordides taudis nous passerons une mauvaise nuit, constamment tenus en éveil par les appels gutturaux que se font d'un ravin à l'autre ces ménages sauvages que notre venue a subitement désunis.

Il ne reste qu'une femme dans le village désert, et le plus curieux c'est qu'elle est annamite. Epouse légitime d'un tirailleur qui, par amour pour son seigneur et maître, est parvenue en dépit des ordres les plus formels à suivre la colonne déguisée en coolie, c'est la première fois que nous la voyons. *Eros omnia per te* ! Et maintenant, sûre de mourir de faim si nous l'abandonnions, elle se cramponne à nous comme font, en mer, ces oiseaux migrateurs qui viennent à demi-morts de fatigue, se poser sur les vergues du premier navire qui passe pour ne plus le quitter jusqu'au prochain port.

> Amour, amour quand tu nous tiens,
> On peut bien dire adieu prudence.

La méfiance des indigènes les a discrédités dans l'esprit de nos muletiers chinois qui, subitement pris d'une suspicion réciproque, à leur égard, viennent nous demander l'autorisation de placer les harnachements de leurs bêtes dans notre cabane, de crainte qu'ils n'aillent, à la faveur de l'obscurité, faire un tour en forêt. Nous acquiesçons à leur désir, enchantés de leur voir pareil souci de nos intérêts. Leur salaire élevé avait déterminé le colonel à réduire leur nombre pour les remplacer par des Thaïs. C'est une économie qui nous coûte cher, car les premiers, gens de métier, qui ont l'habitude de l'effort complet, de la besogne consciencieusement menée jusqu'au bout, prennent autant de soins pour leurs animaux que les seconds, amateurs désintéressés et insouciants, leur marquent de l'indifférence. Bien soignés, bien bâtés, bien conduits les chevaux menés par les Chinois sont en aussi bon état que peuvent l'être des bêtes qui jeûnent deux jours sur trois. Ceux dont s'occupent les Thaïs sont pitoyables : décharnés, le poil bourru, couverts de plaies, écrasés sous des charges arrimées de façon grotesque, ils incarnent, si j'ose employer un mot pareil en parlant d'eux, les misères de la route et cela fend le cœur de les regarder. L'expérience est concluante. A chacun son métier, mais nul n'ignore que les Thaïs préfèrent n'en exercer aucun.

Toutes les races se réfugient dans un paradis artificiel pour échapper aux duretés de la vie. Eux adorent le rêve et l'inaction. Nos muletiers chinois qui ont un goût plus marqué pour le travail ont des aspirations plus précises. Libérés de leurs inquiétudes ils s'en vont se coucher dans la cabane voisine de la nôtre. Aussitôt, des ténèbres, jaillit une petite flamme et à travers les relents infects, monte peu à peu l'odeur délicieusement enivrante de l'opium. Après les longues journées de labeur et de surmenage, les rêves dorés, les nuits d'extase et de béatitude !

****

Au départ d'A-Cha-Tiai, le 8 janvier au matin, le jeu des montagnes russes reprend de plus belle. Aux montées succèdent les descentes qui précèdent d'autres montées. C'est peut-être pittoresque, mais exténuant à la longue. Les Khas-Kos, qui manient sans doute habilement la plaisanterie, appellent cela une étape facile. A un certain moment il n'y a même plus de piste. On monte à des échelles de racines, on s'accroche aux arbustes, à tout ce qui se présente à portée de la main. On glisse, on tombe, on se relève, et on recommence. Ce serait charmant si on était sûr que cela dût avoir une fin.

Mais il n'y a pas de fin dans cette succession de crêtes, séparées par des ravins parfois si profondément encaissés qu'il faut s'arrêter pour décharger les bêtes, les pousser de force dans l'eau, puis les hisser sur l'autre berge et recommencer l'arrimage avant de les faire grimper par des coulées de fauves.

Nous voici tout-à-coup devant une pente verticale qui fait un brusque ressaut de 150 mètres parmi un inextricable fouillis de végétation. Notre convoi s'immobilise net devant l'obstacle. Comment va-t-il faire pour le franchir ? C'est un vrai problème qui se pose. Il faudrait peut-être des cordes, des poulies, que sais-je ? Tout un système de grues, ou de machines semblables à celles dont on se sert pour décharger les bœufs et les chevaux sur les grands navires. C'est décourageant. Sans perdre une minute la section du génie fait les aménagements les plus indispensables : une sente à zigs-zags très courts, à brusques tournants à angle aigu. Les premiers animaux s'y engagent : les sabots agrippés dans le sol, tous les muscles en action, ils gonflent leur poitrail et plaqués contre la paroi ils se hissent nerveusement d'un grand effort des reins, puis à bout de souffle s'arrêtent net les jambes raidies. Mais j'entends déjà tout un chapelet de blasphèmes et de malédictions. Un mulet vient de rouler sur la pente et de faucher tout ce qui le suit. Du coup le chef des palefreniers entre brusquement en scène. Placide et mélancolique comme un cheval de corbillard lorsque tout va bien, il s'agite furieusement dès que survient un accident. Et comme il vient de s'en produire toute une série à la fois, il se dépense avec exagération en allées et venues, vitupère, distribue d'une voix rauque à force de crier, les ordres et les injures les plus malsonnantes.

Nouvelle ascension de deux cents mètres. Devant moi un petit cheval chargé de caisses de munitions vient de tomber. On le dégage ; il se relève. Ses jambes flageollent, prises d'un tremblement nerveux. On le rebâte. Il repart en trébuchant, l'encolure basse avec un hennissement si doux, si discret, si pitoyable qu'on l'entend à peine. Cinquante pas plus loin, il tourne brusquement sur lui-même, puis s'écroule tout raide la tête sur les genoux. Un long spasme secoue son corps qui chavire au bord du chemin, tandis que ses jambes s'agitent dans le vide comme si, dans un dernier rêve de liberté, il voulait s'enfuir d'un galop imaginaire et désespéré. Dans une suprême convulsion, sans un gémissement et sans une plainte — les chevaux meurent en silence — son cou se détend, se rejette en arrière et il gît là, insensible enfin, le ventre offert, les membres raidis, les yeux ouverts, pleins de cette épouvante inexprimable que laisse la mort derrière elle. Brave et touchante petite créature qui, jusqu'à l'ultime seconde, nous aura donné une magnifique leçon d'effort, d'endurance et d'énergie !

Qui ne se sentirait pris d'une sympathie attristée pour cette volonté, cette obéissance extraordinaire que ni les souffrances, ni les misères n'ont altérées et que la mort a interrompues ? De telles fins nous font sentir avec plus d'acuité l'injustice immense des hommes à l'égard des animaux. A l'heure suprême, ils nous paraissent plus semblables à nous, moins inégaux. On se souvient un peu tard qu'ils font souvent le don complet de leur cœur à qui les aime, que leur bonne foi n'est jamais sujette à caution et que, malgré tout, leur vie sur cette terre — car il doit y avoir un paradis pour les bêtes qui souffrent — n'est souvent qu'un long et douloureux effort qu'on paie avec des coups.

Sur les rudes sentiers que nous gravissons, les réflexions se reportent avec un sentimentalisme plus tendre sur les modestes montures qui nous aident à franchir tant d'heures difficiles. Que se passe-t-il dans l'âme d'un cheval qui meurt ? Quelles images, quels rêves, quels regrets le hantent au moment où il exhale le dernier souffle ? A qui, à quoi pouvait bien songer celui-ci quand il est tombé ? De telles questions ne me seraient jamais venues à l'esprit si le hasard ne m'avait placé sous les yeux quelques pages récentes de Maeterlinck. Il semble à les lire que la barrière qui sépare la nature humaine de la nature animale est moins grande qu'elle ne paraît. Sans aller jusqu'à dire que leur cerveau et leur volonté accomplissent exactement les fonctions et les volontés du cerveau humain, il admet que certains animaux recèlent des facultés médiumniques ou subliminales aussi extraordinaires que celles que l'homme sent confusément s'agiter en lui-même. Il y a là un problème profondément troublant. Et c'est à cela que je songeais à côté du cheval haut le pied bien vite venu pour recueillir la charge du mort, tandis que des conducteurs faisaient rouler dans le ravin, pour en débarrasser la piste, la pitoyable carcasse que déjà d'affreux vautours guettaient.

****

A dix heures nous passons devant Y-Van-Soui, petit hameau entouré de champs de pavots dont les grands calices encore tout humides de rosée, s'inclinent doucement sous le vent, comme pour saluer le soleil si lent à se montrer. Quel air innocent dans leur blancheur virginale ont toutes ces fleurs qu'on accuse pourtant de tant de crimes, de tant de ravages et de dégradations. Rangés devant leurs cabanes, ceux qui les font venir et les cultivent si amoureusement, des Yaos à large turban noir nous regardent défiler, soudainement pétrifiés devant le canon que porte le dernier mulet d'artillerie qui nous reste, magnifique bête au profil de vieillard désabusé, insensible à l'étonnement que sa haute taille suscite à son passage.

Et c'est, tout de suite après, un second village aussi minable où certains tirailleurs prévoyants peuvent se procurer quelques poignées de riz, mesurées avec une telle parcimonie qu'on les dirait débitées au compte-goutte. Désormais le chemin s'améliore. Nous faisons la grand'halte près d'une étroite crevasse où coule un mince filet d'eau claire et nous repartons sur de longues croupes paresseusement arrondies qui se suivent sans interruption.

Les heures se passent ainsi jusqu'au crépuscule. Pareil à un charbon ardent qu'on éteint dans l'eau, le soleil laisse traîner sur les cimes ses rayons de pourpre avant de sombrer derrière les montagnes. Une dernière plongée de 250 mètres et nous sommes au bord du Nam-Tin. Par pelotons successifs, échelonnés suivant leur degré de fatigue, notre convoi nous rejoint au moment où se termine la somptueuse agonie. Alors le couchant s'assombrit, les bois d'alentour se noient progressivement dans l'ombre bleue, la nuit se fait, la paix immense du soir descend sur la terre. Seul, le torrent trouble de son clapotis discret le calme pastoral qui règne dans la vallée, calme nécessaire après une aussi longue étape. Celle-ci nous a coûté cher : huit chevaux morts d'épuisement ont été abandonnés sur le sentier.

Des feux clairs s'allument bientôt dans les divers secteurs, ici les Européens, là les muletiers, ici les porteurs, là les tirailleurs. Le bois est abondant, des troncs entiers se consument, jettent des lueurs vives sur la végétation qui couvre les rives du torrent. Sages au bout de leur longe, les animaux s'ébrouent, annonçant à leur façon le moment tant attendu de la brassée de bambou. On dîne, puis on s'allonge et on se chauffe. J'aime ces moments de détente de l'esprit et du corps où on s'attarde à deviser de choses et d'autres parmi le grand recueillement de la brousse, seulement troublé par le crépitement intermittent des brasiers résineux. Au milieu d'un air si pur, une béatitude complète nous envahit et on comprend mieux que des anachorètes choisissent de telles retraites pour goûter à leur aise les voluptés de la solitude. Heures exquises que l'on voudrait vivre toujours et qui ne sont malheureusement qu'une courte étape sur le chemin de l'existence !

Tandis que nous nous livrons aux délices de la vie contemplative, à la poésie du rêve, une demi-douzaine de Khas font leur apparition portant sur la tête des sacs volumineux.

— Veine ! Un courrier.

Et ce cri de joie s'est à peine échappé de la bouche de celui qui, le premier, a vu le groupe d'estafettes, que l'on dirait qu'on a sonné le branle-bas. Chacun accourt au dépouillement et ce n'est bientôt à travers le bivouac que bruissements légers d'enveloppes décachetées, papiers dépliés, lus et relus plusieurs fois avant d'être serrés dans les poches, les sacs ou les cantines. Enfin sous le ciel piqué de milliers d'étoiles le camp s'endort, grand village ambulant qui trouvera sans doute plus loin la même solitude pour s'installer.

Et le lendemain, comme les autres jours précédents, ce sont, avant l'aube, les mêmes appels timides d'abord à demi-voix de gens qui s'éveillent, engourdis encore dans la fraîcheur du sommeil matinal, puis des froissements d'étoffes, des pas incertains et bientôt des cris, des exclamations, des vociférations parmi les hennissements, les ruades, les disputes, tout le tapage habituel des départs laborieux.

Mais, cette fois, l'étape est courte : en quatre heures et sans trop de difficultés nous arrivons sur un large mamelon environné de montagnes. Sur ses flancs le petit hameau de Lao-Ten-Pia disperse au hasard ses bicoques branlantes, hameau lugubre où errent de vagues humanités affligées de goîtres monstrueux. Nous y installons notre campement.

Que pourrait trouver ici un voyageur affamé ? Question que nous n'oserions faire tout haut, mais que nous nous posons à nous-mêmes. Comme nous devenons terre-à-terre ! Depuis longtemps déjà notre plus grande joie est de penser que nous aurons, à l'arrivée, quelque chose à nous mettre sous la dent. A force de monter et de descendre, à force de respirer à pleins poumons l'air vivifiant de la montagne, on finit par être atteint d'une véritable boulimie. L'estomac réclame. Peu nous importe si ce qu'on nous sert est mal préparé. La marche est là pour fournir cet incomparable assaisonnement que le philosophe grec recommandait au tyran de Syracuse.

Je ne sais plus qui a dit que le meilleur vin lui semblait de la piquette dans un verre mal tourné et qu'il préférait le brouet des Spartiates sur un émail rare au plus fin gibier sur une assiette grossière. Pour écrire cela il faut n'avoir jamais voyagé en montagne, ni s'être rendu compte de l'étonnante facilité d'ingestion du nomade. Il y a longtemps que nous sommes ralliés à la thèse émise par cet officier qui, dans l'abri voisin du nôtre, discutait avec son capitaine sur la question alimentaire. Il y a longtemps que nous préférons, comme lui, la quantité à la qualité. Le malheur est que, le plus souvent, nous n'avons, hélas ! ni l'une ni l'autre.

Il y a des semaines qu'a disparu ce que l'Intendance appelle d'un mot si joli : la viande sur pied ; des semaines qu'a disparu aussi ce Thaï astucieux qui s'était fait spontanément notre fournisseur et qui nous suivait avec quelques porcs stimulés par l'appât d'une boule de riz présentée au bout d'un bâton. La viande qu'il nous livrait était parfois si dure que nous pouvions la croire cueillie sur un arbre à caoutchouc ; mais si nous nous y usions les dents, c'était tout de même de la viande. Depuis combien de temps n'avons-nous pas vu ce précieux poulet de la haute région qui, venu à l'aventure et maigre à souhait, est susceptible cependant de constituer le plat de résistance d'un repas ? Nous avions parfois, à Lai-Chau ou à Dien-Bien-Phu, la ressource de la bonne salade que nous faisions avec le cœur d'un palmier nain. Tout cela n'est plus, maintenant, qu'un souvenir si lointain que nous en sommes à nous demander si ce n'est pas en imagination que nous avons fait pareil festin.

De toutes les contrariétés qui forment la trame presque entière de la vie humaine, il en est toujours une plus petite que les autres qui par sa répétition devient le symbole de tous les ennuis. C'est ainsi que le riz gluant dont je mâche les bouchées gélatineuses avec une répulsion croissante est devenu, malgré moi, mon agacement quotidien. Où sont donc les contrées privilégiées où l'homme peut abattre un bœuf au passage pour manger un bifteck à son repas du soir ? Où est l'époque de ces bacchanales où, sur la table d'un club chinois autour de laquelle j'étais assis, vingt, trente plats se succédaient si vite qu'on les renvoyait presque tous sans y avoir touché ? Ces potages aux nids d'hirondelles, ces estomacs de poissons, ces filets de poussins, ces crevettes au piment, ces crêtes de coq au sucre, ces fleurs de lotus aux champignons, ces canards et poulets laqués, aplatis, rôtis, bouillis, farcis, fleurant les aromates les plus variés, tous ces mets copieux que je dédaignais autrefois, m'apparaissent maintenant comme une chère aussi succulente qu'inaccessible.

Du riz ou du thé, voici la manne invariable de notre table de claque-dents. Régime d'anachorète qui a, du moins, le mérite de nous procurer un sommeil limpide. De loin en loin nous allongeons nos menus par un peu d'endaubage ou par quelques conserves éventées dont le goût métallique se fixe au palais. Encore faut-il pour cela que nos convois nous touchent ; ils ne semblent pas avoir pris cette habitude, nos pérégrinations inattendues les en ont empêché.

Notre détresse alimentaire a cependant un avantage. Personne n'oserait dire qu'elle n'est pas en complète harmonie avec notre service de table. Depuis que nous avons terminé notre provision d'acétylène, des piquets de bambou enfoncés en terre ou des goulots de bouteilles nous servent de candélabres. Nos mouchoirs, bien souvent, nous tiennent lieu de serviettes et en guise de boîte d'argenterie et de porcelaines aux transparences bleutées, nous avons les rustiques objets du service administratif auxquels les circonstances ont imposé d'indispensables modifications. C'est ainsi que depuis qu'un mulet blessé a jeté furieusement à terre notre caisse de cuisine, nos ordonnances ont remplacé la louche brisée par un gobelet de métal fixé par son anse au bout d'un petit bâton. Innovation qui n'a même pas le défaut des innovations, puisqu'elle dure. Ce n'est peut-être pas très élégant, mais tout à fait original et cela fait notre joie. Tout bonheur est relatif ; le nôtre est de rire de nos misères.

Et vraiment nous rions de bon cœur malgré tout ce qui manque, malgré l'indigeste monotonie du riz gluant et la disparition successive des condiments européens, qu'on croit toujours indispensables. Ah ! qu'il faut peu de choses à l'homme pour le rendre heureux quand ses désirs sont bornés.

Si pauvres que nous paraissions à nous-mêmes malgré le miroitement de nickel de notre vaisselle de fer blanc, nous avons cependant à l'heure des repas un cercle d'admirateurs passionnés. Accroupis sur leurs talons tandis que nous déjeunons sur un couvercle de caisse, de bons sauvages en haillons nous contemplent pupilles dilatées, bouche bée — une bouche à y mettre le poing — épiant non sans inquiétude le dernier tour de clef donné à la dernière boîte de conserve qui nous reste, aussi intéressés que pourraient l'être de petits européens regardant un groupe d'Esquimaux attablés devant une baleine. Il y a même à côté d'eux un chien venu on ne sait d'où, pauvre chemineau sans gîte, anxieux et famélique qui attend, le derrière à terre, les oreilles hautes, avec une morne supplication au fond des yeux, le moment de recueillir quelque provende qui le change un peu de son pitoyable ordinaire. Mais ce qui m'intéresse surtout, c'est moins ce groupe de spectateurs, que l'air tout à fait supérieur avec lequel nos ordonnances, qui se moquent d'eux, allongent le travail pour augmenter leurs appréhensions. Aussi lorsque la boîte vide fait un moulinet dans l'air, après cette savante préparation, est-ce une jolie ruée sur l'objet convoité, un spectacle pareil à celui de ces familles de goélands affamés qui s'abattent dans le sillage d'un navire sur les déchets du repas qu'on jette à la mer. De cette mêlée confuse de corps, de bras et de jambes enchevêtrés, la boîte sort aplatie, bosselée, méconnaissable. Avec une mine désappointée, le chien, qui s'était glissé d'abord avec une étonnante adresse, entre les jambes des combattants serrées comme des touffes d'arbustes de la forêt, est le premier à venir reprendre sa patiente faction auprès de notre table. Sans perdre tout espoir, du reste, car tout en coulant vers nous un regard langoureux où tremble le désir de la proie, il fait claquer ses mâchoires sur le vide pendant que sa queue, baromètre de ses convoitises, époussette le sable à petits coups de plus en plus précipités à mesure qu'il croit se rapprocher davantage de leur réalisation.

*
* *

Le 10 janvier, jour fixé pour la rencontre avec les troupes venues de Lai-Chau, nous nous préparons à escalader la seule colline qui sépare du Nam-Ou notre campement de Lao-Ten-Pia. La mer laiteuse dans laquelle elle baigne, secouée par la brise matinale remonte lentement de la vallée et s'éparpille le long des pentes. De gros flocons blancs errent sur les sommets, s'accrochent aux arbres, s'y déchirent, s'y effilochent comme ferait le voile de tulle d'une toilette de mariée aux buissons épineux du sentier.

Quelques minutes de marche et nous avons disparu sous la brume. De 1260 mètres d'altitude nous sommes retombés à 900. Il nous faut maintenant remonter de 320 mètres afin d'atteindre le sommet recouvert de hautes herbes d'où nous dévalerons vers le Nam-Ou par une pente inclinée de 45 degrés. Le versant qui regarde le fleuve est boisé. Des touffes de bambou géant tranchent par leur délicat feuillage sur d'épais buissons d'arbustes épineux et les troncs élancés des grands arbres où s'accrochent des plantes grimpantes en pleine floraison. A un certain moment, la source d'un ruisseau orne les sousbois de jolies fougères et de longues tiges aux palmes dentelées. Puis, après l'éclair argenté d'un torrent qui bouillonne entre des pierres, c'est un chemin profond et, bientôt, derrière le rideau d'une opulente végétation, le fleuve s'offre à nos regards, frais comme un réveil d'enfant, resplendissant dans la transparence de ses eaux vertes.

Nous sommes en face du petit village de Sop-Pong que l'on aperçoit derrière des arbres qui trempent leurs pieds dans l'onde et s'y réfléchissent aussi nettement que dans l'air. On doit nous attendre là-bas, car voici qu'une pirogue se détache de la rive et vient vers nous. J'y prends place avec le colonel et quelques officiers, tandis que les tirailleurs, culottes retroussées jusqu'à l'aine, roulant d'une hanche à l'autre, traversent à gué, les bras en fléau de balance, s'appuyant

(Cl. Roux)

Groupe Hos

(Cl. Roux))

Groupe de femmes Khas Hos.

Village Lu.

Groupe de femmes Khas.

(Cl. Roux).

Groupe de Lus.

Baptême des bonzillons en pays lu.

les uns sur les autres pour garder leur équilibre et lutter contre la violence torrentielle du courant.

À peine sommes-nous à terre que le chef du village, un Lu « fameux en science de parlerie » vient dévider ses jérémiades. Le leit motiv de ses discours se résume en ceci : les pirates lui ont tout pris : ses bœufs, ses buffles, ses porcs, ses volailles. Il n'a plus rien. Pauvre comme Job, il ne peut donc rien nous donner. Voilà ce qu'il importe de nous mettre dans la tête.

— Et ces pigeons qui font une incessante navette entre le sol et la toiture ?

— J'en avais beaucoup, réplique-t-il mais *ils* m'en ont tué les trois quarts.

Les pirates ont bon dos, mais nous avons la prétention d'être gens de meilleure compagnie. Le quart de ce qui reste nous suffira ; qu'on nous le livre, nous ne laisserons à personne le soin de régler notre dette.

Le tintement des piastres a ragaillardi le bonhomme qui ne fait plus la moindre objection et s'exécute sans récriminer, avec la sérénité d'un esprit en paix avec les hommes comme avec sa conscience. Et quand nous voudrons nous enquérir de façon précise sur la retraite d'un ennemi dont il se plaint si amèrement, il se contentera d'envoyer à terre un long jet de salive et d'allonger le bras indéfiniment vers le Nord, voulant dire évidemment par ce geste superlatif que les bandits ont déjà parcouru une distance considérable et qu'il ne s'en soucie plus.

Des troupes que nous attendons, il ne sait rien. Et pourtant, elles sont là, tout près, à une heure de marche. Notre déjeuner est à peine terminé que surgit l'avant-garde précédant de longues files de tirailleurs et d'animaux de bât. Un à un, bien à leur place dans l'ordre de marche, apparaissent les premiers Européens. Quelle différence entre leur mine et la nôtre ! Si la sévérité de notre régime se lit sur nos tailles de sylphes, il est non moins aisé de deviner qu'en ce qui les concerne, les problèmes complexes du ravitaillement, tout au moins, ne les ont pas gênés.

Dès que les divers pelotons se sont installés, des groupes se forment suivant le degré de sympathie et le temps passe à se raconter les divers incidents qui ont marqué ces derniers mois de campagne. Moment combien fugitifs ! Au prochain lever du soleil il ne restera plus la moindre trace de ce millier de tirailleurs, de ces innombrables animaux chargés de vivres et de munitions, de tout cet appareil de guerre qui, pendant quelques heures, avait enlevé à l'humble petit village son calme idyllique et sa fraîche poésie pastorale.

CHAPITRE IX

Dernières étapes.

TANDIS qu'au groupe Nord est laissé le soin de pousser rapidement les pirates vers la frontière de Chine, nous revenons à notre bivouac de Lao-Ten-Pia. Une bonne nouvelle nous y attendait. Faisant appel aux maigres ressources des environs, nos interprètes ont réussi à nous procurer deux jours de vivres. De quoi nous permettre d'arriver au Nam-Ou !

Si grande que soit notre misère — car c'en est une de vivre ainsi, au jour le jour, sans savoir de quoi demain sera fait — elle est infiniment moins pitoyable que l'inimaginable dénuement qui se cache dans les lamentables taudis voisins de nos abris. J'ai eu la curiosité d'entrer dans l'un d'eux. Un cercueil vide en barrait le seuil, car ces gens qui ont un pied dans la tombe songent déjà à l'heure où ils y placeront le second. Et quelles gens ! Rien de ce que nous avons vu jusqu'ici ne nous a donné l'image d'une déchéance comparable à celle qui est inscrite sur ces figures émaciées, sur ces visages de reclus aux yeux rongés par la conjonctivite. Le charme des nuits de bivouac est singulièrement diminué par le voisinage de ces déchets d'humanité. Aussi avons-nous hâte d'aller camper ailleurs que sur ces hauteurs désolées attristées de solitude.

Le 12 janvier, nous reprenons notre marche. A peine avons-nous tourné les talons que des êtres cagneux et difformes, ornés, pour la plupart, de goîtres énormes, pareils à des poches de pélicans, sortent de leurs tanières étagées sur les pentes, pour venir, avec des regards de bêtes méfiantes, ramasser les débris d'aliments qu'a laissés la colonne. Parmi eux se trémousse une vieille femme à l'échine osseuse et voûtée comme l'anse d'un panier, et d'une maigreur telle que la mort semble avoir déjà posé sur elle sa main décharnée. Les loques qu'elle porte sont usées, effrangées, si déchiquetées que sa nudité paraît plutôt vêtue de trous réunis par des filaments de coton couleur de terre. Accompagnée d'un gamin malpropre rappelant ces horribles petits mendiants qu'on rencontre infailliblement aux portes des grandes villes chinoises, elle se jette avec voracité sur quelques os et un morceau de peau de cochon qui traîne à terre, tandis que le reste fait main basse sur d'autres déchets tout aussi répugnants. On croirait voir là tout un monde de truands échappés de la Cour des Miracles.

Nous nous éloignons sans regret de ces solitudes bien faites pour de tels êtres, et nous nous engageons, dès le départ, sur des sentiers qui gravissent des mamelons recouverts d'herbe rase. Les buées matinales sont encore suspendues aux flancs de la montagne. Poussées par une brise froide, on les voit courir et se jouer sur le gazon, se grouper, se poursuivre et se quitter encore, flotter partout, cacher et découvrir tour à tour chaque point avant de se disperser aux quatre coins du ciel. C'est ainsi que ces évolutions nous permettent d'apercevoir subitement, à un détour du sentier, le hameau de Ou-Kouei-Min, trois ou quatre huttes minables où vit au milieu de mares putrides et de senteurs d'ammoniaque, une population indolente qu'aucun besoin ne stimule, groupe de miséreux auxquels une poignée de maïs et un rayon de soleil suffisent pour subsister.

A 1.570 mètres d'altitude, nous atteignons le sommet d'un mamelon pour redescendre aussitôt sur le versant opposé. Nous marchons à pied. Nos petits chevaux dont les flancs dégagent des fumées légères, nous suivent pas à pas en trottinant, la queue et la crinière poudrées à blanc par les fines buées du matin. Derrière nous le convoi s'égrène. Par files espacées vont les mulets qui montent, descendent, secouent copieusement nos ballots et nos caisses, marchant les yeux mi-clos, les oreilles flasques, écrasés sous leurs charges. La note bouffonne est donnée par les palefreniers chinois emmitouflés dans leurs vêtements ouatés, coiffés d'une marmite de cuivre renversée que ne dépare pas leur nez rougi comme un masque de carnaval. Les porteurs ferment la marche, silencieux comme des fantômes sans échanger la moindre parole, sans qu'on entende sur le sol le choc de leurs pieds nus essuyant l'herbe courte du chemin que baigne la rosée de la nuit. Et c'est à cinquante mètres plus loin que se trouve le dernier homme de l'arrière-garde chargée de prévenir et de réprimer toute velléité de fuite, car une débandade dans ce pays complètement dépeuplé serait pour nous une catastrophe irréparable.

Comme les habitants, la végétation est rare sur ces crêtes où les eaux de pluie ne peuvent séjourner ; elle pousse au contraire en pleine vigueur dans les ravins où se creuse le lit étroit d'un arroyo. Le paysage ne varie guère jusqu'à Ta-Tio-Ki où nous sommes à midi pour déjeuner. C'est encore un petit village de Hos, assis sur une croupe complètement dénudée, et d'une sordidité comparable à ceux que nous avons déjà traversés. De rustiques canalisations de bambou y conduisent un mince filet d'eau qui se déverse dans des réservoirs faits d'une succession de troncs d'arbres évidés. Des femmes qui y brassaient de la teinture d'indigo disparaissent rondement dans leurs taudis aussitôt qu'elles nous aperçoivent, mais cet accueil immérité ne nous empêche pas de dresser notre table — si l'on peut dire ainsi d'une simple toile cirée posée à terre et de nous mettre en devoir de déjeuner aussitôt d'une sardine et d'un morceau de bouilli froid.

La viande que nous mangeons quand le hasard nous le permet, et il nous le permet rarement, est si coriace que c'est au prix d'héroïques efforts qu'il faut libérer ses dents après y avoir mordu, mais nous n'aurons pas à commettre pareille imprudence car au moment où nous nous préparons à la dévorer à la pointe du couteau, nous nous apercevons à temps qu'elle est malsaine. On la jette dans un buisson d'épines. Huit ou dix Khas qui somnolaient à côté de nous, subitement électrisés par notre geste, y arrivent en même temps qu'elle, en une masse informe et grouillante de corps qui se confondent et s'entre-mêlent avec des souplesses d'anguilles. Semblables à des chiens affamés, ils se disputent le morceau, se l'arrachent, se le reprennent avec des gestes brefs, saccadés, et sans dire un mot, ce qui ajoute au comique d'une scène déjà très pittoresque par elle-même. La lutte, si elle est très vive, est par contre très courte, après quoi l'heureux vain-queur se repaît gloutonnement, tandis que les combattants viennent reprendre leur place, silencieux, tranquilles et frais, comme s'il ne s'était rien passé.

Ce plaisant intermède n'est pas de trop pour mettre un peu de variété dans le paysage désert qui nous entoure. A peine devine-t-on à flanc de coteau, de l'autre côté de la vallée, l'emplacement d'un ancien ray déjà reconquis par une brousse épaisse. Ces régions ont sans doute vu se succéder depuis des siècles de nombreuses agglomé-rations ; mais les hommes passent ici sans faire plus de bruit qu'un hibou qui vole entre les branches, sans laisser le moindre écrit, le moindre signe sur une pierre, et tels que des ombres sur un mur, il ne reste rien de leurs pistes à peine visibles, de leurs cabanes crou-lantes, de leur agriculture primitive. Seul, quelques vestiges d'abatis abandonnés pourraient peut-être attester l'œuvre de leurs mains. A eux, bien plus qu'à nous, s'appliquent les vers de Lamartine :

> Ainsi tout change, ainsi tout passe ;
> Ainsi nous-mêmes nous passons,
> Hélas ! sans laisser plus de trace
> Que cette barque où nous glissons
> Sur cette mer où tout s'efface.

A deux heures nous nous mettons en route et faisons une brusque plongée de cinq cents mètres au fond d'une cuvette où coule le Houei-Kha. Déjà résonne dans les halliers le bruit assourdi des coupe-coupes des tirailleurs occupés à préparer nos abris. Il fait très froid dans ce bas-fond où la nuit nous enveloppe bien vite. Des gerbes de feu à rougeoiement terne s'élancent dans le brouillard qui, lentement, descend vers nous. Des bambous éclatent avec fureur, détonations sèches, assourdissantes et si précipitées qu'on pourrait croire qu'on

se bat dans notre trou et que la bataille y fait rage. A défaut de
mieux, on soupe d'une tartine de riz gluant arrosée d'une timbale de
thé, on fume et on bavarde ; puis las, de notre journée, nous nous
étendons sur nos couchettes, laissant notre imagination prisonnière
durant le jour, reprendre son essor et vagabonder à loisir. Autour de
grandes flammes joyeuses qui montent tout droit dans les ténèbres,
nos porteurs accroupis en cercle se racontent de longues histoires
comme de coutume. De temps à autre l'un d'eux se lève, jette un fagot
dans le brasier et sa silhouette projette une ombre spectrale sur les
buissons d'épines et les grands roseaux illuminés. Peu à peu, les
rumeurs s'éteignent par degrés et ce sera bientôt jusqu'à l'aube la
paix solennelle de la nuit de brousse que troubleront seuls le murmure
de l'arroyo, le cri lugubre d'un oiseau de nuit, l'ébrouement d'un
mulet, le choc d'un sabot impatient contre la terre ou le cliquetis
d'une chaîne d'attache.

*
* *

Le 13 Janvier, journée que nous avons marquée d'un caillou blanc,
— car nous allons enfin camper sur les bords du Nam-Ou — doit
clôturer nos pérégrinations terrestres, mais pour être la dernière
étape que nous ayons à faire dans ces montagnes, ce ne sera ni la
moins longue ni la moins pénible.

En face de nous se dresse une rampe d'une telle déclivité que
l'arrière-garde ne peut quitter le bivouac que trois quarts d'heure
après que la tête de colonne en est partie. En trois heures nous passons de 870 à 1.450 mètres d'altitude par un sentier glissant où nous
avançons, le corps plié en deux, à une allure de procession. Parfois
on se croit au bout de l'effort, mais ce n'est qu'une illusion et on s'en
aperçoit vite. Une fois parvenus au faîte il faut attendre l'artillerie et
le convoi qui ont mille difficultés à vaincre avant d'y arriver. Ils rejoignent enfin et nous repartons. Du sommet, la vue s'étend très loin
sur une série de mamelons aux croupes arrondies, inégales, disposées
sans ordre les unes à côté des autres et fuyant lentement dans les
profondeurs du ciel. Aucune note de gaîté dans ce sombre paysage
dont les arrière-plans lugubres soulignent l'infinie tristesse. Rien ne
trouble le silence de ces solitudes qui pèse sur nous comme un malaise.
Pays maussade où vivent les grands fauves. Pour la première fois
on nous montre les traces fraîches d'un tigre et voici maintenant
d'autres empreintes énormes laissées par des troupeaux d'éléphants
sauvages. Les hautes herbes sont couchées à terre, piétinées, fauchées,
comme écrasées sous un rouleau compresseur. On dirait qu'un cy-
clone a passé par là.

A midi, après une descente à pic — nous avons descendu de 700 mètres depuis le sommet — nous nous arrêtons au bord d'un petit torrent, le Houei-Puk. Le grand silence de la fatigue pèse si lourdement sur la colonne qu'à un moment le colonel parle de bivouaquer. Il est temps que nous arrivions. Les privations de la campagne ont déjà inscrit leurs marques sur nos traits amaigris. Mais personne ne manque de courage et puisqu'il est entendu, depuis le départ, qu'on doit atteindre Muong-Ha-Hin avant la nuit, on l'atteindra. La proximité de l'étape nous donne du reste du cœur au ventre et à cette pensée on se remet en route d'un rythme plus joyeux, le sentiment de la délivrance illuminant plus d'un visage.

Seul notre chef de pièce, un géant qui a fait preuve jusqu'ici de la plus mâle énergie donne des signes de défaillance et vient allonger le convoi des malades. Toujours à pied allant d'un bout à l'autre des files de mulets, il avait le secret des interventions qui donnent le coup de fouet nécessaire aux courages chancelants. Mais depuis un mois je voyais avec peine ce grand corps dégingandé se voûter de plus en plus et se raidir énergiquement contre le mal. C'est en arrivant au but que ses forces le trahissent et que la fièvre finit par avoir raison de sa vigueur exceptionnelle.

Nous reprenons notre marche sur une piste à peine tracée. Aux grandes herbes ont succédé des forêts de bambous ou de bananiers sauvages et les grands arbres entremêlés de lianes. Deux heures encore nous marchons à l'aveuglette, sans autre point de direction qu'un tunnel de verdure semblable à une nef de cathédrale dont les hautes touffes seraient les arceaux et sous lequel bruissent dans un lit de roches des eaux de montagne pures et limpides comme l'air parce qu'elles n'ont jamais coulé que sur le sable et la pierre nue. Soudain à travers les dentelures de la végétation apparaissent dans le lointain des transparences d'émeraude et bientôt après, dans une éclaircie, le Nam-Ou bordé par d'admirables rives fraîches et vertes s'offre à nos regards. Agréable vision qui nous fait battre le cœur d'émotion et de joie ! Les maux que nous avons endurés pèsent déjà peu dans notre souvenir. Nous sommes tout au plaisir du moment ; de telles minutes payent de toutes les privations et rendent chers les plus durs voyages. Le fleuve, en effet, n'est-ce pas l'étape attendue, le repos désormais assuré, la descente émouvante et rapide sur Muong-Khoua, le retour prochain dans le delta ? A se dire tout cela on éprouve une sensation de soulagement, l'impression d'être rendus à la liberté après avoir été longtemps enfermés.

Pour se mettre en harmonie avec nos pensées, le spectacle change comme par enchantement, Le chemin élargi, débroussaillé, serpente sous bois au bord de l'eau. Après avoir escaladé des sentiers de chèvres, il nous est agréable de marcher sur un terrain plat. Des forêts, des mamelons boisés jettent leur ombre puissante sur la glace unie du fleuve. Des troupes de singes animent par leurs gambades ces rives désertes ! C'est à la fois sauvage et charmant. On dirait que ce ne sont plus les mêmes hommes qui nous accompagnent, tant leur pas s'allonge. A un détour apparaissent des toits de chaume. Un soupir de satisfaction s'échappe de nombreuses poitrines. C'est le village de Muong-Ha-Hin et avec lui, pensons-nous, la fin de nos misères.

— Ah mince ! quel trou ! dit près de moi en y arrivant un soldat déçu qui pensait sans doute trouver ici le jardin merveilleux d'Aladin. Puis s'adressant à un camarade qui escalade une échelle à poules pour explorer une cabane laotienne :

— Est-ce propre au moins ?

— Tu parles si c'est tenu, mon vieux, répond l'autre en réapparaissant avec une grimace de dégoût qui dément ce qu'il dit, on mangerait sa soupe par terre.

*
**

Il faut en voyage se mettre en garde contre la magie de certains noms. Par sa situation sur le fleuve et les gros caractères dont se sont servi les géographes pour le situer sur une carte, Muong-Ha-Hin pouvait évoquer dans notre esprit une importante agglomération. Ce n'est qu'un misérable petit village entouré de halliers sauvages dans le décor d'une plantureuse végétation tropicale et nous avons beau être installés dans la meilleure d'entre les dix ou douze chaumières sur pilotis qui le composent, elle n'en est pas moins, comme toutes les autres, qu'un grand hangar mal abrité et ouvert à tous les vents.

J'aime le Laos sous tous ses aspects, mais mes préférences s'en vont tout naturellement aux coins inconnus où palpite encore l'âme du passé. La localité doit avoir connu des jours meilleurs si j'en juge par les ruines d'une ancienne pagode que j'ai découverte à proximité sur une petite colline feuillue. Pour arriver là il faut se frayer un chemin à coups de bâton dans les plantes et les faisceaux d'arbustes enchevêtrés. La brousse a fait œuvre néfaste. La sève végétale a envahi de sa toute puissance les pierres jadis amoncelées par les hommes et tout est devenu progressivement la proie de la nature. Aussi faut-il escalader les premiers blocs de maçonnerie presque invisibles sous la végétation pour atteindre ce qui fut l'intérieur du sanctuaire. De gros bouddhas de pierre, de ces statues susceptibles de résister à la fureur des coups aussi bien qu'aux incendies ou à tous les cataclysmes gisent à terre en désordre, renversés parmi des détails d'architecture, gardant leur éternel sourire béat image de l'acceptation passive et résignée de leur sort. Ce sont les seuls témoins qui restent de la splendeur d'antan. Partout les arbres ont enfoncé de puissantes racines. Les plantes grimpantes qu'éloignaient autrefois les mains vigilantes des bonzes se sont multipliées à l'envi, s'insinuant entre les fissures, posant de tous côtés leurs suçoires avides, et, sous l'incessante poussée des sèves, les murailles disjointes s'inclinent pour des chutes prochaines, puissamment étreintes comme par des serres d'oiseaux de proie, par les réseaux musculeux de plus en plus resserrés des parasites envahisseurs qui les soutiennent après les avoir disloqués.

Pour m'arracher à la tristesse qui monte de ces ruines lamentables, je termine ma promenade sur les bords du fleuve où nous avons retrouvé les restes d'un poste d'observation qu'y éleva il y a une trentaine d'années, un Français, M. Garanger. Tout près s'élève une pagode récente devant laquelle sont assis, le front pensif, dans la froide immobilité des statues, quelques moines à figure grave, drapés dans les plis de leur mousseline jaune comme étaient autrefois les sénateurs romains dans leur toge. Du temple montent par intervalles d'interminables litanies psalmodiées avec une incroyable uniformité de ton et de prononciation. Une voix grave commence un psaume que les bonzillons reprennent aussitôt en chœur, voix jeunes, qui, dans ces longues soirées d'hiver, mettent un peu de poésie dans la mélancolie d'une telle solitude.

Muong-Ha-Hin a longtemps servi de villégiature aux pirates qui avaient, dans le chef de la localité, un auxiliaire complaisant. C'est un fait dont nous avons des preuves indéniables. Il n'y a pas que les hommes qui fassent de l'histoire ; les objets en font aussi à leur manière et ce n'est pas la moins mauvaise. La découverte de petites planchettes de bois toutes barbouillées de caractères chinois nous a amplement renseignés sur la façon dont se traitaient ici, loin de notre contrôle, les affaires administratives. Aussi comprenons-nous que le coupable par trop compromis n'ait pas cru devoir rester à son poste pour nous offrir ses civilités et qu'il ait trouvé plus élégant de filer avec les bandes en retraite, accompagné de ses femmes et de quelques habitants.

La population ne saurait être tenue pour responsable des agissements et de la trahison de son chef ; mais il faut cependant reconnaître qu'elle ne met pas un très grand empressement à nous recevoir et les chiens qui, lors de notre venue se précipitaient sur nous l'œil féroce, le poil hérissé et les crocs menaçants, représentaient un peu le symbole de l'hospitalité qui nous est offerte.

Impossible d'acheter quoi que ce soit ; les habitants prétendent qu'ils n'ont rien ; des nuées de poulets picorent cependant sous les pilotis. Un sous-officier offre à une femme quelques piécettes d'argent en échange de l'un d'eux, mais elle en fait fi et détourne la tête. Il ne lui appartient pas. Alors à qui est-il donc ? Personne ne souffle mot. Las de tergiverser, l'acheteur qui tient à la main sa canne de voyage, une matraque de deux mètres de long, en assène un coup sec sur le crâne du malheureux volatile qu'il cloue sur place. Cette fois dix mains se tendent pour recevoir l'argent qu'il sort lentement de sa poche gauche tandis qu'avec le sourire féroce d'un homme à jeun devant un bon repas il enfouit avec majesté le poulet dans la droite.

Pourtant à mesure que notre séjour se prolonge, les langues se délient, les visages s'éclairent, les sourires se font moins contraints. Les chiens eux-mêmes qui nous fatiguaient de leurs bruyants colloques nocturnes semblent modérer leur sabbat et devenir moins intraitables. Il est juste d'ajouter qu'il y a pour expliquer cette accalmie une raison majeure. Tant pour satisfaire leur goût que les forcer à se taire, les tirailleurs en ont acheté un grand nombre et, sans plus de façon, les ont mangés.

Lestés d'une chair dont ils sont très friands, ils s'occupent maintenant à mettre un peu d'ordre dans leurs ballots, recoudre quelques boutons et panser les multiples déchirures produites par le bec acéré des épines de la forêt. Nous faisons de même et mettons à profit nos loisirs pour passer l'inspection sommaire de notre garde-robe. Singulièrement éprouvée par nos tribulations, elle n'a rien de bien fastueux non plus. Des vêtements effilochés, des casques bosselés, des chaussures complètement fripées, voilà ce qui reste de nos grands harnais de campagne. Il faut reconnaître qu'ainsi affublés, nous avons un peu l'air de bandits dont les affaires iraient mal. De quoi donner une syncope à un Anglais « dont le vrai but de la vie est de faire le tour du monde sans avoir sali ses gants ni troué ses bottes ». Jusqu'ici l'ingéniosité individuelle a pu remédier aux dommages quotidiens. À défaut d'agrafes, des épingles de nourrice ou des ficelles savamment disposées ont pu conserver les boutons, retenir dans une mesure raisonnable le baillement des semelles disjointes, mais nous avons épuisé tous les petits moyens, nous sommes à bout de ressources et il est vraiment temps de retrouver nos cantines de réserve que le colonel a eu la prévoyance de faire monter à Muong-Houn-Xieng-Houng.

Le seul à ne pas s'émouvoir de telles constatations est un officier qui s'est donné volontairement la tâche ingrate de construire sur le Nam-Ou une passerelle de cent mètres pour le jour prochain où il faudra descendre vers le sud. Tandis qu'il travaille utilement à notre départ, nous employons nos journées à des passe temps plus agréables, pêche ou chasse. Suivis d'une troupe de Khas et de Thaïs, auxquels ces distractions causent la plus grande joie, nous nous rendons au bord du fleuve. On jette une cartouche de dynamite à l'endroit qui semble le plus profond. Ils attendent alors dans le silence le plus complet la violente détonation qui succède et la gerbe d'eau qui jaillit à plusieurs mètres de hauteur, puis, dès que les poissons apparaissent le ventre en l'air — et il en est d'énormes — c'est une ruée frénétique vers le coin où ils s'agitent désespérément. Nous en rapportons parfois plus de cent kilos. Certains jours la chasse nous fournit un appoint égal, car le gros gibier est abondant, notamment le cerf que nous entendons souvent dans le calme du soir appeler sa femelle.

Voilà comment nous remédions aux lacunes du ravitaillement. Ce n'est pas l'argent qui nous manque puisque nous en avons plein les poches, mais on ne s'alimente pas avec des piastres et j'avoue que la simplicité par trop élémentaire de notre cuisine sans beurre finit par manquer de charmes. Plus rien dans la région. Plus de riz, plus de porc, partant plus de graisse et il y a bien longtemps que les petites bouteilles de nuoc-mam, saumure fermentée de poisson presque indispensable à l'Annamite, sont vides dans les musettes des tirailleurs.

Le 18 janvier, le colonel se décide à envoyer chercher des vivres à Muong-Va que nous pensions d'abord atteindre avant de faire appel à notre dépôt. Mais pour s'y rendre, les Thaïs font des difficultés, alléguant qu'étant venus en colonne pour porter le canon et rien que le canon ils étaient bien déterminés à ne rien faire de plus, les affaires de riz ne les intéressant en aucune façon. Leur intransigeance a ému Khang qui s'est fait leur propre porte-parole.

— Très bien ! Qu'ils restent, répond le colonel avec une malice au coin de l'œil. Et il se remet à travailler sans plus d'émotion, comme si la chose ne l'intéressait pas non plus.

Mais comme Khang, un peu stupéfait de voir tomber si vite une conversation à peine entamée, reste immobile, il ajoute :

— Il va sans dire que comme je n'ai pas de riz à leur donner il est inutile désormais que vos hommes se donnent la peine de venir m'en demander.

Et sous la broussaille des sourcils, le regard de chef qui s'appesantit sur celui de Khang, luit avec l'éclat d'une lame qu'on viendrait d'aiguiser.

L'argument a porté ses fruits. Les Thaïs, convaincus de mourir d'inanition, se mettent en route presque aussitôt. Ils ont à peine traversé le fleuve qu'ils se croisent avec un convoi qui nous apporte les vivres les plus essentiels et même trois caisses de vin.

Je ne me permettrai pas d'affirmer que le vin est indispensable pour vivre, mais je me garderai tout autant de médire du généreux sang de la grappe. Doux au palais, chaud à l'estomac, il reste le divin nectar créé suivant la parole biblique pour réjouir le cœur de l'homme. Dans l'esprit d'un bon nombre de Français, il est davantage ; il équivaut pour eux à une sorte d'élixir de longue vie où l'organisme puise sans relâche une vigueur nouvelle. Qu'on essaye de faire comprendre à nos soldats qu'il n'est pas le nécessaire, mais le superflu. Aucun raisonnement ne prévaut devant une conviction contraire solidement ancrée dans leur esprit, et c'est un fait certain qu'ils marchent mieux, avec plus d'entrain et de courage, s'ils savent trouver à la fin de l'étape le quart de vin qui leur fait oublier les fatigues de la journée. C'est pour cette raison que le colonel, revenant sur ses ordres formels du début, en a fait joindre de petites quantités aux rares convois qui nous apportaient des denrées plus indispensables. Ce qui nous arrive aujourd'hui est plus que modeste. C'est à peine s'il revient une bouteille à chacun, mais cela suffit à faire oublier que nous en avons presque toujours été privés.

Il y a cependant dans le groupe qui entoure ce récent arrivage, un soldat mélancolique qui ne partage pas nos illusions. Une bouteille, pour lui, n'est qu'une bouteille et il déplore que cela ne soit pas davantage.

Une malheureuse fiole pour quinze jours, gémit-il, c'est pitoyable. Je vais étouffer ça en cinq sec. Et, la tête renversée, la bouche grande ouverte, réglant soigneusement le débit de son pouce appuyé contre le goulot, tandis que monte et descend rythmiquement la pomme d'Adam, il vide le flacon d'un seul trait sans avoir besoin d'être aidé et sans plus d'émotion, du reste, que s'il venait d'avaler une cuillerée d'orgeat. C'est un filet de source qui tombe dans un gouffre.

Une si merveilleuse descente de gosier mérite que je me dérange pour apporter les compliments en même temps que de sages observations sur les inconvénients de l'alcool. Mais j'ai affaire à un homme instruit. il est surtout documenté sur les avantages ; aussi ne se fait-il pas faute de réfuter mes arguments.

— Le vin ? me rétorque-t-il, mais c'est l'ami de l'homme qui en boit avec modération, et sans que j'en aie l'air, je suis de ceux-là. C'est le Bon Dieu qui nous a donné la vigne, comme il nous a donné le froment pour faire le pain. Il y en a qui racontent qu'on peut vivre de fruits, de racines et d'eau. De bonnes histoires, tout cela ! Moi, je prétends le contraire et avec raison. Il faut à l'homme une alimentation appropriée aux besoins de son corps et de son esprit. De son esprit, oui, je dis bien, car enfin il n'y a rien de tel pour donner un coup de fouet au cerveau quand on manque d'inspiration.

Il y a des peuples qui ont supprimé la vigne ; c'est le cas de la Chine qui l'a remplacée par le pavot. Peut-on dire que cela vaut mieux ? Elle n'a jamais été plus brillante que du temps où on buvait du vin et où on ne fumait pas, tandis que maintenant .... C'est très beau de dire que l'alcool, est comme le feu, un danger de mort, il me semble que ce sont les savants eux-mêmes qui ont déclaré l'alcool principe de vie. Est-ce qu'on se prive du feu par crainte d'incendie ?

Se priver du vin par crainte de l'ivresse serait un remède pire que le mal. Oui, je sais, il est des médecins qui racontent qu'on finit toujours par abuser des meilleures choses et qu'il se commet des crimes sous l'influence du vin. Eh bien ! moi, monsieur le Docteur, je ne tuerai probablement personne, mais si j'en arrive là, ce ne sera pas pour avoir trop bu, mais parce que j'aurai eu trop soif.

Il paraît se recueillir une seconde, puis les yeux perdus dans un rêve lointain, il ajoute d'une voix devenue subitement grave :

— L'alcool ? mais c'est la seule consolation qui demeure quand le reste f... le camp. Il y a des jours de cafard où je deviendrais fou, si je n'avais pas un bon verre de pinard pour me remonter

Je vois que le vin ne dissipe pas toujours la tristesse. Discrètement j'allègue la nécessité d'aller voir mon cheval et je me dirige vers le camp où toute notre cavalerie à l'attache empiffre sa pitance d'un va et vient acharné des mâchoires. Les longues marches sous le lourd harnais l'ont mise en piètre état. Ravagée par les privations de la route, elle ne se compose plus guère que de malheureuses bêtes efflanquées dont la peau toute écorchée révèle une fantastique anatomie. Il y a des plaies de bât profondes à y mettre le poing, d'horribles trous d'où ruissellent parmi des masses de vers grouillants, les liquides verdâtres de la suppuration. Ni le fer rouge ni mes antiseptiques n'ont d'efficacité. Ce ne sont que des charognes vivantes portant partout avec elles leurs vers et leur infection, mais des charognes qui se défendent énergiquement contre la mort et qui n'ont d'autre idée que de s'emplir la panse du matin au soir dussent-elles en crever d'indigestion.

A côté, s'élève le bivouac des ma-fou, je parle des Chinois, car les Thaïs indépendants et lointains vivent toujours à part. Les premiers font peu de bruit, par habitude sans doute de vivre avec les bêtes. Quand ils ont fini de donner leurs soins, ils viennent se reposer et dormir sous les abris. Quelques-uns ont encore de l'opium dont ils usent avec modération, fumant juste ce qui est nécessaire pour voir la vie en rose. Le seul qui abuse de la drogue est un grand diable sec et maigre, long comme un jour sans pain que j'ai remarqué depuis longtemps grâce à sa façon de s'acquitter de ses devoirs envers sa pipette. Combien de fois me suis-je arrêté près de lui pour admirer l'incomparable tour de main avec lequel il sait plonger son aiguille dans le pot de corne pour faire boursoufler et crépiter contre la flamme la boulette d'opium qu'il en retire ! Avec quel art il sait la ramollir, la malaxer, la fignoler pour l'introduire juste à point dans le fourneau ! Mais il a acquis à ce petit jeu un tel degré de pâleur et de maigreur qu'il me semble difficile qu'il aille plus loin dans cette voie. Celui-ci se nourrit de fumée. Avec la dernière pipe s'exhalera son dernier souffle.

*
* *

Si on en croit les nouvelles venues du Nord, les chefs pirates auraient été, à la frontière chinoise, reçus sans enthousiasme par leurs compatriotes qui leur auraient même fait la mauvaise farce de les accueillir à coups de fusil. Pris entre deux feux et sentant depuis longtemps la partie irrémédiablement perdue, ils ont fait litière de leurs allures princières et troqué leurs vêtements de soie contre de pouilleux haillons. Voilà de quoi faire prévoir la fin des opérations, unr prompte rentrée dans les garnisons pacifiques du delta tonkinois.

Le 20 janvier, une semaine exactement après notre arrivée à Muong-Ha-Hin, nous prenons la route du Sud. Bien avant l'aube tout est prêt. Il semble que la nouvelle du départ ait infusé un sang nouveau à nos muletiers et à nos porteurs qui s'agitent autour des charges comme des abeilles autour d'une ruche. Sur les masques bronzés des tirailleurs se lit, avec les fatigues éprouvées, l'indicible joie de revenir à leur foyer, et il n'est pas jusqu'à nos chevaux et mulets qui, flairant la piste de retour, ne se laissent seller et bâter presque avec allégresse.

Les bonzes qui officient marquent à grands coups de gong les principaux passages de leurs prières, quand nous nous engageons sur le chemin bordé de grands arbres qui nous conduit vers une longue et solide passerelle de bambou construite avec des moyens de fortune par le patient génie d'un officier. Cet ouvrage nous fait gagner deux heures sur la longue étape que nous avons à parcourir. L'épais et froid brouillard qui nous enveloppe, se dissipe d'abord lentement dans la matinée, découvrant les flots rapides du Nam-Ou et les nombreux récifs de son lit, semblables à des dragons malfaisants aux aguets, attendant l'esquif assez imprudent pour s'aventurer au milieu d'eux.

L'impraticabilité de la navigation, le silence et la solitude des rives qui en résultent sont sans doute les principales raisons qui font de ce pays, couvert de forêts et de halliers épais, un paradis pour les grands fauves. En maints endroits se voient les traces manifestes de l'éléphant sauvage. Et quelles traces ! Les herbes, foulées, aplaties, de grosses branches brisées, de larges troncs à demi usés par le jeu des défenses ou le frottement du corps de l'animal au sortir du bain.

Soudain arrêt brusque du peloton de tête. Que se passe-t-il ? Des hommes penchés vers la terre scrutent des traces nombreuses et toutes fraîches.

— Ong cop !

Et les mots mystérieux, chuchotés de bouche en bouche, causent un petit frisson significatif dans les lignes qui suivent. Quelques troncs d'arbres près du sentier sont lacérés jusqu'à deux mètres de hauteur. Ainsi que des chats, dont ils ne sont au fond que de grands spécimens très dangereux, les tigres éprouvent de temps à autre, comme leurs frères domestiques, le besoin de se faire les griffes et de les mettre à l'épreuve contre le bois.

Vers midi, nous faisons halte sur les rives du Nam-Kan, puis après un repas hâtif nous continuons sur un sentier très accidenté coupé de torrents, dont les rives sont couvertes d'empreintes d'animaux venus là, sans doute, la nuit, pour se désaltérer. On s'engage ensuite sous une épaisse charmille d'où s'élèvent des arbres tous pareils, qui ont surgi d'un jet spontané hors du sol et n'ont sans doute jamais été contrariés dans leur rapide ascension vers le tiède éther. Combien sont-ils ? Cent, deux cents, peut-être. Tous remarquables par leur fût élancé, parfaitement droit, dégarni de branches sur sa plus grande longueur, ils s'épanouissent tout en haut en une dense et sombre ramure d'où descendent avec des flexuosités d'anguille de minces lianes vivaces à cloches roses, ou des cascades de fleurs violettes semblables aux panicules des lilas.

Entre les branches mordorées de ce vélum suspendu au-dessus de nous et comparable par endroits à la voûte d'un toit gothique, filtre un jour doucement tamisé qui donne à l'ensemble de la forêt un aspect un peu mythique. De la terre végétale qui enfante sans fatigue cet enchevêtrement prodigieux d'arbres et de plantes montent constamment des senteurs caractéristiques, un parfum âpre et pénétrant, un peu trop violent peut-être et qui entête. Une grande roche solitaire qu'on dirait tombée du ciel obstrue le chemin. Des indigènes en passant déposent qui un petit caillou, qui une poignée de feuilles sèches ou de terre, hommage rendu à quelque divinité inconnue, à quelque génie invisible qui nous guette pour nous envelopper de ses pernicieuses sorcelleries. Mais de même que la piété des voyageurs au voisinage de lieux saints jalonne les routes de petits tas de pierres votives, de même ici la crainte des phis et de leurs incessants maléfices transforme en quelques minutes le dessus d'une pierre isolée en chapelle propitiatoire.

Une dernière et pénible escalade, pendus au cou de nos chevaux, et nous arrivons à l'étape à l'heure où « le soleil s'est noyé dans son sang qui se fige ».

C'est sur les magnificences du couchant, sur le déploiement des magies crépusculaires et de leurs flamboiements empourprés que se terminent nos dernières tribulations terrestres dans le Haut Laos. Et maintenant, Zéphyr, Eurus, soyez-nous propices. Que le souffle glacial de Borée aussi bien que la chaude haleine de Notus nous soient évités. C'en est fini, cette fois, de nos marches exténuantes en montagne. L'heure est venue de nous confier aux flots turbulents du Nam-Ou.

CHAPITRE X

Au fil de l'eau.

Fait d'une succession de chutes argentées et de nappes vertes entre Muong-Ha-Hin et Muong-Va, le Nam-Ou dessine encore au-dessous de ce point quelques circuits inquiétants au milieu d'un labyrinthe de roches. La violence du courant, les remous, les tourbillons, l'étroitesse des chenaux rendent certains passages difficiles à franchir et toujours périlleux.

Quand on n'est pas pressé — et il ne faut jamais l'être quand on veut laisser son esprit se pénétrer du pittoresque de la région — le mode le plus agréable de voyager, en même temps que le plus sûr, est de prendre place sur un radeau et de se laisser glisser au fil de l'eau. Ainsi avons-nous fait. Le nôtre, qui a douze mètres de long, se compose de multiples paquets de bambous solidement reliés entre eux et disposés sur trois couches superposées, que recouvre en grande partie une toiture de feuilles de lataniers soutenue par une armature de roseaux et de nattes percées de larges fenêtres. C'est une confortable villa, un véritable château flottant que de vigoureux piroguiers laotiens manœuvrent avec des perches et de longues rames faites d'une tige fendue où se fixe une palette rectangulaire. Nous y avons entassé tous nos bagages, et nous pouvons y monter nos lits. Au contraire des autres modes de locomotion qui réduisent le voyageur à l'état de colis, on y peut circuler, de la proue à la poupe, tout à son aise. On a les multiples agréments d'un bateau sans en subir les inconvénients, les voluptés du touriste sans en connaître les fatigues.

Avec de tels dreadnoughts, les dangers sont bien minimes ; néanmoins la navigation exige de la part du pilote une grande attention, et, bien que le Touring-Club n'ait pas encore songé à doter chaque radeau d'inscriptions enjoignant de ne pas questionner l'homme de barre, il est plus prudent de lui laisser toute sa liberté d'esprit en évitant de l'interviewer. Suivis d'un second radeau, où ont pris place nos secrétaires, nous n'avons maintenant d'autre souci que de regarder fuir sur les deux rives les plages, les rochers et les bois. Navigation de plaisance, délicieuse détente après des semaines de surmenage et les fatigues excessives de nos escalades en montagne.

Jusque là, tout est parfait. On est plein de quiétude, tout au plaisir des yeux. Mais le premier rapide qu'annoncent de furieux grondements et de petites vagues de mousse argentée qui bondissent sur des arêtes menaçantes de roches viennent bientôt changer l'orientation de nos idées et mettre une sourdine à notre béatitude. Un peu avant de nous y lancer, les piroguiers nagent avec vigueur et cherchent à donner au radeau, dont la vitesse s'accroît visiblement, la direction nécessaire pour qu'il s'engage dans la bonne passe. Une fois le but atteint, ils troquent leurs avirons pour de longues perches avec lesquelles ils impriment les changements de route inévitables au milieu d'un tel fourmillement d'écueils. A travers les fenêtres de notre embarcation, comme dans une trépidation de cinématographe, les arbres de la berge nous font l'effet de défiler par la portière d'un express. Nous passons mollement secoués parmi les remous, grâce à la flexibilité du fond, après quoi c'est la reprise graduelle de l'allure normale dans le bief qui suit. Au bas du saut, les piroguiers après un hourrah de satisfaction, lâchent leur perche et reprennent tranquillement leurs rames et leur manœuvre sur une eau presque endormie, où viennent se refléter les hautes futaies immobiles.

La descente à travers les récifs est d'abord impressionnante. On a beau savoir qu'il n'y a aucun péril, qu'on ne joue pas sa vie, on éprouve tout de même une certaine appréhension à se sentir à la merci d'une maladresse du timonier qui doit, à chaque seconde, faire preuve de présence d'esprit et d'une habileté consommée. Mais bien vite on s'habitue, le radeau donnant par sa souplesse un sentiment de sécurité qu'on ne peut avoir avec une frêle pirogue qui a toujours une fâcheuse tendance à couler après un choc brutal. C'est l'éternelle histoire du chêne et du roseau. Ici, comme dans la fable, le fond plie, mais ne rompt pas.

Vers la fin de l'après-midi, notre équipage nous arrête à une centaine de mètres d'un étroit couloir à double et brusque virage entre deux grands épaulements de rochers où les flots s'engagent avec furie. On décharge les bagages. Mauvais signe. Lâchement je descends à terre, bien décidé à y rester et à rejoindre plus loin, à pied sec, par la berge. Si peu que je tienne à la vie, j'y suis assez attaché pour obéir au subtil mais sûr instinct qui me pousse invinciblement à la ménager. Il est infiniment plus agréable d'assister de loin que de près à la lutte contre les éléments. Mieux vaut être spectateur qu'acteur. Je m'abrite derrière l'opinion d'un ancien :

> Suave, mari magno turbantibus aequora ventis,
> E terra magnum alterius spectare laborem (1).

Mais la suite démontre — heureusement du reste — que mes appréhensions sont injustifiées et que je me suis privé d'une émotion

---

(1) Devant la mer immense on aime à voir du port,
L'homme battu des flots lutter contre la mort.

anodine. Guidés d'une main expérimentée, les radeaux passent sans incident et quand ils viennent s'abriter dans la petite crique qui fait suite au seuil de roches, nos ordonnances, déjà, ont allumé entre trois pierres les premières brindilles de bois du repas du soir.

* * *

Lorsque nous nous éveillons, l'aube blanchit la rivière dont les écumes neigeuses bondissent joyeusement sur les roches et s'enfuient rapides comme des personnes affairées. Des gens qui sont moins pressés, ce sont nos piroguiers. Nous nous sommes déjà réchauffés depuis longtemps avec une tasse de café bouillant quand ils ronflent encore à poings fermés. Sous l'influence de nos impatientes exhortations qui ne semblent pas, du reste, les toucher outre mesure, ils consentent enfin à s'éveiller, s'étirent, baillent et finalement commencent à rouler une cigarette. Quand à reprendre l'aviron c'est une autre affaire. Ils ont l'indolence propre à leur race et le temps est loin d'avoir, à leurs yeux, l'importance que lui donnent nos calculs d'Occidentaux. C'est ainsi qu'une heure se passe en laborieux préliminaires avant de pouvoir se remettre en route.

Les bords du fleuve sont toujours aussi boisés. C'est une véritable marée de végétation qui déferle comme feraient les vagues d'un océan végétal. Au milieu d'une brousse inextricable, des arbres se dressent, pressés les uns contre les autres, envoyant vers le fleuve des racines monstrueuses qui apparaissent à nu, semblables à des paquets de reptiles fantastiques enchevêtrés qui voudraient ramper hors des eaux. Dans les taillis denses, des singes, venus sans doute écouter la jolie musique des rapides du Nam-Ou, jouent à cache-cache, se poursuivent, se livrent à d'impayables pugilats. On les voit s'élancer d'un arbre à l'autre, exécuter mille tours de voltige, s'adonner à des fantaisies désopilantes puis disparaître, au milieu d'un grand bruit de branches cassées, dans un tohu-bohu d'échines velues et de croupes écarlates, reluisantes comme si elles étaient recouvertes d'un vernis neuf.

Peu à peu, les rives s'élargissent. Devant nous, d'épais brouillards se lèvent et couvrent les sommets d'un nuage opaque de fumée. Un misérable petit village, dont les toits se gauchissent, apparaît parmi cette grisaille plaqué contre le roc, tel un nid d'oiseau de proie, et c'est, à côté, sur les flancs d'un mamelon, la dévastation habituelle des forêts, quelques landes brûlées couleur de cendre où gisent, pêle-mêle comme de gigantesques ossements blanchis par le soleil, de gros troncs abattus et calcinés, entre les tréteaux de branchages où se postent le moment venu les guetteurs chargés de défendre la récolte contre les bêtes.

Les eaux qui chantent en dévalant troublent seules, de leurs monotones accords, la grande paix de ces solitudes. Si j'excepte un petit groupe de montagnards attendant hotte sur le dos, à l'estuaire d'un arroyo, l'arrivée de l'invisible embarcation qui doit leur faire traverser le fleuve, nous n'avons encore rencontré âme qui vive, ni vu la moindre agglomération digne d'être signalée.

Voici l'embouchure du Nam-Ngai, puis celle du Nam-Long, un village enfin, Hat-Sa, huit ou dix pauvres cahutes aux toits branlants et dévastés, que garde un groupe de partisans. Le temps de leur donner l'ordre de venir à Muong-Houn-Xieng-Houng et nous repartons. Le soleil qui n'était, au réveil, qu'un petit rond blafard dans l'opacité des nuages vient d'allumer sa lanterne d'or et dissipe les vapeurs qui traînaient encore sur les berges. La transparence de l'atmosphère nous permet de reconnaître de très loin, sur un coin de la falaise, une vingtaine de personnages armés qui s'agitent. Subitement, ils courent se cacher derrière un mur de pierres sèches et braquent sur nous leurs escopettes. Nous nous préparons à essuyer leur feu, lorsque Souvannarath, qui a reconnu nos partisans méos, leur crie qui nous sommes et met un terme à cette plaisanterie de mauvais goût. Les armes s'abaissent aussitôt, mais le geste nous a prouvé qu'ils s'acquittaient consciencieusement de la tâche qui leur avait été confiée et que le fleuve était bien gardé.

Nous les avons à peine dépassés, que nous nous engageons à vive allure dans une succession de cascades à travers les éboulis d'une montagne qui, sous le lent et patient travail des eaux, s'est écroulée dans le fleuve. Debout et nus à l'avant, nos bateliers se servent de leurs longues perches avec une dextérité sans égale. Ils piquent à droite, piquent à gauche avec l'agilité d'un torero faisant ses passes les plus habiles, tandis qu'à l'arrière le pilote, très occupé, gouverne d'une main et pagaie de l'autre. Et ce n'est pas trop des efforts de tous pour maintenir dans la bonne voie une masse flottante toujours très lente à obéir à une manœuvre.

A mesure que nous descendons, le courant nous emporte de plus en plus vite à travers les remous, les écueils et les tourbillons. Soudain, le long du bord, court un crissement lugubre. De petits soubresauts, aussi rapides que désagréables, agitent l'embarcation. Nous raclons la pointe d'un rocher dont les arêtes tranchantes comme des couteaux viennent de faire sauter un ou deux faisceaux de bambous qui s'éparpillent et surnagent, à nos côtés. Notre course s'est à peine ralentie. Séparés d'une couche de soutien, nous sentons notre plancher élastique s'enfoncer davantage. Rien d'inquiétant pour l'instant. On effleure un récif, puis un autre. Sous leur rude friction, notre maison flottante semble agitée de tremblements nerveux. Ce n'est rien encore, mais les passes se multiplient devant nous en même temps qu'elles deviennent plus étroites et que le courant qui nous entraîne s'y engouffre avec plus de violence. .

Malgré leur habileté, nos Laotiens qui se démènent comme des démons ont fort à faire dans ces dédales hérissés de perfides'défenses. Le patron trépigne, hurle ses ordres et ses imprécations dans le tumulte des grandes eaux, mais j'ai déjà le pressentiment que, quoi qu'il fasse, il n'évitera pas le fatal accident. Et voici précisément que surgit un récif inattendu. Les rameurs l'ont aperçu trop tard. On dirait qu'il vient vers nous avec la précision d'une torpille alors que c'est nous qui nous ruons sur lui en ligne droite. Quelques secondes d'émotion contenue, un craquement sinistre, et l'inévitable se produit.

Sous le formidable choc qui nous a projetés contre nos bagages, le radeau s'est disloqué. Des paquets de bambous flottent de tous côtés, l'eau affleure nos lits, nos caisses, imbibe les semelles de nos chaussures tandis que l'embarcation, tordue sur les brisants, s'incline de façon peu rassurante et s'immobilise finalement dans cette position facheuse. C'est le moment où le second radeau s'engage à son tour sur cette série de seuils dangereux. Qu'arrivera-t-il s'il vient s'écraser sur le nôtre ? Fort heureusement nos piroguiers parviennent, au prix d'héroïques efforts, à nous éloigner du récif sur lequel nous nous étions accrochés. Nous voici bientôt en dehors du passage critique. Si nous y avons laissé des plumes, nous en sommes sortis sains et saufs. C'est l'essentiel, les dégâts sont secondaires. Néanmoins nous ne pourrons plus continuer en cet équipage ; il faut s'arrêter sur une plage pour rafistoler la galère, et s'arrêter ; ici, cela veut dire qu'on y couche. Le sort en est jeté : nous dormirons encore sur le Nam-Ou.

Doucement bercés par les flots dans le fracas des lames contre les roches, nous nous éveillons le lendemain au sourire de l'aube. Léger brouillard, un peu de rosée, puis tout de suite c'est le soleil. Il est déjà haut lorsque nous arrivons à l'embouchure du Nam-Leng, où sommeillent à l'ancre une douzaine de pirogues pleines de riz, montées par une cinquantaine de piroguiers que ne torture pas la fuite des heures. En face du torrent, nous repérons Pak-Leng, point important d'intersection de la route caravanière qui relie Boun-Neua à Muong-Houn-Xieng-Houng et d'une seconde qui rejoint à Boun-Tai, par Phanya-Soun-Phu, le chemin de Sse-Mao à Luang-Prabang.

Nous approchons de Muong-Houn-Xieng-Houng. A dix heures nous y sommes. Pour arriver sur la hauteur, où le poste domine les méandres du fleuve et le silence des forêts, il faut escalader les pentes fortement déclives sur lesquelles s'étagent de gentilles petites maisons laotiennes, mais si haut perché qu'il soit, il est encore dépassé par des sommets qui rendraient la défense difficile si des assaillants avaient l'intelligence où la malice de s'y porter.

Poste tout provisoire, du reste, formé par une série de constructions de roseaux érigées autour de la pagode et destinées simplement à durer une ou deux saisons. Elles nous suffisent largement pour le peu de temps que nous avons à y rester. L'heure de la dislocation a sonné. Certains éléments vont partir à Muong-Khoua par voie de terre, tandis que le gros rejoindra Dien-Bien-Phu et Lai-Chau, premiers échelons de la rentrée dans le delta tonkinois. En ce qui me concerne, le colonel me confie la mission d'accompagner les blessés, les malades, les convalescents jusqu'à Luang-Prabang, avec l'agréable perspective de rallier ensuite le Tonkin par la voie qui me paraîtra la plus pratique. Mon choix est fait depuis longtemps : il y a plus de trois mois que je combine des itinéraires de retour et c'est le Tranninh qui a ma préférence.

*
* *

J'avais donc projeté de me mettre en route dans la matinée du 26 janvier. Mais outre que c'est faire preuve d'une impardonnable légèreté que de fixer dans ce pays une date et une heure, j'avais compté sans l'apathie des Laotiens, qu'un fâcheux destin a condamnés à un retard perpétuel. On ne réagit pas contre des habitudes invétérées. Bien qu'ils fussent prévenus depuis la veille d'avoir à se tenir prêts, nos barquiers étaient encore disséminés dans le village longtemps après l'heure du rendez-vous. Ils étaient partout sauf à proximité de leurs embarcations. Mais l'ample provision de patience que j'ai faite en franchissant la frontière laotienne m'a permis de considérer avec calme le soleil qui s'abaissait et de regarder les ombres qui s'allongeaint pour mesurer le temps perdu dans l'attente vaine de ceux qui, après être venus, s'en étaient retournés et ne paraissaient plus.

C'est ainsi que j'ai vu s'écouler un à un devant moi, sur le petit sentier qui court le long du fleuve, les pelotons de tirailleurs s'acheminant vers leur nouvelle garnison. Las de croquer le marmot, je vais dire un dernier adieu à mon cheval. N'ai-je pas eu l'imprudence de le confier à mon ordonnance pendant notre descente en radeau ? Quarante-huit heures ont suffi à ce drôle pour faire d'une monture encore honorable, une misérable rosse efflanquée et fourbue, immobile sur quatre piquets raidis et tuméfiés. Voilà tout ce qui reste de ce noble coursier que j'aurais pu comparer il y a cinq mois aux cavales d'Erichthonios « si légères, dit Homère, que, lancées à la course sur les fertiles moissons, elles effleuraient sans les briser les têtes des épis et glissaient à la pointe des vagues sur le dos de la vaste mer ».

Je trouve la pauvre bête dans l'arroyo où elle est condamnée, par ordre et sans appel, à baigner ses membres impotents pendant une période de trois mois. Ainsi a décrété notre chef de pièce qui, en l'absence de vétérinaire, a prononcé sur son cas des paroles définitives. Je la flatte de la main et je plonge mes yeux dans les siens pour y lire son désespoir. Mais elle détourne brusquement la tête, encense avec frénésie, pointe ses oreilles et hennit interminablement, inquiète de sentir qu'on s'en va, qu'on déménage, et que pour cette fois, la première depuis si longtemps, elle ne nous suivra pas.

Vers le soir seulement, avec dix bonnes heures de retard, il m'est permis de quitter Muong-Houn-Xieng-Houng. Simple mise en route, sans autre espoir que de franchir quelques seuils avant de nous arrêter sur une plage sablonneuse où ont coutume de venir se grouper pour la nuit toutes les embarcations.

* * *

Quand on passe d'un spacieux radeau où l'on peut circuler au gré de ses désirs dans une étroite pirogue où chaque mouvement doit être mesuré, on a d'abord la sensation d'être enfermé dans une cage. S'y introduire aussi bien qu'en sortir demande un certain entraînement. Xavier de Maistre a mis quarante-trois jours pour faire le tour de sa chambre, il me faudrait certainement beaucoup moins de temps pour faire le tour de mon bord, mais j'ai le grand bonheur d'avoir — sans image — tout à portée de ma main : mes cantines qui me servent de guéridon, mon photophore qui, le nuit venue, projette une clarté lunaire sur ma toiture de feuillage, mes livres, mes vêtements, mon tabac, mon fusil chargé pour les bonnes occasions et même pour le gros gibier, celui de mon ordonnance qui occupe à l'arrière de ma pirogue un compartiment semblable au mien et dont je ne suis séparé que par le mur fictif de mes bagages. Avec la souplesse féline des gens de sa race, 61 a même sur moi un gros avantage : il peut, quand cela lui chante, se couler facilement sous les arceaux de sa chambre à coucher et y dormir comme dans le meilleur lit.

Ce n'est pas que je sois mal sous mon tunnel de latanier où la brise m'apporte le ronronnement d'un lointain rapide. Bien au contraire, je passe une nuit délicieuse et quand je m'éveille, reposé, joyeux de vivre sans payer loyer dans mon petit home abrité du froid par des couvertures, c'est pour avoir l'heureuse surprise de recevoir des mains de mon serviteur, qui me la présente avec respect à travers le rempart de mes malles, la tasse de café bouillant qu'il m'offre chaque matin, depuis plus de quatre mois, en guise de déjeuner.

On lève l'ancre aussitôt après. C'est un plaisir d'avoir une pirogue légère avec un bon pilote et de vigoureux piroguiers. Sous le soleil qui vient d'illuminer les crêtes et fouille de mille flèches ardentes les flancs des collines qui leur font face, nos embarcations, avec la légèreté d'une bande de mouettes sur les flots, sautent gaiement dans les rapides, emportées comme des fétus de paille les unes après les autres. Le bruit des avirons a la douceur d'un battement d'aile. On a l'impression de la vitesse et c'est une joie exquise — qui s'ajoute à celle de marcher dans le soleil — de comparer leur allure accélérée à la lenteur énervante de notre radeau dans les « calmes » du haut-fleuve. Les berges que nous longeons ont toujours le même aspect : des bois, encore et toujours des bois, des bananiers sauvages et des bambous descendant de la montagne comme de grandes coulées de verdure, dont la monotonie n'est rompue, à de très longs intervalles, que par les toits de chaume de quelque misérable village perché sur une falaise isolée.

Par endroits, les embarcations glissent silencieuses sur des eaux devenues subitement unies comme celles d'un beau lac. Du fond de ma pirogue, bercé par le rythme alangui des pagaies, je regarde le paysage se dérouler. Dégagés de leurs préoccupations de métier, mes Laotiens sont attentifs au plus léger vol d'oiseau, au moindre mouvement qui se dessine sur l'une ou l'autre rive. D'un geste bref ils me signalent tout ce qu'ils voient, les petits pluviers cendrés qui piaillent et courent affairés sur le sable à deux pas du fleuve, le gypaète immobile, contemplatif, perdu dans ses rêveries solitaires et figé dans une attitude hiératique, l'échassier aux lents mouvements de guetteur, le faucon roux aux serres crochues qui inscrit dans le ciel de grandes circonférences avant de s'arrêter les ailes frémissantes, suspendu dans l'air, pour se laisser tomber ensuite comme mort sur une proie visible de lui seul, le martin-pêcheur au plumage étincelant qui nous double, rapide comme une flèche de saphir et d'émeraude, avec un petit sifflet aigu, happant au passage d'un adroit coup de bec le poisson qui frétille à la surface, enfin l'aigle majestueux posé dans un coin de rocher qui se lève comme à regret à notre approche et s'enfuit à tire d'ailes après être monté d'un vol circulaire au-dessus de nos têtes pour nous reconnaître.

On ne peut échapper à la grande paix que donne la vie nomade et rien ne dispose à la méditation comme l'existence sur le fleuve au bruit cadencé des avirons, la gêne et l'immobilité du corps laissant à l'esprit plus de liberté et plus d'activité. Mais le recueillement ne peut être de longue durée parmi tant d'obstacles, qu'une nature vigilante semble avoir placés intentionnellement pour varier la monotonie sereine de la descente.

Vers midi, de nouvelles émotions nous attendent. Avec le Keng-Lik, nous abordons un des rapides les plus dangereux et les plus difficiles de la rivière. Il est formé par une double rangée de rocs élevés entre lesquels se trouve un étroit couloir large de trois mètres, profond, tortueux, où la masse liquide s'engouffre avec un bruit d'enfer. Les pirogues s'y engagent en vitesse par une émouvante culbute. L'avant de la mienne qui, d'abord, semblait s'être englouti, se relève subitement entre des franges d'écume et des fusées d'eau. Accroupis et cramponnés sur le bordage au moment critique, les bateliers surgissent aussitôt après le plongeon, tenant horizontalement les perches protectrices qui empêcheront nos esquifs d'aller se briser au premier coude. A la course on franchit les mauvaises passes. A travers deux ou trois virages à angle droit, les vaillantes barques bondissent, s'inclinent brusquement, se redressent, effleurent les rochers, plongent au creux des vagues et reprennent définitivement leur équilibre en eau calme.

*
* *

Sans incident, nous abordons à Muong-Khoua au matin du troisième jour. Par comparaison avec les misérables régions que nous avons récemment parcourues, le petit village nous semble un vrai pays de cocagne, où les indigènes n'ont d'autres soucis que de couler des jours sereins. Je comprend que le bonheur qui se lit sur leur visage puisse tenter mes piroguiers et je m'explique la grimace significative avec laquelle ils ont accueilli ma décision de ne m'arrêter que le temps strict de donner quelques ordres pour le transport du matériel et des impedimenta que j'y laisse.

Sous la lente poussée des équipages déçus de leur espoir de s'endormir dans les délices de Capoue, le convoi repart et s'égrène sur le fleuve, tandis qu'ils enfoncent à regret dans l'eau verte la palette de leurs courtes rames. Aucune profondeur mais un courant très vif, une admirable limpidité à travers laquelle nous voyons filer sous la quille de nos embarcations les innombrables galets du fond. De rares villages mettent les taches grises de leurs paillottes sur la végétation des rives. De ci de là, une pirogue est ancrée le long du bord, et c'est, tout à côté, la tente de fortune d'un petit marchand de Luang-Prabang venu débiter sa camelote siamoise, ses articles étrangers et quelques rares étoffes tissées par les autochtones. Commerçants placides, qui attendent le client au bord de l'eau avec l'insouciance de gens pour lesquels la pensée de vendre est tout à fait accessoire !

Un rapide, qui nous oblige à descendre pour longer des berges rocailleuses coupées d'enrochements abrupts, ne permet à nos pirogues que de s'y engager une à une et non sans précautions. Du petit banc de sable où je viens m'asseoir pour les attendre, il m'est agréable de suivre la manœuvre des équipages. Assis en échelle, les pieds nus et cramponnés à une barre de bambou tendue d'un bordage à l'autre, les deux hommes d'avant se penchent avec une merveilleuse souplesse sur leurs rames qui battent l'eau en cadence précipitée, avec un arrêt brusque de l'aviron au sortir de l'eau. Ils donnent soixante coups de pagaie à la minute, et le courant les entraîne. A chaque effort, la barque plonge pour se relever ensuite. Parfois elle disparaît partiellement sous les bouillonnements de la chute pour reparaître en haut des vagues et disparaître encore avec la vitesse et les bonds d'un ricochet. Des giclées d'embrun cinglent le visage des bateliers, pendant que, debout à l'arrière, le pilote, magnifique de force et d'énergie, attentif au moindre écueil, imprime au moment précis l'habile coup de barre qui évite la catastrophe.

A voir l'ensemble et le sang-froid avec lequel ils manœuvrent tous, on a tout de suite le sentiment que ce ne sont pas des hommes quelconques ramassés on ne sait où, au hasard de l'embauchage, mais qu'au contraire, instruits de leur métier depuis l'enfance par leurs pères dont ils perpétuent simplement et consciencieusement le labeur, ils sont à leur tour et depuis longtemps, passés maîtres dans la besogne qui doit être celle de toute leur vie.

Une à une, les pirogues ont franchi le saut. Il faut maintenant rattraper le temps perdu. Le Nam-Ou semble répondre par un sourire au regard tranquille que je jette sur ses eaux apaisées. Nous glissons dans le soleil. C'est un de ces jours où il semble vraiment que le ciel soit descendu sur la terre. La lumière est partout, dans l'eau comme dans l'air. Phœbus-Apollon, le dieu aux flèches d'or, orne de mille paillettes le cours de la rivière qui miroite jusqu'au cap lointain où elle disparaît entre des murailles végétales, faites d'un foisonnement de choses vertes et du frais éclat des palmes.

A mesure que nous avançons, le fleuve s'élargit, en même temps que la haute végétation des rives s'atténue, et qu'apparaissent plus nombreux des signes indéniables d'activité humaine : ici des mamelons où se dessinent encore d'anciennes cultures conquises sur la forêt et que la forêt se prépare à reconquérir, là un village au-dessus duquel surgissent les touffes géantes des bambous et les grêles fusées des aréquiers.

Des femmes viennent au fleuve puiser de l'eau. Une à une elles descendent, légères, cambrées, la démarche onduleuse et souple, suivies d'enfants à ventre drôlement ballonné qui trottinent et se bousculent derrière leurs pas. D'un effort lent, quelques-unes rechargent les seaux de bambou qu'elles ont remplis, affermissent sur leurs épaules le fléau aux extrémités duquel ils se balancent et s'en retournent d'un pas cadencé et alourdi. D'autres se préparent aux douceurs du bain. A mesure qu'elles s'immergent, elles retroussent leurs jupes, puis brusquement s'accroupissent en même temps que l'étoffe, constamment tenue hors de l'eau, vient se poser au-dessus de leur tête comme un volumineux turban. C'est ainsi qu'elles savent sauvegarder la pudeur. Mais quand elles ont terminé leurs ablutions, elles s'en vont, les seins mal dissimulés sous une légère écharpe, laissant voir à demi par coquetterie ce qu'elles croient de leur personne le mieux fait pour plaire.

Le village dépassé, les rives redeviennent désertes. De loin en loin quelques familles de singes perchés sur les branches nous regardent gravement passer, puis c'est sur une grève solitaire un merle pris au piège qui agite avec désespoir son plumage miraculeusement lustré, tandis que seul au bord d'une petite crique un échassier pacifique reflète dans l'eau sa grise silhouette immobile sur une patte.

Et voici, tout à fait inattendu à un coude de la rivière, un tableau digne d'être fixé sur une toile de maître : une nymphe brune qui se baigne sur une petite plage discrète. Mais j'ai à peine entrevu sa nudité, sa gorge emplie de sève, ses formes impeccables, sa longue chevelure noire éparse sur son dos, ses bras de bronze humides, ruisselants de perles, que, dans un vol de ses jupes reprises au galop, elle disparaît derrière un froissement de roseaux en bondissant sur un étroit sentier que je ne voyais pas tout d'abord et qui doit conduire à quelque village insoupçonné. Pour avoir surpris Diane au bain, Actéon, fils d'Aristée, fut changé en cerf et dévoré sur le champ par ses propres chiens. Heureux temps que les nôtres où l'on est à peu près sûr d'échapper à un tel destin !

Autant nos piroguiers mettaient d'ardeur à manœuvrer dans les rapides, autant ils semblent maintenant peu disposés à disputer au courant le soin de faire leur besogne. Abandonnée à la volonté du fleuve, la barque dolente glisse, sans autre bruit que la rumeur qui chuchote contre ses flancs, sous de languissants coups de rames qui lui donnent de temps à autre une faible impulsion, et c'est un charme pour moi d'écouter aux mêmes intervalles, dans le silence de notre marche, les gouttes qui ruissellent des pagaies tomber le long du bord avec un harmonieux grésillement.

C'est dans ce même calme apaisant que nous atteignons l'heure magique du couchant. Les couchers de soleil ont, au Laos, un éclat merveilleux qu'on ne rencontre nulle part ailleurs en Indochine. Presque chaque soir, en cette saison, un magnifique tableau se prépare. Des reflets d'or et de sang s'étalent sur le fleuve, tandis qu'au travers de la vapeur pourpre qui emplit l'Occident passent les ombres livides de spectres fantasmagoriques, des processions de nuages d'un violet phosphorescent, d'un lilas ardent ou de nuances invraisemblables. Mais aujourd'hui, c'est un incendie encore plus impressionnant que de coutume. Tout se colore et s'anime, tout s'enflamme, tout brûle, tout rougeoie, tout flamboie. La verdure des rives elle-même arbore des rutilances de cuivre neuf, et il n'est pas jusqu'à nos bateliers qui, sentant confusément la beauté de l'heure, ne s'immobilisent irrésistiblement sollicités, pétrifiés, devant le grand officiant qui donne à leur peau bistrée un ton de braise ardente, avant de sombrer dans toute la gloire de sa pompe cardinalice derrière l'incandescence des crêtes.

Où prendre les mots suffisants pour décrire la splendeur d'un pareil spectacle ? Je ne permettrai pas à ma plume indigente le ridicule d'un essai de ce genre. Une telle fantaisie m'apparaît aussi impossible que la solution du problème de la quadrature du cercle. On ne décrit pas ce qui est indescriptible, pas plus que le pinceau le plus habile n'a le pouvoir de fixer des couleurs qui changent incessamment et dont la gamme varie à l'infini.

A force de laisser mes yeux errer au loin sur les collines où s'éteint la grande féerie rouge, à force de regarder le jour finir en une apothéose de sang, je n'ai pas vu l'ombre gagner le paysage, je ne me suis pas aperçu que l'obscurité s'est faite rapidement et que la nuit s'est abattue comme un poing. Je suis encore à rêver de la somptueuse agonie, que la jeune lune, dans l'autre moitié du ciel, montre sa face curieuse au-dessus de la dentelle des palmes et laisse tomber sur le fleuve ses traînées phosphorescentes, tandis qu'autour d'elle s'allument les petites lumières vivantes des étoiles, semblables dans l'immensité bleue du firmament « à des abeilles d'or sur un manteau d'empereur ». Puis dans la nuit argentée et silencieuse, retentit bref et plaintif comme un râle d'agonie, l'appel de chasse du tigre.

*
* *

Rare en cette saison, la pluie vient sournoisement au cours de la nuit tambouriner sur les feuilles qui me servent de toiture. Au matin, la nature semble lavée, rafraîchie, rajeunie, une féconde humidité trempe la terre abreuvée, et de chaque côté du fleuve brille d'un éclat inaccoutumé le lustre des palmes et des grandes feuilles de bananier revernies à neuf. Embellie sans durée. De petits grains fréquemment renouvelés viennent fournir à mes bateliers laotiens un prétexte facile pour musarder d'une rive à l'autre.

Deux jours se passent ainsi, sans qu'on fasse beaucoup de chemin, dans la mélancolie d'un paysage engourdi entre deux rives abandonnées par les gaietés de la lumière. Dans la matinée du troisième, une petite pluie fine embue l'atmosphère, une sorte de bruine plutôt, derrière laquelle on pressent déjà le soleil. Part-on, ne part-on pas ? Ailleurs qu'au Laos pareille question serait oiseuse et les équipages se seraient déjà mis en route sans hésitation. Ici c'est différent. Presque tous mes hommes se sont rendus en excursion au village voisin, et ceux qui restent, mal réveillés, ont l'air de me demander pourquoi je suis si pressé. Est-ce que je ne voyage pas pour mon agrément ? Une fois de plus je viens d'oublier que le prix du temps est une notion strictement occidentale. Mais pourquoi me frapper ? N'est-il pas plus simple de me recoucher et d'attendre au fond de ma barque la rentrée des flâneurs ?

Lentement, un à un, ils finissent par arriver, et le glissement commence au rythme alangui des avirons. Quand je me lève pour m'étirer au dehors, — et c'est un inappréciable délassement de pouvoir se dresser debout après être resté accroupi des heures entières — le convoi coule silencieusement sur une eau calme et profonde où notre passage laisse comme des gaufrures de soie moirée. Les nuages qui se massaient, s'aplatissaient, s'effilochaient au-dessus des touffes géantes de bambous ont disparu, volatilisés par le soleil qui, maintenant, bleuit le ciel. Vers lui de véritables forêts de bananiers sauvages déroulent leurs gigantesques cornets. Des aréquiers pareils à des bouquets de plumes au bout de hampes de roseaux marquent la place d'un village invisible et, çà et là sur ce vert qui ne finit pas, saignent quelques fleurs carminées.

Las sans doute de ne rien faire, les piroguiers se sont assis sur le bordage et, tout en caressant machinalement la robe soyeuse du fleuve de leurs pagaies presque inertes, considèrent avec indifférence les rives dont la monotonie serait fatigante pour moi-même, si elle ne me permettait pas de rêver et de vivre d'une bonne vie inconsciente comme l'animal, pour ainsi dire, ou comme la plante.

Il y a dans notre existence des instants où rien d'extraordinaire ne se produit et que nous ne pouvons, cependant, oublier dans la suite, tant est puissant le charme qui s'attache à leur souvenir. Je suis à un de ces moments-là. Pourquoi me sens-je si content ? De quoi suis-je si satisfait ? Je cherche en moi, autour de moi, les causes qui me font si heureux de vivre. Il fait beau, le ciel est lumineux, tout rayonne. L'haleine vivifiante du fleuve est exquise à respirer. Sur la nappe mouvante dégagée de ses gazes argentées, rien n'arrête mon regard. Ma barque glisse sans effort entre deux rives de verdure « fraîches comme une églogue de Virgile ». Leur couleur douce et reposante est une caresse pour l'œil. J'écoute, ravi, les chants des bateliers, suaves mélopées qui sont les reflets saisissants de leur âme naïve. J'ai un appétit d'ogre, la sensation délicieuse que mon sang circule plus vite au milieu d'une atmosphère de fête et de dimanche. Ma mémoire s'enrichit de sites nouveaux. Je goûte l'énorme plaisir de l'indépendance, la simple joie très pure d'ouvrir les yeux sur la puissance de la terre laotienne. Pour tout dire en un mot, je savoure doucement cette quiétude singulière, cet allègement de tout notre être que donne la vie nomade, qui fut la vie libre et sereine des premiers hommes aux premiers âges.

Et quand j'ai fini de me baigner dans le soleil, de respirer à pleins poumons l'air qui s'attiédit et les senteurs résineuses que la brise chargée d'arômes pénétrants et prenants apporte de la forêt, le charme n'est pas rompu. Pour qu'il continue, je n'ai qu'à me pencher sur quelques livres préférés, fidèles compagnons de route qui, depuis plus de vingt ans, ont enchanté ma pensée. Ils sont peu nombreux, d'aspect modeste et d'un format commode. Quelques traductions d'auteurs anciens, les fables de La Fontaine, les poésies de Musset et de Vigny, une vieille édition de Montaigne dont j'aime l'indulgente philosophie si bien accommodée à nos faiblesses, voici ma bibliothèque de voyage. Elle n'est pas volumineuse, mais elle est substantielle et elle m'a toujours suffi.

Tous ces livres m'ont suivi sur la terre et sur l'eau. Ils ont partagé avec moi la grossière tente de peaux et la hutte de nègres de mes débuts coloniaux, avant de se prélasser sur les rayons d'un meuble sculpté dans mes agréables intérieurs de Chine ou du Tonkin. Ils ont voyagé sous tous les climats, sous toutes les latitudes, senti les cruelles morsures de l'impitoyable soleil du Soudan, aussi bien que l'âpreté du froid sibérien. Ils ont connu tour à tour les modes de transport les plus divers, les bons et les mauvais, les plus luxueux comme les plus inconfortables. Il m'a fallu les défendre contre la chaleur, l'humidité, l'effrayante voracité des termites. Ils ont parcouru le désert saharien, doublé le Cap de Bonne-Espérance, fait le tour du Continent noir, traversé la Chine de l'Est à l'Ouest, visité le Japon d'un bout à l'autre, escaladé les premiers contreforts thibétains. Sous le brûlant soleil africain ils ont navigué sur les grands fleuves. Ils ont passé des mois et des mois sur les chalands ou les pirogues du Niger et du Sénégal. En Extrême-Orient, le Fleuve Bleu, jusqu'en ses profondeurs, n'a pas de secrets pour eux. Ils connaissent le Fleuve Rouge et s'apprêtent à connaître le Mékong. Enfin — et ce n'est pas un mince mérite de leur part — ils ont résisté à mes innombrables déménagements, à tous mes naufrages.

Je les aime et je les vénère tant pour leur ancienneté et pour tout ce qu'ils me disent que pour les services inoubliables qu'ils m'ont rendus aux heures d'ennui. Chaque page d'entre eux, couverte d'annotations dont beaucoup ne peuvent être comprises que de moi seul, me rappelle une date, un événement heureux ou malheureux, des jours de gaîté ou de tristesse. Je puis, rien qu'à les feuilleter, revivre toutes les étapes de ma vie coloniale, suivre, amusé, les transformations successives de mes naïves idées de jeunesse et l'émiettement progressif de mes illusions, tant et si bien que la douceur que j'éprouve à les revoir, et le tendre attrait qu'ils m'inspirent, sont autant le fait de la reconnaissance qu'on a vis-à-vis d'amis indispensables, que des innombrables souvenirs qu'ils ressuscitent.

Je délaisse aujourd'hui ces fidèles compagnons pour lire et relire une fois de plus les renseignements nécessaires au long voyage que j'entreprends, toutes les notes que j'ai recueillies sur le plateau du Tranninh qu'on dit unique, avec ses forêts qui rappellent les forêts de France, avec ses bois de pins et leur bonne odeur de résine, avec ses poiriers, ses pruniers, ses abricotiers, ses merisiers aux fleurs roses, ses paysages alpestres enfin où, sous un beau soleil de Provence, le silence des solitudes alterne avec le tintement joyeux que font les clochettes des troupeaux au pâturage.

Tout cela m'est inconnu. Par anticipation, je fais déjà le voyage sur le papier, je jouis du spectacle, je me penche curieusement sur le mystère de cette étonnante plaine des Jarres, gigantesques récipients en grès taillé dont on ne connaît encore ni l'origine, ni l'usage. Tandis que je passe en revue l'inventaire des joies à venir, le temps passe sans que je m'en aperçoive et quand je sors de l'étroite loge où je suis accroupi pour respirer l'air à la grande lumière du jour, l'après-midi est déjà très avancée. C'est le moment où nos barques s'engagent entre deux hautes falaises rocheuses dont les parois sont tellement lisses que, même dans ce pays où la végétation triomphe de tout, quelques rares plantes tenaces, semblables, à cette hauteur, à des fleurs à la fenêtre d'un sixième étage, ont pu, seules, s'y accrocher, et on aperçoit, tout au pied de la muraille calcaire, les témoins irréfutables du lent travail de désagrégation des eaux, des grottes, des cavernes qui sont comme les yeux de la falaise ouverts sur le fleuve.

Un merveilleux silence plane sur l'immobilité des choses. Cette fois, j'ai vraiment l'impression de la solitude, celle de l'homme sans nom et sans adresse, la joyeuse certitude que pendant plusieurs jours rien ne pourra m'atteindre ni me troubler dans ma quiétude. Maintenant que je suis loin de la civilisation, loin du bruit, des efforts, des incessantes agitations de l'intelligence humaine, rien ne me presse. Me voici libre comme l'air, avec le droit de m'arrêter où bon me semble. Qui pourrait m'en empêcher, puisque j'ai pour guide ma fantaisie ? Ah ! les bonnes semaines en perspective ! Comme la vie est belle et comme on a eu raison de dire qu'elle ne trompe que ceux qui n'attendent pas assez d'elle ! Il me semble à cette minute qu'un sang neuf court dans mes veines et que tout le bonheur de la terre m'appartient.

Debout à l'avant de ma pirogue, je bombe allègrement le torse et je fais jouer mes muscles, mais un cri lointain et prolongé me fait subitement tressaillir et bloque tout à la fois et mon effort et mon souffle.

Qu'est-ce que c'est ? Un sinistre pressentiment m'envahit. Je me retourne : sur une embarcation qui paraît au diable vauvert s'agite une forme blanche. Je prends mes jumelles ; un casque d'Européen, deux bras qui font de grands gestes, un papier jaune au bout de l'un d'eux et une pirogue qui s'avance à force de rames. C'est tout ce que je distingue, mais c'est assez pour que je comprenne. J'étais trop tranquille ; je vais connaître les odieux méfaits du télégraphe.

Et c'est bien cela. Parce que quelques pirates ont à nouveau franchi la frontière pour menacer nos postes, il me faut faire demi-tour, revenir à Lai-Chau. La teneur du télégramme est formelle. Et le jeune camarade qui me l'a tendu, et qui aurait fait preuve de bon goût en restant à Muong-Khoua où je l'avais laissé, me donne avec un sourire qui m'excède de surabondantes explications. Aucune nouvelle ne pouvait m'être plus désagréable. Voici évanoui comme la rosée au soleil le séduisant voyage de retour par Luang-Prabang que j'avais arrêté dans ses moindres détails.

Tandis que je maugrée contre l'instabilité des choses, que je voue à la colère des dieux l'inventeur du télégraphe, et la paresse de mes piroguiers, cause de l'infortune qui me frappe au moment où je m'y attendais le moins, un grand village nous apparaît sur la rive gauche, alignant symétriquement de très hautes et très belles maisons laotiennes de chaque côté d'allées spacieuses qui se coupent à angle droit. Une magnifique sala en face du débarcadère nous offrira l'hospitalité pour la nuit. A mi-chemin, tandis que nous nous y rendons, nous nous heurtons au Prince Souvannarath qui, parti bien avant nous, devrait déjà être à Luang-Prabang. Il y serait très certainement si Muong-Ngoi ne possédait un privilège commun à beaucoup de villages laotiens : on y arrive toujours la veille ou le lendemain d'une fête. C'est ce qui s'est passé pour notre interprète. Débarqué trop tard pour assister à une cérémonie, il a attendu les suivantes et j'en déduis qu'il ne s'en trouve pas mal puisqu'il continue. Il allègue bien, pour expliquer sa lenteur à repartir, certaine pirogue qui ne vient pas, mais je n'en crois rien. Le pays a pour lui de puissants attraits, et si nous voulons avoir un aperçu des charmes de la localité, il y a justement chez le tasseing, ajoute-t-il, une réunion organisée pour le soir, où nous pourrons, par la même occasion, entendre et apprécier la musique laotienne.

L'idée est excellente. Si mon compagnon est déjà documenté sur les divertissements du pays, il y a longtemps que je suis, pour ma part, curieux de voir un « boun ». C'est ainsi qu'on nomme ces concerts de village où se presse toute la population. Je saisis au vol cette fortune inespérée et nous acceptons l'invitation.

Nous avons à peine fini de dîner, que la brise nous apporte les premières bouffées de musique scandées de sourdes pulsations et que déjà résonnent doux, harmonieux et plaintifs les premiers accords du khène. Le moment est venu d'àller voir ce qui se passe chez le tasseing. Sa maison est déjà pleine de monde. En haut de l'escalier qui mène à la salle de réception d'où nous arrive un brouhaha confus, nous sommes reçus avec des saluts cérémonieux par le maître de céans dont l'heureuse physionomie semble déjà justifier la réputation qu'il s'est faite de ne jamais tolérer que ses hôtes s'ennuient sous son toit. C'est un fort bon vivant qui se complaît aux conversations joyeuses, aux lentes et savantes dégustations d'un vieil alcool de choix.

Une vingtaine de Laotiens sont assis en rond autour d'une série d'instruments divers : khène, xylophone, petite flûte, violon à deux cordes, cymbales aux stridentes vibrations. Il y a également une kyrielle de gongs maintenus horizontalement dans une double armature en fer à cheval au milieu de laquelle se tient un musicien, enfin une grosse caisse, ou quelque chose d'approchant, qui tonitrue. Voilà un orchestre qui promet. On se range respectueusement pour nous laisser passer et nous allons prendre la meilleure place sur une natte à côté du Niai-Khouang dont le sampot de soie, couleur gorge de pigeon, nous transporte d'admiration. Si cet important personnage garde au milieu de la gaîté générale la gravité de bon ton qui sied à ses fonctions, le tasseing, lui, est expansif pour deux. Il va inlassablement d'un groupe à l'autre et s'occupe d'être agréable à tous ses hôtes.

— Eh bien et les femmes ? lui demande mon compagnon qui a assisté ici-même, il y a cinq mois, à une fête de ce genre.

— Elles s'apprêtent et vont venir, répond-il, tout en se dirigeant vers quelques figures reculées dans l'ombre qui causent et rient sans faire de bruit. Et de fait, les voici qui arrivent revêtues d'écharpes multicolores. C'est un ondoiement de rose, de vert, d'orange, de citron et même de rouge lie de vin qui se détache des bustes de bronze, des bras élégants, de corps d'enfants ou de grand'mères. Il y en a pour tous les goûts. A défaut de beautés capiteuses, il y a là quatre ou cinq jolies filles, autant d'adolescentes aux appâts encore incertains, quelques grâces automnales qui ont des espérances, des beautés crépusculaires qui n'en ont plus, mais le reste ou peu s'en faut est composé de pauvres vieilles qui ont dépassé depuis longtemps l'âge canonique. Pourtant chez toutes, même gaîté sur les visages et mêmes fleurs piquées dans la chevelure.

Le teint et l'œil allumés, notre amphitryon se multiplie. Il a la galanterie de faire asseoir les plus belles près de nous, en même temps qu'il nous présente sur un plateau de cuivre de grands verres pleins d'eau-de-vie de riz. Comme je veux me récuser en ce qui regarde l'alcool, il proteste et me laisse entendre qu'après avoir goûté je récidiverai. Cela s'est déjà vu, ajoute-t-il, puis, se faufilant à quatre pattes au milieu des groupes, il distribue de copieuses rasades à la ronde.

Et le concert commence.

Une femme attaque un air que toutes les autres continuent en chœur. C'est ensuite le tour d'un jouvenceau qu'accompagne un joueur de khène. Dès les premiers couplets où le gars demande à la fille de lui conter fleurette, les assistants battent des mains pour accentuer la mesure ou exciter les chanteurs. Les bons mots, les gaudrioles — et il en est qui sont de taille à faire rougir un mousquetaire — sont soulignés par des applaudissements généreux et des rires bruyants. Pendant que l'homme exécute une mimique expressive des bras et des mains une fois son couplet terminé, la fille répond sur le même rythme pour se livrer ensuite aux mêmes démonstrations que son partenaire. Celui-ci redouble ses tendres compliments et cela dure longtemps ainsi, chacun faisant à son tour assaut d'esprit, de galanterie et d'ironie. Les chœurs soulignent certains passages par une note prolongée que ponctuent des battements de mains.

Comme au temps des troubadours voici une improvisation. En notre honneur les femmes composent d'originales strophes où le mot « phalang » (français) revient à tous moments. Que peuvent-elles dire ? Voilà ce que nous voudrions bien savoir, c'est en vain, cependant, que nous tentons de faire appel aux lumières de Souvannarath. Les yeux grands ouverts, ce fortuné mortel nous regarde sans nous voir, tandis qu'une solide gaillarde, la bouche collée contre son oreille, lui sussurre des mots qui me sont inconnus, mais qui sont, paraît-il, de très poétiques compliments.

Après avoir chanté, elles boivent et nous présentent à boire. Ma voisine ne saurait manquer à ce devoir, que je comprends également comme une politesse à laquelle il serait malséant de se dérober. Je goûte au choum-choum. Elle insiste une seconde fois et elle le fait avec une telle aménité qu'il ne conviendrait pas davantage de refuser. Et ce n'est pas encore fini. Une fois de plus elle revient à la charge sous le prétexte que la troisième dégustation est infiniment supérieure aux deux premières. Jamais bras plus gracieux ne m'offrirent à boire, jamais sourire plus frais ne m'y convia. Elle s'appelait Sao-Kham-Di. Que la vie lui soit légère !

Au fur et à mesure que les têtes s'échauffent, l'orchestre éclate avec plus de fracas, ce qui n'empêche pas deux ou trois personnages de s'étendre près de la porte d'entrée et de sommeiller dans la paix d'une heureuse digestion. Du côté des hommes on boit sec. Un des assistants, un Chinois bedonnant dont les yeux bridés disparaissent sous la bouffissure des joues, se lève avec difficulté et se dirige en titubant vers la sortie parmi les rires homériques de l'assemblée.

Pirogue pour passagers européens (Rivière Noire).

Le bac de Lai-Châu.

Le prince Souvannaraht.

Passage d'un rapide (Rivière Noire).

Mais son absence est de courte durée. L'estomac libéré, le Céleste réapparaît haut en couleur, prêt à recommencer ses libations interrompues. Et le tasseing dont le visage semble peint de vermillon lui remplit gaiement à nouveau son gobelet jusqu'au bord.

A force de vider les leurs, nos voisines commencent également à perdre leur retenue. Déjà dans leurs chants n'avaient-elles pas l'audace de se plaindre de notre trop grande timidité vis-à-vis d'elles ? Car c'est cela, paraît-il, qu'elles disaient en coulant vers nous des regards que l'on se serait imaginés engageants et qui n'étaient simplement que narquois. Souvannarath, enfin dégagé de son rêve, a pu nous renseigner. Les voilà, maintenant, le chignon comiquement incliné sur l'oreille, qui s'emparent de nos verres et les introduisent de force entre nos lèvres. Mieux vaut céder devant ces filles à poigne robuste que la chaleur communicative des banquets rend de plus en plus hardies. *Aut bibat, aut abeat* ! L'antique dicton est ici de rigueur. Boire ou s'en aller. Il n'y a pas d'alternative. Je préfère m'en aller parce que je ne puis plus boire. Il se fait tard d'ailleurs. Le moment est venu de s'arracher à cette expansion de joie. Mais le tasseing, qui ne l'entend pas ainsi, se récrie : « il arrive toujours des malheurs à ceux qui se pressent ; la vie est courte, ayez-en soin ».

Sur ces paroles profondes d'un sage qui s'ignore, je prends congé. Il serait tout à fait charmant le retour à notre luxueuse sala par cette adorable nuit de clair de lune et de musique, n'était l'amère déception de repartir pour Lai-Chau et de renoncer à voir Luang-Prabang, la joyeuse cité royale, Capoue du Haut-Laos, voluptueusement enfouie sous les fleurs et les cocotiers aux bords du Mékong, « Père des Eaux », l'un des plus beaux fleuves du monde.

*
* *

Si le style peint l'homme, les chansons d'un peuple donnent une peinture exacte de ses mœurs et de ses aspirations. Voici la musique de deux de celles qui sont revenues le plus souvent au cours de cette soirée. Je joins la traduction en vers de la première, qu'a consenti à faire pour moi un ami assez discret pour ne pas vouloir être nommé.

CHANT DE LUANG-PRABANG

I

De nos péchés commis dans une autre existence
Nous sommes en ces jours cruellement punis
Mais, pour les cœurs épris, il n'est point de distance
Et quoique séparés nous restons réunis.

II

L'absence étreint mon cœur d'une étreinte fort dure,
Par un feu torturant me brûlant nuit et jour ;
J'oublie en ma douleur même la nourriture,
Et mon cœur alangui s'épuise au mal d'amour.

III

Je suis comme frappé d'une sombre folie
Qui me laisse pourtant conscient pour souffrir
Comme un corps privé d'âme errant en cette vie.
O quand pourrai-je encore en mes bras la tenir ?

IV

Celle qui fut pour moi la pierre précieuse
Seule pourrait guérir ma peine et mes tourments.
Pensez, ô bien-aimée, à cette époque heureuse
Où nous avons connu les plus divins moments.

V

Quand votre joue en fleur de mes lèvres décloses
Attirait les baisers éperdus, jamais las,
Tout souriait en nous, et que de douces choses
L'un vers l'autre penchés nous murmurions tout bas !

VI

Tels que sur l'arbre en fleur au souffle de la brise ;
Les oiselets rieurs sont dans leurs nids bercés,
Ivres de la becquée qui nourrit et qui grise,
Des tendresses d'amour nous vivions enivrés

VII

Mais ainsi qu'il advient à l'oiselet qui tombe
De l'asile embaumé dans la main du chasseur
Et qui, privé des soins maternels, souffre et meurt,
Loin de vous c'est la mort, loin de vous c'est la tombe.

Sao-Bo-Khay

A Madame A. Lecomte

CHAPITRE XI

Retour dans le delta tonkinois.

CE n'est pas sans quelque mélancolie que je me suis résigné à dire adieu à cette population à la fois si confiante, si douce, si affable, à laquelle allait déjà une sympathie aussi profonde que vite venue, à ce Laos privilégié, beau jardin terrestre où la seule douceur de vivre est une jouissance si parfaite qu'on n'a plus besoin d'autre chose.

Voyager, dit-on, n'est-ce pas quitter ses amis de la veille pour en chercher d'autres le lendemain ? J'ai heureusement prévu les amis du lendemain. Ils sont là à côté de moi, près du souple traversin de bambou où je repose ma tête. Rejetons bien vite, pour n'y plus penser, ces notes sur le Tranninh qui sont maintenant sans objet et plongeons-nous au hasard dans les « Essais ». Il n'est pas, pour moi, de lecture plus substantielle que celle-là, pas de livre qui puisse remplacer ce « livre de bonne foy » toujours nouveau à force d'être ancien. Jamais la raison humaine, dans ses rapports avec la vie pratique, ne s'est élevée plus haut, jamais elle ne s'est exprimée dans un style plus incisif et plus original. Aussi, ne puis-je espérer de plus grand plaisir, dans les loisirs où vont me tenir ces quelques longues journées de solitude sur le fleuve, que de reprendre contact avec mes vieux compagnons, de relire ce que j'ai déjà lu dix fois, de découvrir çà et là une richesse de pensée ou une magnificence d'images qui m'avait échappé, et de me remplir l'esprit et la mémoire de ce que j'admire.

Enlevée par l'effort régulier de mes rameurs qui manœuvrent leurs avirons avec une ardeur d'autant plus vive qu'ils ont plus de hâte à revenir à leur village, ma pirogue remonte rapidement vers le Nord. De loin en loin, on rencontre quelques troncs d'arbres évidés, montés par des hommes qui musardent sur l'eau avec la volupté de se laisser glisser mollement sans effort dans un bruissement liquide délicieux. Une brise parfumée promène par intermittence au-dessus du fleuve les arômes sauvages qu'elle a cueillis sur les rives ensoleillées. Dans le matin léger et frais, le souffle passe sans bruit, balançant avec douceur les frondaisons voisines, ridant à peine la nappe d'une haleine insensible, soulevant imperceptiblement les pétales des grandes fleurs d'hibiscus que, par coquetterie, mes bateliers se sont délicatement posées dans le sillon de l'oreille à la manière d'un porte-plume.

Quatre jours, qui, somme toute, passent vite, me suffisent pour atteindre Sop-Nao après un petit crochet par Muong-Khoua pour changer de pirogue et de piroguiers. C'est l'époque du « Têt », le moment le plus incommode pour voyager. Faute de porteurs, — car tous sont partis festoyer, se reposer ou se congratuler dans leurs villages, — le poste est embouteillé par les impedimenta déversés par les convois de pirogues et j'aurais inévitablement le sort du matériel resté en panne, si le colonel n'avait eu l'heureuse pensée de m'envoyer un cheval, paisible quadrupède qui portait avec dignité des ballots de grains ou des caisses de munitions et que le hasard vient d'élever au rang de fier destrier.

En sa compagnie, lui devant, moi derrière, car la marche à pied sous l'aiguillon de la brise aurorale est délicieuse en cette saison, je reprends la route de Dien-Bien-Phu. Il est agréable de retrouver un sentier dont chaque détour ravive le souvenir d'une impression, d'une sensation qu'on croyait oubliée et qu'on retrouve aussi fraîche, aussi originale que si elle datait de la veille. Voici le Youieu-Yeui ; lui non plus n'a pas changé, il faut tout comme avant, hélas ! le passer encore quatre-vingt-trois fois avant d'atteindre le petit coin paisible où nous avions installé notre campement de novembre. De celui-ci, plus rien ; pas le moindre vestige de ce luxueux abri que nous appelions « l'Hôtel de la Cascade ». Seuls, de petits tas de cendres sur les bords de l'arroyo indiquent avec mélancolie le passage, dans un temps plus ou moins reculé, de quelques humains.

Voilà maintenant la montagne et la sente aux lacets sinueux qui s'y accroche. Mais c'est en vain qu'au sommet de cette piste pour funiculaire je recherche le panorama qui nous avait laissé le souvenir d'une mer pétrifiée. Quand je me retourne, de grandes flammes bleues montent dans le ciel tout blanc. Trois ou quatre moutonnements sans netteté, quelques découpures profilées dans de la grisaille, c'est tout ce qu'il est permis d'apercevoir à une époque où se consument en vue des gestations futures les grandes herbes, les broussailles et les épais halliers.

A la rude et longue escalade fait suite une marche facile dans la forêt de bambous. Plus de bourbiers, plus d'ornières remplies d'eau. Les branches touffues qui embarrassaient la sente ont été élaguées et on peut maintenant cheminer sans être obligé de se faufiler, avec des précautions d'Apaches dans les forêts du Nouveau-Monde, entre des troncs hérissés d'épines et rapprochés à moins d'un mètre. Soudain, apparaît une éclaircie dans un cadre sauvage, des assises de pierres où passe avec l'humeur tapageuse d'un torrent, un rio sorti d'un fouillis de ronces et d'arbrisseaux. On le voit descendre rapidement la pente, bouillonner sur des roches moussues, choir en fines cascatelles avant de disparaître au milieu des fourrés, sous des ponceaux de verdure et de lianes entremêlées. En le franchissant, nous avons, du même coup, passé la frontière laotienne et nous sommes désormais en terre Tonkinoise. Je campe sur une crête couverte d'arbres rabougris dont les branches tourmentées se tordent sous l'étreinte du vent. La nuit vient vite. Pas un croissant de lune, pas une étoile ne brille au firmament, d'où la lumière semble s'être complètement retirée. Un froid pénétrant mord la peau et nous enveloppe dans un tourbillon furieux. Il faut doubler les couvertures, malgré de grands feux dont les rouges volutes pailletées d'étincelles éclairent de lueurs d'incendie cette hauteur désolée.

Et c'est, dès l'aube, la descente à pic sur Khong-Khang pour entamer ensuite d'ingrats escarpements où de capiteuses senteurs de badiane surprennent comme de soudaines bouffées de chaleur. De nouvelles escalades, d'autres descentes, le jeu bien connu des montagnes russes et nous sommes sur les bords du Nam-Ngoua, à Bau-Na-Hai, où nous fûmes dévorés par les puces. Instruit par expérience, je déjeune en plein air, à bonne distance de la cabane redoutée, avant de m'engager le long des méandres du torrent où, par endroits, de grands buffles pleins d'une gravité songeuse prennent le frais, enfoncés dans l'eau jusqu'aux épaules.

La grande plaine de Dien-Bien-Phu attend encore le geste auguste du semeur. Rien n'arrête le regard qui file tout droit devant lui sur cet horizon plat, jusqu'à la ligne lointaine de petites collines ou plutôt de simples boursouflures de terre qui se dessinent en festons bleus sur l'azur du ciel. Au ras du sol surchauffé dans l'ardente sérénité de midi, l'air palpite, agité d'un perpétuel tremblement comme les parois d'une chaudière. Il semble que le soleil gai et vibrant aime à éclater dans toute sa joie, submerger de chaleur les grandes surfaces, si bien qu'en marchant sur ces couches d'air réfracté, parmi les chaumes grillés, on a la sensation de se promener dans un four. Les vers du grand poète me reviennent en mémoire :

> Midi, roi des étés, épandu sur la plaine
> Tombe en nappes d'argent des hauteurs du ciel bleu.
> Tout se tait. L'air flamboie et brûle sans haleine
> La terre est assoupie en sa robe de feu.

L'heure est aux défrichements. Sur l'emplacement où s'érigeait autrefois le poste de Sam-Meun, une immense vague de flammes roule en mugissant, précédée de grosses volutes de fumée noire vomies par les herbes et les arbrisseaux calcinés, tandis que les bois mordus par le feu se déchirent avec de longs sifflements sinistres. La vaste étendue nous apparaît à cette heure à peu près déserte. Seul

un grand troupeau de buffles paît dans un bruit discret de sonnailles
près d'un petit village où se replient de toute la vitesse de leurs
courtes jambes, dès qu'ils m'aperçoivent, des bébés jaunes, à ventre
énorme, retroussés jusqu'au nombril et le derrière à l'air, abandon-
nant leurs aînés qui sommeillent allongés sur le cou de leurs bêtes
qu'ils enlacent machinalement de leurs deux bras pendants et
inertes.

Deux jours de marche m'ont suffi pour atteindre Dien-Bien-Phu.
Il ne m'en faudra pas davantage pour terminer mon voyage et
arriver à Lai-Chau. Là, d'avantageuses modifications ont été apportées au poste. Les masures de nattes sordides qui le déshonoraient
ont été rasées. Rasées également les pitoyables cabanes du village. Des
habitations neuves et décentes s'élèvent maintenant autour d'une
place au sol parfaitement nivelé. Des Hounis s'occupent à décaper
un mamelon où se dressait un petit blockhaus aujourd'hui disparu.
Il se dégage de tout ceci un air de paix qui me prouve, avant même
d'en avoir reçu confirmation, que ma hâte à rejoindre était bien
inutile.

Défaits à Muong-Boun, les pirates se sont, en effet, réfugiés sur le
sommet inaccessible d'un mamelon à cheval sur la frontière sino-
tonkinoise et, après avoir abandonné toute velléité d'offensive, ils ne
songent en ce moment qu'à négocier, avec les mandarins, leur rentrée
en territoire chinois.

Si le poste a changé d'aspect, le cadre est resté le même, toujours
aussi sévère, toujours aussi sauvage, illuminé la nuit par des incendies que les indigènes allument régulièrement à cette époque de
l'année. Les montagnes flambent et le formidable crépitement des
bambous et des troncs qui se calcinent sur leur pente trouble seul le
morne silence de ces régions inhospitalières. De tous côtés de grandes
vagues de feu qui rejaillissent en gerbes d'or projettent des lueurs
de sang sur la sombre profondeur du ciel. Elles s'élèvent, se déploient,
se rejoignent, roulant mugissantes, enserrant de plus en plus étroitement des masses entières de végétation qui, bientôt, s'affalent fauchées dans un grésillement intense, bruyamment tordues et carboni-
sées, débris noircis, qui ne seront plus, demain, que cendres légères
couvrant le sol entre les grands arbres aux branches roussies.

Un jour viendra où cette forêt protectrice aura complètement
disparu et alors ce sera la ruine. « L'arbre est un palladium sacré.
Lui vivant, la contrée se soutient, vit encore. Lui mourant, elle
meurt, dépérit peu à peu et, le dernier coupé, disparaîtra le dernier
homme » (1). Mais je n'aurai pas à m'indigner bien longtemps devant

---

(1) MICHELET. — La montagne.

des dévastations méthodiques qui nous valent sans doute ces oné-
reuses inondations qui posent chaque année le même problème qu'on
ne résout pas. L'heure est venue pour moi de regagner Hanoï et de
retrouver le confort de la vie civilisée avec laquelle j'ai rompu depuis
six mois. Cette perspective n'est pas pour me déplaire, car s'il est
des pays qui fascinent et qu'on ne se résigne jamais à quitter sans
un serrement de cœur, Lai-Chau n'est pas de ceux-là.

Ce n'est donc pas le pays que l'on regrette, ce sont ses gardiens,
ceux dont on a partagé les fatigues et les privations. Inconsciemment,
s'est fait en mon esprit un parallèle entre les troupes noires parmi
lesquelles j'ai passé les plus belles années de ma vie et ces tirailleurs
que je venais de voir à l'œuvre pour la première fois. Au point de vue
physique, de grandes différences séparent les deux races. Sous un
accoutrement presque identique pour les deux sexes qui ne permet pas
au nouveau débarqué de discerner tout d'abord un homme d'une
femme, l'Annamite paraît gracile et frêle, presque chétif. Le noir, au
contraire, avec sa haute taille, ses épaules larges, son torse magnifiquement développé, ses reins arqués sur des jambes où chaque mouvement décèle une vigoureuse musculature, donne tout de suite
l'impression de la force puissante et tranquille. La balance semble
visiblement pencher en sa faveur. Il y a là cependant plus d'apparence que de réalité, car sous la trompeuse fragilité de son anatomie
le premier cache des forces insoupçonnées, un corps souple et nerveux,
remarquablement doué pour les exercices corporels. Si les piroguiers
du Niger rament des jours et des nuits entières, l'Annamite monté
sur son sampan peut fournir le même effort sans prendre d'autre
repos que le temps nécessaire à sa nourriture et, lorsque vient l'époque de l'exportation du riz, ceux qui voient sur les quais de Haïphong
ces longues théories de coolies faire, à pas rapides, une incessante
navette entre les magasins et les bateaux, savent qu'ils portent,
comme les forts des Halles, des charges de cent kilos.

Tout comme les noirs, ces petits hommes durs à la peine ont pu
faire, surchargés par un équipement écrasant, à travers des sentiers
abominables et sur les pentes extraordinaires que nous avons suivies,
de longues journées de marche sans perdre pour cela leur joyeuse
humeur et sans que leurs jarrets d'acier, flexibles comme des ressorts,
eussent la moindre défaillance. A l'étape, où nous arrivions souvent à
la nuit tombante, ils se mettaient courageusement à l'ouvrage, abattant les bambous, coupant l'herbe à paillotes, construisant leurs
abris et bavardant tard dans la soirée pour repartir à l'aube et
recommencer les jours suivants. Ceux qui avaient passé leur nuit aux
avant-postes n'avaient pas dormi du tout. Cette fatigue nouvelle
s'ajoutant à tant d'autres ne les empêchait pas de se remettre allé-
grement en route. J'ai vu des malades se présenter à la visite du soir

avec une température de 40 degrés ; en dépit de la fièvre ils avaient marché toute la journée sans se plaindre et sans venir demander à l'ambulance le moindre secours. Après avoir reçu une injection de quinine, ils partaient se coucher sous leurs abris et le lendemain je les retrouvais, au hasard des rencontres, marchant avec leur section comme si rien n'était.

Si l'endurance de l'Annamite ne prête pas à discussion, ses qualités guerrières proprement dites ont fourni matière à controverse. Celles des tirailleurs noirs sont légendaires. Je me souviens d'un vieux soldat chevronné, couvert de glorieuses blessures, qui avait gardé des souvenirs précis de ses exploits et les exposait sans orgueil. Il appartenait à cette phalange de tirailleurs qui, après l'assassinat du Capitaine Cazemajou et de l'interprète Olive, tint tête au sultan de Zinder, méprisant ses offres tentantes de paix inspirées par l'admiration de leur courage et refusant de s'éloigner de la ville tant que les corps de leurs chefs ne leur seraient pas rendus. Durant quatre jours, ils interdirent ainsi aux habitants l'accès des puits situés en dehors des murs, repoussant tous les assauts d'un ennemi cent fois supérieur en nombre, obligeant le sultan à leur rendre un sergent et quelques tirailleurs emprisonnés par surprise et ne se décidant à quitter la place que lorsque les munitions furent presque épuisées. Alors ce fut la retraite en bon ordre sous le harcèlement incessant d'adversaires implacables, puis cinquante-quatre jours de privations et de fatigues inouïes pour atteindre à 1.500 kilomètres de là le premier poste français.

C'est là un exemple entre mille de ce que peuvent ces hommes dont la réputation de combattants n'a plus rien à envier depuis qu'ils ont généreusement versé leur sang pour la conquête de notre immense empire africain, après avoir triomphé d'adversaires redoutables tels qu'Ahmadou, Behanzin, Samory, Rabat, ou Doudmourah. Tous les chefs, et je parle des plus fameux et des plus difficiles, de ceux qui les ont conduit aux grandes aventures de l'exploration et de la bataille, tous citent constamment la sublime simplicité de leur courage.

S'il n'existe pas d'aussi nombreux, ni d'aussi brillants exploits à l'actif des tirailleurs annamites, cela tient surtout à la nature des opérations militaires engagées contre un ennemi pour lequel la guerre d'embuscades a toujours été la guerre de choix. Il est cependant des actes de courage et de fidélité à notre cause qui méritent d'être connus. Témoin ce fait que m'a rapporté le capitaine M....... Le 5 avril 1915, cet officier, complètement entouré par les pirates à Boun-Neua, se trouvait dans une situation difficile. Il résolut de demander du secours à Muong-Khoua. Pour cette mission périlleuse, il fallait de la ruse, de l'audace, risquer la tête à chaque pas. Deux volontaires se disputaient néanmoins pour la remplir : un clairon de la Garde indigène et un partisan laotien.

La nuit venue, les deux hommes déguisés en coolies rampent vers les assiégeants, occupés à rassembler des fagots destinés à incendier la palissade du poste. Ils se glissent parmi eux, feignent d'accomplir la même besogne, puis disparaissent à la faveur de l'obscurité, sans avoir été éventés. Mais ils ont à peine échappé à ce premier péril, qu'ils se heurtent à un petit poste de pirates qui garde la route du Sud près du lit d'un ruisseau où ils venaient de s'engager. Saisi à bras le corps, le partisan laotien se trouve subitement en mauvaise posture. Mais ce coup de surprise n'émeut pas le clairon. De son revolver, il abat un des agresseurs et quand les autres sont revenus de leur stupeur, il est un peu tard : les deux messagers se sont déjà jetés dans la jungle, abri providentiel contre les coups de feu qu'ils essuient, sans dommage, presque aussitôt après.

Alors c'est la course à l'homme qui commence. A diverses reprises les pirates les frôleront sans les voir. Il faudra se cacher le jour dans les fourrés, éviter les villages et les multiples guets-apens que ne manquera pas de tendre sur chaque sentier un ennemi dont les ressources sont infinies quand il s'agit de faire un mauvais coup. Ils vivent d'abord sur les maigres provisions qu'ils ont emportées afin de ne pas éveiller l'attention, puis sur les baies et les racines de la forêt. Et ce sera enfin, après quatre jours d'une marche exténuante dans un pays hérissé de difficultés, le but atteint : la remise du pli aux mains du commandant du poste de Muong-Khoua. Si le partisan laotien n'aspire qu'à un repos très légitime, le clairon estime que sa mission n'est qu'à demi remplie. Malgré l'extrême fatigue qui se lit sur ses joues amaigries, malgré ses membres couverts de morsures de sangsues, malgré ses pieds meurtris, déchirés par les herbes coupantes et les épines, il demande comme une faveur d'accompagner sur le champ la colonne de secours et il la guidera jusqu'à Boun-Neua où il recevra la juste récompense d'une telle prouesse, ses galons de caporal devant la garnison qu'il a sauvée et qu'on a rassemblée en son honneur.

On pourrait multiplier de tels exemples, citer cent exploits semblables de dévouement, prouvant que nos auxiliaires annamites ont d'abondantes réserves cachées d'audace et de courage, qui n'attendent qu'une étincelle pour se révéler. Combien de mots magnifiquement héroïques (et dans quel expressif jargon !) ont été oubliés à jamais dans le grand silence de la brousse ! Partout où ils ont été bien encadrés, les Annamites se sont toujours comportés avec bravoure, mais pour eux, plus que pour nos auxiliaires noirs, parce que plus intelligents et plus observateurs, il est nécessaire qu'ils soient commandés par des chefs qu'ils connaissent et apprécient et qu'ils se font dès lors un point d'honneur de bien servir.

*
* *

Avec les derniers jours de mars, arrive l'ordre attendu de regagner le delta par la Rivière Noire. Suivi d'un convoi de six pirogues où se coulent quelques Européens fatigués et une vingtaine de tirailleurs convalescents, je prends place dans une large embarcation à cinq rameurs, dont la poupe terminée par deux pointes porte une cage de bambous où sont enfermés une demi-douzaine de poulets destinés aux sacrifices. Leur heure est venue. Bientôt l'un d'eux est égorgé ; des plumes et des morceaux de papier trempés dans le sang de la victime sont collés sur la proue et sur le pont. Le pilote jette à l'eau une poignée de riz, un peu de sel, quelques bâtons d'encens, et maintenant vogue la galère !

Je vois rapidement disparaître les coins familiers d'où nous épiions d'un œil anxieux l'hiver dernier l'arrivée de nos approvisionnements. Le Nam-Lai passé, on s'enfonce aussitôt entre de hauts escarpements couverts d'une sombre végétation qui se reflète dans la rivière et lui donne l'apparente couleur à laquelle elle doit son nom. Au pied des contreforts rocheux où nous abordons quelques heures plus tard, des grottes spacieuses donnent asile à des indigènes qui viennent goûter avec le miel réputé du pays les joies d'une villégiature à bon marché. A ces trous pas chers je préfère la modeste toiture en feuilles de latanier où mon lit est déjà dressé. S'il faut, pour y pénétrer, se faire tout petit et se glisser, avec des précautions de Mohican, dans l'espace exigu qui sépare le toit des couvertures, je suis largement payé de mes efforts par l'exquise sensation de quiétude que me donne mon étroite cellule et mon humble mobilier de nomade.

Le lendemain, l'aurore dilue encore ses brumes quand le convoi s'ébranle et s'engage tout de suite après dans une succession de rapides qui, sans être dangereux, sont assez mauvais pour nous donner un petit frisson. Même paysage que la veille : de grandes falaises calcaires si rapprochées et si hautes que j'avais la nuit précédente l'impression d'être dans un couloir obscur d'où l'on apercevait en haut une bande étroite et liquide de ciel semée de paillettes d'or et en bas le miroitement à peine visible de l'eau qui, entre deux seuils lointains, roulait sans bruit comme un fleuve chimérique au pays des ombres.

A mesure que nous avançons, les arrêts se multiplient. Nos équipages n'ont déjà plus de riz et cette imprévoyance, qui de mémoire de piroguiers est une coutume que tout voyageur est inexcusable de ne pas connaître, nous oblige à stationner dans les villages tandis qu'ils s'égaillent à la recherche de leur nourriture et aussi de quelques amis à qui ils ont toujours une petite histoire à raconter. Mais ces retards trop souvent répétés ne nous permettent pas d'atteindre Pa-Ma, l'escale habituelle. A la nuit tombante nous sommes contraints de jeter l'ancre à Quinh-Nhai. Je n'aurai pas trop à le regretter, car je reçois l'hospitalité la plus cordiale dans la splendide maison du Tri-chau qui m'a, en débarquant, invité à venir y passer la nuit. C'est la première fois depuis plus de cinq mois que je trouve chez les indigènes un intérieur aussi soigné. Si l'élasticité du parquet me donne toujours l'impression d'avoir quitté la terre ferme, le progrès se révèle dans une foule de détails qui me frappent en entrant. Je dispose de tables, de chaises, de fauteuils ; les cloisons et le plancher sont tapissés de belles nattes fines. On m'offre du thé, des gâteaux, des fruits, choses pleines de charme pour un voyageur qui s'apprêtait à faire un mauvais dîner. Une belle lampe moderne m'éclaire ; qui m'eût dit qu'on pouvait rencontrer pareil luxe dans la brousse ?

Le troisième jour, nous passons à Pa-Ma. Les falaises ont disparu, laissant la place à des rives moins resserrées, constituées par des mamelons tantôt couverts de bambous, tantôt de hautes herbes et de bananiers sauvages, forêt sombre et veloutée qui s'étend jusqu'au bord de l'eau. A un coude apparaît Pa-Houn, ancien poste militaire, puis des villages, Tayang, Tabu, Van-Bu, autrefois prospères, aujourd'hui réduits à quelques masures. C'est que la vallée de la Rivière Noire jouit d'une fâcheuse réputation. On la définit non sans raison une succession de gorges et de coupe-gorges où beaucoup de gorges ont été coupées. Et ce n'est pas le monument tout récemment élevé sur un coin désert de la rive à la mémoire d'un surveillant des Postes lâchement assassiné par une bande de pirates qui lui enlèvera cette sinistre renommée.

En route dès le petit jour, on franchit dans l'après-midi les rapides de Ta-Koa, chaos de vagues, de remous et de tourbillons parmi de nombreux rochers qui émergent au-dessus de l'eau comme autant de crocs aigus, prêts à éventrer les barques mal dirigées. Mais l'habileté consommée de nos équipages, qui savent discerner à des nuances imperceptibles des dangers qui changent à chaque saison, triomphe heureusement de tous ces obstacles.

Le lendemain c'est le tour du Thac-téo, succession de grès noircis et polis par les eaux, enfermant d'étroites passes, sortes de couloirs coudés entre lesquels l'eau déferle en vagues pressées et rugit avec fureur. La nuit venue, le convoi s'arrête à Van-Yên où l'on couche.

Et voici que point enfin la sixième et dernière journée de navigation. Est-ce parce qu'elle est la dernière que le soleil, invisible ces jours-ci, vient de bonne heure rire dans le ciel et faire danser la chaleur de ses rayons sur l'escarpement des rives ? est-ce la gaîté des cimes ensoleillées, le sifflet des merles qui s'égosillent dans les buissons, qui stimulent les Thaïs et leur donnent aujourd'hui ce merveilleux entrain ? Comme dit Henri Heine, c'est le printemps, chacun a bien le droit d'être sentimental. Serait-ce seulement l'approche du but ? Je ne sais au juste, mais à mesure que nous avançons, leur ardeur s'accroît et le convoi file à meilleure allure sous la cadence accélérée de l'équipage.

On ne s'arrête que quelques minutes à Suyut et l'on repart avec la même fièvre. Déjà apparaissent, maniés par d'habiles rameurs armés d'un aviron à manche court, ces élégants et rapides petits bateaux-paniers dont la coque formée d'un simple treillis de bambou flexible et résistant est rendue étanche par un enduit spécial. Le tout est si léger, qu'on voit sur les rives des hommes les charger sur leurs épaules et s'éloigner en trottinant avec aisance tout comme s'ils ne portaient rien.

Enfin voici Cho-Bo et son fameux barrage de roches, au-delà duquel une belle chaloupe nous attend. Nous en avons fini avec les pirogues, et c'est un soulagement de ne plus se sentir à la merci des flots, car en dépit du beau sang-froid de bateliers qui ont le sens inné, hérité comme un instinct, de la vie de cette rivière, on ne peut s'illusionner longtemps sur les périls que l'on encourt à frôler à tout instant les innombrables écueils qu'elle cèle avec tant de perfidie. Joyeusement, je saute à terre pour suivre la rue qui monte au poste où, dans un ciel qui s'est fait radieux pour nous recevoir, flottent gaiement nos belles couleurs. A peine arrivé à mon logis de passage, on me remet des télégrammes, témoignage affectueux d'amis quittés depuis six mois. Une douce émotion qui me fait oublier fatigues et privations m'étreint le cœur pendant que je quitte mes gros souliers ferrés, mes vêtements décolorés et que je fais tomber ma barbe hirsute, poussée sans mesure à l'image des végétations de la forêt. Sans trop de regret, je dis adieu à la grande liberté de la jungle et à la misère pourtant joyeuse de nos inconfortables pirogues. Demain, ce seront les plaines du delta, les rizières interminables, les petits villages empanachés de bambous, et, le soir, la longue file étincelante des lampes électriques sur les quais de la capitale. Me voici rentré définitivement dans le monde civilisé. Le grand voyage est terminé.

ÉPILOGUE

Les temps ont passé. Des mois d'abord. Rentré en France et parti au front avec un de ces régiments d'élite qui surent, à force de volonté farouche et d'héroïques élans, conquérir la fourragère rouge, j'aimais par distraction, quand s'apaisait le tonnerre des canons boches, à évoquer les souvenirs rapportés de cette longue randonnée. Loin de s'effacer, loin de s'embuer, ils se précisaient davantage, se mettaient en place dans le recul du temps, comme du haut d'une montagne apparaissent avec plus de netteté les villages, les coteaux ou les rivières qu'on a traversés, mais qu'on ne saurait exactement situer parce que notre âme, ouverte aux multiples impressions et sensations du moment, n'a pu retenir la véritable physionomie du paysage.

Dans les misérables postes de secours que j'occupais dans les secteurs agités du Chemin des Dames ou de la banlieue de Reims, je m'étonnais du peu qu'il fallait pour réveiller le nomade qui sommeillait et rappeler les heures où je m'étais si profondément senti vivre. Ainsi que ces coquillages qu'il suffit de porter à l'oreille pour entendre le bruit des vagues qui les roulèrent des milliers d'années, un bouquet de fleurs sauvages retrouvé entre les feuillets d'un livre, une photographie, un rien suffisaient à reconstituer devant mes yeux des scènes que je croyais depuis longtemps oubliées. Dans un cadre qui ne se prêtait pourtant pas aux rêves bucoliques, je revoyais les magies du crépuscule laotien inventant chaque soir des coloris ignorés, la transparence rose ou les lueurs irisées du soleil levant, la splendide sauvagerie de certains sites, la puissance extraordinaire de la végétation, les prestigieuses frondaisons des solennelles futaies figées dans leur lutte vers le soleil, les arbres surchargés de lianes et d'orchidées, les élégantes silhouettes des bambous et des aréquiers vigoureux, droits comme des lances, la procession ininterrompue des palmes, des arceaux, des voûtes et des portiques de feuillages si délicatement ouvragés. Aux échos — déjà lointains — d'une guerre formidable dont on ne pouvait ni mesurer les ruines, ni prévoir la fin, je comparais le charme attendrissant des petits villages laotiens, où les disputes sont inconnues, à la férocité exaspérée de la bête enragée qui, de l'autre côté du labyrinthe de nos tranchées, s'épuisait en efforts prodigieux pour réaliser les sinistres desseins qu'elle avait conçus, et la comparaison, cela va sans dire, n'était pas en faveur de ces professeurs de civilisation qui nous voulaient assez de bien pour nous saigner à blanc à coups de mines, de torpilles, de gaz, de mitraille, d'avalanches de tout ce qui peut en somme broyer et pulvériser la chair des hommes.

Piroguiers s'apprêtant à faire une course de pirogues (Nam-Ou).

Paysages sur la Rivière Noire.

A côté de ces puissances scientifiquement mobilisées pour notre destruction, les privations et les fatigues de la brousse semblaient de si misérables petites choses, qu'on aurait éprouvé une sorte de honte à en parler devant des hommes qui, depuis si longtemps, vivaient des heures si grandes. Au moins, là-bas, avions-nous la tranquillité parfaite de l'esprit, de beaux décors, de l'eau fraîche et limpide à discrétion. Ici, de l'eau « javellisée », péniblement recueillie dans des jarres de ciment et, comme paysage, des rangs et des rangs de petits volcans, un monde lunaire dans le grand silence des choses mortes. Encore ce silence était-il agressif, cachait-il des vies qui rampaient pour essayer d'atteindre d'autres vies. Plus de traces de verdure, pas une feuille, pas une herbe, seulement du fil de fer qui semblait pousser partout comme de gigantesques toiles d'araignées, seulement de lamentables moignons d'arbres tués eux aussi à coups de canon et qui n'avaient plus que la couleur terne des ossements. Au-dessus de ces horizons tristes, la mort, en sifflements sinistres, rôdait parmi les odeurs cadavériques qui venaient de pauvres débris humains qu'un obus ou qu'un coup de pioche malheureux avait subitement désensevelis. Et, les jours d'attaque, que semblaient les minces périls que nous avions courus, à côté de ces sauvages canonnades à la suite desquelles je voyais défiler dans la senteur fade du sang qui coulait à flots, l'interminable série des membres broyés, déchiquetés, des crânes ouverts et vidés, des visages défigurés, des ventres crevés d'où s'échappaient encore des paquets d'entrailles ? L'abominable spectacle ! Il n'y a rien qui ressemble tant à la mort que la guerre, et c'est vivre deux fois que de sortir indemne d'un tel cataclysme. Souffrir est le propre de l'homme et ceux qui auront été assez veules pour préférer la vie à six cents francs par mois ou le confort de l'arrière aux souffrances ou aux dangers de ces magnifiques paladins qui, pour que la terre et l'âme de la France restent inviolées, luttaient et mouraient pour cinq sous par jour, qui ont dit aussi simplement « on les a eus » qu'ils avaient dit « on les aura », ceux qui n'ayant pas connu les grandes heures du front, ces heures de misère où vibrait la belle âme de la nation, n'auront d'autre souvenir que celui de leur pâle existence d'embusqués, ceux-là ne pourront jamais apprécier la douceur de vivre.

***

Les temps ont passé. La guerre est finie depuis longtemps. Ce ne sont plus des mois, ce sont des années maintenant qui me séparent de mes pérégrinations dans le Haut-Laos. On dit que le plus beau voyage est celui qu'on veut refaire. Il faut toujours faire confiance au destin ; le mien m'a ramené dans ce coin de terre bénie où les bruits du monde n'arrivent qu'atténués par les multiples transbordements d'une interminable navigation sur le Mékong, ou tamisés par les grandes forêts de la chaîne annamitique. J'ai revu les villages semblables à ceux dont parle Loti, « tranquilles et jolis comme l'âge d'or où les gens se regardaient passer avec des sourires de bienveillance timide », et, chaque soir, j'entends les susurrements mélodieux et pastoraux de quelques joueurs de khène qui passent devant ma porte ou les cantilènes sentimentales d'un joyeux phu-bao attardé, rentrant au clair de lune après de longues heures de flirt chez sa bonne amie.

Heureux pays où l'existence est douce comme aux temps anciens! Heureuses gens qui n'ont rien changé aux mœurs d'autrefois ! Par un privilège inouï — d'aucuns pourront le regretter, alors que je m'en réjouis — la roue de fer de la civilisation, qui trouve plaisir à bouleverser tous les éléments d'activité sociale pour le plat triomphe utilitaire de l'uniformité, n'a pas encore passé par là. Par une fortune inespérée, cet immense territoire, paradoxalement à la fois très riche et très pauvre, n'a pas bougé. Tout y est tel qu'hier et qu'il y a cinq cents ans.

Et c'est tant mieux !

Pourtant, de mauvaises langues s'en plaignent. Elles disent, ces mauvaises langues, que s'il n'a pas progressé, s'il n'a pas été mis en valeur, c'est parce que les premiers Européens venus pour l'administrer, séduits par le charme dangereux qui s'en exhale, ont laissé peu à peu s'infiltrer en eux le lent poison de la mollesse. Ils croyaient encore vivre alors qu'ils ne pensaient plus. Commodément assis dans un bon fauteuil, ils y ont si bien dormi, qu'on a pu dire longtemps du Laos qu'il était la terre du sommeil et de la mort. On ne l'a pas seulement dit, on l'a écrit. Tout le monde connaît certain roman de Jean Ajalbert.

Mais je veux croire que ce n'est qu'un roman. Il est indéniable, pourtant, que ce pays si paisible laisse au premier contact une sensation de tristesse, qu'on s'y attache peu à peu, qu'il prend enfin au point qu'on ne veut plus le quitter. Quel philtre mystérieux verse-t-il donc dans l'âme pour que ceux qui se sont éloignés depuis longtemps subissent encore son étrange fascination ? Le phénomène est assez difficile à expliquer, plus difficile encore à comprendre de ceux qui, n'ayant jamais quitté la « douce France » — qualificatif quelque peu ironique à notre époque — ont l'habitude de juger les choses de loin. Il n'est pas, du reste, particulier au Laos. Dix ans durant j'ai, pour ma part, vécu dans un pays terrible où les cimetières de blancs sont légion, où, chaque fois qu'on accompagnait au champ de repos un camarade victime du climat meurtrier, chacun se disait, et souvent faisait part de sa réflexion à son voisin de cortège, que la fois suivante ce serait peut-être son tour, et parfois hélas ! il arrivait comme il avait dit. Sous un climat torride où les jardins arrosés à grands frais duraient l'espace d'un matin, la table était presque toujours maigre ou mauvaise, l'eau qu'on buvait sentait le caïman et les nuits étaient si chaudes qu'on les passait souvent sous le goulot d'une gargoulette. On y mangeait mal, on y buvait mal, on y dormait mal, on s'y portait en général très médiocrement, on ne peut pas dire que c'est parce qu'on y était mal qu'on y était bien et pourtant je l'affirme, si paradoxal que cela soit, on s'y sentait bien.

C'est que, ce qui fait le charme de tous ces pays neufs, où on ne trouve jamais rien de tout ce dont on a besoin, et où on ne peut compter que sur soi-même, ce qui fait l'agrément de la brousse, aussi bien de la brousse laotienne que de la brousse africaine, ce n'est pas évidemment la série plus ou moins longue de toutes ces incommodités, c'est une foule de sensations inattendues et de détails pittoresques. C'est, vu à travers les vingt siècles de civilisation que chacun de nous porte en lui, l'ensemble de la vie des gens, des bêtes, des forêts, des fleuves, des montagnes et des plaines resté fixé au même point depuis des milliers d'années. A côté de types qui sont de tous les temps et de tous les pays, à côté du paysan laotien, monté sur sa rustique charrette aux essieux grinçants et de la brune phu-sao occupée à tisser de belles étoffes sur son métier, laissant tous deux le vague sentiment du déjà vu, il y a d'autres types intacts d'un autre âge, plus primitifs, beaucoup plus près de la nature et si différents de nous par leurs vêtements et leurs coutumes, que cela nous paraît, à nous, gens d'Occident, qui vivons au siècle des trains éclairs, des autos, des avions, de la télégraphie sans fil et du cinématographe, un émerveillement de les voir, de les toucher, et de pouvoir nous mêler à eux. « Rencontrer dans la réalité ce qui jusqu'alors n'a été pour vous que costumes d'opéras et dessins d'albums est une des plus vives impressions que l'on puisse éprouver en voyage (1) ». L'homme, ici, n'est pas seulement intéressant par l'image qu'il laisse sur norte rétine ; on a je ne sais quelle émotion à le voir vivre dans son cadre, tout près de la nature, presque aussi simple qu'aux premiers jours du monde, à le regarder nous saluer avec cérémonie, à l'entendre nous parler avec des expressions si nouvelles et si originales qu'elles sont une révélation, avec des tournures de phrases très curieuses, infiniment polies toujours, et qui nous changent heureusement de la brutalité de langage de plus en plus accusée des peuples qui revendiquent

---

(1) Th. GAUTIER. — Loin de Paris.

le monopole de la civilisation et se jugent, sans doute à tort, les plus policés de la terre.

Nous ne sympathisons pas seulement avec lui, mais avec les plantes et les ruisseaux qui racontent les plus charmantes histoires sans lasser, jamais, ceux qui savent les observer et les comprendre. Quel plaisir de découvrir à chaque instant un site inattendu où la nature inviolée se montre dans toute sa splendeur ! Quels délicieux attraits ont pour nous ces imposantes solitudes, ces forêts millénaires qui nous donnent le sentiment contradictoire de notre petitesse et de notre grandeur et apportent chaque jour une nourriture nouvelle à notre âme avide d'exotisme et d'originalité ! Du neuf, de l'inédit, des sensations ignorées du vulgaire, voilà ce qu'il nous faut, voilà ce qui nous attire et ce qui nous plaît. Il n'est plus que les choses lointaines, les horizons reculés qui peuvent tenter notre curiosité, puisque nous privant, pour ainsi dire volontairement, de satisfactions certaines, nous sommes assez sots pour laisser, sans réagir, s'émousser, s'enliser dans les sables de l'accoutumance nos enthousiasmes et nos étonnements, au lieu de chercher au contraire à les garder aussi intacts et aussi frais.

Nos journées ne se comptent pas par soleils, mais par émotions, par joies, par tristesses ou mélancolies, par quelque chose enfin qui nous rend hommes plus complets. Où trouver cela mieux qu'au sein même de la nature tropicale ? Il n'est pas au monde que des plaisirs bruyants. Ceux que procure la brousse échappent souvent à l'analyse immédiate, mais ils n'en sont pas moins autour de nous aussi nombreux que discrets. Encore faut-il savoir les découvrir. C'est la vie invisible, mais devinée dans les buissons, l'essor d'un oiseau dans les branches, l'apparition ou la disparition subite d'une bête inconnue ; ce sont les bourdonnements, les fines stridulations, les appels passionnés de minuscules insectes, le bramement d'un cerf, le martellement du pic sur l'écorce, le piétinement d'un troupeau de sangliers ou les empreintes monstrueuses des éléphants sauvages. Le charme de la brousse, c'est encore, au moment où on s'y attend le moins, la rencontre de l'homme primitif, à peine vêtu, qui vous regarde avec crainte et une admirative curiosité, ce sont ces successions indéfinies d'images ou de tableaux toujours nouveaux, la vision d'un troupeau de paons glissant à la file indienne en longues coulées vertes le long d'un sentier ou de ces faisans argentés qui se lèvent brusquement sous les sabots de votre cheval, ce sont d'étranges et puissantes senteurs issues on ne sait d'où, venant d'on ne sait quelles fleurs inconnues, aromes voyageurs qui passent, flottent dans l'air, vous enveloppent aussi subitement qu'ils vous abandonnent, c'est le parfum ou l'âcre odeur de la terre, l'immémorial murmure aérien des grands bois, tantôt semblable à un ronflement d'orgue, tantôt pareil aux plaintes harmonieuses de harpes éoliennes, c'est l'incessante et universelle chanson des oiseaux, le grand concert enfin de ce qui vit de la forêt dans la forêt, alternant avec des secondes de silence où l'on n'entend plus que le rythme régulier et tranquille de son cœur gonflé de joie, au milieu du monde primitif des grandes plantes, dans la fraîcheur reposée des choses groupées là pour notre émerveillement. *Beata solitudo, sola beatitudo.*

Pour qui sait voir, ce sont quelques-unes des innombrables facettes de cet incomparable joyau qu'est la nature, pour qui sait penser, ce sont quelques-uns des mille détails de l'irrésistible attrait que l'homme dégagé du monstrueux engrenage de la civilisation moderne trouve dans la vie sauvage. On peut donc se laisser prendre à l'influence sédative, et aux bienfaits du primitivisme, mais de là à ne plus vivre que d'une vie purement végétative, à laisser tous les ressorts du corps et de l'esprit se détendre, s'amollir, se consumer ; de là à se laisser glisser en somme vers un lent et voluptueux suicide, il y a un monde, et s'il est des Européens qui peuvent exceptionnellement s'engourdir au contact d'un climat « enivrant et fatal », la généralité — est-il besoin de le dire ? — n'a aucun point commun avec Raffin Su-Su, le héros d'Ajalbert.

Su-Su ! Un souffle, une caresse. une expiration, quelque chose d'infiniment doux, deux syllabes intraduisibles, mais qui sont tout à fait du cru, tout à fait laotiennes, et qui peignent à merveille la lenteur, l'indolence, l'apathie, le « poil dans la main » si j'ose dire, dont seraient affligés les autochtones. *Se trouver très bien, ne pas s'en faire, ne pas se frapper, cela ne peut mieux aller,* voilà des expressions qui rendent à peu près le sens général sans dire tout à fait ce qu'il faut. Par extension, l'Européen en a fait le synonyme de paresse, traduction facile pour expliquer la stagnation du pays par le caractère de l'habitant, qui n'aurait d'autre occupation, d'un bout de l'année à l'autre, que d'aider son voisin à ne rien faire.

Il m'est agréable de plaider la cause de cette humble population de cigales qui jamais ne proteste, plus intéressante qu'on ne se plaît à dire, et d'autant plus près de nous que le sang qui coule dans ses veines est, comme le nôtre, du sang Aryen.

De tous nos protégés d'Extrême-Orient, le Laotien est certainement le plus sympathique. Le regard droit, toujours souriant, toujours affable, d'un abord ouvert et serein, d'une égalité d'humeur que rien n'entame, il respire le contentement, il est le bonheur personnifié, l'homme perpétuellement satisfait de son sort. Ses dehors physiques sont agréables ; de taille au-dessus de la moyenne, il suffit de le voir marcher souple et musclé, les reins bien balancés, pour être sûr qu'il est tout à fait apte aux exercices du corps, et si l'on en veut une preuve immédiate, il n'y a qu'à se rendre sur le terrain de jeux où la jeunesse vient prendre ses ébats. On y voit, assemblés, de vigoureux jeunes gens, de belle pousse, rablés comme des athlètes, dont les mouvements d'adresse et de force peuvent être comparés à ceux de nos champions occidentaux.

Puisque le Laotien est si bien taillé pour l'effort, pourquoi ne travaille-t-il pas ? Mais d'abord est-il bien sûr qu'il ne travaille pas ? On serait fondé à le croire si on se fiait au spectacle de ces prisonniers qui se mettent à quatre pour déplacer une brique ou épiler à la main, brin à brin, à côté de leurs outils posés à terre, un mètre carré de brousse en vingt-quatre heures. Mais il n'y a pas de pays au monde où le travail d'un prisonnier permette de récupérer le coût de son entretien. Elargissons donc notre tour d'horizon. A proximité de ma demeure, l'ambulance emploie quelques coolies pour les gros travaux. Ces hommes arrivent toujours avant l'heure, ne partent qu'après l'heure et après avoir fait consciencieusement tout ce qu'ils avaient à faire. S'il leur arrive de vouloir prendre congé, ce n'est jamais sans avoir d'abord présenté, avec les prosternations d'usage, le successeur dont ils se portent garants comme d'eux-mêmes et qui perpétuera avec la même régularité le travail de son prédécesseur. Même note de satisfaction à l'école professionnelle où, parmi le ronron des tours et les joyeux bruits d'enclumes et de marteaux, des apprentis laotiens s'essayent aux travaux manuels en compagnie d'ouvriers annamites. Inférieurs à ces derniers sous le rapport de l'instruction primaire, ils sont leurs égaux et même leurs supérieurs dans les manœuvres de force ou de précision, qu'il s'agisse de forger un essieu, une chape de poulie, de tourner une tige de piston, d'aléser un cylindre, de rapporter une soie à un arbre de manivelle ou de niveler une ligne d'arbre. Tout le monde a voyagé dans le pays avec des porteurs chargés de caisses, qui faisaient de longues étapes de douze heures sans une plainte et sans autre arrêt que le temps de manger la ration de riz qu'ils portaient dans un petit panier de rotin, accroché à leur ceinture. Les Messageries Fluviales emploient sur leurs chaloupes, à très bas prix, des chauffeurs, des mécaniciens et des matelots qui effectuent le plus dur métier et rendent les meilleurs services. Enfin je connais une maison de commerce qui occupe à diverses tâches une centaine d'ouvriers dont elle est pleinement satisfaite. Ces hommes, avec la régularité d'une mécanique, apportent à la besogne la même somme de labeur tranquille et continu. Bien mieux, certains d'entre eux ont pu sextupler le rendement sur lequel on avait compté tout d'abord.

Ce ne sont pas ces quelques exemples qui suffiraient à prouver que le peuple laotien est d'une activité dévorante, et c'est heureux, car on se ferait de lui une idée très fausse en tirant une déduction aussi osée, mais ils montrent que l'indigène, contrairement à ce que l'on entend dire trop souvent, n'a pas la répulsion physique de l'effort,

qu'il peut travailler, et bien travailler, à la condition qu'on sache
l'employer, car il faut faire montre d'un peu de psychologie, savoir
que s'il accepte volontiers notre tutelle ou celle des hommes de sa
race, il s'accommode mal de servir sous les ordres d'un oriental de
race différente. Sous une soumission apparente, son orgueil se cabre
et sans mot dire il fuit, il déserte. La plus belle illustration de ce fait
est fournie par la capitale du Laos. Dotée d'une police annamite et
hindoue, progressivement envahie par des émigrés d'Annam, il n'y
restera bientôt plus, si on n'y prend garde, aucun Laotien.

Pénétrons dans la paisible retraite qu'il s'est choisie, et voyons de
quoi sa vie est faite. A proximité de belles rizières qu'il cultive avec
un soin indiscutable, il a construit sa chaumière, élevée sur pilotis.
A quoi bon les pierres, le mortier, les briques ou le ciment, quand on
a tant de bois autour de soi ? Les matériaux sont là, il n'y a qu'à se
baisser pour les prendre. Quelques poutres, un treillis de bambou qui
sert aussi bien de plancher que de cloison, un toit de chaume par-
dessus et voici l'habitation terminée. Encore bien moins compliqué
est le mobilier. Chez nous il faut des meubles adaptés à l'usage de
chaque pièce et notre rêve est d'avoir une pièce susceptible de s'adapter à chacune de nos occupations. Je passe sous silence le nombre
incalculable d'objets que nous jugeons strictement nécessaires à notre
existence, l'énumération fastidieuse d'essences employées à leur con-
fection, les styles différents auxquels ils doivent correspondre, coû-
teuse manie qui se généralise à tel point qu'à l'heure actuelle le dernier paysan se croirait déshonoré, si son buffet ou son armoire ne se
réclamait pas de la cour d'un roi de France.

Ici on ne s'encombre pas de l'énorme et futile matériel qui accable
la vie d'un Occidental. Il ne faut pas tant de choses aux enfants
de ces cabanes. La notion de confort ne se pose même pas. A quoi
bon se creuser le cerveau à chercher la courbe la plus moelleuse ou
l'inclinaison la plus pratique d'un fauteuil, quand on peut s'étendre
à volonté n'importe où pour écouter le bavardage amical du vent
dans les feuilles ? Les meubles se réduisent à des coffres, à quelques
rares étagères et tout le reste se trouve proportionnellement ramené
au bagage strictement indispensable. Un plateau de métal posé sur
un trépied de bois, quelques bols d'argile, des couverts de bambou,
et la table est mise. Et pour y prendre place est-il nécessaire d'avoir
des chaises quand il est si facile de s'asseoir sur ses talons ? Le soir
venu on s'allonge sur des matelas étendus sur le plancher, et l'on y
dort tout aussi bien que dans une chambre à coucher tendue de soie.

Une grande frugalité marche de pair avec cette simplicité patriar-
cale. Du riz gluant, quelques végétaux, un peu de poisson, des pulpes
de fruits — le dessert, partout pend aux arbres, — suffisent à nourrir
le Laotien. En dehors du tabac et des légumes dont il ensemence un

arpent de terrain, le riz est la seule culture qui l'intéresse. Dès qu'il l'a piqué, il peut, s'il lui plaît, se croiser les bras et jouir de l'heure qui fuit en le regardant pousser. Tandis qu'il écoute monter la sève sous les écorces, sa femme ou sa fille aînée tisse tout ce qui est nécessaire à la maisonnée : jupes, sampots, écharpes ou couvertures. A cela se borne le travail de la famille. Du moment qu'on a de quoi manger, de quoi se vêtir, cela suffit pour que l'on soit content, que l'on s'arrête et que l'on se repose. Se reposer signifie qu'on a les loisirs pour s'amuser, et les occasions de se distraire ne manquent pas. Existence douce et calme joie de vivre qui se célèbre et se manifeste à tout propos. Aucune amertume ne se mêle au plaisir. Aux premières notes d'un khène dans les villages, jeunes et vieux se hâtent au rassemblement. La moindre réunion devient une fête et il n'est jamais de réunion triste, quel que soit l'événement qui l'ait motivée : arrivée, départ, naissance, mariage ou enterrement.

Au sein d'une nature généreuse qui met partout ses guirlandes et ses bouquets, qui lui répète sans cesse l'à quoi bon de tout effort, nul n'est plus riche que le Laotien. Il peut, s'il le veut, brûler un arbre pour faire cuire sa soupe, et nul n'est plus heureux, car il a toujours une chanson dans la tête et une fleur à mettre dans sa chevelure. La nécessité ploie le blanc à la tâche ; la terre fournit ici spontanément de quoi satisfaire aux besoins de l'homme. Il a tout à portée de sa main et, fait digne d'être retenu pour être longuement médité, il ne demande rien de plus, tant est remarquable sa capacité à se contenter de peu. Une conséquence naturelle découle de cet état de choses bien établi : un mépris complet pour l'argent. Il n'est pas de pays où il soit moins envié, moins recherché. Le commerce se réduit au troc ou à l'échange et chacun pense qu'il est préférable de s'occuper du cours des étoiles que du cours de la piastre. Sur le conseil des mandarins on a souscrit à tous les emprunts, mais on ne s'est même pas donné la peine d'aller encaisser les coupons. Qu'on compare ce désintéressement à la soif de lucre, à la féroce avidité de ces Européens qui, durant le même temps, couraient sans cesse d'une banque à l'autre, apportant ou retirant leur fortune, la replaçant le soir où ils l'avaient reprise le matin pour la porter ailleurs, poussés par l'irrésistible besoin de ne pas manquer la moindre occasion de spéculer à coup sûr sur la hausse de l'argent, et qu'on dise, à juger sainement les choses, quel est le plus digne et le plus estimable.

Puisqu'il en est ainsi, pourquoi reprocher à ce poète de la brousse de ne pas travailler davantage ? Pourquoi lui faire un grief de ce qu'il fait de sa vie une véritable école buissonnière, de ce qu'il goûte ardemment son doux farniente, ses fleurs, la souplesse de ses femmes ? C'est très beau de célébrer sans cesse la sainteté du travail et d'entonner des hymnes à la production. Encore faut-il que le labeur quotidien réponde à un but précis, à une nécessité pressante. Ici il n'aurait aucun sens puisqu'il n'y a pas de besoins.

Pas de besoins ! Il faut convenir que ce sont de bien mauvaises conditions pour civiliser et coloniser comme nous l'entendons. Il faudra donc en créer. Tâche ingrate pour ceux qui croient nécessaire d'amener à travailler, au nom des grands principes d'économie politique, des hommes qui ont la profonde sagesse de vivre sobrement et de se refuser aux agitations stériles de notre siècle. Je ne sais quel prurit nous pousse à vouloir absolument que toute la population de la terre s'habille et mange à notre manière, sans nous soucier des conséquences, sans nous préoccuper du jour où, grâce à l'éternelle loi de l'offre et de la demande, il n'y aura plus assez à manger pour nous-mêmes. Notre civilisation nous apparaît-elle donc si parfaite, si indispensable, que nous n'ayons d'autre rêve que de lui faire faire le tour du monde et d'y convertir l'humanité jusqu'en ses éléments les plus lointains, jusqu'en ses couches les plus reculées ? En dépit de sa couleur nous avons fait d'un nègre un citoyen français, mais il paraît que c'est insuffisant et que certains législateurs auront des nuits d'insomnie tant que nous n'aurons pas parachevé notre œuvre en accordant le droit de vote aux dernières tribus anthropophages. Que nous ayons l'intention d'imposer nos habitudes sociales, nos conventions à des gens de même race que nous, les Laotiens étant des Aryens comme nous, cela se comprend mieux sans prouver toutefois que nous ayons raison et la question se pose même de savoir s'il ne serait pas préférable de modeler notre âme à leur ressemblance au lieu de vouloir, à toute force, modeler la leur à la nôtre.

Certes, nous avons le droit d'être fiers de notre civilisation. On ne saurait nier qu'elle a réalisé des miracles. Elle a fait revivre des langues mortes, elle a arraché à la nature des secrets incomparables, capté pour les utiliser à notre profit ses forces mystérieuses ; elle a développé l'intelligence, élevé le cerveau humain à des hauteurs qui tiennent du prodige. Elle nous a donné un bien-être indéniable, mais par une répercussion fâcheuse, elle a singulièrement avivé notre sensibilité, disproportionné nos désirs à nos possibilités. C'est une arme à deux tranchants ; grâce à elle nous avons la vie plus commode, mais elle a excité les appétits, la cupidité, l'horrible faim de toutes les jouissances, elle a fait naître les passions les plus violentes, l'orgueil, la vanité, la haine, des ambitions féroces, démesurées et sans cesse accrues, créé des souffrances inconnues en d'autres temps. Notre confort s'est augmenté, mais aux dépens de notre tranquillité. Malgré les inventions de la science, malgré toutes les merveilles de la télégraphie sans fil, de la téléphonie sans fil, de toutes ces choses qui se font sans fil et sans rien, nous ne sommes, tout compte fait, ni plus gais, ni plus heureux. « Si notre corps est mieux garanti, notre âme est plus malade » a dit très justement Taine. Une immense corvée de labeur physique reste toujours à la base de l'édifice, corvée à laquelle est asservie la majorité pour satisfaire un immense besoin de luxe dont seule une minorité peut profiter, quand c'est précisément la majorité qui voudrait en bénéficier. L'homme qui se fait une règle de se rendre toujours plus malheureux par ses exigences que par ses besoins véritables en est arrivé à ce point, qu'il meurt de faim, non parce qu'il n'a pas le nécessaire, mais parce qu'il lui manque le superflu, et je me souviens d'un brave ouvrier qui se croyait condamné à mort parce que je lui avais conseillé de réduire de moitié le kilo de viande et les quatre litres de vin quotidiens qu'il jugeait indispensables à son existence. « La destinée des nations, disait Brillat-Savarin, dépend de la façon dont elles se nourrissent ». Rien de plus vrai, à la condition qu'on l'entende dans le sens exactement opposé à ce qu'il voulait dire. L'avenir n'appartient pas aux races supérieures parce qu'elles mangent de plus en plus et de mieux en mieux ; il appartient, au contraire, aux races plus frustes, plus aptes à survivre parce que, pouvant limiter leurs besoins et vivre à meilleur compte, elles sont susceptibles de s'adapter à tous les milieux (1).

Malgré les réformes sociales qui en atténuent le péril, la caducité d'un organisme aussi complexe et aussi artificiel que celui que nous avons créé de toutes pièces, apparaît de plus en plus évidente aux yeux de ceux qui pensent, non sans quelque raison, qu'il finira par se dévorer lui-même s'il ne régresse pas. La guerre, qui a fait surgir des problèmes sur lesquels nous n'avions que les données les plus confuses, a surabondamment démontré sa fragilité. Elle a confirmé par cent exemples que la moindre fissure dans une portion, si limitée qu'elle fût, avait de profondes répercussions sur l'ensemble de l'organisme. Elle a mis en lumière le rôle primordial du charbon. Lui disparu, que deviendrons-nous ? Il est démontré depuis longtemps qu'un organe en déchéance met en péril tous les organes, que la grève d'un métier paralyse tous les métiers, mais il a fallu voir le danger de près pour se rendre compte de certaines conséquences auxquelles on n'avait pas songé. La grève générale des moyens de transport, pour ne citer que cet exemple, a prouvé que si elle durait elle détermine-

---

(1) L'homme est un animal végétarien et agricole. Il ne vit conformément à la nature que quand il cultive son champ, mange son pain assaisonné de son miel et ne satisfait que ses besoins strictement naturels qui se réduisent à presque rien. La civilisation n'est autre chose que l'ensemble des moyens qu'a trouvés l'homme pour satisfaire des besoins absolument factices qu'il s'était créés.

(Emile FAGUET).

rait fatalement la mort de milliers d'enfants privés, par elle, de leur lait quotidien.

Ces terribles leçons nous ont-elles rendus plus sages ? Il ne semble pas jusqu'à présent. Si amère que soit la constatation, il faut bien la faire. Elles peuvent nous avoir montré que les richesses du monde étaient limitées, qu'on arrivait très vite à les dilapider et qu'au banquet de la vie, où chacun est tenu de s'asseoir, il n'y aurait peut-être pas toujours à manger pour tout le monde. Elle n'ont pas empêché les classes dites laborieuses de manifester leur infini désir de ne rien faire tout en voulant consommer quatre fois plus. Elles n'ont pas empêché la bourgeoisie de donner le honteux spectacle de sa déchéance en se dégradant dans les pires excès, et d'agir comme si elle avait perdu tout son bon sens.

Et c'est dans ce paradis, où se déroulent de perpétuelles idylles, où les syndicats sont inconnus, où l'or, source de tous les maux, est banni, où le travail — sans heures légales ! — est un passe-temps, où le bonheur est la règle parce que l'homme y est simple, c'est dans ce Laos édénique, qui renferme une population douce, sans besoins ni passions, qui vit innocemment et sans effort une vie juste et bonne, que nous viendrions apporter les maux et les vices de notre civilisation, les mille complications d'une existence factice aussi bien morale que matérielle ! Sous prétexte d'humanité, nous viendrions tracasser un peuple fidèle à sa loi, à ses coutumes, à son costume, à ses légendes, à ses chansons et à ses fêtes ! Sous prétexte de fraternité, nous viendrions imposer nos conventions et nos habitudes à des gens qui ne nous demandent rien et considèrent comme un leurre nos fausses glorioles et les empressements ridicules de notre siècle ! Jusqu'à ces dernières années tout allait bien. On venait, on repartait, rien ne changeait. C'était parfait. Mais voici qu'on entonne une autre chanson. On parle froidement de routes, d'autos, de chemins de fer comme si ce n'était pas déjà trop de cette chaloupe d'où débarquent chaque semaine des fils de l'Annam ou de la Cochinchine qui s'imaginent être les porte-flambeaux de l'Occident parce qu'ils ont renié la coiffure et les vêtements de leurs aïeux. Ne serions-nous pas mieux, ici, dans le rôle d'observateurs que dans celui d'éducateurs des peuples ? Il nous serait facile de tirer d'usages si différents des nôtres des leçons susceptibles de s'adapter aux nécessités contemporaines. Les grands prophètes, qui annoncent sans risques aux nations assoiffées d'espérance l'avenir admirable de l'humanité, puiseraient certainement dans cette primordiale civilisation des enseignements d'un profit immédiat. Chez nous il faut une vie entière pour atteindre le bonheur, souvent même meurt-on avant de l'avoir atteint. Ici, il suffit de vivre pour être heureux.

Une telle constatation ne met pas seulement une lumière dans l'esprit, elle nous emplit encore de gratitude, et si j'avais à exprimer la mienne, je formulerais un vœu qui n'a, du reste, aucune chance d'être exaucé puisqu'il est conforme au bon sens et à la raison : je demanderais qu'on respectât intégralement le coin de terre paisible choisi par cette race exquise, buveuse de rosée céleste et fidèle à sa foi des anciens jours ; je demanderais qu'on conservât comme une pièce unique de musée, comme un inestimable joyau, ce grand jardin où vivent dans une indéniable félicité ces Laotiens aux désirs timides, qui s'accommodent d'une chaumière et d'un cœur, conviennent, admettent, prouvent autrement que par des mots qu'on peut être pauvre honorablement et préfèrent à notre existence surchauffée, à l'amour déréglé de l'argent, à la ruée lamentable vers les déceptions et les douleurs, les assises d'un temple serein d'où le sage peut contempler sans trouble et sans crainte les orages de la vie.

J'ai rêvé qu'après avoir longuement médité sur ses destinées terrestres, l'humanité désireuse de connaître le secret de vivre, curieuse de savoir de quoi le vrai bonheur est fait, s'était enfin décidée à faire un stage à leur école. Conquis, subjugués, par le spectacle de cette existence calme d'où tout effort douloureux est soigneusement banni, nous avions reconnu qu'il était temps de nous débarrasser du bagage compliqué dont la race s'est encombrée au cours des siècles. Nous avions restauré les vertus antiques et les lois de Minos. Ayant tout à réapprendre, nous avions pris le sage parti d'abandonner notre course après des ombres, nos inquiétudes, notre fièvre, notre hypocrisie, nos mensonges, décidé de reprendre à notre compte la vie libre, saine et frugale des premiers hommes heureux sans argent et sans luxe, convenu de revenir à la nature, à la santé, à la beauté des champs, aux seuls vrais biens du monde. Et à la lumière de ce nouvel évangile rustique, les espoirs des peuples, bientôt, s'étaient réalisés. Une ère nouvelle était née. C'était le bonheur pour tous, la paix et la fraternité universelles, le paradis descendu sur la terre. L'âge d'or, enfin ! était venu.

Hélas ! ce n'est malheureusement qu'un rêve, comme on en fait le soir au clair de lune dans l'enchantement d'un beau paysage. Et pourtant l'âge d'or n'est pas un mythe. « Il n'est pas encore derrière nous, il est en avant de nous » disent les philosophes de notre temps. Pas même ! J'ai montré qu'il est là, à côté, à portée de la main. Pourquoi se refuser à le voir plus longtemps et mettre, surtout, tant de hâte à l'effacer ?

ERRATUM

CHAPITRE III : VERS LE LAOS

Page 62. — *Après la ligne 22, intercaler le passage suivant :*

S'il est difficile d'entrer à Lai-châu, il est encore plus difficile d'en
sortir, nous en avons fait la dure expérience. De semaine en semaine,
il nous a fallu différer notre départ, attendre, toujours attendre.
Après trente-huit jours passés à croquer le marmot nous avons enfin
vivres, chevaux et mulets. Le colonel a décidé de lever le camp le
15 Novembre. Voici venu le moment de boucler nos malles et de
sauter à cheval. Sans regret aucun nous disons adieu à cette sauvage
solitude, à nos journées de complet désœuvrement passées à épier
des convois qui n'arrivaient pas, à ces soirées interminables où le
silence de la nuit n'était troublé que par le sourd grondement du
rapide de Muong-lai et par le chant si triste de l'oiseau cloche dont
les deux notes argentines tintant avec la régularité d'un métronome
éveillaient en nous un sentiment d'infinie mélancolie.

Avec une joie qui m'emplit le cœur, je songe que je vais retrouver
la liberté de l'espace, la course à l'air libre, l'activité, le mouvement
enfin qui nous manquent depuis si longtemps.

Le Laos qui ne me semblait plus . . . .

102°
Fl. Ra.

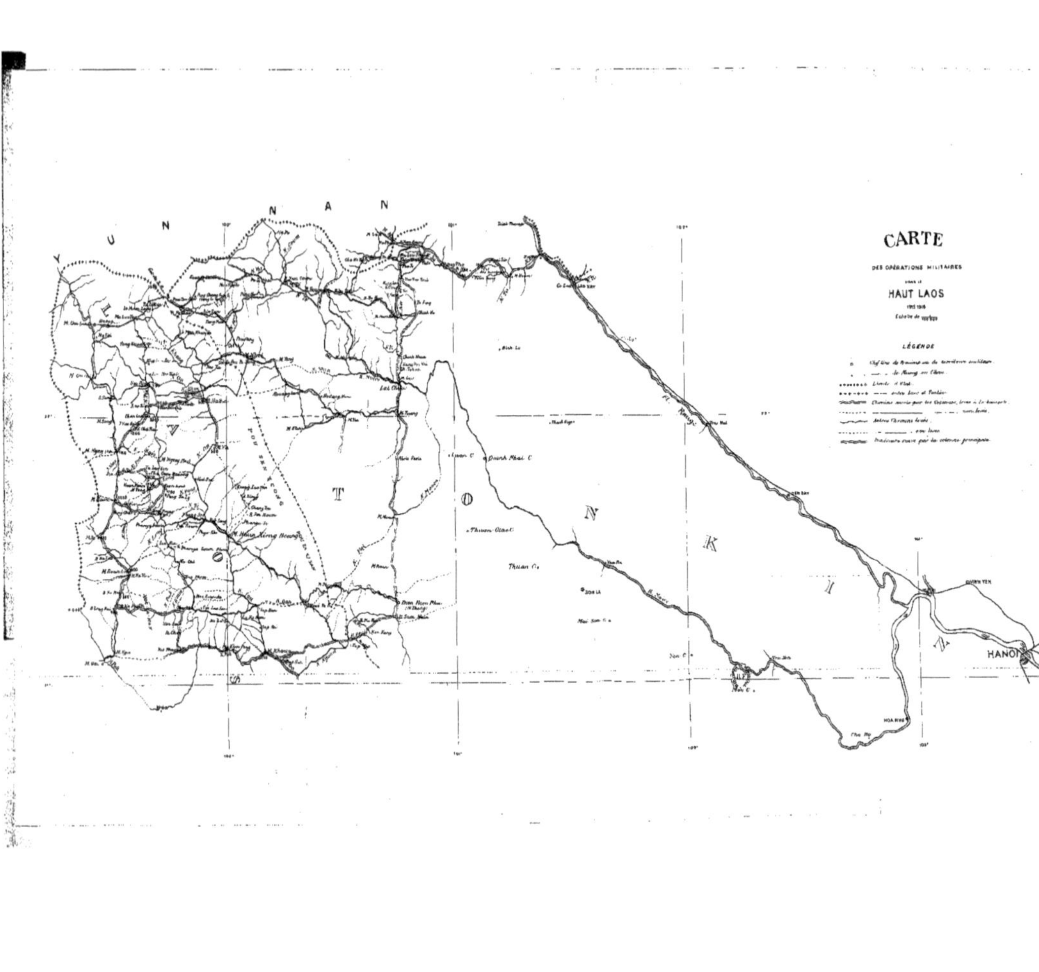
CARTE
DES OPÉRATIONS MILITAIRES
dans le
HAUT LAOS
1915 1916
Échelle de
LÉGENDE
Chef lieu de Province ou de territoire militaire.
de Muong ou Chau.
Limite d'État.
entre Laos et Tonkin.
Chemins suivis par les Colonnes, livrés à la transport.
Autres Chemins levés.
ou levés.
Itinéraires suivis par les colonnes principales.
YUNNAN
TONKIN
HANOÏ

TABLE DES MATIÈRES

Pages

* 9 7 8 2 3 2 9 2 0 5 6 5 6 *